比较哲学翻译与研究丛书

编委会

比较哲学翻译与研究丛书

丛书主编 吴根友 万百安

中西哲学对话

不同而相通

张世英 著

Dialogue between Chinese and Western Philosophy

Different but Interlinked

中国出版集团
東方出版中心

图书在版编目（CIP）数据

中西哲学对话：不同而相通 / 张世英著. —上海：东方出版中心, 2020.3（2022.2重印）
（比较哲学翻译与研究）
ISBN 978-7-5473-1601-6

Ⅰ. ①中… Ⅱ. ①张… Ⅲ. ①比较哲学－研究－中国、西方国家 Ⅳ. ①B1-03

中国版本图书馆CIP数据核字（2020）第021935号

中西哲学对话：不同而相通

著　　者　张世英
丛书策划　刘佩英
责任编辑　刘　旭　黄　驰　冯　媛
封面设计　周伟伟

出版发行　东方出版中心
地　　址　上海市仙霞路345号
邮政编码　200336
电　　话　021-62417400
印 刷 者　山东韵杰文化科技有限公司

开　　本　890mm × 1240mm　1/32
印　　张　18.5
插　　页　1
字　　数　338千字
版　　次　2020年4月第1版
印　　次　2022年2月第2次印刷
定　　价　89.00元

比较哲学翻译与研究丛书

总　序

近四百年来，人类社会出现的巨大变化之一就是资本主义生产—生活方式的兴起与发展。一方面，资本主义的生产—生活方式的出现，给人类带来了巨大的物质财富，新的科学技术与对自然与人自身富有广度与深度的认识视野；另一方面也给人类带来了前所未有的灾难、痛苦与极其严重的环境破坏，而且使人类陷入尝试的焦虑与困惑之中。巨大的物质财富，就其绝对数量而言，可以让全世界70余亿人口过上小康式的生活，但当今全世界的贫困人口仍然有13亿之多，其中赤贫人口有8亿之多。民族、国家之间的冲突、战争不断，文化与文明之间的矛盾冲突，也是此起彼伏。造成这种诸多极不如人意的社会生活现状的原因，无疑是多元的，根本性的矛盾仍然是资本主义主导的生产—生活方式要为此担负主要责任。想要解决这些极不如意的世界范围内的生活乱象，方法与途径也将是多元的，而从学术、文化加强沟通与理解，增进不同文化、文明共同体之间的合作与信任，是其中重要的方法与途径。本套“比较哲学翻译与研究丛书”，本着一种深远的学术济世宏愿，着眼于极其具体、细小的学术工作，希望能对全球时代人们的和平、幸福生活，做出一点微薄的贡献。

简要回顾中西哲学与文化比较研究的历史，大约需要从16世纪耶稣会传教士来华的时代算起。一方面，来华传教士将中国的社会、历史文化情况发回欧洲，引起了17世纪以后的欧洲对于中国文化的持续兴趣；另一方面，来华传教士带来的欧洲学术、科学、思想文化成果，也引起了中国社会少数有识之士的关注。清代康熙年间的“历法之争”，是中西文化交流过程中的一股逆流，但此股逆流所反映出的外来文化与本土文化之间的关系问题，却是真实而持久的。此一问题，在佛教传入中国的过程中也曾经长期存在过，但印度与中华文明都处在农业文明阶段，不涉及文明之间的生死存亡之争的问题。因而在漫长的佛教中国化过程中，逐渐解决了此问题。耶稣会传教士带来的欧洲文化，无论是其中的一神教的思想，还是一些科学的思维方式，对于古老而悠久的中国文化来说，都是一种强有力的挑战。从17世纪初到19世纪中叶，中国哲学、文化与欧洲哲学、文化之间的比较研究，可以视之为第一个历史时期。这一时期，由于政治、经济上的自主性，中国哲学与文化也保持着自己的精神主体地位。而在中国大地上进行传教的耶稣会士们，则是主动地让基督教文化向中国哲学、文化靠拢，在中国哲学、文化传统里寻找到有利于他们传教的文化因子，如坚持适应路线的传教领袖利玛窦就努力在中国传统哲学、文化里寻找与上帝相一致的“帝”观念，以证明基督教的上帝与中国儒家传统有内在的一致性。与此同时，欧洲的一些启蒙思想家，如莱布尼兹、沃尔夫、伏尔泰、魁奈等人，则努力从中国哲学与文化里寻找“自然理性”之光，以对抗基督教的“天启之光”，将遥远的中国哲学与文化视为欧洲启蒙文化的同盟军。

1840年鸦片战争以后，特别是第二次鸦片战争、甲午海战等接二连三的失败，近代中国人在政治上的自主性迅速丧失。伴随而来的是文化上的自信心也随之丧失。可以说，直到1949年新中国成立以前，中国百年近代史就是一部丧权辱国史，也是一部中华民族不断丧失自己文化自信心，在精神上不断被动和主动地阉割自己的历史。哲学、文化的研究，就其主流形态而言，是一种甘当西方、甚至日本哲学、文化的小学生的历史。其中也有一些比较研究的成分，但其比较的结果，就其主要的面向说，都是对自己哲学、文化中专制的、落后的内容进行反思与检讨。只有少数被称为“文化保守主义”者，才努力地发掘中国哲学、文化的自身价值。早年的严复在思想上基本上属于革新派，他在1895发表的《论世变之亟》一文，深刻地反省中国文化在近代以来失败的原因，认为其主要原因就是：在政教方面，中国历代圣贤皆未能以自由立教。①

新文化运动之初，还未接受马克思主义的陈独秀，曾发表过一篇有关中西哲学与文化比较的文章，文中虽然泛用“东洋”与“西洋”二字，实际上即是讨论中国哲学、文化与西方哲学、文化。

---

① 严复此文中的一段话很长，其要义是：“夫自由一言，真中国历古圣贤之所深畏，而从未尝立以为教者也。”（《严复全集》卷七，福州：福建教育出版社，2014年，第12页。）

陈独秀在该篇文章里一共从三个方面对中国与西方的哲学、文化做了比较，而在整体上都是从否定的角度来评价中国哲学与文化精神的，如第一个方面，“西洋民族以战争为本位，东洋民族以安息为本位。”①其最后的结论是：“西洋民族性，恶侮辱、宁斗死。东洋民族，恶斗死、宁忍辱。民族而具如斯卑劣无耻之根性，尚有何等颜面，而高谈礼教文明羞愧！”第二个方面，“西洋民族以个人为本位，东洋民族以家族为本。”其结论是：“西洋民族，自古讫今，彻头彻尾，个人主义之民族也。”“举一切伦理，道德，政治，法律，社会之所向往，国家之所祈求，拥护个人之自由权利与幸福而已。思想言论之自由，谋个性之发展也。”②“东洋民族，自游牧社会，进而为宗法社会，至今无以异焉；自酋长政治，进而为封建政治，至今亦无以异焉。宗法社会，以家族为本位，而个人无权利，一家之人，听命家长。”③而被中国传统儒家视之为文明象征的忠孝伦理与道德，在陈独秀看来，是一种半开化民族的“一贯之精神”，此精神有四大害处：一是“损坏个人独立自尊之人格”，二是“窒碍个人意思之自由”，三是“剥夺个人法律上平等之权利”；四是“养成依赖性，戕贼个人之生产力”。而整个“东洋民族社会中种种卑劣不法残酷衰微之象，皆以此四者为之因。”④第三个方面，“西洋民族法治为本位，以实利为本位；东洋民族以感情为本位，以虚文

① 陈独秀：《东西民族根本思想之差异》，《独秀文存》，合肥：安徽人民出版社，1987年，第 27 页。
② 同上书，第 28 页。
③ 同上。
④ 同上书，第 29 页。

为本位。”[①]而东洋民族以感情、虚文为本位的结果是:“多外饰厚情,内恒愤忌。以君子始,以小人终以之者习为贪惰,自促其生以弱其群耳。”[②]

上述陈独秀在比较哲学与比较文化的视野里,对中国文化全面的批评与否定,可以视之为激愤之词,在学术性上也有很多可以商榷之处,在当时中国处于列强环视,瓜分豆剖之际,可以激发国人深沉自省、洗心革面、奋发向上。今天,伴随着我们对西方文化的深入了解,我们可以更加客观、理性地看待中西文明的各自优劣之处。同时,对近代以来资本主义以殖民的方式对世界各国文化所造成的巨大破坏,以武力侵略的方式对整个人类所制造的各种骇人听闻的惨剧,也不应该加以掩盖。

近百年的中国历史,在政治上是受屈辱的历史、在经济上是被侵略的历史,在文化上则新旧斗争、中西斗争最激烈的历史。一些被称为文化保守主义的学者,在面对西方文化的强势冲击面前,努力地维护中国传统哲学、文化的自尊。他们所要维护的有些具体内容未必是正确的,但这种“民族精神自卫”的思维方式与情感倾向,从整体上看是可取的。几乎与五四新文化运动同步,20世纪20年代,一批信奉儒家思想的现代新儒家们也成长起来,其中,以梁漱溟的《东西方文化及其哲学》(1921年)一书为标志,在中、西、印哲学与文化的比较方面,开始了系

① 陈独秀:《东西民族根本思想之差异》,《独秀文存》,合肥:安徽人民出版社,1987年,第28页。
② 同上书,第30页。

统的、哲学性的思考。梁氏从精神生活、社会生活、物质生活三个方面[1]出发，对中、西、印三大文化系统的异同、优劣、未来可能的走向进行分析，并对世界文化的发展方向做出预测。他认为，“西方化是以意欲向前要求为其根本精神的。”或者说是“西方化是由意欲向前要求的精神生产‘塞恩斯’与‘德谟克拉西’两大异采的文化。”[2]“中国文化是以意欲自为调和、持中为其根本精神的。”“印度文化是以意欲反身向后要求为其根本精神的。”[3]而经过西方近代文化发展阶段之后的未来世界文化发展方向，则是“中国文化的复兴，有似希腊文化在近世的复兴那样。”[4]梁氏的具体论断与其结论，当然都有许多值得商榷的地方，但他真正从比较哲学的形上学角度思考了人类几大哲学、文化系统的异同，并对三大文明系统的走向做出了自己的论断。由梁氏所代表的现代新儒家的比较哲学与比较文化的思想表明，20 世纪的文化保守主义恰恰为保留自己民族文化的自信提供了一些有益的思想启迪。而从维护全球文化的多元化，反对现代文化的同质化方面，亦为世界文化的丰富性做出了自己的独特贡献。

在回顾 20 世纪中西比较哲学与文化研究的过程中，我们不应该忘记中国共产党人在学术与思想上所做出的贡献。作为中国共产党人集体思想结晶的《新民主主义论》宏文，虽然不是专门的比较哲学与比较文化的论著，但其中涉及的中国新文化发展的

---

① 梁漱溟：《东西文化及其哲学》，北京：商务印书馆，1999 年，第 19 页。
② 同上书，第 33 页。
③ 同上书，第 63 页。
④ 同上书，第 202 页。

大问题，特别是面对外来文化时，恰恰为当代中国的比较哲学与文化研究，提供一个基本的思想原则。在该文里，毛泽东说道："这种新民主主义的文化是民族的。它是反对帝国主义压迫，主张中华民族的尊严和独立的。"①面对外来文化，毛泽东说道：

> 中国应该大量吸收外国的进步文化，作为自己文化食粮的原料，这种工作过去还做得不够。这不但是当前的社会主义文化和新民主主义文化，还有外国的古代文化，例如各资本主义国家启蒙时代的文化，凡属我们今天用得着的东西，都应该吸收。②

毛泽东所代表的中国共产党人，在20世纪40年代就已经站在本民族文化的再造与创新的高度，触及了中西比较哲学、文化研究的根本方向历史任务的大问题。当今中国学术界、思想界所从事的比较哲学与比较文化研究，也不是为了比较而比较，恰恰是为了中国当代哲学与文化创新而从事中西比较、中外比较，尽可能广泛地吸收世界上各民族创造的一切有价值的文化成果，从而为当代中国的哲学与文化建设事业服务。

实际上，在20世纪比较哲学与文化的领域里，可谓是名家辈出，荦荦大者有王国维、胡适、金岳霖、钱钟书、张岱年、侯外庐，以

---

① 毛泽东：《新民主主义论》，《毛泽东选集》第二卷，北京：人民出版社，1991年，第706页。

② 同上书，第706—707页。

及整个现代新儒家群体他们的比较哲学与比较文化的研究成果，扩大了中国人的思想视野与知识视野，丰富了中国人的精神内涵，增强了中国哲学与文化的自身活力与创新能力。自 20 世纪 80 年代以来，伴随着中国社会的改革开放，比较哲学与比较文化研究工作，一方面处在恢复发展阶段，另一方面也表现出一些新的特点。除一些学者个人凭借自己的学术兴趣、语言优势，继续从事比较哲学与文化的研究工作外，如像海德格尔与中国哲学，解释学与中国的解释学等研究成果，一些大型的丛书与杂志也在持续出版，在更大的范围内影响着当代中国的学术、思想与文化。最典型的系列丛书有：乐黛云所开创并主持的比较文学研究丛刊与丛书，刘东主持的“海外汉学研究丛书”，任继愈主编的《国际汉学》系列论文集等。而对于中西哲学比较研究史第一次较为系统的梳理与研究，当以许苏民的皇皇巨著《中西哲学比较研究史》为典型代表。当代中国这些新的比较哲学与比较文化研究形态与具体成果表明，伴随着中国与世界的关系越来越密切，比较哲学与文化的研究也越来越深入、越广泛。但就笔者目前所知的情况来看，比较系统、专门地介绍现代西方比较哲学与文化研究，同时又以此主题展开研究的丛书，目前似乎还未出现。因此，我们希望通过此套丛书一辑、二辑，及至多辑的出版，将当代中国的比较哲学与比较文化研究由比较分散的状态，带向一个相对较为集中、专业的方向，进而为推动当代中国哲学与文化的创新，做一点微薄的贡献。

相对于当代中国哲学与文化的创新与发展的主题而言，比较哲学与比较文化的研究只是一种学术助缘与手段。但在全球化的漫长过程中,比较哲学与比较文化研究将是一个需要有众多学人长期进行耕耘的一个广阔的学术领域。近四百年来西方文化在此领域所取得的成就,从整体上看要超过中国。不可否认,西方现代文化在其发轫期充满着一种对东方及其他非西方文化、文明的傲慢,而在比较哲学与比较文化研究的领域里,有些结论也带有明显的文化偏见与傲慢,像黑格尔、马克斯·韦伯等人对东方、中国哲学的一些贬低性的认识与评论,在西方与国际学术界,均产生了相当不好但非常有力的影响,即使是当代中国的有些学人,还深受这些观念的影响。但我们需要全面、系统地了解现代西方学术中从事比较哲学与比较文明研究的成果,像李约瑟、斯宾格勒、汤因比、雅斯贝尔斯、布罗代尔等人的研究成果,就需要我们系统地研究与翻译,而马克思、恩格斯,以及法兰克福学派的一些有关全球化的反思与论述,也是我们从事比较哲学研究者需要加以认真地研读的系列作品。

正在全面走向世界,并将为世界文化做出新的、更大贡献的中国,需要有更加开放的胸怀,学习、吸纳西方哲学与文化,同时还应该放宽眼界,学习、吸纳全世界所有民族的优秀思想与文化。我们还应该对中东、非洲、南美洲的思想与文化传统有所研究与了解,未来的比较哲学与文化翻译与研究丛书中,也应该有这些地区、国家的思想、文化研究成果。中国的现代化,中华民族文化的现代化,应当是继承欧美现代化、现代文化的一切优良成果,摒弃其中的殖民主义、霸权主义、资本主义唯利是图、垄断等一切不好的内容，从人类一体化，人类命运休戚相关的高度，来发展自己民族的现代化，来创新自己民族的现代文化，为造福世界做出中华民族的应有贡献。

我们希望有更多胸怀天下的学术青年，加入到比较哲学与文化的翻译与研究的领域之中，在现在及未来的相当长的一个时间段里，这将是一个有着勃勃生机，充满希望的学术领地；但也是一个充满艰辛劳作的学术领域，因为在这一领地里工作，要比其他领域付出很多的学术努力奋斗，良好的外语要求，与大量的文献阅读，甚至还要深入异域文化地区进行实地了解，不只是做书斋里的学问。但通过比较哲学与文化的长期研究，我们也会不断地扩展我们的知识视野与思想视野，丰富我们每个人的内在精神，让自己在精神上真正成为文化上有根的世界公民。这或许是比较哲学与文化研究事业在造就新人方面所具有的独特魅力！

是为序！

丛书主编

2019 年 1 月 30 日

自　序

武汉大学哲学学院院长吴根友教授在主编一套“比较哲学翻译与研究”丛书，本书就是应他之邀而编写的，我首先向他致谢。

书名《中西哲学对话：不同而相通》，说明此书不是一本对中西哲学做简单比较的作品。20世纪80年代中期以前，我主要是研究西方哲学史，特别是德国古典哲学。20世纪80年代中期以后，由于某些原因，我转向西方现当代哲学和中国古代哲学相结合的研究。从那时开始至今约四十年来，我的哲学思考主要是哲学何为与中国哲学未来走向何处两个问题，四十年来的著作主要都是为回答这两个问题而写的。我认为，西方自黑格尔之后的现当代哲学与中国古代哲学虽不相同，却又大有相通相融之处。我对上述两大问题的答案，就是受这两个不同而又相通的中西哲学双方对话的启发而进行独立思考的产物，这也是我四十年来哲学研究的成果——一点具有独创性的哲学思想体系。摆在读者面前的这本书算是这一成果和哲学体系的一部代表作。我的哲学体系和我对上述两大问题回答的具体内容，有兴趣的读者可翻阅本书，这里就不再重复了。

本书按照我的哲学体系的内容和问题分为五编二十七章，第一编哲学本体论与认识论，第二编审美观，第三编伦理观，第四编自我观，第五编哲学发展的历程。五编中除第五编分别讲中西哲学史外，其余四编中的每一章，都贯穿了我对某一相关问题的思想观点，并大量摘引了西方现当代哲学家和中国古代哲学家的原著原文，作为我的思想观点的渊源和论据。

本书思想内容上的不当和摘编中的疏漏之处，敬希读者指正。责任编辑刘旭、刘思源、黄驰先生对本书的编辑工作付出了大量的辛勤劳作，谨在此致以衷心的谢意。

张世英

2018年11月于北京大学

目　录

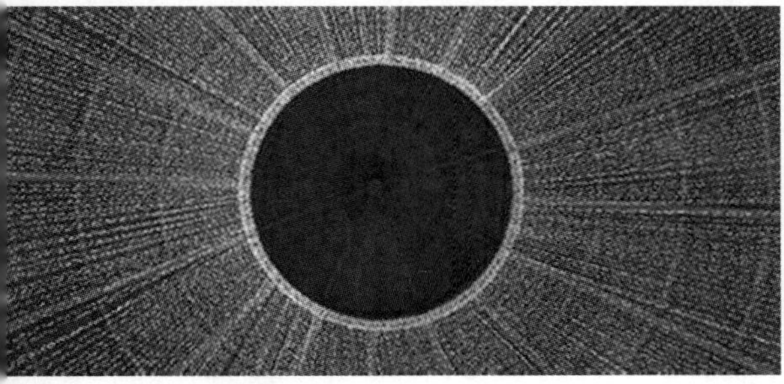

第一编

哲学本体论与认识论

第一章　哲学的含义

小引

思考普遍性问题是哲学的开始

我们的日常生活，包括衣食住行，男女之事，人对自然的利用、改造，人与人之间的各种社会交往等，大多是一些针对具体的、个别的，或者是局部的事物和现象的活动，人们较少自觉地考虑普遍性的问题，特别是把世界（包括人在内）作为一个整体来考虑这样一种最大最高的普遍性问题，而这种最大最高的普遍性问题正是哲学研究的对象。德国古典唯心主义哲学家黑格尔说："哲学以思想、普遍者为内容，而内容就是整个的存在。""什么地方普遍者被认为无所不包的存在，……则哲学便从那里开始。"①英国现代哲学家罗素（B. Russell，1872—1970）也说过："当有人提出一个普遍性问题时，哲学就产生了，科学也是如此。""提出普遍性问题就是哲学和科学的开始。"②哲学所讲的普遍性主要是指我所说的最大最高的普遍性。科学所讲的普遍性、规律性是较小范围的普遍性，但只要是思考普遍性问题，就有哲学的起点。古希腊的哲学原本把科学包括在内，哲学与科学尚未分化，原因之一就是它们讲的都是普遍性问题。这就是人们总觉得哲学距离现实生活比较遥远抽

---

① ［德］黑格尔：《哲学史讲演录》第一卷，北京：生活·读书·新知三联书店，1956年，第93页。

② ［英］罗素：《西方的智慧》上，北京：文化艺术出版社，1997年，第6、14页。

象而不切实际的根本原因。但是另一方面，这种关于整个世界的普遍性问题又经常渗透到人们的现实生活中，特别是一些好奇心较强的人们的现实生活中，例如那本畅销全球的哲学史通俗读物《苏菲的世界》(*Sophie's World*)，一开始就提出了两个最大最高的普遍性问题："你是谁?"和"世界从哪里来?"这就表明，即使是最大、最高的普遍性问题也与具体的、个别的事物和现象相联系，这说明哲学是与人们的现实生活相联系的。在当今市场经济繁荣、科学技术日益发达的时代，人们一方面热衷于功利追求、热衷于对具体的东西的占有，一方面也常常要追问人生的意义究竟何在，追问一些最高、最大的普遍性问题。有一位大富豪甚至感叹自己精神空虚、一无所有。另有一位企业家站在上海金茂大厦的顶层还念着"前不见古人，后不见来者，念天地之悠悠，独怆然而涕下"的诗句。这都说明生活在现实世界中的人，大都也作哲学的思考。

哲学源于惊异

古希腊最伟大的百科全书式的哲学家亚里士多德(Aristotle, 384—322 B.C.)说过："由于惊异，人们才开始哲学思考("惊异"又译"好奇心")。"[①]惊异是从无知到知的"中间状态"。[②] 完全无知，不会起惊异之感，完全知道了、明白了，也无惊异可言，只有在

① 亚里士多德：《形而上学》A2982b；见《形而上学》，北京：商务印书馆，1959 年，第 5 页(译文有改动)。

② 亚里士多德：《形而上学》A2982b；并参阅《黑格尔著作》(*G. W. F. Hegel Werke in Zwanzig Banden*, Suhrkamp Verlag，以下简称《黑格尔著作》理论版)1970 年，第 13 卷第 410 页。并参阅朱光潜译黑格尔《美学》第 2 卷，北京：商务印书馆，1982 年，第 24—25 页。

从无知到知的那一过渡状态中，才会产生惊异。

哲学究竟源于一种什么样的惊异呢？对芝麻大的一点小事、小问题容易惊异、好奇的人，比起对任何事、任何问题都麻木不仁的人来，显然更具哲学头脑，更有哲学的起点，但哲学之为哲学，或者说严格意义下的哲学，乃是源于对世界整体性把握这样一种最大最高的普遍性问题的惊异。或者倒过来说也一样，有了对这种普遍性问题的惊异、好奇，就意味着哲学问题的提出和哲学的产生。

我们平常说，哲学源于实践。我以为这个观点当然是正确的，但它并不是与亚里士多德所说的哲学源于惊异的观点互相对立、互相矛盾的。人只有在现实生活中、在实践中（我理解的实践，不只是指生产斗争、阶级斗争的实践，我把它更广泛地理解为人生的一切活动，既包括生产，也包括日常生活），才有可能产生惊异，但仅有现实生活和实践并不一定产生惊异，有的人尽管生活着、实践着，却麻木不仁，很少惊异之心，这种人就缺乏哲学头脑。说人天生有好奇心，这是就广义而言。人的好奇心有强有弱，好奇心非常弱的人是难以步入哲学之堂奥的，他们的现实生活也是很贫乏的。只有在现实生活中、在实践中对事物易起好奇心的人，才可能成为有哲学头脑的人。把哲学起源于实践同哲学起源于惊异对立起来，用前者反对后者，这种观点未必妥当。

一、哲学史上对哲学的界定

“哲学”一词的渊源

哲学最初所提出的最大、最高的普遍性问题究竟是什么呢？

"哲学"这个词原来是中国古代典籍中所没有的，它来自19世纪日本学者西周(1829—1897)对源于古希腊的西方哲学思想的翻译。中国晚清的学者黄遵宪(1848—1905)首先把"哲学"这个词从日本介绍到中国。所以要讲"哲学"一词的渊源，还得从古希腊哲学讲起。我们今天讲的中国哲学史上的哲学思想，乃是指中国典籍中一些同古希腊哲学与西方哲学相似、相通的内容而言的，如先秦的"诸子之学"，魏晋的"玄学"，宋明清的"道学""理学""义理之学"等。

按照德国现代著名哲学家海德格尔(M. Heidegger，1889—1976)的考证和说法，[①]古希腊早期思想家赫拉克利特(Heraclitus，544—480 B.C.)最早用了 φιλόσοφοζ 这样一个形容词，这个形容词应译作"爱智慧的"("爱智的")，就像爱银子的、爱荣誉的一样，不过这里不是爱银子、爱荣誉，而是爱智慧。这就是说，对赫拉克利特来说，还没有在他以后所说的"哲学"(φιλοσοφiα)这个词。"爱智慧的"这个形容词与后来所说的"哲学的"完全不是一个意思。"爱智慧的"中的"爱"(φιλετυ)是指事物之间的和谐一致、相互适应的意思。"智慧"(σοφου)是指所有存在的东西(存在者)都在存在之中，都属于存在，都集合于存在之中，存在(又译作"是"，"是"在希腊文中是及物动词"聚集""集合"的意思)把存在的东西(存在者)集合为一。也就是说，"一"(整体)统一着一切的东西，一切存在的东西都在存在中统一为一个整体。如果可以用中国

① 以下见海德格尔：《哲学何物》(*Was ist das-die Philosophie?* Günther Neske Pfullingen，1956)，第21—38页。

哲学的术语来说，“智慧”颇有些类似“万物一体”。所以“爱智慧”在赫拉克利特那里，就是指人对万物（一切存在者）合而为一的一种和谐一致的意识。如果可以用中国哲学的术语来解释，我以为赫拉克利特所说的“爱智慧”约略类似中国传统哲学所讲的“天人合一”，这里的“天”，取其万物（一切存在者）之意，而不是指意志之天、道德之天。海德格尔指出，由于智者派在市场上需要对所有的东西做理智的说明和解释，以便能为大家所理解和接受，于是理智性的、概念式的东西成了智者派的追求目标，而理智性的、概念式的东西是和先前“爱智慧”所讲的对万物统一的爱的思想相矛盾的，它背离了这种思想，因为对万物统一的爱是人和万物合一、人和存在合一，而对概念的追求则是把人与概念看成是彼此外在的东西。希腊人认为人对万物合一的爱是最值得惊异的东西，也是最值得珍惜的东西，他们为了“反击”智者派的“理智的进攻”，以“拯救和保护”这些最值得惊异、值得珍惜的东西（即存在者统一于存在中的思想），于是，存在者统一于存在的思想，即“智慧”，也变成了一种概念式的追求，变成了一种为人们所“渴望”的东西。由“爱”到“渴望”的转变是一种由人与存在合一、和谐一致到人与存在的相互外在性的转变：“爱智慧”是指人与“智慧”原本内在地、原始地在一起，“渴望”则是把人与“智慧”变成彼此外在的东西，把“智慧”变成一种外在的概念而需要加以追求的东西。通过这种转变，“爱智慧”就变成后来的“哲学”。“哲学”不是先前的“爱智慧”的意思，而是对哲理的渴望与追求。这种追求所追问的问题从此就变成了“什么是存在者？”海德格尔说：“由智者派做准备的到达‘哲学’（Philosophie）的这一步，首先由苏格拉底和柏拉图实现。”苏格拉底（Socrates，469—399 B.C.）、柏拉图（Plato，427—347 B.C.）致力于追问“什么是存在者？”“哲学就是追问当存在者存在时，存在者是什么。”例如人是“什么”？火是“什么”？这样的概括是柏拉图的弟子亚里士多德说的。亚里士多德对这一概括还解释说：“问存在者是什么，实际上意味着问‘存在者的存在性是什么’，哲学的任务就是追问‘存在性’。”“存在性”就是存在者的根底，所以，问存在者是什么，实际上意味着问“存在者**到底**是什么”。柏拉图认为存在者的“存在性”或根底是“理念”（概念），例如某一存在者，桌子或方的东西、圆的东西，其“存在性”或根底在柏拉图看来就是桌子的概念或方的概念、圆的概念，某一方的东西之所以是方的东西，或者说，之所以作为方的东西而存在，其根由就在于它符合方的概念：有四个边，每个边都是等长的，有四个角，每个角都是90度。亚里士多德对“存在性”的看法不同于柏拉图，他把它规定为“第一理由或原因”即最高最后的原因。

这种对哲学的界定是西方自苏格拉底、柏拉图以后几千年来思想史上所谓“哲学”的主要含义和内容。苏格拉底、柏拉图以前的早期思想家，如赫拉克利特、巴门尼德（Parmenides of Elea）等人，按照海德格尔的说法，应该叫思想家，不叫哲学家，如前所述，这些思想家们认为一就是一切，人与万物融合为一。其实，黑格尔（G. W. F. Hegel，1770—1831）也说过，古希腊人“同时也有一个前提，这就是精神的东西与自然的东西的合一的东方式的实体性”,“希腊人以自然与精神的实体性合一作为基础,作为他们的本质”。[1] 黑格尔所谓古希腊人以之为基础和本质的“自然与精神的实体性合一”就类似中国的“天人合一”的意思,所谓“东方”当然包括中国在内,所谓“实体合一”就是一种不分主体与客体的原始性的合一。古希腊早期的思想家们是不分主体与客体的。灵魂与肉体、精神与物质在他们那里都是浑然一体的。以为万物都有灵气的“物活论”(hylozoism)在古希腊早期的自然哲学家那里比较流行就是一个明证,尽管“物活论”还不等于泛灵论(animism)。

哲学的传统界定

从苏格拉底、柏拉图开始,哲学家们(不同于以前的思想家)主要不是讲人与存在的“契合”或人与万物的融合为一,不是讲自然与精神的“实体性合一”,而是逐步逐步地把抽象的概念如思维、存在、普遍性、特殊性、本质、现象、一、多、质、量、必然、自由等当作一种独立于人以外的东西来加以追求。哲学就是以进入抽象概念的王国为最终目标的学问,就是渴望进入抽象概念王国的学问,西方现当代哲学家把这种传统的哲学称为“概念哲学”。黑格尔在肯定和赞赏柏拉图关于哲学以把握普遍性概念、理念为自己的任务的思想时说:“认识理念就是哲学的目的和任务。”[2]对哲学的这种界定,在西方统治了几千年,一直到黑格尔之后,包括马克思主义在

---

① 《黑格尔著作》理论版,第 18 卷第 176 页。《黑格尔哲学史讲演录》第一卷,北京:生活·读书·新知三联书店,1956 年,第 160 页。

② 《黑格尔哲学史讲演录》第二卷,北京:生活·读书·新知三联书店,1957 年,第 195、197 页。

内的西方现当代哲学才改变了这种界定。在中国，半个世纪以来，我们所广为宣传的哲学基本上属于西方传统框架的“概念哲学”。改革开放以来，人们对哲学的看法有所改变，但未脱旧有的窠臼。时至今日，人们一听到我这里讲的“哲学是什么”这个题目，首先想到的答案很可能就是，哲学是在抽象概念里打圈圈的学问。自柏拉图到黑格尔，在西方哲学史上占统治地位的这种概念哲学尽管与西方科学的繁荣发达有密切联系，但它又的确把哲学变成了苍白无力、抽象乏味的东西，把人生引向枯燥而无意义的境地。

“后哲学”

西方现当代哲学家特别是欧洲大陆的一些人文主义思想家不满意这种传统的哲学观，对它提出了各种批评。其中被称为“后现代主义者”的一些思想家提出了哲学应当终结的口号，他们往往把自己的思想称为“后哲学”（After Philosophy）。我以为，西方那种奉抽象概念为至尊的哲学观诚然应该终结，或者说得更确切一点，应该被超越、被扬弃。超越、扬弃不是绝对否定和抛弃，而是经过它又超过它。马克思也说过哲学应该终结的话。他在《黑格尔法哲学批判导言》中谈到他赞成“消灭哲学”“否定哲学”。显然，他所谓应该否定、终结的哲学，也是指传统的概念哲学，指那种抹杀现实、崇尚抽象概念王国的哲学。马克思强烈要求“在现实中实现哲学”。[①]

---

① 《马克思恩格斯选集》第一卷，北京：人民出版社，1972年，第7—8页。

西方现当代的哲学家们所提倡的在“哲学终结”之后的思想观点究竟是一种什么样的思想观点呢？他们中间一些人称为所谓的“后哲学”的哲学，究竟是一种什么样的哲学呢？他们各有独特的哲学和观点，但大体说来，他们大多反对和批评那种独立于人之外的概念王国，主张哲学应从抽象的天国回到具体的人世和现实生活；反对把主体与客体二分，强调人与世界合一、物我交融的生活世界。西方现当代的这种哲学思想似乎又回到了苏格拉底、柏拉图以前古希腊早期思想家们的观点，但这不是一种简单的回复，他们所讲的人与世界合一、物我交融的思想是经过了西方几千年传统的主客关系式的洗礼之后的一种超越主客关系的合一或物我交融。

西方哲学史上对哲学的三种界定

综上所说，哲学是什么的问题在西方哲学史上约有三个不同阶段的回答：第一个阶段是苏格拉底、柏拉图以前古希腊早期思想家们的回答：哲学是爱智，即一即一切，人与万物融合为一。按照海德格尔的说法，爱智在这个时期还没有苏格拉底、柏拉图以后西方传统的“哲学”这个名词所表示的意义。第二个阶段的回答是从苏格拉底、柏拉图到黑格尔几千年的传统哲学的回答：哲学是把存在当作独立于人以外的概念来加以追求的学问。当然，这期间的诸多哲学家们对哲学是什么的问题的回答又是众说纷纭，各有各的特点的，但上述对哲学的这种界定在这个时期占据主导的地位。第三个阶段的回答是黑格尔之后西方现当代哲学家们的回答：哲学是讲人与世界交融合一的生活世界的意义的学问。我这里主要讲人文主义思想家们的回答，不包括英美分析哲学的回答，不过英美分析哲学家们也和欧洲大陆的人文主义思想家一样反对传统的抽象概念的形而上学，尽管角度不相同。这三种回答和界定中，第一种界定尚无哲学之名，第二种界定叫做"概念哲学"，第三种界定叫做"后哲学"，但我们仍然可以广义地把这三者统称为哲学的三种不同的界定。这三种界定都是关于包括人在内的世界整体的最大最高的普遍性问题，都是广义的哲学。

哲学与宗教的区别

宗教讲的也是世界整体问题，也是讲最大最高的普遍性，那么，哲学与宗教如何区别呢？首先，宗教是以感性表象的形式讲无限的、普遍性整体，而哲学则总是要通过概念、推理来说明这无限性或整体，即使是主张无限性整体是不可言说的观点也终究要对它做概念式的说明，而不是靠默祷来与无限整体合一。其次，与此相联系的是，宗教诉诸外在的权威（如神的启示）和独断的信念，哲学则诉之于人类的理性。值得特别提出的是哲学与宗教虽有区别，但又是紧密联系在一起的。在西方历史上，宗教意识里往往渗透着哲学问题。哲学与宗教的关系是一个非常复杂的问题，作为一本哲学导论式的书，这里没有必要做更详细的探讨。

哲学在中国哲学史上的含义

中国古代典籍中，如前所说，没有哲学这个名词，当然也没有对哲学的明确界定。在鸦片战争以前的中国哲学史上，天人合一、万物一体的思想占主导地位，那种类似西方主客关系式的天人相分的思想不算主流，像战国时期名家公孙龙（约前320—约前250）强调抽象概念的那种类似西方概念哲学的思想观点也是少有的。所以从总体上来看，中国传统哲学对哲学是什么的问题的回答与界定似乎与古希腊早期的“爱智”之学和现当代的“后哲学”有更多相似相通之处。

近半个世纪以来，我们所广为宣传的哲学，一般是把哲学界定为自然科学与社会科学的概括与总结，是关于自然、社会和思维的本质和最普遍的规律的学问。例如，世界本质上是物质性的，普遍联系、对立统一等是自然和人都要遵守的最普遍的规律。

二、哲学是关于人对世界的态度或人生境界之学

哲学是追求人与万物一体的境界之学

综合中西哲学史上种种对哲学的界定，也通过对这些界定的发展过程和趋势的审视，我以为当今人类所需要的哲学，应是以进入人与世界融为一体的高远境界为目标之学：这种境界不是抛弃主客关系，而是需要包括主客关系却又超越之；这种境界不是不需要知识和规律性、必然性，不是“弃智”，而是需要广泛的知识和规律性、必然性而又超越知识和规律性、必然性；不是不要功利追求，而是既讲功利追求又超越功利追求。总之，这种境界不是单纯精神上的安宁或精神享受，而是对人世间一切现实活动的高远态度。人生在世，总想投身社会，实现自我，创造一个辉煌的

世界，但这一过程也是一个充满矛盾斗争和痛苦的过程，我所主张的哲学是一种教人经得起痛苦和磨炼的人生态度之学。现在大家都在谈论提高人们的素质。其实，素质也就是境界，就是人生态度，提高人的素质就是要提高人的精神境界。

哲学超越知识和科学

半个世纪以来习惯于认哲学为关于最普遍的规律之学的人，也许会觉得我的这种哲学观太空无内容了。如果把哲学看成一种知识，那么，哲学的发展史也许可以说是内容越来越贫乏空洞的历史。前面说过，在古希腊，哲学囊括了所有的科学，内容可谓最充实了，但是随着人类思想文明的进步与发展，以寻找不同现象范围内普遍规律为己任的各门具体科学都纷纷从哲学中分化独立出去了，哲学便不得不退而把自己界定为关于“最”普遍的规律的学问。从某种角度来看，也许这一历史现象就可以叫做哲学内容的贫乏化、空洞化。但是我们都知道，最普遍的规律不是离开具体现象范围内的普遍规律而得来的，关于最普遍的规律的哲学不是离开关于各具体范围内普遍规律的具体科学而独立自在的。各门具体科学在从哲学分化独立出来以后，其所涉及的本范围内的普遍规律会得到更深入的研究，而以概括和总结各门具体科学为己任的哲学，其内容也会愈益深化丰富，而绝非愈益空泛。但是随着科学门类的扩展与增加，特别是由于当前交叉学科的研究越来越受到广泛重视，规律性的范围越来越普遍、越宽广，哲学所研究的所谓最普遍性的规律的范围也越来越多地被交叉学科所“侵占”。交叉学科的发展趋势启发我们，只要我们把哲学当做一种知识体系来看，那么，哲学作为一种关于最普遍规律的学问，其内容将会越来越被科学（科学就是有体系的、有规律的知识）所代替。进而言之，不管是讲某一现象范围的普遍规律的学问也好，或者是讲最普遍的规律的学问也好，它们都是讲的知识体系，就此而言，它们都是科学。现在有的主张哲学是关于最普遍规律的学问的人不是在大讲哲学是科学吗？的确，只要把哲学界定为讲普遍规律之学，它就是科学。但我认为，把这样的学问冠以哲学之名的时代应该终结了。这种意义的哲学是与前面讲到的西方传统的概念哲学相联系的，它应该与概念哲学的终结一样终结。

这样的哲学终结以后，是否还另有哲学的领地呢？是否还另有可以称之为哲学的学问呢？我的回答是肯定的，那就是以提高境界为目标的学问，这种学问不是以追求知识体系为目标，而是讲人对世界的态度，或者简称成为人生态度。一个人或一个群体（包括不同时代的人或群体）抱着什么样的态度来面对世界或世事，或者说，一个人或一个群体有什么样的境界，他或他们就有什么样的哲学。对世事抱悲观态度的人有悲观主义的哲学，反之，持乐观态度的人就有乐观主义的哲学，如此类推，于是就有唯物主义的哲学和唯心主义的哲学，有人类中心论的哲学和民胞物与的哲学，有经验主义与理性主义的哲学，有功利主义与道德义务论的哲学……我这里无意列举全部的或比较全面的哲学派别，也无意对这些派别作界定，我只是举例说明，一个人、一个群体、一个时代有什么样的人生态度或境界，就有什么样的哲学。

哲学需要科学和知识而又超越之

这里需要特别强调的是，人生态度或境界不是独立自在、随意产生的，任何一种人生态度或境界都有它之所以产生的科学依据、经济基础、社会环境、时代背景、民族性格、历史文化传统，就一个人来说，甚至与他的禀性、血型、出身等都有或多或少的联系。以讲人生态度或境界为基本内容的哲学当然也与以上种种复杂的因素有密切联系，例如，英国的经验主义就有它自己的认识论的科学依据，还有英国独特的思想文化的传统背景。就个人来说，甚至有的西方哲学家说，硬心肠的人主张唯物主义的哲学，软心肠的人主张唯心主义的哲学。我举这个例子不是表示我同意这种观点，这种说法没有什么科学依据，至少是很片面的。但这个例子也多少说明一个人之所以持某种哲学，除上述许多深刻的、根本的原因外，还与他个人的性格有某种联系。

可以清楚地看到，西方传统的概念哲学终结以后以及所谓关于最普遍的规律的哲学终结以后，以提高人生境界为目标的哲学绝非抛弃普遍概念和普遍规律，绝非抛弃知识，而是在它们的基础上提高我们的人生境界。一个不识不知的人，既不懂自然科学的普遍规律，也没有社会历史方面的知识，如何能提高自己的人生境界呢？当今的世界正处于普遍性、必然性知识日新月异、迅猛扩展的时代，我们该以什么样的哲学和人生态度来面对这样的世界呢？我们的哲学和人生态度将如何不断更新自身以适应不断更新的世界并指导我们的行动呢？哲学比科学有更多更高的任务，它既要广泛的科学知识而不只是某一具体科学范围内的知识，又要超越科学知识，超越科学的普遍性、规律性和必然性。我的哲学要求读者们今后要广泛涉猎各种知识，自然方面的、社会历史方面的、文学艺术的、古代的、当今的、中国的、外国的，越广越好，就是说，知识越广，哲学的内容就越深入越宽阔，尽管哲学本身不是知识体系。那种一听到讲提高境界之学就是"绝圣弃智""心斋""坐忘"的想法，和我所讲的哲学境界毫不相干。罗素也说过，哲学不是像具体科学那样讲"确切的知识"，[①]但认为哲学家可以对任何东西一无所知的看法却是"相当错误的"。[②] 当代德国哲学家哈贝马斯(Jürgen Habermas，1929—)在分析批评美国当代哲学家罗蒂(Richard Rorty，1931—2007)的"陶冶哲学"(edifying philosophy，也称教化哲学)时指出，"哲学尽管被归结为'陶冶的对话'(edifying conversation)，但它绝不能外于科学而找到自己的适当位置"。[③]

当今中国所需要提倡的人生境界和哲学

人生境界各异，哲学亦不能强求一致，但出现一种能为一个

---

① [英] 罗素：《西方哲学史》上卷，北京：商务印书馆，1963 年，第 11 页。

② [英] 罗素：《西方的智慧》上，《序》，北京：中央编译出版社，2010 年，第 2 页。

③ Kenneth Baynes：*After Philosophy-End or Transformation?* Cambridge：The MIT Press，1987，pp.308 - 309.

时代、一个群体(包括一个阶级、一个阶层、一个民族等)的人们所共鸣的哲学则是必然的。历史上各个时代、各个民族、各个群体的哲学,并非其所涵盖的人们普遍一致具有或同意和接受的,他们彼此之间存着千差万别的差异,但也存在着共鸣,这种共鸣就构成一个时代、一个民族、一个群体的哲学。

当今的中国需要提倡一种什么样的哲学呢?我们今天亟需发展科学,需要有经世致用或者说实用(但不是实用主义)的哲学观点,但现在人们过分地热衷于功利追求,对自然采取人类中心主义,对人采取自我主义,破坏了人与人之间、人与自然之间的和谐(在以后的章节中,我还要详细论述这方面的问题)。针对这些情况,我主张在重视实用的同时,更多地提倡诗意境界和"民胞物与"的精神及其理论基础为"万物一体"的哲学。总之,我认为人与天地万物一气相通、融为一体,因此,人对他人、他物应有同类感,应当以仁民爱物的态度和赤诚之心相互对待。这是一种真善美相统一的境界,也是一种人与万物一体的哲学。我所主张和提倡的境界或人生态度以及与之相应的哲学就是如此。

三、哲学的分类

西方主要哲学家的分类法

哲学的内容如何分类,自古迄今,众说纷纭,莫衷一是。试举几例如下:亚里士多德按照人类的活动把所有的学科(当时的哲学包括所有的学科)分为三类:一、针对理论或认识活动的理论学科,其中包括数学、物理学(包括现在所说的自然科学和自然哲学）和形而上学（即亚里士多德著作的编纂者、吕克昂〔Lykeion〕学院第 11 代继承人安德罗尼柯〔Andronikos Rhodios，前 1 世纪〕所称的“后物理学”。安德罗尼柯把亚里士多德关于自然现象的研究著作编在一起，取名《物理学》，又把一些讨论超感觉、超经验的抽象对象问题的文章编在《物理学》之后，取名《物理学以后诸篇》，拉丁文转写成 Metaphysica，中文译者曾把它译作《玄学》，后来严复把这个词译作形而上学。形而上学一词在西方不仅指亚里士多德的一本书名，而且从 13 世纪起成了一个专门的哲学术语，即关于超感觉的、经验以外的对象的学问。从黑格尔开始，形而上学一词又兼有与辩证法对立的一种思维方法的意思。）二、针对实践活动（包括政治方面的和伦理方面的活动）的实践学科，其中包括政治学和伦理学。三、针对创造活动的创造性学科，其中包括诗学和修辞学。至于逻辑学，亚里士多德则把它放在这三类之外，把它称之为工具学科。

古希腊晚期的斯多葛派（Stoicism）把哲学分为逻辑学、物理学和伦理学三部分，其内容的范围都比现在的这几个词之所指为广。这个三分法实源于亚里士多德以前的哲学派别，特别是柏拉图的哲学：古希腊最早的伊奥尼亚派已经创立了自然哲学（相当于斯多葛派所说的物理学的内容），苏格拉底创立了道德哲学（伦理学），柏拉图吸收前人的思想，又加上了思辨的或逻辑的哲学（即古代哲学家所称的辩证法，相当于斯多葛派所说的逻辑学的内容），柏拉图虽然没有明白地把哲学分为以上三类，但他的思想和著作，却明显地可以按这种三分法来划分。

中世纪的神学哲学家托马斯·阿奎那(Thomas Aquinas,约1225—1274)只按照亚里士多德的三类学科之一理论学科把哲学分为物理学、数学和神学(形而上学)三部分。

西方近代哲学的创始人笛卡尔(René Descartes, 1596—1650)将哲学分为(一)形而上学,他喻之为大树的树根;(二)物理学,这是树干;(三)树枝是包括伦理学在内的各门具体学科。他的分类法较多地继承了斯多葛派的观点。

17世纪到18世纪的德国哲学家沃尔夫(Chritian Wolff, 1679—1754)将哲学分为理论哲学和实践哲学两类:前者包括本体论、宇宙论、心理学和神学,它们又统称为形而上学;后者包括伦理学、政治学、经济学。逻辑学乃是一切学科的导论。沃尔夫的哲学分类法对后世有很大影响。

黑格尔将他的哲学体系分为三大类:第一类逻辑学(他的逻辑学不是形式逻辑,而是与形而上学合流的逻辑学);第二类自然哲学;第三类精神哲学。他的分类基本上继承了斯多葛派的三分法。

意大利新黑格尔主义哲学家克罗齐(Benedetto Croce, 1866—1952)把他的哲学体系分为两大部分,每部分又包含两个分支。第一部分理论哲学,包含美学和逻辑学两个分支;第二部分实践哲学,包含经济学和伦理学两个分支。

举这些哲学家对哲学分类的例子,目的是为了让初学哲学的人知道哲学内容的一个大概。每个哲学家都各有其分类的理由,这些理由同他们各自的哲学思想观点有紧密的联系,而这是哲学史的任务，这里就略去不讲了。

一般流行的分类法

如果不细究各个具体哲学家的具体观点和与之相联系的分类，而只是综合性地概述西方哲学史上普遍流行的分类法，那么，哲学的内容大体上可分为这样三个部分：第一部分，“本体论”(ontology)。“本体”一词来自拉丁文 on(是、存在、有)和 ontos(存在者)，德国经院学者郭克兰纽(Rudolphus Goclenins，1547—1628)第一次使用“本体论”一词，并把它解释为“形而上学”的同义语。一般地说，在西方哲学史上，“本体论”指关于存在本身(being as such)的理论或研究。18 世纪，由于理性主义哲学家沃尔夫使用“本体论”一词以表示关于存在者(beings)的本质的研究，这个词便比它的同义语“形而上学”更具有突出的地位。20 世纪，由于对形而上学的革新，“本体论”或本体论的思想变得更为重要，特别是在现象学和存在主义哲学家如海德格尔那里。[①] 但英美分析哲学则反对任何形而上学和“本体论”。“本体论”在西方哲学史上有两种用法：一是包括“宇宙论”(cosmology)在内，一是不包括“宇宙论”。“宇宙论”一词最早也是由沃尔夫使用的。该词在哲学史上一般指关于宇宙的起源、结构、发生史和归宿等的研究。我在这里采取把“宇宙论”包括在“本体论”中的做法。关于存在之本性的问题，从本体性质上分，有唯物论、唯心

---

① 《不列颠百科全书》(*Encyclopedia Britannica*)，Chicago，1993 年第 15 版，第 8 卷第 958 页。

论、中立论、合一论等；从本体数量上分，有一元论、二元论、多元论。关于宇宙之起源、生成的问题，可分为机械论或决定论和目的论。

第二部分“知识论”或“认识论”（epistemology）是关于人类认识的来源、能力、范围、限度和真伪标准的研究。这个词来源于希腊字 epistēmē（知识）和 logos（理论、学科）。从认识能力来分，有独断论、怀疑论、实证论，或分为可知论与不可知论；从知识之来源来分，有理性主义、经验主义、批判主义；从知识之真伪标准来分，有反映论、融贯说、实用说，如此等等。

第三部分“价值论”（axiolgy）。这个词源于希腊文 axios（有价值的）和 logos。价值原指商品交换价值，19—20 世纪，在一些思想家的影响下，其涵义扩大到不仅指经济现象，而且包括伦理道德、美学甚至逻辑的现象之中，于是形成了一种综合的专门学问，叫做价值论。此词最早由法国哲学家拉皮埃（Paul Lapie，1869—1927）使用。价值论是关于事物对满足人的需要、兴趣和目的的意义的研究。西方哲学史上的各派哲学家早已对价值有自己的研究和看法。在北美现代哲学家、新实在论者蒙太葛（W. P. Montague，1873—1958）的哲学分类（他把哲学分为方法论〔相当于认识论〕、形而上学〔相当于本体论〕、价值论三部分）中，价值论包括伦理学和美学两个分支。蒙太葛的方法在西方现当代哲学中颇有代表性。

中国传统哲学中谈天道与性命的方面较多，天道方面约略相当于西方哲学史上的本体论（包括宇宙论），性命方面约略相当于西方哲学史上的价值论。中国传统哲学中相当于西方认识论方面的内容，相对而言则较少。[①]

第二章 “人生在世”的两种结构——“人—世界”与“主体—客体”

一、“人—世界”和“主体—客体”两种在世结构的含义、区别与联系

平常说哲学是世界观，我把世界观理解为对世界的看法，也就是对世界的态度或关系。哲学的基本问题也就是人与世界的关系问题。

两种在世结构的含义与区别

在中西哲学史上，关于人与世界万物的关系问题的看法，粗略说来，占主导地位（主导不是唯一）的有两类：一是把世界万物看成是与人处于彼此外在的关系之中，并且以我为主（体），以他人他物为客（体），主体凭着认识事物（客体）的本质、规律性以征服客体，使客体为我所用，从而达到主体与客体的统一。西方哲学把这种关系叫做“主客关系”，又叫“主客二分”，用一个公式来表达，就是“主体—客体”结构。其特征是：（1）外在性。人与世界万物的关系是外在的。（2）人类中心论。人为主，世界万物为

① 参阅冯友兰：《中国哲学史》上卷，北京：商务印书馆，1944年，第7页。

客，世界万物只不过处于被认识和被征服的对象地位，这个特征也可以称之为对象性。(3) 认识桥梁型。意即通过认识而在彼此外在的主体与客体之间搭起一座桥梁，以建立主客的对立统一，所以有的西方哲学家把主客关系叫做“主客桥梁型”。由此也可以看到，主客关系或主客二分并不是像有些人所误解的那样，只讲主客的分离、对立，不讲统一；只不过这种统一是在本质上处于外在关系的基础上靠搭桥建立起来的统一。对于主客关系也许大家比较容易理解，近半个世纪以来，大家讲哲学原理，一般都是按照主客关系来讲人与世界的关系。人与世界万物的另一种关系是把二者看成血肉相连的关系。没有世界万物则没有人，没有人则世界万物是没有意义的。人是世界万物的灵魂，万物是肉体，人与世界万物是灵与肉的关系，无世界万物，人这个灵魂就成了魂不附体的幽灵；无人，则世界万物成了无灵魂的躯壳，也就是上面所说的，世界是无意义的。美国当代哲学家、神学家田立克(P. Tillich，1886—1965)说：“自我与世界的相互依赖，就是基本的本体论结构，它包含了其他的一切……没有世界的自我是空的，没有自我的世界是死的。”所谓“空的”就是没有内容的魂不附体的幽灵之意，所谓“死的”就是无灵魂的躯壳之意。田立克把人与世界万物的这种融合关系称为“自我—世界结构”以区别于“主体—客体”结构。[1] 本章的副标题中的“人—世界”就是从田立克的“自我—世界”引申来的。田立克的观点，直接来源于海德格

---

① 《20 世纪西方宗教哲学文选》上卷，上海：上海三联书店，1991 年，第 819、827 页。

尔。海德格尔的“此在与世界”的关系就类似这种灵魂与肉体的关系。海德格尔说的“此在”是“澄明”，是世界万物之“展示口”，又颇有些类似我国明代哲学家王阳明（1472—1529）所说的“天地万物与人原本是一体，其发窍之最精处是人心一点灵明”。“我的灵明便是天地鬼神的主宰……天地鬼神万物离却我的灵明，便没有天地鬼神万物了。我的灵明离却天地鬼神万物，亦没有我的灵明。”[①]这种关系的特征也可归结为三点：① 内在性。人与世界万物的关系是内在的。人是一个寓于世界万物之中、融于世界万物之中的有“灵明”的聚焦点，世界因人的“灵明”而成为有意义的世界，用中国哲学的语言来说，这就叫做“人与天地万物一体”或“天人合一”（天人合一在中国哲学中有多种含义，“天”的歧义亦多，我这里只是借用它以避免海德格尔所说的“此在与世界”的术语之晦涩）。② 非对象性。人是万物的灵魂，这是人高于物的卓越之处，但承认人有卓越的地位，不等于认定人是主体，物是被认识、被征服的客体或对象，不等于西方的人类中心论。在“人与天地万物为一体”的关系中，人与物的关系不是对象性的关系，而是共处和互动的关系。③ 人与天地万物相通相融。人不仅仅作为有认识（知）的存在物，而且作为有情、有意、有本能、有下意识等

① 王阳明的《传习录下》：不能一见到中国哲学谈到人心与万物，就说这是区分主体与客体的思想。西方的主客关系式，说的是主体与客体原本二元对立、相互外在，但主体是中心，世界万物是客，处于被认识、被征服的对象地位，只是靠主体的认识和支配征服才使主客达到对立统一。这种思想是中国传统的“天人合一”说所缺乏的（不是说完全没有）。王阳明所说的“天地万物与人原是一体，其发窍之最精处是人心一点灵明”，这里虽然谈到人心与万物，但显然不是西方主客关系式的思想。

在内的存在物而与世界万物构成一个有机的整体，这个整体是具体的人生活于其中的世界（生活不仅包括认识和生产斗争、阶级斗争的实践，而且包括人的各种有情感、有本能等的日常生活中的活动，这是一种广义的实践），可以叫做“生活世界”。倒过来说，此世界是人与万物相通相融的现实生活的整体，不同于主客关系中通过认识桥梁建立起来的统一体或整体，那是把客体作为对象来把握的整体，用哈贝马斯的话来说，后者叫做“认识或理论的对象化把握的整体”，前者叫做“具体生活的非对象性的整体”。我们不能像有的人所误解的那样，因为两者都讲无限和整体，就把它们混为一谈，不能因为讲主客的统一就认为那是中国的天人合一论或西方现当代一些哲学家所说的超主客关系。

两种在世结构的关系

关于“主体—客体”与“人—世界”两种结构的区别和关系，狄尔泰（Wilhelm Dilthey, 1833—1911）早有说明：“我们的自我意识的根基乃是这样一个不变的事实，即没有世界，我们就没有这样一种意识，而无此意识，就没有为我们而存在的世界。在这种接触中所发生的，是生活而不是一种理论的过程；它是我们叫做经验的东西，即压力与反压力，向着可以反过来做回应的事物的扩张，一种在我们之内和围绕着我们的生命力，此生命力是在苦和乐、恐惧和希望、对不可更易的重负的忧伤以及在对我们从外面接受的礼物的欢欣之中所经验到的。所以此我并不是坐在舞台之前的一个旁观者，而是纠缠在作用与反作用之中……”[1]人不是站在世界之外“旁观”世界，而是作为参与者“纠缠”在世界万物之中，而这种“纠缠”就是“生活”，这些都说明狄尔泰把人的生活看成人是与世界万物融为一体的观点，而不是主体与客体二分的观点。狄尔泰还认为“生活”比主客二分和认识更根本、更原始。“一切沉思、严肃的探索和思维皆源于生活这个深不可测的东西。”“一切知识都植根于这个从未充分认识的东西。”[2]狄尔泰的这些话都说明生活、实践是最根本的，思维认识是派生的。

关于上述两种结构的区别与关系，海德格尔作了更生动的说明。海德格尔说过，人“在世界之中存在”（In-der-Welt-sein）（这句话颇类似中国人的一句口头语“人生在世”），这句话里所谓“在世界之中”的“在之中”（In-Sein）有两种不同的含义。这两种含义实际上也就是关于人和世界的关系的两种不同的理解。海德格尔认为一种意义是指两个现成的东西，其中一个在另一个“之中”，例如水在杯子“之中”，椅子在教室“之中”，学校在城市“之中”。按照这种意义下的“之中”来理解人和世界的关系，那么，人就不过是一个现在的东西（人体）在另一个现成的东西（世界）“之中”存在，这两者的关系是两个平等并列的现成的东西的彼此外在的关系。即使把人理解为以肉体为根基的精神物，只要把人和世界看成是两个现成的东西，那也还是属于这种意义的“之中”关系。在这样的

---

① H. P. Rickmann, *Wilhelm: Pioneer of the Human studies*, University of California Press, 1979, p.113.

② Rudolf A. Makkreel and John Scanlon: *Dilthey and Phenomenology*, Washington: University Press of American, 1987, p.79.

“之中”关系中，人似乎本来是独立于世界的，世界似乎是碰巧附加给人的，或者说，是碰巧与人聚会在一起的。海德格尔认为，西方哲学传统中主客关系就是这样的“之中”关系：客体是现成的被认识者，主体是现成的认识者，两者彼此外在。这样看待人与世界的关系，必然产生一个问题，即主体怎么能够从他的内在范围走出来而进入一个外在的客体范围中去？也就是说，内在的认识怎么能够有一个外在的对象？主体、认识怎么能够超越自己的范围？或者再简单一点说，主体怎么能够认识客体？与“主体—客体”式的“在之中”相对应的，是另一种意义的“在之中”，海德格尔称之为“此在和世界”的关系。这种意义的“在之中”不是一个现成的东西（主体）在另一个现成的东西（客体）之中。按照这种意义的“在之中”，人乃是“融身”在世界之中，“依寓”于世界之中，世界乃是由于人的“在此”而对人揭示自己、展示自己。人生在世，首先是同世界万物打交道，对世界万物有所作为，而不是首先进行认识，换言之，世界万物不是首先作为外在于人的现成的东西而被人凝视、认识，而是首先作为人与之打交道、起作用的东西而展示出来。人在认识世界万物之前，早已与世界万物融合在一起，早已沉浸在他所活动的世界万物之中。世界万物与人之同它们打交道不可分，世界只是人活动于其中的世界。所以，融身于世界之中，依寓于世界之中，繁忙于世界之中——这样的“在之中”，乃是人的特殊结构或本质特征。“此在”（人）是“澄明”，世界万物在“此”被照亮。至于“主体—客体”式的“在之中”关系，在海德格尔看来，必须以这里所说的“此在和世界”的“在之中”关系为基础才能产生，也就是说，认识植根于这第二种意义下的“在之中”关系。为了使世界万物作为现成的东西而可能被认识，人首先必须有与世界万物打交道的活动，然后才从制作、操作等活动中抽出空来，逐步走向认识，这样，人才不致因主客彼此外在而弄得主体不可能越出自己的范围使认识成为不可能之事。按照海德格尔的这种解释，认识之所以可能，是因为人一向就已经融合于世界万物之中，亦即一向生活于、实践于世界万物之中。海德格尔的语言比较晦涩，但他的基本思想和意思还是比较清楚的：生活、实践使人与世界融合为一，人一生下来就处于这种一体之中，所谓“一向”如此，就是指一生下来就是如此，所以“此在与世界”融合为一的这种关系是第一位的。至于使人成为认识的主体，世界成为被认识的客体的这种“主体—客体”关系则是第二位的，是在前一种“一向”就有的关系的基础上产生的。“此在—世界”的结构产生“主体—客体”的结构，“天人合一”（借用中国哲学的术语）产生“主客二分”，生活实践产生认识。这些就是我对海德格尔上述思想观点的解读。田立克根据他对海德格尔的理解明确断言：“自我—世界的两极性是理性的主体—客体结构的基础。”“理性的主客结构是植根于自我—世界的相互关联之中，并从其中发展起来的。”产生认识的“主体—客体结构得以可能的东西”是“自我—世界”相互融合的结构。[①] 总之，只有存在生活、实践中人与世界融合为一这个大前提，人才可能作为主体而认识客体，没有这个大

---

① 《20 世纪西方宗教哲学文选》上卷，上海：上海三联书店，1991 年，第 825、827、828 页。

前提，主体是不可能越出自己的范围而认识外在的客体的，也就是说，不可能达到主客的统一。主客的统一植根于人与世界的融合、合一，这就是“主体—客体”结构和“自我—世界”结构的关系。

二、两种在世结构在中西哲学史上的表现

“人—世界”结构和“主体—客体”结构是人与世界的两种不同关系，两者既表现于个人精神意识的成长和发展过程中，也表现于人类思想史中。关于前者，下面将有专章论述，这里专门谈谈两种结构在中国哲学史和西方哲学史上的表现。“主体—客体”或“主客二分”虽然不是中国传统哲学的专门术语，但已为当代中国哲学界所熟悉，“自我—世界”和“此在与世界”之类的术语则对于我们中国哲学界还比较生疏。为了通俗和方便起见，我还是借用中国哲学的术语，姑称之为“天人合一”式。“自我—世界”的融合关系与中国的“天人合一”确有某种相似相通之处，只是我再重复前面说过的一点，中国各派思想家对“天”的解释有多种，我这里所用的“天”只是取其世界万物或自然之义。另外，田立克的“自我—世界”的概念和海德格尔关于“此在和世界”的理论同中国的“天人合一”说有重大的区别，例如两者认为人与世界万物一体相通，但在如何息息相通、融为一体的问题上，是大不相同的。就“天人合一”的这种最广泛、最粗略的意义来说，我们可以认为，中西哲学史各自都兼有“天人合一”式与“主客二分”式的思想，不过西方哲学史上较长时期占主导地位的旧传统是“主体—客体”式，中国哲学史上长期占主导地位的思想是“天人合一”式。

西方哲学史在苏格拉底、柏拉图以前，早期的自然哲学关于人与自然的关系的学说，主要是“人—世界”合一式。柏拉图的“理念论”，从认识论的角度讲客观的理念是“认识”的目标，实开“主—客”式思想之先河。明确地把主体与客体对立起来，以“主客二分”式为哲学主导原则，乃是笛卡尔为真正开创人的西方近代哲学之事；但笛卡尔的哲学也包含有“人—世界”合一的思想因素，他的神就是人和世界万物之共同的本根或创造主。黑格尔是近代哲学的“主—客”关系思想之集大成者，他的“绝对精神”是主体与客体的最高统一，但他的“绝对精神”不仅是认识的最高目标、最终极的真理，也是世界万物之最终的本根或创造主，它是最高的客观精神，也是人类精神的最高形态，人与世界相通。黑格尔哲学所讲的最高的主客统一包含着“人—世界”合一的思想，为他死后的西方现当代哲学特别是人文主义思潮的哲学思想铺设了道路。总起来说，从笛卡尔到黑格尔的西方近代哲学的原则是“主体—客体”式。

黑格尔以后，从主要方面来说，大多数西方现当代哲学家还有一些神学家，则贬低以至反对“主—客”式。其中，海德格尔是一个划时代的人物，他把批评“主—客”式同批评自柏拉图至黑格尔的旧形而上学传统联系起来，认为这种旧形而上学传统的根基是“主—客”式。海德格尔可以说是西方现代哲学中“人—世界”合一思想和反旧形而上学思想的一个主要代表。西方现当代哲学，特别是人文主义思潮的哲学思想，其主要的共同的倾向是超越“主体—客体”式达到一种类似中国的“天人合一”的境界。

不过，海德格尔绝非一味否定“主—客”式的哲学家。如前所述，海德格尔明确地主张“此在与世界”的“在之中”关系优先于“主体与客体”的“在之中”关系，亦即“人—世界”合一式优先于“主—客”式，而且，他还论述了“主—客”式以“人—世界”合一式为根基的道理。显然，海德格尔的这个思想是欧洲“主—客”式思想长期发展之后的产物，它和古希腊早期的“人—世界”合一思想，有明显的高低之不同。如果说古希腊早期自然哲学的“人—世界”合一是原始的“人—世界”合一，那么，海德格尔等人的哲学则可以说是经过了“主—客”式和包摄了“主—客”式的一种更高一级的“人—世界”合一。从古希腊早期自然哲学的“人—世界”合一思想，经过长期的“主—客”式思想发展过程到以海德格尔为主要代表的现当代哲学的“人—世界”合一思想，正好走了一个否定之否定的路程，这也可以说是从古到今的整个西方哲学史的特征之一。

从这个角度来看，中国哲学史走的是一条什么样的路程呢？

中国哲学史长期以“天人合一”的思想为主导，“天人相分”的思想有类似“主—客”式之处，但在中国哲学史上没有占主导地位。我用主导一词，就表示不是唯一的意思。就一个哲学家来说，也可以是“天人合一”与“天人相分”兼而有之，但亦有主导与非主导之分。

中国哲学史上的“天人合一”的思想在西周时期的天命论中就有了萌芽。天人相通的哲学观念起于孟子。他主张天与人相通，人性乃“天之所与”，天道有道德意义，而人禀受天道，因此，人性才是有道德意义的，人之性善有天为根据。秦汉之际儒家的著作《中庸》也认为天乃人道之源。

老庄实际上也是主张“天人合一”说的。他们认为“道”是宇宙万物之本根，人亦以“道”为本。《老子》:“人法地，地法天，天法道，道法自然。”(上篇)《庄子·外篇》:“汝身非汝有也……孰有之哉？曰：是天地之委形也。生非汝有，是天地之委和也。性命非汝有，是天地之委顺也。孙子汝非有，是天地之委蜕也。”(《知北游》)人的一切皆非独立于自然，而为自然之物。在谈到人的最高境界时，老庄之“天人合一”的思想则更为明显。《老子》之轻视知识、提倡寡欲和回复到婴儿状态或愚人状态，实际上是要人达到一种“天人合一”境界。庄子(约前369—前286/275)更是明确地主张通过“坐忘”“心斋”，即一种忘我的经验、意识，取消一切区别，以达到“天地与我并生，而万物与我为一”的“天人合一”境界。庄子称此种境界为“玄德”。《老子》之婴儿状态或愚人状态实际上可以说是包括而又超过知识和欲望的状态。庄子的“玄德”亦非真正的“昏”“愚”，而只是“若昏”“若愚”，这也是包括而又超过知识和欲望之意。但我们是否可以说，老庄的“天人合一”境界达到了海德格尔所主张的“在之中”的水平呢？不能这样说。海德格尔的“此在—世界”，即他所谓的人融身于世界、依寓于世界的关系学说，如前所述，乃是欧洲“主客二分”式思想长期发展之后的高一级的“人—世界”合一，老庄的“天人合一”是未经“主—客”式思想洗礼的原始的“天人合一”;海德格尔明确地给予“主—客”式和认识论以一定的地位，并做了详细的、系统的论述，只不过“主—客”式要以“此在—世界”为根基，“此在—世界”优先于“主—客”式而已，老庄哲学则少有“主—客”式思想和认识论，我们只是根据他们的只言片语，通过我们的分析推论，才说他们的思想包含有知识的因素。老庄哲学和海德格尔哲学的区别不仅是中国哲学与西方哲学的区别，而且是古代哲学和现代哲学的区别。

老庄的“天人合一”与孟子（约前372—前289）的“天人合一”显然有不同之处：第一，在孟子看来，人之所本，有道德意义，而老庄的“道”则是没有道德意义的，所谓“道法自然”。第二，由于孟子的“天”有道德意义，所以达到“天人合一”境界的方法也有道德意义，这个方法就是“强恕”“求仁”；而庄子的方法是“心斋”“坐忘”，这是没有道德意义的忘我的经验、意识。

孟子之以人伦道德原则为本根的“天人合一”说，至宋明道学而发展到了高峰。

张载（1020—1077）的“天人合一”说是宋代道学之开端。张载说：“大其心则能体天下之物。物有未体，则心为有外。世人之心，止于闻见之狭。圣人尽性，不以闻见梏其心，其视天下，无一物非我。孟子谓尽心则知性知天以此。天大无外，故有外之心不足以合天心。见闻之知，乃物交而知，非德性所知。德性所知，不萌于见闻。”（《正蒙·大心篇》）张载这一段话似乎涉及了“主—客”式与“天人合一”式的关系。“见闻之知，乃物交而知”，就是说，“见闻之知”乃主体与客体相互作用的结果。若停止在“主—客”式上，则是在主体（心）之外尚有现成的客体，这是“以闻见梏其心”，即用闻见的知识把主体封闭在自身之内，这叫做“心为有外”或“有外之心”，“有外”者，在心（主体）外尚有现成的客体之意。“有外之心”当然“不足以合天心”，不能“体天下之物”，也就是不能达到“天人合一”。只有破除主客之间的障隔，打开此

“牿”，而“大其心”，才能“体天下之物”，“视天下无一物非我”，从而达到“天人合一”，即所谓“合天心”的境界，这种境界如果也叫做“知”，那就是“德性所知”，而不是“见闻之知”。张载明确指出，“德性所知，不萌于见闻”。张载显然主张“德性所知”高于“见闻之知”，“天人合一”高于“主—客”式。当然，他不可能像海德格尔那样分析、说明后者怎样以前者为根基而产生。

道学的“天人合一”说，在张载以后，逐渐分为程朱理学与陆王心学两派。

程伊川(1033—1107)和朱子(1130—1200)以万物之本根为“理”，“理”是老庄的“道”之变形，不过程朱赋予了“理”以道德意义，此程朱理学之大不同于老庄哲学之处。程朱主张人禀受形而上的理以为性，故天人相通。据此，程伊川和朱子的“天人合一”的最高境界便是“与理为一”。“与理为一”，从人来说，就是人遵循理，从天来说就是理体现于人。

陆王心学的“天人合一”说，不同于程朱理学，陆王强调理不在心之上或之外，认为人心即是理。王阳明(1472—1529)明确否认有超乎人心和具体事物之上的形而上的理的世界，主张唯一的世界就是以人心为天地万物之心的天地万物。王阳明这种融人心于世界万物的“天人合一”说，大大超过了程朱的思想。程朱所主张的本根(“理”)是形而上的东西，他们的“天人合一”都是形而上的东西与形而下的东西之结合，而在王阳明这里，则只有一个现实的世界，此世界是人心与天地万物之彻底融合，人与世界万物之息息相通、融为一体的程度，比起程朱哲学来要深刻得多。

(早在周秦之际的儒家作品《礼运》中,虽然已有“人者,天地之心也”之说,与王阳明所说一样,但《礼运》此语的意思没有像王阳明那样阐发得明确详细。)王阳明似乎是中国哲学史上“天人合一”说的一个典型性的代表,其地位同海德格尔的“此在—世界”的思想在西方哲学史所占的地位相类似。但王阳明作为中国哲学家和古代哲学家,与海德格尔作为西方哲学家和现代哲学家,两人的“天人合一”思想又有根本的区别。

一、最根本的一点是,王阳明的“天人合一”说具有中国古代哲学的特点,即缺乏“主—客”式的思想。中国哲学史上虽然也有类似“主—客”式的“天人相分”说,但一直不占主导地位,而且语焉不详,后期墨家的认识论中“主客二分”的思想一直要到王阳明之后的王船山(1619—1692)那里,才得到比较明确的阐发。而海德格尔的人与世界思想,已如前面所说过的,是欧洲“主—客”思想长期发展之后的产物。①

① 有一种意见认为,原始人没有自我意识,没有觉察到人与自然的区别,一旦文明时代开始,人就有了自觉,就能区分人与自然,因此,要说孟子等中国古代哲学家这样的人物不能区分自然与人,不能区分天人,那是不可能的。持这种意见的人便由此断言,中国古代哲学家的“天人合一”说是在区别天人基础上再肯定天人统一,是高级的天人合一。这种意见显然不了解,个人发展到区分主客的自我意识阶段并不等于整个人类思想或一个民族的思想发展到了以区分主客的自我意识为哲学原则的阶段。个人从出生到能区分主客,能有自我意识,其所需的时期只不过以月计,而整个人类思想或一个民族的思想发展,由不能区分主客的无自我意识阶段到区分主客的有自我意识的阶段,则往往要以百年计或千年计。个人或某哲学家能区分主客,也不等于他就能建立以主客式或自我意识为基本原则的哲学。古希腊早期自然哲学家,就其个人来讲,当然能区分主客,当然有自我意识,但他们并未达到以“主—客”式为哲学基本原则的水平;同理,孟子等中国古代哲学家的情况也类似。我这里并无意认为,中国自孟子到王阳明的“天人合一”说与古希腊早期自然哲学是同一种情况。

二、王阳明的人心有道德意识，而且是封建的伦理道德意识；海德格尔的“此在”则无道德意义，他的“此在”是一般与世界万物打交道的活动与作为，其内容非常广泛。

三、王阳明的人心是理，属于理性，只不过专指道德理性；海德格尔“此在”是思，属于超理性的东西。

四、王阳明的人心是“人同此心”之心，“心同此理”之理，故王阳明思想中没有个人的自由选择；海德格尔的“此在”则是个体性，“此在”是个人根据自己的“本己”而“自由存在的可能性”，是自由选择。

五、王阳明哲学缺乏与“主—客”式相联系的认识论；海德格尔明确承认认识的地位。

王阳明与海德格尔的哲学思想之间的这些区别，颇能说明整个中国哲学与西方哲学的“天人合一”思想之间的区别。

明清之际以后（早一点说），主要是自鸦片战争以后，万物一体、天人合一的思想愈来愈受到批判。19 世纪末 20 世纪初的一批先进思想家们主张向西方学习，谭嗣同（1865—1898）主张区分我与非我，强调心之力，梁启超（1873—1929）大力介绍和赞赏笛卡尔和康德的主客关系说和主体性哲学，孙中山（1866—1925）的精神物质二元论更明确地是宣扬西方主客二分的思想。中国近代哲学史上先进的思想家们向西方寻找的真理，从哲学上来说，就是学习西方近代哲学的“主—客”思维方式及其与之相联系的主体性哲学，具体地说，就是学习科学，发挥人的主体性，以认识自然、征服自然；学习民主，以发挥人的主体性，反对封建统治者的压迫以及各种变相的封建压迫。

第三章　两种超越：纵向超越与横向超越；两种目标：相同与相通

一、纵向超越与横向超越

一个勤于作哲学思考的人，面对当前的事物，总想刨根问底，追寻一个究竟。哲学史上，粗略地说，有两种追问的方式：一个是"主体—客体"结构的追问方式，一个是"人—世界"结构（"天人合一"）的追问方式，也可以说，一个是以"主体—客体"结构为前提，一个是以"人—世界"结构（"天人合一"）为前提。前者是作为主体的人站在客体以外追问客体（即客观事物）的根底，后者是人处于世界万物之中体悟人如何与无穷无尽的万物融为一体；前者追问的是：外在的客体是什么，后者追问的是：人怎样与世界融合为一。所以严格地讲，对于后一种活动来说，不能用"追问""追求"之类的语词，这些词总是带有外在性，总是意味着对外在的东西的一种渴望，而后一种活动乃是一种内在的体悟的活动，它所要求于人的是，人怎样体悟到自己与世界万物一体。总之，前者是把世界当作一种外在于人的对象来追问，后者是把世界当作一种本来与人自己融合为一的整体来体悟。我在前面一开始时笼统地都用了"追问"的字样，只是为了一种从俗的权宜之计。

“纵向超越”

第一种方式首先是西方传统的概念哲学所采用的由感性中的东西到理解中的东西的追问。在柏拉图的《斐多篇》中，苏格拉底说他过去曾按照他的前辈们的方法考察事物，这种方法就是，为了说明某事物，就直接地指向别的事物，即在别的事物中寻找某事物的根底。苏格拉底叙述了他按照这种直接的方法考察事物一再失败的经验，然后，他求助于一种间接的方法。他说：“我担心如果我用我的眼睛看事物或试图藉感官的帮助理解事物，我的灵魂便会完全瞎了。于是我想，我毋宁求助于心灵世界，在其中考察存在者的真理。”[①]苏格拉底把他对“心灵世界”的这种“求助”叫做“奠定基础”，即以“心灵世界”为基础、为根底之意。所谓“心灵世界”就是“理念”。苏格拉底接着举例说，感觉中美的东西之所以是美的，乃是以美的“理念”（“美自身”或“绝对的美”）为原因、为根底。苏格拉底在哲学追问方式上的这一转向，即从直接出现的东西中找根底转向在“心灵世界”或“理念”中找根底，按照美国当代著名哲学家、欧洲大陆哲学专家萨利斯（John Sallis，1938— ）教授的说法，乃是“从感性的东西到理解的东西的上升”，[②]所谓“理解的东西”就是指“理念”，这一转向开启了直接感性中的事物与作为其根底的理念、概念之间的区分，“更确切地

① Plato，Phaedo 99e. 译自 Benjamin Jowett 英译本，Oxford：*The Four Socratic Dialogues of Plato*，1949，p. 244；并参阅 John Sallis：*Delimitations*，Indiana University Press，1995，p.204。

② John Sallis，*Delimitations*，Indiana University Press，1995，p.204.

说，苏格拉底的转向构成了一个形而上学的领域”。[1] 于是感性中变动不居的东西以恒常的“心灵世界”或“理念”为其原初的根底，而不是以另外的感性中变动不居的事物为根底，——这就是苏格拉底不再因循其前辈的旧思路而开辟的哲学新方向或新的哲学追问方式的要旨。西方自苏格拉底—柏拉图到黑格尔逝世这两千多年间的哲学追问方式，就其占统治地位的方面而言，都是在这样的思路下走过的。海德格尔说这一长期占统治地位的哲学基本上是柏拉图主义，也就是这个意思。

西方传统哲学中的唯心论的概念哲学或形而上学都以“主体—客体”为前提，按照从感性中个别的、变化着的、有差异的、表面现象的、具体的东西追问到理性或理解中普遍的、不变的、同一的、本质性的、抽象的东西的纵深路线，达到对外在的客观事物之根底的把握。它把普遍的、同一性的概念当作脱离具体的、个别的东西而独立存在的本体，并认为这本体是最根本的、第一性的东西。柏拉图式的唯心论虽然主张作为万物之根底的理念、概念是“预先假定的”，[2]是潜存于不死的灵魂中的，但要达到对这种潜存于不死的灵魂中“理念”的“回忆”，也需要靠感性中直接的东西的“刺激”作为一种“机缘”以“唤起”理念。这一“唤起”的过程实际上就是我所说的从感性中个别的东西上升到理性中普遍的东西的“纵深路线”。即使是集唯心主义之大成的黑格尔，他的

---

① John Sallis, *Delimitations*, Indiana University Press, 1995, pp.5 - 6.

② ［德］黑格尔：《哲学史讲演录》，第 2 卷，北京：生活・读书・新知三联书店，1957 年，第 193 页。

"理念"或"绝对理念"从本体论上讲是逻辑上在先的，是第一性的，是万事万物之根底，但他也承认，在现实的人的认识过程中，"按照时间的秩序，人的意识，对于对象总是先形成表象，后才形成概念，而且唯有通过表象，依靠表象，人的能思的心灵才进而达到对于事物的思维地认识和把握"。① 可见黑格尔作为一个唯心主义哲学家也承认人的实际认识过程是从感性中个别的东西上升到概念。在谈到柏拉图的唯心主义时，黑格尔指出，不要以为柏拉图的唯心论就像人们"所想象的那种坏的唯心论那样，好像人什么东西也不能学习，完全不受外界的决定，而认为一切观念都从主体产生出来。"柏拉图只是认为不要"从感性的个别性中去肯定它的真理性和存在"，"唯有由思想产生出来的(按即理念、概念——引者)才有真理性"，他"反对""真理是由感觉给予的"，然而要达到对真理、理念、概念的认识，还得从感觉开始："认识的源泉是多方面的；感情、感觉、感性的意识就是源泉。最初的是感性意识；感性意识是我们所熟悉的，我们的认识从此开始。"②

西方近代哲学中的唯物论也以"主体—客体"关系式为前提，采用从感性到理性的追问方式，但它并不把追问到的普遍性、规律性作为独立于个体的感性存在的抽象概念，并认为这样的概念是第一性的。唯物论认为普遍性的、规律性的东西寓于个体的感

---

① [德] 黑格尔：《小逻辑》，贺麟译，北京：商务印书馆，1980 年，第 37 页。
② [德] 黑格尔：《哲学史讲演录》第 2 卷，贺麟译，北京：生活·读书·新知三联书店，1957 年，第 193、195 页。

性存在之中，这两方面的结合就是世界的本质和本根。平常说，世界本质上是物质性的，具有这样的本质的世界乃是普遍与特殊、感性的东西与理性的东西的结合。但唯物论是以主体与客体关系式为基础的，它所理解的世界是外在于人的或者说独立于人的世界，只是靠认识的桥梁才把二者统一起来，这样的世界远非作为知（认识）、情、意相结合的人与世界融合为一的、具有丰富意义的（包括在诗意的）生活世界，而只有这样的生活世界才是西方观当代哲学所关注的。

“横向超越”

西方现当代哲学特别是欧洲大陆人文主义思潮的哲学家如尼采（Friedrich Wihelm Nietzsche，1844—1900）、海德格尔、伽达默尔（Hans-Georg Gadamer，1900—2002）等人已不满足于以主体客体关系为前提的追问方式，特别是不满足于概念哲学追求形而上的本体世界，追求抽象的、永恒的本质，而要求回到具体的、变动不居的现实世界。但这种哲学思潮并不是主张停留于当前在场的东西之中，它也要求超越当前，只不过它不像旧的概念哲学那样主张超越到抽象的永恒的世界之中去，而是从当前在场的东西超越到其背后的未出场的东西，这未出场的东西也和当前在场的东西一样是现实的事物，而不是什么抽象的永恒的本质或概念，所以这种超越也可以说是从在场的现实事物超越到不在场的（或者说未出场的）现实事物。如果把概念哲学所讲的那种从现实具体事物到抽象永恒的本质、概念的超越叫做“纵向超越”，那么，这后一种超越就可以叫做“横向超越”。① 所谓横向，就是指从现实事物到现实事物的意思。“横向超越”就是我在本章一开始提到的以“人与万物一体”或“天人合一”为前提的追问方式。海德格尔所讲的从显现的东西到隐蔽的东西的追问，就是这种横向超越的一个例子。当然，海德格尔最后讲到从“有”到“无”的超越（即对现实存在物的整体的超越），但他所讲的“无”绝不是旧形而上学的抽象的本质概念或本体世界。中国传统哲学所讲的“万物一体”“天人合一”更明显地是讲任何一个当前出场的东西都是同其背后未出场的天地万物融合为一、息息相通的，从前者超越到后者不是超越到抽象的概念王国，而是超越到同样现实的事物中去。

“纵向超越”是指从表面的直接的感性存在超越到非时间性的永恒的普遍概念中去，这种超越，一般都比较容易理解，但“横向超越”所讲的从在场的东西超越到不在场的东西，这一点可能我们一般感到比较生疏，需要多作一点解释。在场和不在场是西方现当代哲学所用的一对比较新的术语。所谓“在场”（presence）

① “纵向超越”与“横向超越”这两个词，我原来是从当代美国哲学教授、海德格尔哲学专家萨利斯所用的“横向的架构”（horizontal structure）那里引申而来的（详后）。后来在写另一本著作《解读黑格尔〈精神现象学〉》时发现法国现代哲学家伊波利特（Jean Hyppolite，1907—1968）在其著作 *Genesis and Structure of Hegel's Phenomenology*，Evanston，Northwestern University Press，1974 年版中用了 vertical transcendence 和 horizontal transcendence 两个词（见该书第 544 页脚注），正好可以译作“纵向超越”与“横向超越”，但伊波利特几乎没有对这两个词作什么界定。窥其大意，前者是指无限精神或上帝超越于时间中的历史发展或有限精神的发展之外，后者是指无限精神完全表现于时间中的有限精神的发展之内，这是一种在时间之内的超越，亦即人类历史的发展过程。我感到我的用法和伊氏的用法基本意思是一致的。

或“在场的东西”(the present)是指当前呈现或当前呈现的东西之意,也就是平常说的出席或出席的东西;所谓“不在场”(absence)或“不在场的东西”(the absent)就是指未呈现在当前或缺席之意。例如我现在呈现在当前的这个神态是与我的父母、祖辈的血统,我周围的各种环境,我所受过的教育等有形的、无形的、直接的、间接的、近的、远的各式各类的东西或因素息息相通、紧密相连的,然而这些东西或因素并未呈现在当前。我现在呈现在当前的这个神态是在场的东西,那些未呈现的各式各类的东西或因素是未在场的东西。然而,你要了解我为什么会呈现当前这样一个姿态,你就不能死盯住这一点在场的东西,而要超越它,超越到背后那种种不在场的东西中去,把在场与不在场结合为一个整体,这样,你才能真实地了解和把握我当前呈现的这个姿态。这里举的我的姿态这个例子,还是属于可见的东西,但在场并非只指可见的东西。例如我当前所讲的这套哲学思想,这就是不可见的,但就这套思想是我当前所主张的而言,它就是在场的。我当前这套出场(在场)的思想是以我过去的思想发展、我所受的社会影响等为背景的,然而这些作为背景的东西当前并未出场,你要了解我当前呈现的思想,也需要超越它,超越到上述那些未出场的背景因素中去。

不要以为在场的东西只是指感性中的东西,凡属概念就不是在场的东西。恰恰相反,概念乃是把变动不居的、多样性的特殊方面抽象掉而得到的单纯普遍性,如果说特殊的东西是变化不居的在场的东西,它可以出场,亦可消失、不出场,那么,概念则是永恒不变的东西，是永恒出场的，所以西方现当代哲学家往往把概念哲学所奉为至上的概念叫做“恒常的在场”(constant presence)，[①]至于这种概念哲学则一般地被贬称为“在场形而上学”(Metaphysics of Presence)，其特点就是驱向永恒的在场。

“横向超越”包括从感性认识到理性认识的过程

以“人—世界”结构或“万物一体”为前提的“横向超越”也绝不是摒弃概念、普遍性，它只是认为概念、普遍性不是离开感性中的特殊性而独立存在的，所以“横向超越”中的在场的东西和不在场的东西并不只是指简单的个别的东西，而且往往是指包括概念、普遍性在内的复杂的事物，是“理在事中”的事物。例如我们讨论《红楼梦》的故事，这是当前在场的东西，这里既有个别的人、简单的事，但更多的是包含很多人生哲理的复杂情节，我们在讨论《红楼梦》里的复杂故事时，往往要追问这些故事背后的社会背景，以至于联想到许多超越《红楼梦》故事本身的人生感叹，这些，对于《红楼梦》故事本身来说，就是未出场的东西，它们并不是简单的、个别的东西，而是包含概念、普遍性在内的复杂的东西，它们和当前出场的《红楼梦》故事一样是“理在事中”的事物。可以看到，从在场到不在场的“横向超越”决不排斥平常讲的从感性认识到理性认识的过程，它只是把这一认识过程纳入“横向超越”之内，认为在通过这一认识过程达到了对普遍性和“事理”的认识之

---

① Otto Pöggeler, *Martin Heidegger's Path of Thinking*, Humanities Press International, INC. 1989, p.69, p.102.

后，还要更进一步而超越这在场的"事理"，进入不在场的"事理"。

总之，从在场到不在场的超越是由显现处超越到隐蔽处，也可以说是由明处超越到暗处。

由"纵向超越"到"横向超越"的转向

德国现代哲学家、现象学创始人胡塞尔（Edmund Husserl，1859—1938）在很多地方就谈到事物的"明暗层次"（Abschattungen）的统一，谈到事物总要涉及它所暗含的大视野。这实际上意味着，感性直观中出场（"明"）的事物都是出现于由其他许多未出场（"暗"）的事物所构成的视域之中。美国哲学教授萨利斯把它称之为"horizontal structure"①这个词可以译作"视域的架构"，不过我倒是更倾向于译作"横向的架构"，以表示出场的、显现的东西出现于由未出场的、隐蔽的东西所建构起来的视域之中，前者以后者为其背景、根源或根底。这里的根源、根底不是旧形而上学所讲的抽象的本质或独立的自在世界，而是现实的东西，是作为当前出场者的背景、作为隐蔽的东西的现实事物。但以上的阐释和申述实已超出了胡塞尔现象学的范围，胡塞尔的现象学只是暗含着这样的思想成分，也可以说，现象学自身在这里突破了它自身。海德格尔关于隐蔽与显现的理论，关于"在手"与"上手"的理论、关于"此在"与"世界"相融合的理论，既标志着他与胡塞尔的决裂，又是胡塞尔现象学的发展。胡塞尔的现象学是"纵向"的

① J. Sallis, *Delimitations*, Indiana University Press, 1995, p.77.

西方旧形而上学向“横向”的西方现当代哲学的过渡。

从有底论到无底论的转向

事物所隐蔽于其中或者说植根于其中的未出场的东西，不是有穷尽的，而是无穷尽的。具体地说，任何一个事物都与宇宙万物处于或远或近、或直接或间接、或有形或无形、或重要或不重要的相互联系、相互作用、相互影响之中，平常说的普遍联系的观点实际上从某个角度看也就是说的这个意思，只不过平常讲相互联系时讲得太一般化、太简单了，而未从隐蔽与显现、在场与不在场以及超越当前的角度对普遍联系做更深入的分析和发挥。所以按照这种观点来看，我们其实可以说，每一事物都埋藏于或淹没于无穷尽性之中。这也就是说，事物是无根无底的。如果我们把概念哲学或旧形而上学以“理念”“自在世界”“绝对理念”之类的东西作为根底的“纵向超越”理论叫做“有底论”，那么，我们就可以把这种“横向超越”的理论叫做“无底论”，也可以说，无底论所讲的底是无底之底。由有底论到无底论，也是西方旧形而上学到现当代哲学的转向的特征之一。

二、相同与相通

不相同而相通

“相同”就是我在前面所说的“纵向超越”所要达到的抽象同一性或普遍性概念；“相通”乃是“横向超越”所要达到的不同现实事物（包括在场的与不在场的）之间的相互融通的整体。

正如尼采所说："世界上本来没有相同的东西。"①莱布尼兹（Gottfried Leibniz，1646—1716）更形象地说过："找不到两片相同的树叶。"我们只能通过认识的抽象活动，撇开相异的方面，抽取其共同的、彼此相同之处，构成抽象的普遍性、共同性、同一性（这里的"同一性"不是指相互依存、相互转化）或者说相同性，这就是抽象概念。

但现实中没有这种抽象的相同性，现实的东西总是千差万别的、彼此不同的。彼此不同的东西而又能互相沟通，这就是我所说的相通。

西方古典哲学家大多重认识论，把认识相同性视为哲学的重要任务。中国古代哲学家大多重本体论（存在论），认为把握现实的东西之彼此相通是哲学的重要任务。但我在这里的兴趣不是历史的，而是想从理论上着重说明宇宙万物不同而又相通的意义，并进而说明哲学之最高任务不是认识相同性，而是把握相通性。我无意反对认识相同的必要性和重要性，更无意断言相同性是虚构，我只是说相同性是抽象的，抽象不等于虚构。但我更强调的是，通过"横向超越"把握相通高于通过"纵向超越"认识相同。我的主张，说得简单一点，就是万有相通，亦即万物一体。

不少人认为，既然找不到彼此完全相同的东西，那也就谈不上彼此相通。例如有的主张语言只能私有的论者就认为，私有语言只是说话的本人才了解的东西，只与说话的本人私有的感觉相

① ［德］尼采：《快乐的科学》，第111节。

关，因而主张此一说话人与彼一说话人不能相通，不能交流，也就是说，他们之间无共同语言，他们在使用同一语词或同一种说法时，实际上是在表达各自不同的、私人独有的经验。

再举一个具体的例子。人们有时抱怨不能完全了解彼此对同一事件的感受或感觉，甚至对自己最亲密的人，也不能完全做到这一点。的确，我的手指被刀割破的疼痛感觉与你的手指被刀割破的疼痛感觉不可能绝对相同，这是事实。问题是以此为遗憾而抱怨，这实际上还是源于一种不同者不能相通的观点。如果能理解到我的痛感与你的痛感虽然总不能完全相同，但你的痛感仍能牵动我的不忍之心，好像我也在痛一样，这就是我与你之间的相通。这种相通并不要求我的痛感与你的痛感完全相同，因而也就没有抱怨和遗憾的必要。

庄子与惠施关于鱼之乐的那段辩论，也包含相同与相通的道理。若单就鱼与人不同、庄子与惠施不同而言，则惠施所说的“子非鱼，安知鱼之乐？”与庄子的辩词“子非我，安知我不知鱼之乐”都能成立，也就是说，庄子不可能了解鱼之乐，惠施不可能了解庄子之知鱼乐，鱼与庄子之间，庄子与惠施之间，既然彼此不同，也就不能相通。其实，如果我们懂得不同者亦能相通的道理，则庄子之知鱼乐和惠施之知庄子之知鱼乐，都是可以成立的，因为庄子与鱼之间，庄子与惠施之间，虽不相同，却又是彼此相通的。

我以为我们平常所谓的彼此之间的相互了解，所谓我知道你，你理解我，实皆指彼此之间相通，我你之间相通，不是指两者之间的绝对相同。懂得了这一点，我想那种认为人与人之间不可能相互了解的主张和观点，应该说是站不住脚的，至少是片面的。西方近代哲学，特别是经验主义，认为人最理解私己的心灵感觉，把内在的、心灵私有的东西放在首位，这就为不同者不能相通的私有语言论提供了理解基础。维特根斯坦（Ludwig Wittgenstein，1889—1951）主张感觉可以交流，可以让渡，语言能得到公共的理解，正是要扭转西方近代哲学史上这一传统的见解。可惜维特根斯坦只限于从语言的角度论述他的观点，而没有考虑到不同的东西可以相通的道理。

不同的东西何以能够相通？相通的含义是什么？

我且先谈谈中国的天人相通。

中国的天人相通

程伊川认为人受性于天，天道即存于人的心性之中，天道与人道，其为道一也。“天地人只一道也，才通其一，则余皆通。”[①] 若不管程伊川的“天”所包含的道德含义，则他的天人合一观就是指人与宇宙万物为一体，“道”贯通于人与宇宙万物之中。人与万物之所以能相通，关键在于“道”本一以贯之。

王船山关于天与人之所以能相通的道理讲得更清楚明白。他认为天与人虽彼此不同，“形异质离，不可强而合焉”，[②]但由于“道”一以贯之，故能相继、能相通。他的原话：“天与人异形离质，

---

① 程伊川：《语录》十八。
② 王船山：《尚书引义》。

而所继者惟道也。”[①]

王阳明曾以具体的例子生动地说明了他关于人与万物一体相通的道理。“大人之能以天地万物为一体也，非意之也，其心之仁本若是其为天地万物而为一也。岂惟大人，虽小人之心，亦莫不然。彼顾自小之耳。是故见孺子之入井而必有怵惕恻隐之心焉，是其仁与孺子而为一体也。孺子犹同类者也，见鸟兽之哀鸣觳觫而必有不忍之心焉，是其仁之与鸟兽而为一体也。鸟兽犹有知觉者也，见草木之摧折而必有悯恤之心焉，是其仁之与草木而为一体也。见瓦石之毁坏而必有顾惜之心焉，是其仁之与瓦石而为一体也。是其一体之仁也，虽小人之心，亦必有之。是乃根于天命之性而自然灵昭不昧者也。”[②]天地万物贯穿“一体之仁”，就像人的灵魂渗透于人体各不同的部分，使之成为一体一样。故人不仅与人相通，从而“见孺子之入井而必有怵惕恻隐之心”，而且与不同类之鸟兽相通，与无知觉之草木瓦石相通，而对鸟兽草木瓦石“有不忍之心”“有悯恤之心”“有顾惜之心”。总之，人与任何不同的东西，皆因其为一体而彼此相通，而无“分隔隘陋”。[③] 按王阳明这里所讲的道理和例子推之，则庄子所讲的“知鱼之乐”，也可以看作是天地万物一体的一种表现。同样，你的痛感会通过语言而引起我的同情，也是我与你融为一体的表现，与“孺子之入井”会引起我的“怵惕恻隐之心”是同一道理。

---

① 王船山：《尚书引义》。
② 王阳明：《大学问》。
③ 王阳明：《大学问》。

天地万物究竟如何一体相通？中国旧的传统哲学对此都讲得太笼统。是由于王阳明所说的“仁”渗透于其中而使之成为一体的吗？把道德意义的“仁”赋予“天”，是一种不合实际的强加。是由于莱布尼兹的“前定和谐”使得不同的万物（包括人与物的不同和人与人的不同）成为一体而彼此相通的吗？我以为莱布尼兹的“单子没有窗户”的观点是站不住脚的，它否定了万物之间的相互影响、相互作用，其目的是为神的存在提供论据。否定了神，就无法说明他所主张的每一单子反映全宇宙的观点。近来我国有人把儒家的和谐思想比拟为莱布尼兹的“前定和谐”，我以为是不恰当的，儒家没有“前定和谐”的思想。

相通的关键在于全宇宙的唯一性

天地万物都处于普遍的内在的联系之中，更确切地说，都处于相互作用、相互影响、相互勾连之中，这种联系使得每一人、每一物甚至每一人的每一构成部分或每一物的每一构成部分都一个千丝万缕的联系、作用与影响的交叉点，此交叉点无广延性，类似几何学上的点，但它是真实的而非虚构。尼采关于事物是相互作用的总和的思想①是合理的。由于每一交叉点集全宇宙普遍作用与影响于一身，因此，我们也就可以说每一交叉点都反映全宇宙，或者说，就是全宇宙，类似莱布尼兹所说的每一“单子”都是全宇宙的一面镜子，也类似华严宗所说的“一即一切，一切即一”。

① ［德］尼采：《强力意志》，第551节。

不同的是，华严宗讲的是事与理的关系，相当于现象与本体的关系，我则是讲每一交叉点与整体的关系；莱布尼兹的“单子没有窗户”，靠神的“前定和谐”而反映全宇宙，我所说的交叉点本身就是全宇宙内部的相互作用、相互影响的结晶。张三是此一宇宙内部相互作用、相互影响的结晶，李四亦然，草木瓦石鸟兽虫鱼亦如是。每一物、每一人、每一部分，一句话，每一交叉点都是一个全宇宙，但又各有其个性，因为各自表现了不同的相互作用、相互影响的方式，或者说，各以不同的方式反映了唯一的全宇宙。我以为这就足以说明部分能与整体相通，此一部分能与彼一部分相通。简言之，各不相同的东西都能彼此相通：说“不同”，是指普遍的相互作用、相互联系的方式不同；说“相通”，是指它们都反映唯一的全宇宙，或者说它们本是一体。这里的“相通”显然不是指从不同的东西中抽象出相同的共同性。相通的关键在于不同者所反映的全宇宙的唯一性。

还是以前面谈到过的痛感为例。由于我与你都是唯一的全宇宙的反映，我的身心、血性、禀受等与你的身心、血性、禀受等都是唯一的全宇宙普遍联系与作用的结晶，所以我的痛感会牵动你的不忍之心，这就是我和你之间彼此相通。但你反映唯一的全宇宙的方式与我反映唯一的全宇宙的方式又是不相同的，所以你的痛感与我的感受又不是绝对相同的。不相同而相通，这就是我在这里所论说的主旨。企图达到两个人之间的痛感完全相同，那是不可能的，但这并不妨碍一个人的痛感可以与别人交流。

上面说部分与部分相通，部分与整体相通，其中所谓的部分只有相对意义。严格讲来，每一部分都是一个整体，因此也可以说，世界上归根结底，没有部分。说“部分”，乃是人为地把整体（全宇宙）加以割裂和撕裂的结果，所以部分总是抽象的。

上面说每一交叉点或每一物、每一人都反映唯一的全宇宙，都是全宇宙的一面镜子，这里所谓的反映和镜子只有比喻意味，不能理解为照相那样，把宇宙整体的模样机械地、具体而微地缩小到每一交叉点或每一物、每一人这样的小小照片中。“反映”是指联系、作用、影响之类的含义。例如某一特殊的人之所以为他，乃是无限联系、作用、影响的结果，这些联系、作用和影响包括父母的以至祖祖辈辈的，朋友的以至不相识者的，近处的以至遥远的，现有的以至过去的，物质的以至精神的，有形的以至无形的，重要的以至不重要的，如此等等，以至无穷。总之，每一交叉点或每一物、每一人都向全宇宙开放而囊括一切，一切又向它集中，交织于它。就是在这种意义下，我说它“反映”全宇宙。

时间上的不同也是相通的

万有相通的道理无疑也适用于过去与现在和将来的关系，也就是说，过去与现在、将来也是不相同而相通。

从有限的、割裂的、抽象的观点看一物、一人，它都受外在的作用的推动，也就是说是被动的，例如植物需要外部的阳光之类。但从无限的、具体的、普遍联系的观点看一物、一人，则如前面所说，每一物、一人都是宇宙整体，所以它的活动和开展是不假外求的，不需要外部作用推动的。它的活动与开展是自我活动、自我开展，类似莱布尼兹所讲的“内在原则”。

宇宙整体既承载着过去，也孕育着现在和将来，这就像一棵橡树的果实既是全部橡树的结晶，它沉积着、浓缩着橡树过去的全部发展过程，又孕育着、蕴涵着橡树将来要发生的全过程。当然，比喻总是有限制的，有限的橡树果实之发展为橡树，还需要外部的作用或条件，而无限的宇宙整体，其作用、联系则如前所说，是不假外求的。

关于宇宙整体之为过去的沉积、浓缩，是全部过去的承载者，这个道理是很显然的，也许不需要加以论证。我这里想着重说明的是宇宙整体孕育着、蕴涵着未来。必须说明这一点，才能谈得上过去与未来相通。

我所说的孕育不是“原形先蕴式的假设”(Ein schachtelungs hypothese box-within-box hypothesis)，不是说现在的东西在过去已具体而微地存在了，将来的东西现在已具体而微地存在了，好像飞机早在远古时代就已具体而微地存在了一样。孕育的意思乃是说，形成现在和未来的东西的无穷因子或因素都已在过去潜存于宇宙整体中，这些因子或因素是一种自我酝酿、自我开展和自我发展的过程，所以现在的现实事物不可能不经过这样长的过程而一蹴而就地、具体而微地、现实地存在于过去。例如形成婴儿的无穷因子或因素早已潜存和蕴涵在他的父母和祖祖辈辈那里，以至早已潜存在和蕴涵在整个宇宙中，但婴儿并非一蹴而就地、具体而微地早已现实地存在于过去。当然，通常理解的某一婴儿，总是有限的存在，他的诞生需要外部条件或外力。但这个比喻应有助于说明孕育不是“原形先蕴”之意。

整个宇宙之由过去到未来的开展与发展，都是它的内部活动，它作为整体，是自满自足的，它不断地酝酿而形成形式上越来越多、越来越复杂的万事万物，但万事万物并不在它之外，并不像婴儿脱离母体那样。万事万物即是宇宙整体自我活动、自我表现的诸种形态。古罗马时期新柏拉图学派哲学家普罗提诺（Plotinus，约 204—270）说他的“太一”绝对完满，一切具体的东西由它“流溢”，以它为源，但并“没有流出去”[1]——并没有流溢到“太一”之外。普罗提诺的“太一”，说的也是宇宙整体，至于普罗提诺对“太一”的理解与我对宇宙整体的理解的不同之处，这里就不必说了。

从表面上看，上面所讲的过去孕育未来的观点，似乎会导致宇宙间不能产生新鲜东西的结论。这当然是一种误解。首先，我对“原形先蕴式的假设”的否定，正是要否定一切事物早已具体而微地、现实地存在于过去的观点。更重要的是，说形成事物的无穷因子或因素早已潜存于过去，这并不等于说事物早已现实地存在于过去。宇宙整体在其自我发展的过程中，它的每一阶段，甚至每一瞬间，都表现为不同的面貌、不同的形态或状态，这不同的面貌、形态或状态的具体内容，就是各种新生的人和物以及事物，或者倒过来说也一样，各种新生的人和物以及事物的出现就是宇宙整体不断地自我开展、自我发展的表

① 黑格尔：《哲学史讲演录》第 3 卷，贺麟译，北京：商务印书馆，1959 年，第 190 页。

现。这样看来，尽管在宇宙整体的开展和发展过程中，无外来作用之加入，但仍可以说，宇宙间新鲜事物层出不穷、日新月异、瞬息万变。

由此可见，所谓过去与未来（包括现在）不相同而相通，其中的“不同”就是指宇宙整体开展和发展的过去的阶段、面貌、状态与其后来的阶段、面貌、状态彼此不同；不同者之所以又能“相通”，就是因为过去与未来都是唯一的宇宙整体之自我开展和发展。所谓“一脉相承”，对于过去与未来的关系来说，这相承、相通的“一脉”，不是指不变的抽象的同一性或相同性，而是指“唯一的宇宙整体”。

当代德国哲学家，解释学创始人伽达默尔主张研究历史的今天应该“参与”到历史的过去中去。我以为其所以能够“参与”，根据就在于古与今虽不同而又相通，二者原本“一体”“一气流通”。伽达默尔还谈到读者“参与”作品，解释者“参与”本文，观众“参与”游戏等。其实，所有这些“参与”都以两方面不同而又相通为存在论的依据。明清之际的王船山主张采用内在体验的方法以实现他的“通古今而计之”“合往古今来而成纯”的历史观，其根据亦在此。王船山的内在体验与伽达默尔的参与可以相互阐释、相互辉映。

内在的体验与外在的认识

内在体验或参与的方法与主客关系式的外在认识的方法是两种不同的方法，前者以把握万物一体、古今相通为目标，后者以认识相同性、同一性为目标。如前所述，现实中并没有完全相同的东西，只有通过外在的认识，从不同中抽象出相同，这才构成同一性的抽象概念。不过我们也应该承认，同一性的抽象概念虽然不是现实的，却是科学所需要的，是人类的生活所需要的。只有通过思维，按照同一律，掌握科学规律，才能支配客体，使之为我所用。尼采说："求相同的意志就是一种求强力的意志。"[①]问题在于人生不能停滞在这个阶段，我们应该更进而在不同中把握其相通、相融，这就需要比思维更高的把握方式，即想象。下面还将专门论述思维与想象。王船山的内在体验与伽达默尔的参与都类似这种方式。伽达默尔的《真理与方法》（*Truth and Method*）一书，贬低自然科学方法，强调"参与"，实际上就是贬低主客关系式的外在认识的方法，提倡古今融合。尼采贬低对世界的逻辑的把握方式（即建立在同一性基础上的方式），强调把握差别性和个别性的审美方式，亦有其深刻之处。中国传统哲学所讲的内在体验，由于缺乏或较少主客关系式的认识论，则有待于提高。我国学术界近来比较重视认识论，强调分析，颇有利于当前中国哲学的发展。

维特根斯坦说："神秘的不是世界是怎样的，而是它是这样的。"[②]"世界是怎样的"，是科学家所要探寻的问题。一个人作为科学家，他可以通过外在的认识方法，把宇宙整体作分割式的研究。无论其研究的对象如何广阔，科学家的研究对象总是有限的

---

① [德] 尼采：《强力意志》，第 511 节。
② [英] 维特根斯坦：《逻辑哲学论》6.44。

范围，而不是无限的整体。庄子说的“知也无涯”，这其中的“知”也是指的外在认识。庄子对外在认识持怀疑甚至近乎否定的态度，认为“以有涯随无涯，殆矣！”[①]尼采作为一个西方现代哲学家，从批评西方近代传统哲学的主客关系式和批评、分析逻辑同一律的角度，也对外在认识持一种似乎否定的态度。我不同意完全否定外在认识，而主张超越外在认识。哲学家的最高任务应该是把握万有相通的整体，或者用王阳明的话来说，做到“大人能以天地万物为一体”。[②] “能以天地万物为一体”，是一种境界，非外在的认识所能为力，而需通过内在的体验，但这种内在的体验不是抛弃认识、抛弃知识，而是比认识和知识更高。王阳明的内在体验缺乏认识和知识的地位，是他的哲学的一大局限性。回到上引维特根斯坦的话来说，通过这种内在体验所把握到的，就是指“神秘的是：世界是这样的”，亦即把世界当作整体来把握的一种“神秘的感觉”。[③] 只是维特根斯坦所讲的整体是“有限的整体”，[④]我所讲的整体则是无限的。所谓“神秘的”，我把它理解为超理性的，[⑤]而不是贬义的神秘主义。

维特根斯坦根据他关于“把世界理解为有限的整体”的理论，把事实的领域（即他所谓的“世界”）与事实之外的领域（即他所谓的“神秘的领域”或“价值的领域”）分裂为二，强调站在

---

① 《庄子·养生主》。

② 王阳明：《大学问》。

③ ［英］维特根斯坦：《逻辑哲学论》6.45。

④ ［英］维特根斯坦：《逻辑哲学论》6.45。

⑤ 参见张世英：《天人之际——中西哲学的困惑与选择》，“王船山与黑格尔——兼论人的超理性的存在”章，北京：人民出版社，1995 年。

世界之外以“直观”这有限的世界整体，从而赋予事实世界以价值和意义。所以在维特根斯坦看来，世界的价值和意义“只存在于世界之外”，[①]或者说，是“超验的”（“超越的”）。[②] 科学只管事实世界，不能满足人的内心追求，于是转向科学和事实世界之外，到“神秘的领域”中去寻找意义和价值。显然，这种把意义和价值推到超验的彼岸的观点是抽象的、不现实的。

其实，世界只有一个，世界的意义和价值不是像维特根斯坦所说的那样在世界之外，而就在世界之内。万有相通，万物一体，这是一个千差万别而又彼此融通的世界。

把万有相通、相融的整体分裂为主体与客体，主体将客体作为外在的对象，按照一定的条件，研究对象的规律，发现真理，这就是科学。西方自柏拉图以后的传统哲学，主要是近代哲学，一般以主体性为原则，按照主客关系的思维模式，把认识事物的普遍本质作为哲学的最高任务，这种外在性、对象性的哲学观点实际上是以科学的态度和方法看待哲学、研究哲学。海德格尔已反对过这种哲学观点。我以为哲学乃是教人超越（不是抛弃）主客关系，在更高的基础上回复到不分主客、人与世界融合为一的整体，亦即从宇宙整体的内部体验到一种物我（包括人和己）两忘的境界，这就是最高的审美意义和价值之所在，其中很自然地也包含了一种“民胞物与”的伦理道德的感情和意志。这样，科学与哲学、事实与价值意义之分就不是彼此

---

① ［英］维特根斯坦：《逻辑哲学论》6.41。
② ［英］维特根斯坦：《逻辑哲学论》6.421。

外在的两个领域之分，而是对唯一的现实世界采取主客关系的把握方式和超越主客关系，达到万物一体的境界（或把握方式）之分。真、善、美的统一问题，应该可以从这里找到一条解决的途径。

第四章　两种真理观：符合说与去蔽说

一、从传统的符合说到去蔽说的转向

符合说

中西哲学史上，传统的真理观异说纷纷，莫衷一是。有反映论，认为真理是人对客观事物（或者说，主体对客体）的正确摹写；有贯通说（又称融贯说），认为真理是诸多命题之间的彼此相容或不矛盾的关系；有实用说（效用说），认为真理是观念或经验同个人预期的目的和效果相符合，简言之，“有用即真理”，如此等等。大体上讲来，古典意义上的真理定义是：真理是事物与观念或理智相符合，或者是观念或理智符合于事物，例如（海德格尔举的例子）有人说，墙上挂的画是歪的，经查实，这一判断果然符合被判断的事物，墙上的画确实挂歪了，这个判断就是真理；或者是事物符合于观念或理智，例如（黑格尔举的例子）有人说真的艺术品，这就表示某一艺术品与我们早已形成的真艺术品的观念（概念）相符合。我当然无意说，符合说是传统哲学中唯一的真理观，但它在中西传统哲学中占有主导地位。中国先秦的墨子的“三表”，说的就是真理要符合“古者圣王之事”，符合“百姓耳目之实”，符合“百姓人民之利”。[①] 荀子(约前313—前238)提出“知有所合谓之智”[②]的论断,韩非(约前280—前233)的“参验”,西汉末年扬雄(前53—18)的“有验”,东汉王充(约27—97)的“证验”,北宋张载的“共见共闻”,也都以符合感性直观中的事物为真理。古希腊的亚里士多德明确地把真理定义为符合:“每一事物之真理与各事物之实是必须相符。”[③]法国哲学家伽桑狄(Pierre Gassendi, 1592—1655)也提出了“真理只是判断和所判断的事物二者之间的一致性”[④]的明确论断。康德的真理观也是符合说。黑格尔的真理观一方面可以说是贯通说,一方面也可说是符合说,即事物符合于概念:“真理,是概念和客观性的绝对同一。”[⑤]至于实用说的真理观,既是贯通说,也可以说是一种符合说。由现代德国哲学家海德格尔提出的去蔽说,乃是对以符合说为主导的传统真理观的超越和突破。

去蔽说为符合说提供存在论的基础

海德格尔并不否定传统符合说的真理观,他乃是要追问符合是如何内在地可能的。符合说属于认识论,讲的是认识与事物之间的符合(不管是事物符合于认识,或认识符合于事物,总之,都是讲的主客之间的符合);海德格尔则要给这种符合的可能性提

---

① 《墨子·非命》上。
② 《荀子·正名》。
③ 亚里士多德:《形而上学》。
④ [法] 伽桑狄:《对笛卡尔沉思的诘难》。
⑤ [德] 黑格尔:《小逻辑》,贺麟译,北京:商务印书馆,1980年,第397页。

供一个决定性的基础，具体地说，也就是提供一个本体论的（存在论的）基础。

前面已经提到，海德格尔举过一个符合说的最简单的例子：当一个人背对着墙说，“墙上的画挂歪了”，若问此人这一陈述是否是真的，只要此人转身“知觉”一下，“知觉”到墙上的画确实挂歪了，那就“证明”他的这个陈述或知识与事物本身相符合，从而也就“证明”他的陈述或知觉是真理。① 如果用我们现在流行的反映论的说法来表述海德格尔的例子，那就可以说，此人的陈述（知识）“正确反映了客观事实”，因而就是真理，或者换一个说法，“对客观事实的正确反映就是真理”。

这种符合说的真理观缘何而来？它有各式各样的变形，但总的来说，其根源在于主客关系的思维模式：作为认识者的主体与作为被认识对象的客体彼此外在，通过认识而得到统一。主体正确反映了客体，两相符合，就算是统一，否则就是不统一或尚未统一。海德格尔也曾明确地把传统的符合论真理观归结为“主客体关系”和“认识论问题”。② 上引的例子也许过于简单，我们一般讲真理早已不是这么简单的例子可以说明的了，例如我们平常说的相对真理、绝对真理，就比这个例子要复杂得多、深刻得多。但无论如何，我们平常讲真理，总还是逃不出符合说的大框架，从其思想根源上说，逃不出主客关系的思维模式，逃不出认识论的范

---

① Martin Heidegger, *Sein und Zeit*, Tübingen, Max Niemeyer（以下简称 Heidegger, Sein and Zeit）, 1960, p.217.

② Heidegger, *Sein und Zeit*, p.216.

围：真理总是与知识，最终与感性直观联系在一起。——这是我们现在一般讲的真理的主要特征。

但是海德格尔对符合的可能性却提出了问题。符合说所讲的符合中，一方面是客观的独立自在的物质对象，一方面是主体对于它的陈述、判断或认识，独立自在的物质对象与认识并不像两块银币一样是同类的东西，两者如何能符合呢？

海德格尔认为，从本体论（存在论）上看，任何所谓客观的事物，都只是因其呈现于人面前，才具有意义。人是“自然之光”。我们对某事物作出陈述，或者说作出判断，并不是对某独立于人之外的事物作出陈述或判断，而是对某个与人（“此在”）相关联的事物作出陈述或判断。这样，符合的双方才是同质同类的东西，也只有同质同类的东西才谈得上符合。因此，对某事物作出陈述或判断，也就是揭示某事物的意义。事物在没有被人陈述或判断时，处于遮蔽状态，即是说没有意义；而当一个陈述或判断揭示出事物的本来面目时，事物就达到了去蔽的状态而为人所见（apophansis），这个陈述或判断便是真的。这里显然包含了符合的现象，但符合是派生的，符合的基础在于：陈述或判断之所以成其为真，乃是源于人（“此在”）的揭示、展示。简言之，“此在与世界”的融合关系这一存在论的基础是第一位的，认识论上的符合是第二位的。

去蔽说的真理的真实性

是否可以只因为有了人，事物（存在着）才被揭示而有意义，就得出结论,说一切真理都是主观的呢?如果把“主观的”一词理解为任性随意,那当然不能说真理是主观的。但如把“主观的”一词理解为一切真理都与人相关联,那倒是可以这么说的,但这里的“主观”的意思显然已不是独断任意了,因为人(“此在”)的生存就是要让事物(存在者)的面貌如其所是的样子呈现出来或者说被揭示出来。是人使事物去蔽而显示其本来的意义,是人使事物成其为它之所是。按照这种说法,在牛顿定律(举例说)被牛顿揭示之前,就不能说是假的。海德格尔认为,在牛顿之前,牛顿定律处于遮蔽状态,既不能说它是真的,也不能说它是假的;唯有在牛顿揭示出牛顿定律之后,牛顿定律才作为真理而存在。真理作为真理,总是与人(“此在”)的存在相关联,与人的揭示相关联。[①]应当特别注意的是,海德格尔绝不否认事物离开人而独立存在,绝不否认没有人,事物仍然存在,但事物的意义,包括事物之“成为真”,则离不开人,离不开人的揭示。海德格尔哲学的兴趣不在离开人的所谓“自在之物”,那是抽象的,而在人所实践于其中、生活于其中、与之打交道的现实世界。

我想举我国明代学者王阳明的一段语录作例子,也许更通俗易懂一些:“先生游南镇,一友指岩中花树问曰:‘天下无心外之物,如此花树,在深山中,自开自落,于我心亦何相关?’”先生云:“尔未看此花时,此花与尔心同归于寂。尔来看此花时,则此花颜色一时明白起来,便知此花不在尔的心外。”[②]王阳明所谓“心外

① Heidegger:*Sein und Zeit*, pp.226-267.
② 王阳明:《传习录》下。

无物”，并非否认物的独立存在。他明确说过：“我的灵明，离却天地鬼神万物，亦没有我的灵明。”[①]可见王阳明并不像过去一般所批判他的那样是主观唯心论者。通观他的整个思想，他实际上是主张，离开人心，天地万物就没有意义。例如在人未看深山中的花树时，花虽存在，但它与人“同归于寂”，“寂”就是遮蔽而无意义，谈不上什么颜色美丽。只是在人来看此花时，此花才被人揭示而使得“颜色一时明白起来”。王阳明哲学关心的也是人与物交融的现实生活世界，而不是物与人相互隔绝的“同归于寂”的抽象之物。王阳明的真理观，如果套用海德格尔的术语来说，也可以叫作去蔽说。事物（例如花）因人的揭示而显示其意义，是人使事物（例如花）成其为该事物（花），花之为花在于它的花色。

海德格尔还特别指出，由于在人与物相关联的现实世界里，人已经参与了物（存在者），所以，人对物的陈述一方面是人揭示着、显示着物，一方面也是人按照物之所是的那样陈述着物，即是说，人的陈述受物的制约。这两个方面是一而二、二而一的。[②]还是举王阳明的例子：一方面是人在看此花时揭示了花的颜色，但另一方面，人在未看此花时，两者“同归于寂”，无所谓“此花颜色”，只是当人来看此花时，此花的颜色才“一时明白起来”，所以此花的颜色又是通过人的“参与”而“让”它存在起来的，这样，我们也就可以说，人受制于此花的颜色，必须按其所存在的样子来

---

① 王阳明：《传习录》下。

② ［德］海德格尔：《全集》(*Gesamtausgabe*, *Frankfurt a. M.*: Vittorio Klostermann——以下简称 Heidegger, *Gesamtausgabe*, 1975)，第 9 卷，第 184 页。参阅 J. Sallis: *Double Truth*, Albany: State University of New York Press, 1995, p.93.

陈述它。总之，说人揭示此花的颜色和说人按此花颜色所存在的样子去陈述它，这两个方面是一而二、二而一的。

二、真理的本质在于超越和自由

真理在于从个别存在者的束缚中解放出来

人究竟如何“参与”到事物或存在者中去，“让存在者按其是什么和如何是而显示自身”[①]呢？用上述岩中花的例子来表述这个问题，就是，人究竟如何与花关联起来（“参与”到花中去），让花的颜色按其本来面目显示自身呢？海德格尔的回答是，人能“绽出”（“越出”）存在者以与世界整体合一。海德格尔把这叫作“超越”。他说：“超越存在者，进到世界中去”，“让人与存在者整体相关联”，这就叫作“自由”，而只有这样的“自由”才能让“存在者或事物按其本来面目”（“如其所是”，按其存在的样子）显示自身。[②]海德格尔在这里所用的“自由”一词显然不是通常所说的随意选择的意思，而是指从某种束缚中解放出来的意思。具体地说，这里的“自由”就是指人具有从某一个别存在者（个别事物）的束缚中解放出来而不是死盯住一点个别在场者的能力和特性。人的“自由”的特性使人超越在场的个别的存在者，把它与不在场的“存在者整体”（“世界整体”）关联起来，结合为一，从而让某一个别存在者如其所是地显示自身。就上述花的例子来说，看花人所把握的花的颜色的本来面目不是指通常所认为的单纯的知觉、直

① Heidegger，*Gesamtausgabe*，volume 9，pp.188－189.
② Heidegger，*Gesamtausgabe*，volume 9，pp.163－164，p.190.

观，而是指联系花所处的远近的环境，包括看花人的心境等的整体把握。由此观之，真理的本质在于自由。自由把存在者带入在场与不在场结合为一的去蔽状态，使存在者显现其真实面目（“如其所是”）。

显然，真理在海德格尔这里，已远远超越了主体对客体的认识论意义，而具有了存在论的意义。真理的处所不在认识上的判断，而在人（“此在”）对存在者以如其所是的样子的揭示、去蔽。

真理与实践

海德格尔的去蔽说的真理观，是和他重视生活实践，把生活实践看成居于理论认识之上的思想密切相关的。他认为，同我们最切近的东西，不是呈现在我们肉体前面的被知觉的单个东西，而是在我们周围环境中与之打交道的、全神贯注的和关心的东西，并且这些东西是被嵌在世界的整体之中的。这也就是海德格尔所谓“上手的东西”（das Zuhandene，“到手的东西”），其对立面叫做“现成的东西”（das Vorhandene），[①]即单纯知觉中的东西或感性直观中的东西。海德格尔认为“此时”借以与事物打交道的“视”（Sicht）不是单纯的知觉，而是“领悟”在“世界”中互相纠缠在一起的东西。人所与之打交道的、全神贯注和关心的东西，实际上就是在生活实践中与之纠缠在一起的东西。只有生活实践（而不是理论认识）才让人领悟到人与世界融合为一的整体，这是

① Heidegger, *Gesamtausgabe*, volum 20, p.264；参阅《存在与时间》，第 67 页。

第一位的，至于理论认识则是后起的、第二位的。理论认识是否揭示了存在者的真面目，是否让存在者"去蔽"，需要把它放回到生活实践所领悟的世界整体中去"找到符合的标准"。[1] 海德格尔的去蔽说同我们当前讲的人类实践是检验真理的唯一标准，有其相通之处。只是我们当前讲的真理观仍然属于以主体—客体关系式为前提的符合说，即认为实践能解决主观认识是否"符合"于客观现实的问题。正如前面所申述过的，符合之所以可能，有一个本体论（存在论）的基础，即人与世界的融合为一。其实，实践以人与世界万物的融合为前提。我们强调实践的第一性地位，也应该同时就意味着强调人与世界万物的融合，只有这样融合才是最现实的生活世界。那种把客体与主体分立为二的观点是抽象的、派生的。中国传统哲学重天人合一，这与它重实践是有关系的。当然，这里的实践不能理解为只限于生产斗争和阶级斗争的实践，而应该包括人生的各种活动在内。我以为这样来解读我们所讲的真理标准，是切合实际、实事求是的，不是唯心论。人与世界万物融合为一，构成我们现实的生活世界，这种看法丝毫没有否认人以外的万物的独立存在，它只不过是把我们的兴趣放在世界万物如何显示于人的面前的问题上。这样来解读我们所讲的真理标准，也并不是简单地否定主体—客体关系式和认识论以及与之相联系的符合说的真理观，而是使之从属于人与世界合一的整体观，使之从属于存在论和去蔽说的真理观。事实上，海德

---

① Heidegger, *Gesamtausgabe*, volum 9, pp.188 - 189.

格尔把主客之所以能符合的根据纳入人与世界合一的整体中，也不过是对传统的主客符合说的真理观做一种新的解释，当然也是一种超越。

执着与绽出

海德格尔对于如何进入“绽出的自由”或人与世界合一的整体之境的途径，显然不是抛弃日常生活中人对事物的主客关系态度，而是详细地、深刻地论述了两者的相互关联，而最终又强调了超越主客关系的自由的优越性。他断言，存在者整体本来是处于遮蔽状态中的，只是通过人，它的遮蔽状态，才被去蔽而成为敞开状态。海德格尔称这种存在者整体原本就处在其中的遮蔽状态为“神秘”(das Geheimnis)，又称为“非真理”(Un-wahrheit)。显然，海德格尔所说的“非真理”不是我们平常所说的错误判断、错误陈述或与事实不符。海德格尔说：“非真理”——“神秘”“比此一存在者或彼一存在者的任何敞开状态更古老”。[①] 海德格尔所说的“神秘”“非真理”或“原始遮蔽状态”颇有中国人所说的“混沌未开”的意思。这种原本有的遮蔽状态由于人的“参与”或“让存在”，才被去蔽而敞开。但这里需要提出的是，人的“让存在”的“参与”活动，在通常情况下，并不就是对存在者整体的把握，而是“在个别行为中让存在者存在”，或者说，在个别行为中“给存在者解蔽”，这样一来，就反而割裂了原本有的整体，也就是“遮蔽了存

① Heidegger, *Gesamtausgabe*, volume 9, p.194.

在者整体”。海德格尔在这里所说的“在个别行为中让存在者存在”，实际上指的是主客关系的日常态度。按照这种态度，一方面，原本有的处于遮蔽状态中的存在者整体——“神秘”——“被遗忘了”“被掩盖了”，这可以说是一种“遮蔽的遮蔽”；另一方面，人“远离神秘”，只是执着于个别的“此一存在者或彼一存在者”，“执着于有效用的和可控制的东西”，人变得贫乏了。所以海德格尔说：“人愈是把自己唯一地当作主体(按：指主客关系式中的主体——引者)，当作所有存在者的尺度，他就愈益迷误。”[①]但海德格尔在这里的深刻之处在于他并不把这种主客关系态度的迷误当作我们平常所说的偶然犯错误，而认为此种迷误乃是“此在的内在机制”，“历史性的人必然有迷误”，“这种迷误本质上是与此在的敞开状态相应的”。[②] 总之，主客关系态度之掩盖神秘和奔向有效用的东西，这样的迷误乃人生之必然，乃人的“去蔽”过程之必然。事实上，人在按主客关系态度执着地追逐有效用的和可控制的东西之时，神秘的整体虽被遗忘，但仍然在起作用，仍然在掌握执着人的一切行为。关键在于能超越主客关系态度，在于能“绽出”(“越出”)以达到“参与的敞开”，达到人与世界合一的整体之境。海德格尔有一句简明扼要的结论：“此在不仅是执着的，而且是绽出的。”[③]“绽出”就是超越，即超越在场的东西，通过想象把在场与不在场结合为一，从而达到人与万物一体的自由境界，

---

① Heidegger, *Gesamtausgabe*, volume 9, pp.195 - 196.
② Heidegger, *Gesamtausgabe*, volume 9, p.196.
③ Heidegger, *Gesamtausgabe*, volume 9, p.195.

亦即达到真理(去蔽说和本体论意义下的真理)。

总之,主客关系是可以同人与世界合一的整体观结合在一起,去蔽说并不简单否定符合说的真理观,只是人与世界合一的整体观和去蔽说的真理观,比起主客关系式和符合说来,居于优先的地位。与此相应,我以为哲学似乎首要地应当讲本体论(存在论),认识论是从属于本体论的,我们平常说哲学是世界观,我以为就包含这层含意。中国传统哲学较少讲认识论,当今中国哲学的发展需要着重讲认识论,这是历史所赋予我们的使命,但从理论上讲,哲学依然需要把本体论放在首要位置。

第五章　论 境 界

一、境界的含义及其在中西哲学史上的意义

境界的含义

任何一个人,和任何一个物一样,都是宇宙间无穷的相互关联(相互联系、相互作用、相互影响)的网络中的一个聚集点或交叉点。这个点不是实体,而是空灵的;但又不是虚构,就有点像几何学上所讲的点那样,无面积、无厚度,但又是真的。人之不同于物的地方在于人这个聚焦点是“灵明”的,而其他万物则无此“灵明”。“灵明”的特点就是前面说的能超越在场,把在场者与背后千丝万缕的不在场者联系结合为一。正是这点“灵明”构成了一个人的“境界”,动物不能超越,故无境界可言。“境界”就是一个人的“灵明”所照亮了的、他所生活于其中的世界。动物没有自己

的世界。借用胡塞尔的哲学术语来说，也许可以说，“境界”约略类似于“生活世界”。显然，我所讲的境界不同于，或者说不只是中国古诗中所讲的境界。

从时间的角度来看，境界这个交叉点也就是人所活动于其中的“时间性场地”（“时域”），它是一个由过去与未来构成的现实的现在，也可以说，是一个融过去、现在与未来为一的整体。我们平常说，任何一个人都有他自己的世界或境界，此世界或境界就是这个“整体”或“现在”。它是每个人都必然生活于其中的“时域”，也就是每个人所拥有的自己的世界。一个人的过去，包括他个人的经历、思想、感情、欲望、爱好以至他的环境、出身等，都积淀在他的这种“现在”之中，构成他现在的境界，从而也可以说构成他现在的整个这样一个人；他的未来，或者说得确切一点，他对未来的种种向往、筹划、志向、志趣、盘算等，通俗地说，也就是，他对未来想些什么，也都构成他现在的境界的内容，从而也构成他现在的整个这样一个人。从这个方面来看，未来已在现在中“先在”。我们看一个人的境界如何，看一个人是怎样一个人，就得了解他的过去曾经是如何，以及他对未来想些什么，其中也包括他对自己的过去将要采取什么态度。借用海德格尔的比喻，每个人当前的境界就像“枪尖”一样，它是过去与未来的交叉点和集中点，它放射着一个人的过去与未来。一个诗人，他过去的修养和学养，他对远大未来的憧憬，都决定着他现在的诗意境界；一个过去一向只有低级趣味，对未来只知锱铢必较的人，他当前的境界也必然是低级的。这两种人从各自的“枪尖”上发射出来的东西是大不相同的。

境界又可以说是浓缩和结合一个人的过去、现在与未来三者而成的一种思维导向(思维在这里是广义的),也可以叫做“思路”或“路子”,它之表现于外就是风格。一个人有什么样的境界,就有什么样的风格。“清新庾开府,隽逸鲍参军。”庾开府有庾开府的清新风格,它标志着庾开府的境界和思维导向;鲍参军有鲍参军的隽逸风格,它标志着鲍参军的境界和思维导向。“人心之不同,各如其面。”其实,这句话也是说人的境界之不同,各如其面,彼此不可代替。从这个意义来讲,各人在世界这个大舞台上所扮演的角色就像在戏院里小舞台上所扮演的角色一样,生旦净末丑,各有各的位置和脸谱。

生活就是实践,如前所述,我所讲的实践不限于革命的实践,而是指人类的一切活动,包括政治活动、文化活动、伦理道德活动和日常生活的活动,甚至连审美鉴赏活动也可以叫实践。人生就是人的生活、人的实践,人生所首先面对的就是人所生活于其中、实践于其中的生活世界。但人在这个生活世界中怎样生活、怎样实践,这就要看他的那点“灵明”怎样来照亮这个世界,也就是说,要看他有什么样的境界。一个只有低级境界的人必然过着低级趣味的生活,一个有着诗意境界的人则过着诗意的生活。

中国人讲的“境界”与西方的“生活世界”

中国传统思想讲境界,除古典诗所讲的境界属于审美艺术领域外,也讲比诗意境界的范围更广的人生境界,人生境界包括诗意境界。人生境界也就是前面所说的由一个人的“灵明”所照亮了的，他所生活于其中、实践于其中的生活世界。王国维《人间词话》所谓“古今之成大事业、大学问者，罔不经过三种之境界”，这里的“境界”就是广义的人生境界。他所谓“词以境界为最上。有境界则自成高格，自有名句”，这里的“境界”则是指诗意境界。不过诗意境界同时也就是人生境界，或者说，是人生境界中之上乘者。儒家所讲的“孔颜乐趣”也是人生境界中之一种，而在儒家看来，这乃是人生境界中之最上乘者。

中国传统思想爱讲境界，与其重人生、重生活实践有密切关系。“境界”这个范畴可以说是对于人所寓于其中、融于其中的活生生的生活世界的最恰切、最深刻的表达。与中国传统思想重人生境界不同的是，在西方，“生活世界”这个概念范畴的提出则是很晚近的事。具体地说，是由狄尔泰、胡塞尔明确提出的。从古希腊的柏拉图、亚里士多德到近代的笛卡尔、康德、黑格尔，西方哲学史由古代的本体论的哲学思维转向近代的认识论—方法论的哲学思维，这两种哲学思维方式都属西方传统形而上学的范畴，从前者到后者的转化不过是主体与客体对立统一的模式由开端到完善的发展过程。柏拉图、亚里士多德已经把前苏格拉底时代重认识客体转向认识主体自身，但他们所处的时代毕竟只是人类思想的童年时期，他们所着重讨论的“存在本身”的问题一般地说仍停留在抽象的本体论层面，人的主体化和人的实际生活世界被淹没在超感性的“理念”或“纯形式”之中(尽管他们也关心人)。从柏拉图、亚里士多德时代的哲学到中世纪的经院哲学主要都是环绕个别与一般本质或“存在”本身的问题进行讨论，人的生活实践并未取得应有的重要位置，而且更进一步说，人的命运实际上由处于第一性地位的彼岸世界（柏拉图的理念世界与中世纪的神权）所控制，人的主体性问题，虽早已由苏格拉底——柏拉图开其先河，但在到文艺复兴以前的一千多年的历史过程中并未在人的生活实践中实现。由笛卡尔开创的西方近代哲学，把主体与客体的模式和主体性原则明确起来，实现了由古代本体论的哲学思维到近代认识论——方法论哲学思维的转向。从此，人们才越来越重视认识活动对于人的主体性地位的重要意义，人们的注意力似乎由非人世的彼岸回到了人世的此岸。但这种哲学思维方式由于突出认识活动在人的生活整体中的优先地位，使认识活动成了整个人的生活世界的主宰，或者用哈贝马斯的话来说，导致了人的生活世界的“殖民化”，①其结果是，一方面认识活动给人的物质生活带来了巨大利益，另一方面，人却成了只有认识而缺乏感情、缺乏欲望的无实际生活气息的、苍白枯燥的人，认识活动于是脱离了人生的目的，人实际上脱离了活生生的生活世界。总之，从柏拉图到笛卡尔再到黑格尔的上述传统哲学，虽然经过了一个长期的不断完善的发展过程，但都逃不出主客对立统一的模式，人的实际生活未提到首位。胡塞尔首先强调“生活世界”的概念，对这种传统哲学提出了挑战，当代哲学家哈贝马斯在胡塞尔哲学的基础上又对“生活世界”的概念和理论作了新的发挥和发展。

---

① J. Habermas, *Theorie des Kommunikatiren Handeln* Bd Ⅱ, Frankfurt am Main: Suhrkamp, Bd Ⅱ. s.293.

"生活世界"成了西方现当代思想特别是人文主义思潮的思想家们所谈论的中心范畴之一。[①] 中国传统思想所讲的"人生境界"与西方现当代一些思想家们所讲的"生活世界"也就有了对话的机缘。

中国人谈"境界"一般总是着重把它理解为一种精神境界，而且是个人主观的东西，西方现当代思想家们谈"生活世界"则不单纯是把它理解为精神性的、个人主观的东西，而且更着重讲生活世界所包含的物质的、社会的、客观的方面。

二、境界的形成

境界的独创性与客观性

任何一个人都是无穷关联的网络上的一个聚焦点，但每个人所聚焦的无穷关联的形式各有其独特性。因此，每个人的境界又是千差万别、各有其特性的。正因为如此，每个作为具有"灵明"的人的境界才自有其仅仅属于个人特有的主观能动的方面，境界的独立自主性、创造性和自由才有可能。但境界的独立自主性、创造性和自由又是与天地万物有着千丝万缕的关联的，每个人的境界都是由天地万物的无穷关联形成的，这无穷的关联包括自然的（例如生长于不同地理环境的人有着相应于其所属的地理环境的不同境界；另外，每个人的遗传因素也是影响人的境界的自然因素之一）、历史的（不同时代的人有不同的境界）、文化的（不同

① 参阅高宣扬：《当代社会理论》，台北：台北五南图书出版公司，1998 年，上卷第 285、390、391、402 页；下卷第 1177—1179 页。

文化背景的人有不同的境界)、教育的(受不同教育的人有不同的境界)如此等,以至最切近的关联如个人所处的具体环境和具体遭遇(每个人的具体的生活经历会造成各不相同的境界)。这些关联往往是不能完全由个人自由选择的,它们是每个人的境界之所以能形成的客观因素。我们虽然很难按这些关联距离境界之形成的远近强弱程度排出一个有等级的表格,但无论如何,我们还是可以说,境界是一个有层次的结构网,有深层次的、有浅层次的,即是说,有的关联对一个人的境界的形成起着深远的作用,有的则只是起着表面的作用。

这样看来,境界乃是主观与客观交融合一的产物。西方传统形而上学特别是康德、黑格尔所发展了的意识哲学或主体性哲学以主体为中心,忽视了构成人的精神境界(虽然他们没有非常恰切的相当于我们所说的境界这样的术语)的客观结构,我们的看法显然不同于这种传统哲学。另一方面,我们的观点也不同于一般的结构主义,后者几乎完全否定了人的境界的主观能动方面。我们一方面主张人在自己的生活世界中有自己的主观能动性和创造性的自由,一方面又承认人的自由和独立自主性是受宇宙间无穷关联的制约的,具体一点或者缩小一点说,是受历史、文化、社会、教育以至许多具体遭遇的制约的。境界乃是个人在一定的历史时代条件下、一定的文化背景下、一定的社会体制下,以至在某些个人的具体遭遇下所长期沉积、铸造起来的一种生活心态和生活方式。也可以说,境界是无穷的客观关联的内在化。这种内在化的东西又指引着一个人的各种社会行为的选择,包括其爱好的风格。一个人的行为选择是自由的——自我决定的，但又是受他的生活心态和生活模式即境界所指引的。可以说，现实的人都是一个具有由客观的社会历史性和主观的创造性两者相交织而成的境界的人，人就是在这样的境界中生活着、实践着，人的生活姿态和行动风格都是他的境界的表现。

人往往不能自觉到自己的境界

人在达到了一定的境界之后，此种境界的指引作用往往是不自觉的、无意识的。所以境界的概念似乎与习惯、禀性、气质、素养之类的概念有某种相近的意义。有某种境界的人，几乎必然有某一种的言行举止，而他自己并不清楚地意识到他处于何种境界之中，但有识之士会闻其声而如见其为人，即是说，能从其言行中判断他有什么样的境界。甚至一个人的服装也往往能显露出他的境界，显露出他所内在化的各种客观的社会历史结构和意义。一个爱出风头、好表演、不停地唧唧喳喳的小丑，他很自鸣得意，但他并不能意识到清醒的观众会如何评价他是一个有什么样的境界的人。社会历史是一个公共的大舞台，它让具有各种境界的角色在意识不到自己的境界的情况下充分自由地进行各具特色的表演活动，相互角逐、相互评判。

三、不同境界之间的沟通问题

境界的划分

境界按照各式各样的标准，可以有各式各样的分类。例如按时代的标准来分，有古代人的境界、中世纪人的境界、近代人的境界；从东西方文化背景的标准来分，有东方人的境界、西方人的境界；就中国文化传统来说，有儒家的境界、道家的境界、释家的境界；就人的社会地位来说，有统治者的境界、被统治者的境界；就受教育的情况来说，有受过教育的人的境界、有未受过教育的人的境界；至于中国传统诗论中所讲的诗意境界更是名目繁多，众说纷纭。冯友兰把人生境界按高低分为功利境界、道德境界和天地境界，也是大家所熟知的。我不打算提出新的分类法，只想谈谈不同群体的境界之间的沟通问题和如何提高境界的问题。

境界的固执性和可移易性

人们的境界一旦形成，便有相对稳定性，所谓"江山易改，本性难移"，不是完全没有道理的。这里的"本性"可以理解为已经形成了的、具有相对稳定性的某种境界。说稳定性是相对的，就意味着不是不可移易的，但又是有难度的。正因为移易有难度，所以就产生了如何使不同群体的境界互相沟通的问题和如何提高人们的境界的问题。哈贝马斯所提出的普遍性原则（"U 原则"）和讨论性原则（"D 原则"）相结合的"商谈伦理学"，以本书所讲的境界论的观点来看，实际上也可以说是试图沟通不同群体特别是统治者与被统治者的境界的设想，只不过是限于道德方面的境界；哈贝马斯所谓"理想的谈话环境"，他自己承认不过是一种"假定"或"预期"。国内伦理学界不少人提出"普遍伦理"作为国际间交往的准则，我以为也是一种以沟通不同群体间不同道德境界为目的的观点,值得我们重视。

我们可以把一个民族的生活世界或一个个人的生活世界看成是由经济、政治、文化等方面的生活构成的一个不断运转着的圆圈,其中文化居于中心地位,经济是周边。更具体一点讲,就一个民族而言,是该民族文化的观念形态特别是该民族的精神境界居于中心位置,经济特别是生产是边缘;就一个人而言,是其人生境界居于中心,物质生活是边缘。在这样一个不断运转的圆圈中,越是居于边缘的因素如一个民族的经济特别是生产和一个个人的物质生活,其运转的速度越快,而居于中心的文化特别是精神境界虽随之运转,但其变速则甚为缓慢。换言之,经济特别是生产是比较敏感、比较灵通的领域,而文化特别是精神境界则是比较迟钝、固执的。这主要是因为民族与民族之间、个人与个人之间,其在文化方面、精神境界方面的接触比起经济方面、物质生活方面的接触来,是间接的、无形的、深层次的。这也就是为什么民族与民族之间、个人与个人之间,以至各类群体与群体之间的精神境界较难沟通的原因。但是,从长远的观点来看,随着经济全球化的日益发展,文化将逐步逐步地、包括经过严酷的斗争而走向融合(融合不是消除差异,不是消除各民族文化的特色,而是你中有我,我中有你)的大趋势则是不可避免的,而这也就构成了各民族的精神境界得以沟通的大趋势。

最难的是统治者与被统治者之间的精神境界的沟通。原因是统治者可以利用他们手中的权力,利用他们所掌握的官僚机构和宣传工具,控制和钳制被统治者,被统治者的生活世界几乎大部分被统治者所占有，当他们的精神境界被说成是与统治者一致时，往往只不过是一种屈于压力的虚假的一致，有时甚至连这种虚假也是无意识的，而实际上则是经常处于互相矛盾、互相揣度的情况之中。但是，许多思想家特别是西方一些现当代的哲学家和社会学家，仍然在不断探索统治者与被统治者间精神境界的沟通渠道。前面谈到哈贝马斯的“商谈伦理学”就是一例。

通过建立普遍的伦理道德规范以求得各民族、各群体之间，包括统治者与被统治者之间的精神境界的沟通，诚然是一条值得赞赏和提倡的途径，也是有理论根据的，但我以为这条途径并非最根本的。

四、用“万物一体”“民胞物与”的思想精神提高和沟通不同的精神境界

“万物一体”是不同境界之间得以沟通的本体论根据

我在前面已经论述了天地万物各不相同而又彼此相通的道理，并以此为根据诠释了中国传统哲学所讲的“万物一体”论。我想，那里所讲的基本观点应适用于各民族、各群体，包括统治者与被统治者之间的精神境界的沟通问题：不同类型的境界之所以有可能相互沟通，就是以万物各不相同而又相通的道理亦即“万物一体”论为其最根本的哲学本体论的根据。各民族、各群体包括统治者与被统治者彼此各不相同，千差万别，这是客观事实，不可能强求一律，我们平常讲宽容，其实就是容许各自的特性和差异性，但这些不同的民族、群体包括统治者与被统治者又是处于

息息相通的万物一体之中的。因此,他们一方面可以容许对方的特性和差异性,一方面又可以相互感通,建立同类感和共通感。哈贝马斯的商谈伦理学和当前一些学者所企图建立的普遍道德规范,我想,都需要建立在万物不同而相通的“万物一体”论的基础上。否则,就没有商谈伦理学之商谈的前提和道德规范之普遍性的前提。更具体一点说,人们只有有了“万物一体”的感悟,或者说,只有有了“万物一体”的境界(万物一体的境界就是对万物一体的一种感悟或体悟),才有可能进行商谈、平等对话,建立共同遵守的道德规范,而这种境界不是原则上不可能达到的,因为人人都生活于万物一体之中,用一句不太妥当的话来说,这是“先验的”。当然,人人都生活于“万物一体”之中,不等于人人都能有“万物一体”的感悟,所以我们不能要求人人都能达到这种境界,但只要经过启发教育,让人们多一分这种境界,则彼此沟通和平等对话的可能性也就会多增加一分。

多提倡一点“万物一体”“民胞物与”的思想教育

在中国哲学史上,如张载的“民胞物与”的精神,王阳明的“一体之仁”,其实都是以“万物一体”的哲学本体论为基础的,只要去其封建义理的思想,都可以加以新的诠释,作为今天沟通各民族、各群体的精神境界的理论根据。在西方,我以为,卢梭(Jean-Jacques Rousseau, 1712—1778)的道德观实际上是以“万物一体”的境界为依据的。卢梭认为人与人是相通的,故人天生就有同类感,这是一种普遍的感情。人的道德意识来自同类感,由自爱而扩大为爱他人：每个人都要生活，都要为自己谋幸福，但每个人也因此而不假思索地、自然而然地、不计较个人利害地希望他人有幸福，这就是道德意识。人的这种源于人己一体的自然同情心，“在自然状态中代替着法律、风俗和道德”。[①] 卢梭的思想有很多缺点和局限性，特别是他排斥科学、文明、理性的观点显然是不切实际、不可取的，但他认为人与人同为一体，因此人皆有天生的同类感，应当加以恢复，这一点在今天也应该可以成为建立普遍伦理学的哲学根据。特别是就统治者与被统治者之间的平等对话和精神境界的沟通来说，更值得提倡：统治者只要多懂得一点“万物一体”的道理，多一点“万物一体”的境界，他们与被统治者之间的境界差距应该是可以缩小的。

最糟糕的是人们普遍缺乏“万物一体”的境界，大家都以自我为中心和主体，以他人为客体和被利用的对象，于是产生了这样一种社会现象：被统治者埋首于追求眼前的物质利益而缺乏自由自主的意识，对同类感，人的基本权利，都茫然无所知，统治者利用被统治者类似鸵鸟把头埋在物欲的沙堆里的弱点，对被统治者进行各种压榨，贪污腐化的现象日益猖獗。面对这样的社会现象，除了需要有政治上的措施外，仅仅靠道德说教，我想也无济于事，最根本的还是要通过教育，提高人们的精神境界。不仅被统治者要受教育，统治者也要受教育：被统治者多一点“万物一体”的精神境界，就会多一分自由自主的意识，少给统治者以射杀鸵

---

① 周辅成：《西方伦理学名著选辑》，下卷，北京：商务印书馆，1996 年，第 109、113、114 页。

鸟的可乘之机；统治者多一点“万物一体”的精神境界，就会多一分平等感（平等感也是一种同类感），多为被统治者创一分福利。这比起道德说教来似乎更是迂阔之论，更不切实际，但这是从根本上抓起。如果我们的思想界能首先不把“万物一体”的境界看作是迂阔之论而多加阐发和提倡，是否也可以起到一定的实际效果呢？

普遍提高人们的精神境界，绝非一朝一夕之功，也许需要几代人的努力才能初见成效。前面说过，一个时代有一个时代的精神境界，西方中世纪的那种避世的精神境界，不是统治了人们的头脑达千余年之久，一直到文艺复兴以后西方人才逐步有了近代那种进取的精神境界吗？要改变一个时代的精神境界，就需要付出一个时代的努力。在今天被视为迂阔之论的“万物一体”的境界，经过一个时代的努力之后，也许会成为普遍的或比较普遍的现实。

重要的是抓儿童和青少年时期的教育。一个人的最早或较早的生活经历和所受的教育对于以后的精神境界的形成往往起着基础的作用，如果我们能经常给儿童和青少年一种“万物一体”“民胞物与”的精神熏陶，我想对于改变整个时代人们普遍的精神境界将会有不可估量的作用。西方近代的民主思想与基督教的上帝面前人人平等和博爱的思想是有很大关联的，为什么我们不可以批判、继承和发扬我们自己的“万物一体”“民胞物与”的优良传统，让这种思想产生像宗教信仰一样的威力，从童年和青少年时期起就扎根于人们的心灵之中呢？

第六章 超越自我

真理是人与万物一体的自由境界。人究竟如何达到这种境界呢？人们之所以难于达到这种境界，主要是因为执着于我们日常生活中的这点小小的自我。所以要达到这种境界，就要超越自我。

一、禅宗关于超越自我的思想

康德的自我的空灵性

我们的日常生活中的自我，都是把自我当作与外物、与他人彼此外在、互相对立的实体。这样看待自我，则自我总是不自由的，表面上有主体性，但归根结底，它总是受外物的限制，受他人的限制。这种自我观念在我们日常生活中已根深蒂固，为亿万人所接受，似乎很难说它有什么不当。但是，康德却突破了这个陈旧的观念。他认为笛卡尔的“我思故我在”中的“我在”就是把“我”当做实体性的存在。康德断言，实体是认识的对象，而进行认识的“我”根本不能作为被认识的对象。例如“地球是圆的”这一判断中的“地球”虽然是判断中的主词（主体），但这个主词（主体）是被认识的对象，而判断总有一个下判断的主体，这个主体就是自我，自我不能是被认识的对象，只能是进行认识的主体。以笛卡尔为代表的旧形而上学者就是混淆了这两种不同含义的主体，错误地把进行认识的主体——“自我”，当成和被认识的对象一样是实体性的东西。其实，判断中的主词（主体）是实在的主体，而下判断的自我是逻辑的主体，即逻辑上设定的主体。康德认为前者有内容的同一性，而后者则不具内容同一的意义，只具有形式的同一性。所以我们平常说，康德所主张的自我是空灵的，空灵就是指它不是实在主体。康德着重论证自我不是实体，目的在于说明自我的自由本质：把自我看成是实体，那就是把自我看成是现象界的东西，是被决定的东西，只有把自我看成是非实体性的东西，这样的自我才是自由的。显然，康德在西方哲学史上为自我的非实体化、为论证自我的自由本质迈进了一大步，这也是康德的一大贡献。

但是，康德在这方面的功绩也是有限度的。他对于自我的空灵性，除了说它只有形式的同一性之外，没有更多的正面主张，他所主张的自我是超验的，而且他认为作为主体的自我其本身也是不可知的“物自身”，它和作为客体的另一个不可知的“物自身”交互作用而产生经验、知识。这些都说明康德没有脱离主客二分式的窠臼：实体性没有完全被克服，二元性和超验性以新的形式保留了下来。

尼采不仅否定了主体的实体性，而且否定了物质客体的实体性，否定了超验的、永恒的本体，否定了主客二元性，从而否定了整个主客关系。但正如海德格尔等人所指出的，他的“强力意志”说仍属传统形而上学的范围。他仍有主体性和超验性的思想成分。他把强力意志看成是世界背后甚至是上帝背后的基本原则，说明他的哲学没有摆脱实体性而达到自我的空灵性。

禅宗关于自我的分析

比起康德和尼采来，禅宗在克服和超越主客二元对立和自我的超验性方面走得更远，其学说有更多可取之处。禅宗认为日常生活中的自我是主客二分的产物，是实体性的自我，在自我意识中，这种自我是被认识的对象。当我说“我意识到我”时，这句话中后面的那个“我”是被认识、被意识的对象，是客体，前一个“我”是进行认识活动、意识活动的主体，它不是被认识的对象，而且永远不是，也不可能是被认识、被意识的对象。因为一旦它成为被认识、被意识的对象，则仍然有一个对它进行认识的主体在它后面，这个主体真可说是“瞻之在前，忽焉在后”，我们永远不可能把握它，认识它，只要你把它放在面前加以认识，它就成了客体，而作为认识主体的它就躲藏到后面去了，这个永远在逃避我们的认识而又主持着我们的认识活动的主体，禅宗称之为“真我”。唐代禅师临济（义玄）形容这个“真我”说：“著即转远，不求还在目前，灵音属耳。”[①]这几句话也就是上面所说的这个意思。康德把这个“真我”说成是只具有“形式同一性”的逻辑主体，如前所述，康德的这个观点未脱离主客二分式。其实，“真我”既非实体性的自我，也不能说是逻辑的主体或哲学上的、逻辑上的设定。为了不致引起概念上的混淆，我想把我们日常生活中说的自我（即主客关系式中的自我）叫做“自我”或“主体”，而不把“真我”叫做“主体”，因为“主体”这个词是与“客体”相对而言的，“真我”则根本不

---

① ［日］阿部正雄：《禅与西方思想》，上海：上海译文出版社，1989 年，第 12 页。

在主客关系之中，尽管“真我”更具自由的本质，或者借用主客关系式的语言来说，更具“主体性”，甚至可以说是真正的“主体性”。

禅宗所讲的“真我”是对主客关系式的克服和超越。我们日常生活中的“自我”总是与他人、他物相对而言的，“自我”被实体化了、被对象化了。而实体性的、对象性的东西总是彼此外在、相互对立的，所以要超越“自我”，就要超越主客的二元对立，超越自我与他人、他物之间的外在性和对立性。

我们日常生活中的“自我”，又总是把世界上的事物与事物之间的关系看成是彼此外在、相互对立的。例如认为山就是山，水就是水，此就是此，彼就是彼，此与彼之间判然分明，僵硬对立。这是因为在主客二分式中，“自我”不仅实体化了自己，而且实体化了客体，而此一实体化的客体与彼一实体化的客体之间只能是彼此外在、相互对立的。所以要看到山不是山，水不是水，此不是此，彼不是彼，就不能把世界上的事物实体化，也就是说，不要把世界上的事物看成是实体，而要做到这一步，就要超越实体化的根源——“自我”，就要看到此不是此而是彼，彼不是彼而是此。

日本当代禅学教授阿部正雄（1915—2006）在其所著《禅与西方思想》一书中引述我国唐代禅师青原惟信这样一段话：“老僧三十年前来参禅时，见山是山，见水是水。及至后来，亲见知识，有个入处，见山不是山，见水不是水。而今得个休歇处，依前见山只是山，见水只是水。”[1]这里说的“见山是山，见水是水”，就是上面

① ［日］阿部正雄：《禅与西方思想》，上海：上海译文出版社，1989 年，第 8 页。

所说的此就是此，彼就是彼，此与彼判然分明，僵持对立；所谓“见山不是山，见水不是水”，就是上面所说的此不是此而是彼，彼不是彼而是此。阿部正雄在解释为什么先前“见山是山，见水是水”，后来又“见山不是山，见水不是水”时，认为这是由于“主观与客观的二元性”中的“自我”站在事物（客体）之外，从外部看待事物（客体），从而把事物“客观化了所致”。[①] 因此，他认为“要克服主——客二元对立，只有通过第二阶段‘山不是山，水不是水’的认识才有可能。与这一认识密切相关的，是‘我不是我，你不是你’这一认识”。[②] 阿部正雄所说的“主观与客观的二元性”就是指主客二分；所谓“客观化”，就是对象化、实体化。[③] 为什么阿部正雄补充一句“与这一认识密切相关的，是‘我不是我，你不是你’这一认识”呢？这是因为坚持我是我，你是你，你我判然分明、僵持对立的观点，乃是主客二分的观点，而“‘我不是我，你不是你’这一认识”则是超越了主客二分和“自我”的结果：“我不是我，你不是你”的认识之所以与“山不是山，水不是水”的认识“密切相关”，乃是因为分别“自我”与他人、他物同分别此一事物与彼一事物的这两种分别都是主客二分的结果，两者“是紧密地相连结的”，主客二分和“自我”的观点乃是做出上述两种“区分的基础”。[④] 要超越人与我的区分，超越物与物的区分，就意味着超越“自我”，这也就是禅宗所说的“无我”，“无我”者，超出主客二分式

① ［日］阿部正雄：《禅与西方思想》，上海：上海译文出版社，1989 年，第 9—10 页。
② ［日］阿部正雄：《禅与西方思想》，上海：上海译文出版社，1989 年，第 22 页。
③ ［日］阿部正雄：《禅与西方思想》，上海：上海译文出版社，1989 年，第 18 页。
④ ［日］阿部正雄：《禅与西方思想》，上海：上海译文出版社，1989 年，第 10 页。

中之“自我”也，仅此而已。

为什么惟信说，最后又“依前见山只是山，见水只是水”了呢？阿部正雄解释说，“见山不是山，见水不是水”，乃是对“见山是山，见水是水”的“否定性认识”，这个认识虽然是重要的，也是必要的，但如果仅停留在这种否定性认识上，那将是虚无主义的，因为这将会把“无我”与“自我”简单对立起来，“人们仍易于把无我客体化，把无我执着为有别于自我的一种东西”。[①] 也就是说，仍未最终摆脱主客二分式的实体性、二元性和超验性。只有到了“依前见山只是山，见水只是水”的高度，才能完全摆脱主客二分式及其实体性、二元性和超验性，也就是说，不把“无我”当做实体，不把“无我”与“自我”对立起来，不把“无我”看成是超验的东西。所谓“见山只是山，见水只是水”，就是见到“万物皆如其本然”，即认识到事物有各自的个性，是自己决定自己的，不受制于、不附属于什么超验的绝对或上帝；同时，也不能附加给它任何别的成分，例如不能把不平等的观念强加给它，说什么这是高等的，那是低等的，应该认识到“山只是山，水只是水”，松树只是松树，竹子只是竹子，你只是你，我只是我，没有什么高低贵贱之分。这样，万事万物便既保持了各自的独特性，又相互融合、圆融无碍，这种禅悦、安宁的境界与主客二分中的“自我”执意以我为中心、把人己对立起来的焦躁不安的状态迥然不同。[②] 这种境界与中国道家

---

① ［日］阿部正雄：《禅与西方思想》，上海：上海译文出版社，1989 年，第 13 页。

② ［日］阿部正雄：《禅与西方思想》，上海：上海译文出版社，1989 年，第 24、259—262 页。

哲学中的天人合一、万物一体的境界是相通的。

这里很自然地会让我们联想到黑格尔的辩证法。黑格尔认为，此即此、彼即彼，乃是“知性思维”的方面；此即彼、彼即此，乃是辩证理性的方面；彼与此的对立统一，则是思辨理性的方面。黑格尔的这个观点与禅宗的上述思想的共同之处在于不坚持彼与此之间的鸿沟，在于黑格尔也不同意把主体与客体简单地看成是实体，但两者的根本出发点又是大不相同的：概而言之，禅宗是从克服和超越“自我”(“主体”)出发的，其哲学的根本原则是“无”；而黑格尔的实体即主体说，并未完全摆脱超验性、实体性的思想。

禅宗认为最高境界，即能“见山只是山，见水只是水”的我，不是主客二分式的“自我”，而是“真我”。这“真我”既非实体，亦非与世界万物和“自我”对立，禅宗把它叫做“空”或“无”。“空”或“无”不是乌有和空虚，它就是前面所说的那个永远不能作为认识对象而又主持着认识活动的“真我”。之所以说它是“空”，是指它不是超验的、与世界对立的实体，不是可以认识到的实存的东西，不是日常生活中的“自我”，而是“无我”。只有这种非实体性、非二元性、非超验的“真我”，才不至于像主客二分中的日常“自我”那样执着于我，执着于此而非彼，才不至于把我与他人、他物对立起来，把此一事物与彼一事物对立起来，从而见到“万物皆如其本然”。

临济禅师为了表示“真我”的非实体性，把“真我”叫做“无位真人”，有时也一般地称之为“人”：“赤肉团上，有一无位真人，常从汝等诸人面门出入，未证据者看看。”[①]“无位真人”亦即临济所谓“著即转远，不求还在目前”的“真我”，他正因为“无位”，正因为超越主客二分的自我意识，故能出入人们的感官，主持人们的自我意识，成了主客二分中被实体化、对象化的“自我”的根源，而他本身却自决自足，不再需要别的什么作为他的根源。[②] 故临济说，“无位真人”“随处做主，立处皆真”。[③] “无位真人”最具创造性和主动性，日本学者铃木大拙称他为“绝对主体性”。[④]

禅宗的“无”与西方传统哲学的“有”

“无位真人”的提法启发了我们，要把握“真我”，必须领悟“无位”即“空”或“无”的观念。西方哲学总起来说是以“有”为最高原则，“无”总被看做是次等的、派生的、消极的（否定性的），“有”高于“无”、优于“无”，肯定优于否定、高于否定。巴门尼德宣称没有不存在；柏拉图认为“理念”是纯存在，它决定着现实存在物，而现实存在物是存在与非存在；亚里士多德认为神是最高存在；基督教认为上帝就是存在，他能抵抗非存在，基督教所谓上帝从无中创造一切的学说，并不是把质料看成是上帝之外的东西，而是认为上帝也创造了质料，同时，虚无被基督教看作是反抗上帝意志的罪的根源；西方近代哲学的主体性原则更明显地是一种认“有”优于“无”、高于“无”的原则。与此相应的是，西方传统哲学认为

① ［日］阿部正雄：《禅与西方思想》，上海：上海译文出版社，1989 年，第 83 页。
② ［日］阿部正雄：《禅与西方思想》，上海：上海译文出版社，1989 年，第 86 页。
③ ［日］阿部正雄：《禅与西方思想》，上海：上海译文出版社，1989 年，第 90 页。
④ ［日］阿部正雄：《禅与西方思想》，上海：上海译文出版社，1989 年，第 86 页。

生优于死、善优于恶。就此而言，西方传统和中国儒家传统的“未知生，焉知死”的观点颇为相似，而和庄子的齐生死、超仁义的观点不同。禅宗以至整个佛教思想接近老庄。禅宗认为，作为根本原则的“空”或“无”不是超出有之外、与有对立的形而上的东西，而是包含有无在内的“无”，它是有与无的对立性的克服和超越。这超越有无对立的“无”或“空”就是由有转化为无、由无转化为有的动态的整体。① 铃木又把它叫做“宇宙无意识”。② 禅宗之所以认为这个整体是“空”，意思就是要既不执着于有，也不执着于无，既不执着于肯定，也不执着于否定，从而也就既不执着于生，也不执着于死，既不执着于善，也不执着于恶。不执着就是“空”。西方哲学传统认为有高于无，肯定高于否定，生和善高于死和恶，就是执着，执着与“空”是对立的。禅宗的“真我”就是这个“空”，就是这个有与无相互转化的动态的整体，所以悟到“真我”，也就是从这个动态的整体的角度看待事物，就是不像西方传统哲学那样执着于“自我”，也不执着于某一事物或某一个方面。执着就是限制，主客二分式总是给人以限制，总是执着，“空”则无限制，因而也是自由。

总括以上所说，我们可以把禅宗的“真我”界定为这么几个等号：“真我”=超越主客二分式的、不可认识而又主持着认识的、非实体性的我 =“无我”=“空”(“无”) = 有无相互转化的动态的

① [日] 阿部正雄：《禅与西方思想》，上海：上海译文出版社，1989 年，第 151—155 页。

② [日] 阿部正雄：《禅与西方思想》，上海：上海译文出版社，1989 年，第 89 页。

整体。

这里有一个重要的问题："真我"既然是我，就必然有我性，有个体性，但他又是超出我性、超出个体性的宇宙整体。这两者间的关系究竟是怎样解决的呢？西方传统哲学一般都用普遍性与个体性两个概念来说明，前者是本质，后者是现象，两者结合而成为现实的东西。这种观点容易导致二元性，导致超验性。禅宗的"真我"不能按这种西方传统模式来理解。在禅宗看来，有我性的个人和超越我性的整体都是同一个现实世界，不存在什么二元性和超验性。但究竟应该如何具体理解禅宗的"真我"和"空"？我以为对这个问题仍有进一步申述的必要。

二、超越自我在于超越主客二分式

"自我"与"本我"

禅宗所说的"空"实际上是指宇宙间的万物不是各自独立不依的，而是相互依存、相互转化、永远流变的过程。我同意这个观点，但我还想接着禅宗谈谈我对于超越"自我"的问题的看法，包括我对于禅宗上述思想的一些进一步的理解。

如前所述，整个宇宙，包括自我、人类社会和人的精神意识领域，是一个普遍联系之网，宇宙间任何一个事物，任何一个现象，都是网上的纽结或者说交叉点，每一个交叉点都同宇宙间其他交叉点有着或近或远、或直接或间接的联系，这些联系既包括空间上的，也包括时间上的，宇宙间除了时间上和空间上的现实世界之外再也没有什么超时空的、超验的东西躲藏在现实世界背后。

一砖一瓦、一草一木，都是这网上的一个个交叉点，人也是这样一个交叉点，只不过人这个交叉点能意识到“自我”，并能超越“自我”。

人生之初，本无自我意识，自从有了自我意识之后，这自我意识就人为地割断了“自我”这个交叉点和别的交叉点（他人和他物）的联系，既把自我实体化了，又把别的交叉点也实体化了，于是自我和他人、他物被分裂为两个彼此外在、相互对立的实体，即主体与客体，这就叫做主客二分。当人超越主客二分、超越自我意识时，人就能悟到禅宗所谓的“真我”（我倒是想把它叫做“本我”），悟到自己原来不是独立不依的实体，而是“空”，不是与他人、他物可以须臾分离的，而是与他人、他物有着千丝万缕的联系，以至于我们可以说，“本我”就是整个联系之网，就是宇宙整体，“本我”所囊括的范围涉及宇宙的每一角落。可以说，“本我”就是我在前几章所说的“万物一体”之整体。试想，割断了我与他人、他物的联系，哪里还有我？甚至割断了前一瞬间之我与此一瞬间之我的联系，也没有我。无他人则无我，无他物则无我，无前一瞬间之我则无此一瞬间之我。

我们也不能把“本我”看作是一个固定的交叉点（当然，任何一个物也都不是固定的交叉点），宇宙间的联系瞬息万变，“本我”处在这个联系之网的整体中，也瞬息万变。说“本我”是空，不是实体，就意味着没有永恒不变之我，意味着它是变动不居的，因为整个宇宙是一个有无不断转化、不断流变的整体。

这样，“本我”在空间上便是无边无际的，在时间上是无始无终的，因而也可以说它是无穷无尽的无底深渊。

但“本我”又是有个体性的，正如整个宇宙之网上每个交叉点——每个事物都各有自己的个体性——一样。这是因为，尽管每个交叉点囊括整个宇宙之网，但各个交叉点与其他交叉点的联系和关系又是各不相同、各式各样的：张三与这座山、这条水有切近的、直接的联系，李四与这座山、这条水只有遥远的、间接的联系；张三与这位朋友有切近的、直接的联系，李四与这位朋友只有遥远的、间接的联系；张三有张三的遗传因素，李四有李四的遗传因素；张三有张三的禀赋、气质和潜意识，李四有李四的禀赋、气质和潜意识……总之，自然界和社会上的各种事物以至个人自己的各种先天的和后天的生理因素和心理因素，以远近程度不同和千变万化的联系方式构成千姿百态的交叉点或“本我”，因此，每一交叉点、每一“本我”虽然都是同一个宇宙之网的整体，但彼此之间又有各自的个性和独特性。个体性融合在整体性之中，每个“本我”即是整体，整体即是每一个“本我”。这就是为什么“本我”既有我性又超出我性而为宇宙整体的道理。正因为如此，我与他人、他物才融为一体，无有隔碍，而又能同时保持我自己的独立性、创造性和自由。这也就是我所理解的“天人合一”或“万物一体”。

黑格尔的最具有普遍性的“绝对精神”这个概念也包含个体性，不能简单地认为“绝对精神”排斥个体性，但黑格尔过分强调“绝对精神”的优先地位。实际上“绝对精神”成了超乎个体之上的永恒的东西，因而吞没了个体性。按我这里关于“本我”是交叉点的看法，则“本我”的个体性和整体性都在时空之中，都是现实的，二元性和超验性得到完全克服，整体性不但不吞没个性体，而且更张扬了个体的主动性和创造性。

“本我”决定“自我”

我们平常总以为“自我”决定着我的思想、言行，其实，这里的“自我”只是主客二分式中的我。笛卡尔说的“我思故我在”的“我”便是一个实体性的思维者，这个思维者是主客二分式的“自我”。人们经常说，“我观察外部世界”，“我改造外部世界”。这里的“我”是与外部世界对立的、彼此外在的，此“我”也是主客二分式的“自我”。但如深入研究一下，我们就会提出怀疑：起着思维、观察、改造作用的，或者说，决定着我的思维、观察、改造行为的，果真是这种主客二分式的“自我”吗？我（“自我”）为什么要这样做而不那样做？为什么要这样思想而不那样思想？他（另一个“自我”）为什么要这样做而不那样做？为什么要这样思想而不那样思想？这里的主宰果真只是我（“自我”）吗？主客二分式的“自我”是实体化、对象化的东西，他只在一定程度上是自由不依的，是他自己思想、言行的决定者，但从全面看，却另有更深层次的、更大范围的、最终的决定者，这就是“本我”——整个宇宙的动态的联系之网，亦即“万物一体”之整体。我说的话表面上完全出自我这个小小的“自我”，实际上是宇宙的联系之网的整体在通过我说话，通过我这个交叉点表达它自己。同样，你说话也是宇宙整体通过你在说话，通过你这个交叉点表达它自己。你和我以至每个人都是同一个宇宙整体之意义的展示口，每个人的思想、言行最终都是由宇宙整体决定的，都是它的显示。一个窃贼应对他的偷窃行为负责，因为他是这种行为的决定者，给他以处罚，乃是对他的自由意志的承认。但严格讲来，他的自由意志是有限度的，因为这里的“他”（即他的“自我”）是主客二分式的“自我”，这个“自我”尚有“本我”——宇宙整体为其根源，具体地说，他的偷窃行为只能说是以他的“自我”为直接决定者，而最终的决定者是宇宙间无穷无尽的联系在他那里汇合的那个交叉点，即他的“本我”，也就是说，他的偷窃行为是他所处的自然界、社会、时代以及他自己的思想意识、各种心理状态等无穷无尽的因素以不同的方式、或远或近或直接或间接地交织在一起的结果。我们处罚他，是由于承认他的一定限度的自由意志而处罚他主客二分式的“自我”，至于超越主客二分的“本我”则是不能受处罚的。也就因为这个缘故，我们在处罚窃贼的同时，总是要分析他的偷窃行为的间接因素。用佛教、禅宗的话来说，每件事物都有“缘起”，都是待缘而起，也就是说，都与世界上的其他事物有各式各样的、不同程度的联系，都是与它们互相依存的。当然，我们分析某一偷窃行为之所以产生的间接因素时，也只是挑选其中同它有较近的、较直接的重要联系，而不可能穷尽这无边无际的无底深渊。但悟到了这一点，——悟到了“本我”，就不至于死死盯住“自我”不放，而能超越“自我”，对于像偷窃这样的行为就不至于仅仅处罚而已，而能以更广阔的眼光看待和分析他人的恶行。

与“自我”之自由自决只有一定限度的情况不同，“本我”则是无限自由自主的。“本我”不是实体，也不是与有对立的超乎有之上和之外的东西，而是有无不断转化、流变的整体，它是一切事物的根源，而它自己却没有更高的根据或根源，所以它是最有主动性和创造性的。由此观之，我在前面讲的“万物一体”之整体乃是最有主动性和创造性的整体。把这个整体称之为“本我”，就是要表示其最终的主动性和创造性。“万物一体”创造一切个体的东西，推动一切个体的东西。

“本我”包含“自我”，但它比“自我”更深更广，它既是宇宙整体，又有个性。就其有自己的个性而言，张三的“本我”之外尚有李四的“本我”；就其为宇宙整体而言，每个“本我”之外再没有别的什么超乎“本我”之上的东西来主宰“本我”。“本我”就是“如此如此”，不能追问它之上还有什么根据或根源。“本我”决定“自我”，“本我”自身没有更高的决定者。这也就是“本我”之所以最有主动性和创造性的道理。

能否说这种观点是宿命论呢？不然。单纯从“自我”的观点出发，的确有无数在我这里交叉的因素处于“自我”之外，与“自我”对立，“自我”的自由自决和主体性总是有限度的。事实上，“自我”所能左右和控制的范围，与宇宙的整体之网相比，只能说是一些细节。不过，也应当注意到，这宇宙的整体之网对人来说，并非完全异己的，每个小小的“自我”都参与了这宇宙整体之网。而且只要正确认识“自我”的能力的限度，不但不是宿命论，反而更能促进“自我”的能力的发挥，更能促进“自我”在力所能及的范围内尽自己最大的努力创造自己的事业。命运也是可以由自我来塑造和改变的。

“本我”的观点在于不执着

“本我”与其他每一事物既然都是宇宙整体之网上的交叉点，因此，只要悟到了“本我”，也就能悟到其他任何事物都是一个交叉点。这样，也就不会执着于此是此、彼是彼，不会执着于此与彼的僵硬对立，而能悟到此与彼互相交叉、互相融合，此既是此又是彼，彼既是彼又是此。这里的关键在于悟到“本我”不是独立不依的实体而是交叉点，进而悟到其他事物也不是独立不依的实体而是交叉点。只要坚持实体的观点，就必然有此即此、彼即彼的僵硬对立；反之，只有突破实体的观点，才能悟到此与彼的交叉融合。

从“本我”的观点出发，不仅不会坚持事物彼此之间的僵硬对立，更重要的是不会坚持“自我”与他人的对立，不会以“自我”为中心。如前所述，每一个人的“本我”都是同一个宇宙整体网上的交叉点。因此，人与人“一气相通”（王阳明语）、休戚相关。悟到了“本我”，就能意识到我与人“本是同根生”，从而消极地说不致损人肥己，积极地说就能同甘共苦、患难相助。

“本我”的观点，说得通俗一点，也就是不执着，就是从宇宙整体的联系之网的观点看待一切：不执着于我就是我，则能在我中看到他人，在他人中看到我，这样，就能有四海之内皆兄弟的广阔胸襟，就连他人的恶行也使自己感到痛心，而不是采取幸灾乐祸的报复心理和狭隘态度。张载说：“民吾同胞，物吾与也。”（《西铭》）“民胞物与”，就是破除“自我”与他人、他物的僵硬对立，达到人我无间、天人合一的境界。另一方面，不执着于此就是此、彼就是彼，则能在此中看到彼，在彼中看到此，在生中看到死，在死中看到生，在苦中看到乐，在乐中看到苦，从而超脱生死苦乐，达到超然的自由境界。张载说："存吾顺事，殁吾宁也"（《西铭》）。我以为此语亦可作如是解，这也就是既不执着于生，也不执着于死。佛教求无生，道教求长生，或执着于死，或执着于生，仍然是执着。我们应该生活一天，就做一天的追求，一日死至，就安然无畏地死去，这才是真正做到不执着，真正做到超脱。所以，我这里所强调的不执着，与我们日常生活中执着地追求，并没有矛盾。日常生活中的执着追求，是坚持不懈地追求之意；我这里所说的执着是僵硬对立、只知其一、不知其二，死抓住一个片面不放。生本来就是不断追求，死本来就是停止追求，生时坚持追求，临死无所求，这正是不执着的人生态度。不执着则能获得自由；反之，执着于生或死，死时贪生怕死，生时欲自绝于尘世，都是不自由。当然，在人生不断地、执着地追求的过程中，还可以有执着与不执着两种态度和胸襟：一种是在追求中，胸次浩然，不因一时有所得而沾沾自喜，不因一时有所失而自暴自弃，这是不执着的态度和胸襟；反之，则是执着。我们应当以不执着的宽阔胸襟，不断地、执着地追求。

"本我"与"自我"、"无"与"有"、"中"与"西"的结合

前面谈到西方哲学传统以"有"为最高原则，认有优于无，肯定优于否定，生优于死，禅宗和道家以"无"为最高原则，认有与无、肯定与否定、生与死同等。我以为，就人生乃是不断向上追求而言，应该承认有优于无，肯定优于否定，生优于死，西方哲学传

统以“有”为最高原则，确实是一种积极进取精神的表现；但就宇宙总是有无生死不断流变的整体而言，则这些对立的双方实无高低优劣之分。禅宗和道家以“无”为最高原则，确实能给我们一种旷达超然的胸怀。两者的着重点虽有不同，但不是不可以结合的。我主张积极进取的精神与超脱旷达的胸次相结合，超越一切现实存在物（即超越“有”）的“无”的最高原则应该包含着“有”。这也许是西方传统思想同东方禅宗和道家思想相结合的一个关键。

要达到双方的结合，需要注意各自之所短，取对方之所长。西方哲学有以主客二分式的“自我”和“有”为原则的传统，强调发挥“自我”的主体性，以征服客体，克服其与客体的对立，但与这种积极进取精神相伴随的是缺乏“无”或“空”的原则。对西方人来说，把有与无、肯定与否定等量齐观的超然态度，是格格不入的。所以，当今西方人应着重突破主客二分式，克服对“自我”的无限夸大，培养“天人合一”“万物一体”的境界。西方现代哲学家如海德格尔等人不遗余力地从东方引进“无”的原则，强调超然，[①]这是西方哲学的一大突破，在某种意义上也可以说是西方正在走向东方的一个趋势。东方的禅宗和道家有天人合一和以“无”为原

① 例如海德格尔在《形而上学导论》中就不再像《存在与时间》一书那样大谈“此在”（人）对存在的领悟是一种澄明的境界，而强调澄明之境乃是对存在整体的“超越”，即“无”。他说：“无是在我们与现实存在物作为整体相合一时才遇到的。”这种超越的目的是“为了回到现实存在物本身并把它们作为整体来把握”。说得简单通俗一点，“超越”和“无”的观点，在海德格尔那里，就是意识到“有”（现实存在物）是“飘摇不定的”，他要求我们不执着于“有”，从“有”的束缚中解脱出来。（参阅拙著《天人之际——中西哲学的困惑与选择》，北京：人民出版社，1995 年，第 414—415 页，及《进入澄明之境——哲学的新方向》，北京：商务印书馆，1999 年，第 138—139 页。）

则的传统,强调旷达、超然。但与此同时,却不免缺乏积极进取之心,所谓“王侯蝼蚁,毕竟成尘”(陆游《沁园春》),虽有齐贵贱、等有无的超然态度,但其中毕竟含有消极的思想,这类思想延缓了中国历史前进的步伐。我以为,当今中国哲学的发展应在吸取万物一体、天人合一的高远境界的合理思想的同时,着重引进西方近代哲学的主体性原则。当然,这只是就中国旧传统给我们造成的影响而言。若就一般人的日常生活来说,即使是对于有万物一体、天人合一的传统的中国人,超越主客二分式的“自我”以达到万物一体、天人合一式的“本我”和超然境界,仍然是更大的难题,因而也是更应该强调的主题。人处在日常生活中太久了,而日常生活离不开主客二分式,因此,以“自我”为中心的思想在一般人心目中根深蒂固。要超越“自我”,主要靠修学:哲学修养、道德意识和审美意识的修养。这是一条漫长曲折、需要艰苦磨炼的道路。

第七章　超越之路

要超越自我,进入人与万物一体的高远境界,这是一条漫长曲折而艰苦的道路,绝不是一蹴而就的。但这条道路究竟是一条什么样的道路呢?每个人有每个人自己的路,不可强求一致。黑格尔的《精神现象学》倒是为我们提供了一个伟大的范例,可供我们参考。要注意的是,黑格尔哲学走的是一条西方古典的“纵向超越”之路,它教人如何通过认识、思维,超越主体—客体对立中的主体或自我，一步一步地到主客统一的抽象的哲学概论王国；而我们所要走的路则是一条“横向超越”之路。我们也要超越主客对立中的自我或主体，但我们乃是不仅要通过思维而且更要进而通过想象，一步一步地达到在场与不在场融合为一的万物一体的境界，这是两条道路的根本不同之处。但是，第一，这两者都是从要求超越有限的自我或主体的观点出发的。第二，两者的最终目标虽不相同（黑格尔哲学的目标是主客统一的抽象概念，我们的目标是在场与不在场的融为一体），但又都有某种“奥秘性”而与常识相对立：常识总以为自我与客体是对立的，主客统一的抽象概念对于常识的观点来说乃是很“奥秘的”；常识的观点总是盯住当前在场的东西，在场与不在场的融合为一对于常识来说也是很“奥秘的”。如何把“奥秘的”东西转化成大家可以接受的“公开的”东西，黑格尔的《精神现象学》直接地为我们做了一个示范。第三，黑格尔讲的主客统一的思想虽然达到了古典的主客关系思维方式的顶峰，但他的这种思想中也蕴涵了它自己的颠覆，具体地说，即蕴涵了西方现当代哲学的人与世界融合为一的思想，也就是我所说的人与万物一体或者说天人合一的思想。综合以上几点来看，黑格尔《精神现象学》所描述的超越之路对于我们会有非常重大的启发意义。

一、哲学的“奥秘性”与“公开性”

中西哲学都有其“奥秘性”

黑格尔在他和谢林合编的《哲学评论杂志》第一期上发表的

一篇文章中说:“哲学按其本性来说就是某种奥秘的东西(etwas Esoterisches)”。“哲学只是由于它正好与知性(Verstande)相对立,并从而更与常识(gesunder Menschenverstand)相对立……才成其为哲学;相对于后者而言,哲学的世界自在地和自为地是一个颠倒的世界。”①例如常识和知性的观点总以为主体与客体是对立的、二分的,客体外在于主体,但哲学的观点则相反地认为主体与客体是同一的,而黑格尔死后的一些现当代西方人文主义哲学家则更进而认为哲学的最高境界是超越主体客体关系的,或者用我在前面用过的术语来说,是“后主体性的”(“后主体客体关系的”)“天人合一”境界。不管是黑格尔所最崇奉的“主客同一”也好,或者是“后主客关系的天人合一”也好,对于常识和知性而言都是“颠倒的世界”,都是“某种奥秘的东西”。其实,不仅西方的哲学观点是如此,中国传统哲学所讲的“天人合一”(我在前面称之为“前主体性的天人合一”或“前主体客体关系的天人合一”),其中包括儒家所讲的天人合一与道家的天人合一,也都是“某种奥秘的东西”,是一种同常识和知性相对立的“颠倒的世界”。例如孟子所提倡的“上下与天地同流”,“万物皆备于我”,②庄子所说的“同于大通”,“天地与我并生而万物与我为一”,③就是如此。

---

① *G. W. F. Hegel Werke*, *Band 2*, Frankfurt a. M. Suhrkamp Verlag, 1970, s.182.
②《孟子·尽心》上。
③《庄子·大宗师》《庄子·齐物论》。

哲学都有其可以为人所接受的“公开性”

但是，说哲学是“奥秘的”，这并不等于说哲学是高不可攀的。黑格尔在《精神现象学》中特别强调这一点。他认为哲学所奉为最高原则的东西，一方面是单纯的东西，另一方面又不能停留于单纯性中，它需要陈述或表达自身，需要特殊化和加以详细的规定，即是说，需要有一个展开自身的过程，否则，哲学就“只是少数个别人的一种内部秘传的东西”，而“缺乏普遍理解的可能性”。黑格尔主张：“只有完全规定了的东西才是公开的、可理解的，能够经学习而成为一切人的所有物。”①所以哲学在黑格尔看来既是“奥秘的”，又是“公开的”（exoterisch）。② 美国当代哲学家萨利斯教授在《黑格尔关于陈述的概念》一文中开宗明义地阐释了黑格尔关于哲学具有“奥秘性”与“公开性”的观点，他说：“哲学就其使它自己适合于它的实质（Sache）的道路，适合于它的世界、一个颠倒的世界的道路而言，它是奥秘的（esoteric），但就它给所有想从事哲学的人提供忍受进入哲学的颠倒的可能性而言，它又是公开的（exoteric）。”“哲学的特殊的奥秘性规定着想提高自己进入哲学的初学者所需要的严格性：（因为）转向哲学是需要一种激烈的颠倒的。而且这种颠倒的本质因素是一种激烈地偏离原来的方位，其偏离之激烈只有用‘怀疑主义’这个名字才适合于说明之。”③这里的“怀疑主义”就是指《精神现象学》所说的对“自然

① 黑格尔：《精神现象学》上卷，北京：商务印书馆，1962 年，第 8 页。
② *Hegel Werke*, *Band 3*, s.20.
③ John Sallis, *Delimitations*, Indiana University Press, 1995, pp.41 – 42.

意识”(常识和知性)按照主客二分观点所以为是真的东西不断加以怀疑、加以否定的过程,正是通过这条怀疑主义的过程,初学哲学的人才逐步否定原来的常识的观点,进入一个颠倒的世界,即哲学的世界。在这个世界里,主体与客体不是二元对立的,而是同一的。由此观之,对于我们这些初学哲学的人来说,要想进入哲学之堂奥,首先要有点怀疑的精神,即对习以为常的东西加以怀疑。萨利斯在阐释了哲学的“奥秘性”之后紧接着说:“不过从另一方面看,哲学又是公开的,哲学不得不给予初学者以可能性使其进入这种偏离原来方位的颠倒,亦即提供(在严格意义下)一种进入哲学的引导(introduction)。(这也就是说)进入哲学这一激烈偏离原位和颠倒的运动过程必须加以陈述(presented)。入门的陈述(Darstellung)是必需的,而精神现象学就意在满足这种需要”。[1] 萨利斯引证了上述黑格尔发表于《哲学评论杂志》上的那篇文章中的一句概括性的话:“哲学诚然必须承认民众提高自己进入哲学的可能性,但是它又不能把自己降低到民众的水平。”[2]

黑格尔关于哲学的“奥秘性”与“公开性”的观点以及萨利斯教授的阐释启发了我们:哲学的最高境界,无论是集西方传统形而上学之大成的黑格尔的主客同一也好,或者是黑格尔死后西方现当代的超主客关系论或“后主客关系的天人合一”也好,甚至是中国古代的“前主客关系的天人合一”也好,首先都有其“奥秘

① John Sallis, *Delimitations*, Indiana University Press, 1995, p.41.

② John Sallis, *Delimitations*, Indiana University Press, 1995, p.40; *Hegel Werke*, *Band 2*, s.182.

性”，但又都有其“公开性”，都有让一切想从事于哲学的人达到哲学世界的可能性和过程，即是说都有路可循。尽管这种“公开性”的程度在不同的哲学家那里有非常大的差距，以至于强调哲学的“公开性”、强调导入哲学世界的“陈述”过程的漫长性和曲折性的黑格尔斥责谢林（Friedrich Schelling，1775—1854）的直观哲学是“手枪发射式的”哲学，是一蹴而就的、根本缺乏过程的哲学，或者说是“没有公开性”的哲学。

在中国哲学史上，庄子主张通过“心斋”“坐忘”以达到“同于大通”“天地与我并生而万物与我为一”的最高境界。所谓“心斋”“坐忘”就是除去思虑知识，有点类似谢林的浪漫式的直观方法，不免有“手枪发射”、一蹴而就、缺乏“公开性”之嫌。孟子主张通过“强恕”“求仁”“反身而诚”以达到“万物皆备于我”“上下与天地同流”的最高境界，这是走的一条非浪漫式的道路。所以孟子说：“天将降大任于斯人也，必先苦其心志，劳其筋骨，饿其体肤，空乏其身，行拂乱其所为，所以动心忍性，曾益其所不能。”[①]这段话说明孟子所走的道路艰苦曲折，与黑格尔所主张的否定性过程即忍受痛苦、劳作之类的对立面而又能战胜对立面的过程有相近之处。但这只是就孟子与庄子对比而言。孟子作为东方的中国古代哲学家，当然远未能达到西方近代的主客关系式的水平，我们不能要求孟子把他所走的非浪漫式的道路提升到主客对立而又不断克服这种对立以达到统一的黑格尔哲学的高度。相对于黑

① 《孟子·告子》下。

格尔主张哲学的“公开性”在于经历漫长曲折的主客对立和不断克服对立的“陈述”过程而言，中国传统哲学，无论是庄子的哲学还是孟子的哲学（包括宋明理学对孟子哲学方法的发挥），都是比较缺乏“公开性”的。中国哲学未来的发展应该既坚持其“奥秘性”，具体地说，即坚持其天人合一、万物一体的高远境界，又要强调“公开性”，强调达到这种高远境界所必须经历的道路和过程，具体地说，我以为就是要强调主体与客体的对立矛盾和克服对立矛盾的过程。

二、哲学的彻底的“公开性”在于永不脱离时间性和有限性

黑格尔哲学的“公开性”的不彻底性

黑格尔所谓哲学的“奥秘性”和“公开性”的关系问题实际上是讲的无限性和有限性的关系问题。有限的东西总是在自身之外尚有他物与之对立，有他物限制着它自身，常识与知性只看到事物的有限性，而黑格尔则认为哲学正是要把常识和知性的观点“颠倒”过来，看到任何一个有限的东西不单纯是与他物对立的“自在的东西”，而且是构成自身的一个不可缺少的组成部分；有限的东西在他物中仍然保持在自身中，主体在客体（对象）中仍然保持在主体自身之中，这也就是黑格尔所用的一个术语：任何一物不仅是“自在的”，而且是“既自在又自为的”，[①]这也就是主体与客体的同一，而这种同一性正是黑格尔所崇奉的精神的无限

① John Sallis：*Delimitations*，1995，p.52.

性。有限性讲的是一物与他物、主体与客体的相互调和、相互统一。从有限性的眼光来看，无限性是“奥秘的”，哲学正是要尊崇这种“奥秘性”。但黑格尔强调，无限性只有通过有限性才能实现，对立面的同一性或主体与客体的同一性只有通过它们的对立性、矛盾性才能实现。正因为如此，哲学的“奥秘性”，或者说无限性的精神，在黑格尔看来并不是远离人的有限性精神而高不可攀的，它对有限性的精神（人）来说是可及的、“公开的”。黑格尔哲学的辩证性正在于他主张哲学要“超越”有限以达到无限，但必须在有限性中、在对立的东西中实现这种超越；精神的无限性具有“绝对否定性”的内在动力，能不断地否定有限性，所以离开了有限的东西，就没有可以超越的东西，离开了对立的、矛盾的东西，就没有可以调和、可以统一的东西。这就是黑格尔所提倡的超越之路。

但是，黑格尔毕竟是一个传统的形而上学家，他在《精神现象学》最后一章“绝对知识”中明确宣称，精神现象学在经历了一条漫长曲折的对立矛盾的有限性和克服这种有限性的过程之后所达到的“纯粹概念”，是“把时间消灭”了的，或者说是“扬弃”了“时间形式”的，“时间是作为自身尚未完成的精神的命运和必然性而出现的”。[①] 这就表明黑格尔最终仍然主张有一个超出时间之外和之上的、从而超出有限性之外和之上的无限性概念，它是有限的东西所不能企及的。这样，黑格尔所谓哲学的“公开性”就毕竟

---

① ［德］黑格尔：《精神现象学》下卷，贺麟译，北京：商务印书馆，1962 年，第 268 页。

不免遭功亏一篑之讥，反对超越形而上学的黑格尔最后还是走向超越形而上学。即使在《哲学全书》中黑格尔强调了“纯粹概念”的“外化”与“回复”，强调了“纯粹概念”与自然和人类精神的不可分离的结合，但《哲学全书》的最高环节精神哲学的最高阶段“哲学知识”又回到了“纯粹概论”，即回到了超出时间之外和之上的领域。这样，黑格尔哲学的最后目标就仍然具有“奥秘性”，他的哲学的“公开性”是不彻底的。

哲学的“公开性”的彻底性在于从在场到不在场的超越始终不脱离时间和有限的现实

如前所述，现当代人文主义思潮的哲学家大多反对黑格尔的超时间、超现实、超有限性的概念哲学，认为那是一种“在场形而上学”，他们主张现实世界是在时间之内的，所谓超出时间之外和之上的概念王国是抽象的。他们从根本上打破了以黑格尔为代表的主客关系的传统框架，倡导一种超主客关系论。海德格尔所讲的“此在与世界”的关系就是这种超主客关系论的一个典型。他认为人与世界是融为一体的，人并不是作为主体而在作为客体的世界之外的，人乃是一向寓于世界之中。这种人与世界交相融合的一体不同于黑格尔所谓作为主客同一的一体：黑格尔的主客同一体如前所说，最终是超出时间之外和之上的纯粹概念，现当代哲学所讲的人与世界交相融合的一体始终都不超出时间之外和之上；黑格尔的主客同一的一体与现当代哲学所讲的人与世界交相融合的一体都可以称为无限，但它们是两种不同意义的无限，前者是一个超时间的最完满的概念，即黑格尔自己所主张的所谓“真无限”，后者是在时间之内的无穷进展，即黑格尔所贬称的“坏无限”。我以为黑格尔所主张的“真无限”归根结底是抽象的，而他所贬低的“坏无限”倒是现实的、具体的。我们应该倡导在时间之内无穷进展的无限性和一体性。[1] 时间之内无穷进展的无限性在现当代哲学的观点看来，也具有一体性，因为任何一个在场的东西和不在场的、然而同样在时间之内的无穷多样、无穷进展的东西是一气相通的，中国哲学所讲的“万物一体”，也是这样一种具有无穷进展意义的一体，而不是超时间的“纯粹概念”。

然而，要达到这种与时间之内无穷进展意义下的无限性相结合的“万物一体”的“奥秘”境界，却也需要经历一个漫长的过程，从而使哲学具有彻底的“公开性”。黑格尔的超时间的“真无限”和“主客同一”的概念使他的反传统形而上学的哲学特性功败垂成、功亏一篑，但批判了他的最终失足之处，转向现当代哲学的“万物一体”观（借用中国哲学的术语）之后，如果能进而把黑格尔所强调却未能贯彻到底的无限必须通过有限、忍受有限、忍受对立矛盾的思想加以吸收和发挥，哲学的“奥秘性”和“公开性”将会结合得更加紧密。中国传统哲学所讲的“天人合一”或“万物一体”，尽管各家的说法不一，但不同程度地都有待于阐发“公开性”。西方现当代哲学的人文主义思潮经历了欧洲长期的主客关系思维方式的洗礼，其所提倡的哲学最高境界是包含有限性和主

---

① 张世英：《无限——有限者的追寻》，载于《社会科学战线》，2000 年第 2 期。

客的对立矛盾在内的，但由于它的注意力重在批判黑格尔的超越形而上学，因而对黑格尔关于无限必须忍受有限、忍受对立矛盾才能超越有限的思想未能充分发挥和发展。

我们反对传统形而上学的超越，但并不反对任何意义下的超越。传统形而上学要求超越到超出时间以外和以上的概念王国的领域，我们所讲的超越则是超越在场的东西进入隐蔽在其背后的不在场的东西，这些不在场的东西同样是在时间之内的具体的东西。在场的东西总是有限的，而不在场的东西是在场的东西的根源，它们是无限的，这里的无限是无穷无尽、无穷进展之意。我们所讲的超越就是超越有限进入这种无穷无尽、无穷进展的无限广阔的天地。我们所讲的超越，意味着不停留于当前的东西，又仍然在现实的世界里，这种由超越所到达的无限才是彻底地与有限不相分离的。黑格尔批评他所谓的“坏无限”实际上还是有限之物，我们则认为黑格尔所批评的正是我们所赞赏的，因为现实的具体的无限正是有限之物的无穷延伸和扩展。黑格尔最终对康德的警告置若罔闻，以为鸽子要想飞得更高就得摆脱时间和有限性的空气阻力，我们则认为鸽子始终只能在时间和有限性的空气里飞翔，而时间和有限性的空气所拥有的空间是无穷无尽、广阔无垠的。

根据以上所说，我以为，现实的超越之路就在于一丝一毫、一时一刻也不脱离时间和有限性，要勇敢地面对和忍受时间与有限性的磨炼，体悟到在场的东西是与不在场的无限性结合为一的，从而进入一种“天人合一”“万物一体”的高远境界。

三、超越有限的历程

人生之初，尚处于一种不分主客的原始意识的状态，自从有了自我意识以后，首先总是从有限的观点看事物，把任何一个事物都看做是与人和其他事物相互对立、相互外在的，然后才在对立矛盾的磨炼中体悟以物与物、物与人、人与人处于息息相通的一体之中，这就叫做从无限的观点看事物，或者叫做超越。

进入人与自然融合为一的超越之路

首先，就人与自然的关系来说。人在开始时总是把自然看做是外在于人自身的，与人自身相对立的，同时也把自然中的此一现象与彼一现象看做是不相联系、彼此外在的，于是盲目地对抗自然，遭到自然对人的报复。在这样的长期磨难中，人逐渐认识到自然中的各种现象是有内在联系的，这就有了对自然规律的认识，可以算做是对自然有限物的一种初步的超越。有超越就有自由，对有限的初步超越就意味着初步的自由。但人们的通常意识还是把自然规律看做是外在于人自身的、与人自身相对立的，人们还不知道人与自然"本是同根生"，不知道人与自然处于相通相融的一体之中，双方都服从同一规律，于是对自然规律采取被动的甚至敌视的态度，这仍然是一种有限的观点，仍然是一种不自由，有待于做进一步的超越。黑格尔在《精神现象学》中把人的意识从个别认识的"感性确定性"到普遍规律性认识的"知性"通统作为主客对立和外在的观点列入意识发展的初级阶段，道理也就在此。

人若能在超越之路上进一步认识到自然规律与人是一体相通的，从而对自然规律采取一种积极肯定、主动顺应的态度，就像尼采所说的用“命运之爱”的热情对待必然性、规律性，这就是“强者的精神”，也就是进一步的自由。黑格尔的《精神现象学》在讲到由规律性认识到“知性”到“自我意识”的转化和过渡时只是抽象地说到“知性”阶段中主体与客体的对立被扬弃了，主客的同一在“自我意识”阶段中被建立起来了，而没有具体谈到如何用主客同一的观点即无限的观点看待自然规律的问题，在这方面尼采的思想对我们所讲的超越之路更有启发意义。

进入人与人融合为一的超越之路

其次，谈谈人与人的关系。以“万物一体”为基础的“民胞”精神也是要经过漫长的超越有限性之路才能达到的。我且借《精神现象学》所用的例子来说明。一个没有受过任何教化的人，或者历史上的野蛮人，总是从有限的观点看待他人，把他人仅仅看作是自己的对立面，为了满足个人的欲望，往往抹煞他人的存在，以致杀死他人，但是在生活的磨炼中，正如黑格尔在《精神现象学》和《哲学全书》的精神哲学部分中所描述的那样，人认识到杀死他人，抹煞他人的存在，反而使自己孤立无援，不可能实现自己，不如保留他人的生存权，蓄人为奴，把自我与他人的关系变成主奴的关系。以主奴的观点对待他人比起简单地杀死他人，在超越有限的道路上无疑是前进了一步，尽管它是不公正的。但是，人在以主奴关系的眼光看待他人的过程中，又逐渐认识到自己离开了奴隶反而失去了自己的独立自主性，不如承认对方和自己一样是独立自主的主体。这样，人的超越有限之路就由“主奴关系”的观点提升到黑格尔《哲学全书》所说的人与人“相互承认”的“普遍的自我意识”阶段。现代哲学家胡塞尔和当代哲学家哈贝马斯所讲的“互主体性”（“主体间性”）就是对黑格尔的“相互承认”的观点的阐发和发展。我们在下面没有必要按照《精神现象学》所描述的意识发展的诸阶段逐一加以细述（事实上，《精神现象学》以后的《哲学全书》已省略了“相互承认”的“普遍自我意识”阶段以后的诸阶段，例如“斯多葛主义”“怀疑主义”“苦恼的意识”），仅仅以上所说的由杀死他人到视他人为奴，再到相互承认对方的独立自主性，就足以说明，建立在“万物一体”基础上的“民胞”精神是在有限、超越有限的漫长道路上磨炼出来的，人并不是一下子达到这种高远境界的。人类历史是如此，当今人们意识的发展也是如此。人类历史经历了原始社会、奴隶社会、封建社会以至如今，思想家们才大谈在黑格尔所讲的“相互承认”的“普遍自我意识”基础上发展起来的“互主体性”和人与人之间的平等对话；而就当今人们的意识来说，主奴意识仍在很多人的意识中占主导地位，平等对话往往还是犯忌讳之词。可见，超越有限之路是要在漫长的、忍受对立矛盾的痛苦中走过来的。黑格尔说，主奴意识的基础是“霸权”，这和“民胞”精神的基础是“万物一体”正好形成鲜明的对比。但我相信，人们在超越有限的道路上必将战胜“霸权”而进入“万物一体”之境，尽管这条道路是漫长曲折的，是异常艰苦的。

四、超越有限是一种长期磨炼的过程

中国传统哲学的超越之路包含磨炼

由此可见，我们所崇尚的“万物一体”“天人合一”的境界既是高远的，又不是“奥秘的”。这种境界就在现实的、有限的事物之中，就在人与物打交道的具体活动之中和人与人的生活交往之中，就在人类社会历史的发展过程之中。只要人们不死盯住有限的、在场的东西，而放眼于不在场的东西，认识到不在场的东西也是现实的，是与在场的东西结合为一的，这无限广阔的境界就会出现在当前。所以“奥秘的”境界又是“公开的”——是人人都可企及的。当然，这需要经过艰苦的、长期的磨炼。中国儒家主张“去私”，庄子主张“心斋”“坐忘”即“去智”。在他们看来，这些就是超越有限之路。其实，“私”也者，“智”也者，都是主客二分的产物，人不可能不生活在主客二分之中，不可能没有“私”（非指损人利己之私），不可能不要“智”（关于儒家是否绝对地否认“私”，庄子是否绝对地否认“智”的问题，兹不具论），问题在于既要经过“私”和“智”，又要从“私”和“智”中挣扎出来。“私”和“智”是有限的在场的东西，[1]而从中挣扎出来，看到不在场的东西，这就是超

[1] 关于普遍规律和概念之类的“智”是“恒常的在场物”这一点，我在其他许多地方已多次讲过，这里就不再论述了。

越有限，进入无限（再重复一句，这里的无限是指现实中时间之内的无穷进展）。有“私”有“智”而从中挣扎出来，这就有痛苦、有磨炼，所以超越之路意味着痛苦和磨炼之路，高远的境界与忍受痛苦是不可分离的。那种以为脱离红尘、不识不知就是“天人合一”“万物一体”的圣洁清高的看法，把“天人合一”“万物一体”理解为单纯的悠闲自在、清静无为的看法，是对超越的误解。这种所谓的超越，实无可超越者、无可挣扎者，既无痛苦磨炼，也谈不上圣洁高远。

黑格尔的“经验”概念包含有磨炼之意

我在上面所用的“磨炼”一词，其具体意义实指在意识发展过程中获取教训，相当于黑格尔《精神现象学》“导论”（“序言”中也提到过）中所用的“经验”一词的含义。黑格尔《精神现象学》一书最初用的副标题是“意识的经验的科学”，意思是，意识在自己的发展过程中认识到，原先以为是外在于主体的对象或客体，实际上是与主体同一的，也就是说，原先以为是真的，后来才认识到，那种认识是不真的，只有认识到客体与主体是同一的，才是真理。这种认识上的“转换”就叫做“经验”。其实，黑格尔的“经验”也可以说是一种教训，教训就是认识到原先以为是真的后来才知道是不真的。黑格尔在《精神现象学》中所描述的意识发展过程就是一个不断接受经验教训的进程：意识发展过程中的每一个阶段，在其当时，总自以为是真的，后来才知道此一阶段仍然是把客体看做是外在于主体的，因而是不真的，意识于是向前发展到下一阶段以克服这种主客的相互外在性与对立性。但下一阶段自以为是真理的认识，等到后来又认识到此种认识仍然没有克服主客的相互外在性与对立性，意识因而又不得不再向前发展……如此递进，以至最后达到主客的绝对同一即“绝对知识”。我称这一过程为“磨炼”，就是取其不断地接受教训之意。黑格尔是集传统的主客关系思维方式之大成的哲学家，他强调通过意识的“经验”过程或者说通过认识上的不断“转换”过程所要达到的目标是主体与客体的最终的同一，即认识到所谓外在于主体的客体最终是与主体同一的。

超越在场也是不断磨炼的过程

我们参考西方现当代人文主义思潮的哲学观点，认为意识所经过的“转换”过程，或者说“磨炼”，乃是要把死盯住在场的东西的观点，不断地“转换”为与无穷的不在场的东西结合为一的观点，这一过程也是漫长曲折的，而且是永无止境、无穷进展的，因为在场与不在场相结合的“万物一体”是无穷无尽的统一体，不是一个最圆满的所谓“真无限”的概念。且举黑格尔所用的杀死他人的野蛮观点到蓄人为奴的观点，再到相互承认每个人的独立自主性的观点为例。黑格尔是站在传统形而上学的立场以此说明主客的对立同一，我则想以此说明如何从死盯住在场的观点发展到在场与不在场相结合的观点。杀死他人的野蛮观点乃是只看到在场的自我，完全抹煞成自我之存在的背后的根源即他人。这种野蛮观点必然会使人接受一种教训：没有他人的生命与存在就没有自我。人们的意识于是发展到蓄人为奴的观点。蓄人为奴虽然是不公平的，但较之杀死他人毕竟在认识自我背后的不在场者方面前进了一步。主奴意识是一种霸权意识，这种人也是只盯住在场的东西，认为权势财富这些眼前的东西是最真实、最现实的，看不到隐藏在权势、财富背后不在场的根源是被统治者、被压迫者，他们才是真正的主人。霸权主义者在社会生活的进展过程中最终也会接受社会或历史的教训与惩罚，认识到他人和自我具有同等的独立自主性，意识的发展就这样进展到"相互承认""互主体性"以至人己一体的境地。"万物一体""民胞物与"的境界就是这样一步一步地通过不断接受教训和磨炼才达到的。超越之路是艰苦的，需要有自强不息的精神和勇气。

人类思想史上对有限性的两次巨大超越

人类的思想史是一个企盼超越有限的历史：原始思维没有普遍性的概念，一切都用有限的、个别的东西来指示。[①] 普遍性概念的发生使人们从有限性和个别性的束缚中解放出来，是人类思想史上的一个巨大进步，是对有限性的第一次巨大的超越。但以柏拉图和黑格尔为代表的西方传统形而上学却标志着人类思想对普遍性概念的过分夸大，以致普遍性概念被这类哲学家们不同程度地抬高到超出时间之外和之上的抽象领域，这样的超越最终使哲学变得脱离现实和人生，令人见而生畏。现当代人文主义

① ［法］列维—布留尔：《原始思维》，丁由译，北京：商务印书馆，1981 年，第 162—170 页。

思潮的哲学家们批判了超时间、超现实的概念哲学，主张哲学的真理和人生的最高意义与价值就在时间性之内的现实世界之中，但又认为这种真理和人生意义不在于死盯住当前的在场的东西，而在于超越这种在场的东西的有限性，体悟到隐蔽在其背后的与之相联系的不在场的东西的根源性，体悟到在场与不在场的一体性，这种对有限性的超越不是从时间之内的现实物超越到非时间性的抽象概念王国，而是现实世界之内的超越，是不脱离现实的超越。这是人类思想发展史上的第二次对有限性的巨大超越，它使人们的注意力从抽象的天国回到具体的人间，把哲学和人生变得更具诗意。我在本书前面的章节中把前一种超越叫做“纵向超越”，后一种超越叫做“横向超越”。我以为“横向超越”相对于“纵向超越”来说，是人类思想发展史上更进一步的大解放，探索“横向超越”的超越之路具有极其现实的意义。

第二编

审美观

第八章　审美意识的在世结构：人与世界的融合

一、审美意识：人与世界融合的产物

审美意识在于“天人合一”与“情景合一”

学者们一般都把审美意识放在主客关系中来讨论：有的主张审美意识主要源于主体；有的主张审美意识主要源于客体；有的主张审美意识是主客的统一。不管这三种观点中的哪一种，都逃不出主客关系的模式。其实，主客关系式的特点，归根结底在于把主体与客体二者都看成是两个彼此外在、相互独立的实体。主体的本质是思维，他是一个能思维——能认识的思维者或认识者。尽管按照主客关系的模式来看待人与世界的关系的各派哲学家们，没有一派不采取某种途径以求达到主客之间的统一，但这种统一都是在主客关系式的基础上达到的统一，即是说，都是主体对原本在主体以外的客体加以认识、思维的结果。

主客关系式就是叫人（主体）认识外在的对象（客体）“是什么”。可是大家都知道，审美意识根本不管有什么外在于人的对象，根本不是认识，因此，它也根本不问对方“是什么”。实际上，审美意识是人与世界的交融，用中国哲学的术语来说，就是“天人合一”。这里的“天”指的是世界万物。人与世界万物的交融或“天人合一”不同于主体与客体的统一之处在于，它不是两个独立实体之间的认识论上的关系，而是从存在论上来说，双方一向就是合而为一的关系。就像王阳明说的，无人心则无天地万物，无天地万物则无人心，人心与天地万物“一气流通”，融为一体，不可“间隔”，这个不可间隔的“一体”是唯一真实的。我看山间花，则此花颜色一时明白起来，这“一时明白起来”的“此花颜色”，既有人也有天，二者不可须臾“间隔”，不可须臾分离；在这里，我对此花的关系，远非认识上的关系，我不是作为一个植物学家去思考、分析、认识此花是红或是绿，是浅红或是淡绿等。我只是在看此花时得到了一种“一时明白起来”的意境，我们也许可以把这意境叫做“心花怒放”的意境吧。这个用语不一定贴切，但我倒是想借用它来说明这意境既有花也有心，心与花“一气流通”，无有“间隔”。这里的心不是认识、思维，而是一种感情、情绪、情调或体验。我们说“意境”或“心境”“情境”，这些词里面都既包含有“境”，也包含有“心”“情”“意”，其实说的都是人与世界的交融或“天人合一”，审美意识正是一种“天人合一”的“意境”“心境”或“情境”。中国诗论中常用的情景交融或情境交融，其实都是讲的这个道理。刘勰《文心雕龙·物色篇》：“情以物迁，辞以情发。”这里已有情景合一的思想。唐皎然认为诗人的真性情须通过景才能表现，情景合一才能构成诗的意境。司空图主张“思与境偕”。明清之际的王夫之关于情景合一的理论更有系统性。他说：“情不虚情，情皆可景；景非虚景，景中含情。”（《古诗评选》卷五）这就是说，无景之情和无情之景皆不能形成审美意象。中国古典诗论中的“情景合一”说是中国美学思想中的一个重要组成部分。这里不打算在这方面做详细的论述。我倒是想举几个例子，具体说明为什么审美意识是天人合一、情景合一的产物。李白的《菩萨蛮》:“平林漠漠烟如织,寒山一带伤心碧,暝色入高楼,有人楼上愁。”山本无所谓寒,碧亦无所谓伤心,“寒山”与“伤心碧”皆因一个“愁”字而起,是“愁”的心情与“碧山”之境交融的一种情境或意境,也就是一种天人合一。我们不妨举李白另外两首诗为例,也许更能说明问题。《早发白帝城》:“朝辞白帝彩云间,千里江陵一日还。两岸猿声啼不住,轻舟已过万重山。”如果简单地把这首诗理解为描写三峡水流之急速,那就不过是按照主客关系模式对客体(三峡水流)的一种认识,未免太乏诗意,太乏审美意识。这首诗的意境主要在于诗人借水流之急速表现了自己含冤流放,遇赦归来,顺江而下的畅快心情。这里,水流之急速与心情之畅快,“一气流通”,无有间隔,完全是一种天(急速的水流)人(畅快的心情)合一的境界,哪有什么主体与客体之别?哪有什么主体对客体的思维和认识?当然也无所谓主体通过思维、认识而达到主客的统一。李白的另一首诗《秋浦歌》其四:“两鬓入秋浦,一朝飒已衰。猿声催白发,长短尽成丝。”猿声通过一个“催”字与白发融为一体,这“催”字所表达的意境是猿声与白发的融合,也是一种天人合一的境界,远非主客关系所能说明。有趣的是,与前面一首诗相比较,似乎是,那首诗里的猿声与心情之畅快联系在一起,这首诗里的猿声却与暮年的慨叹联系在一起,这是否意味着审美意识仅只源于人的主观心情呢?我以为不完全如此。前一首诗里的猿声是在飞速的动态中听到的,“啼不住”者,舟行太快,余音未尽之意也,这正足以表现诗人的畅快之情。后一首诗里的猿声,虽未明言动静，但看起来似乎是在静态中听到的，静态中听白猿啼叫声，自然使人倍增愁绪。《秋浦歌》其二："秋浦猿夜愁，黄山堪白头。"静夜中听猿声，当然更令人感到婉转凄绝。这两首《秋浦歌》里的猿声与"两岸猿声啼不住"的猿声显然不是完全一样的。从《早发白帝城》和《秋浦歌》的对比可以看到，审美意识或意境既非单方面的境，亦非单方面的情或意，而是人与世界、天与人"一气流通"、交融合一的结果。

"无我"—"有我"—"忘我"

人生之初，都有一个原始的天人合一或不分主客的阶段，在这个阶段中，谈不上主体对客体的认识，或者说谈不上知识。随着岁月的增长，人逐渐有了自我意识，有了主体与客体之分，因而也有了认识和知识，能说出这是什么，那是什么，这是人的成长过程之一必然。但仅认识到这是什么，那是什么，则无论你认识到的"什么"如何之多，无论你的知识如何之宏富，也不能说你是诗人，说你有诗意或审美意识。知道不可能代替审美意识。也许正因为人在日常生活中，出于日常生活的需要，过多地、过久地习惯于用主客关系的模式看待人和世界的关系，所以大多数人在一般情况下，都缺少诗意或审美意识，只有少数人才成为诗人和艺术家。这少数"优选者"的诗意或审美意识从何而来？我想做一个简单的回答，就是超越主客关系式，达到更高一级的天人合一境界。谁多一分这样的境界，谁也就多一分审美意识。中国传统哲学之不同于西方传统哲学的一个特点就在于前者重天人合一，而后者重主客关系。也许就是因为这个缘故，中国成为一个公认的诗的国度。《老子》教人复归于“婴儿”，教人做“愚人”，其实不是真正的婴儿和愚人，而是超越了知识领域的高一级的“婴儿”或“愚人”，也就是超越了主客关系模式的天人合一境界。诗人可以说是高级的“婴儿”或“愚人”。《老子》的这套理论我以为不仅是一般的哲学观点，而且可以看作是一种美学理论。这个理论很可以说明审美意识之产生的根源。“婴儿”在其天人合一境界中，尚无主客之分，根本没有自我意识，这种原始的天人合一，我把它姑且叫做“无我之境”；有了主客二分，从而也有了自我意识之后，这种状态，我且称之为“有我之境”；超越主客关系所达到的更高一级的天人合一，应该说是一种“忘我之境”。审美意识都是忘我之境，也可以说是一种物我两忘之境。物我两忘者，超越主客之谓也。诗人都是忘我或物我两忘的“愚人”。所以审美意识的核心在于“超越”二字。这里要注意的是，超越不是抛弃，超越主客关系不是抛弃主客关系，而是高出主客关系，超越知识不是不要知识，而是高出知识。

二、审美意识的特点：超越性

我们平常说，审美意识有直觉性、创造性、不计较利害和愉悦性等特点，其实，这些特点都可以用我这里所说的超越主客关系的超越性来说明。

审美意识的直觉性

审美意识具有直觉性，但不能认为所有的直觉都是严格意义上的审美意识，初生婴儿的直觉就是如此。任何对于事物的原始感性直觉，如对于一片红色的感性直觉，对于一块坚硬的石头的感性直觉，其本身都不能构成审美意识。马致远的小令《秋思》："枯藤老树昏鸦，小桥流水人家。古道西风瘦马。夕阳西下，断肠人在天涯。"这里的藤、树、鸦、桥、水、家、道、风、马等，就其本身而言，都是感性直觉中的一些零星对象，无审美意识可言；即使把这首小令归结为"藤是枯的""树是老的""水是流动的""道是古的"等认识上的述语，那显然也是极其平庸乏味、滑稽可笑的。这些述语不过是主客二分模式的产物。这首小令的诗意在于通过审美直觉的感性直接性表达了超越认识对象（不是离开或抛弃认识对象）之外的思致，即诗人的惆怅之情。小令所描绘的绝非认识对象或事物性质的简单罗列，而是一幅萧瑟悲凉的情境。藤之枯、树之老、鸦之昏、桥之小、道之古等，根本不是什么独立于诗人之外的对象的性质，而是与漂泊天涯的过客之凄苦融合成了一个审美意识的整体，这整体也是一种直接性的东西，是一种直觉，但它是超越原始感性直接性和超越认识对象的直觉和直接性。可以说，不经过原始直觉，不经过主客二分而认识到藤之枯、树之老、鸦之昏等，不可能有审美意识，但要达到审美意识，又必须超越它们，达到更高的天人合一。

这里顺便谈谈思与诗或审美意识的关系问题。思属于认识。原始的直觉是直接性的东西，思是间接性的东西，思是对原始直觉的超越，而审美意识是更高一级的直接性，是对思的超越。如前所述，超越不是抛弃，所以审美意识并不抛弃思，相反，它包含着思、渗透着思。可以说，真正的审美意识总是情与思的结合。为了表达审美意识中思与情相结合的特点，我想把审美意识中的思称之为“思致”。致者，意态或情态也。思而有致，这种思就不同于一般的概念思维或逻辑推理。审美意识不是通过概念思维或逻辑推理得到的。所谓“形象思维”，如果说的是思想体现于或渗透于形象中，那是可以的；如果说的是思维本身有形象，这种流行看法我以为不可取。黑格尔说过，思想活动本身是摆脱了表象和图像的，思想是摆脱了图像的认识活动。[1] 黑格尔的说法是对的。我所说的“思致”不是一般流行的所谓“形象思维”。“思致”是思想、认识在人心中沉积日久已经转化（超越）为感情和直接性的东西。审美意识中的思就是这样的思，而非概念思维之思。伽达默尔认为，艺术的象征就是感性现象和超感性意义的合一状态。这超感性的东西就是思，就是他所说的概念。但这种与感性现象处于合一状态的概念，我以为不是概念本身，而是已经转化为感性的东西了。

有一种说法，认为审美意识比逻辑推理更能认识真理。这个提法仍然有混淆主客二分模式和天人合一之嫌。审美意识本身是一种天人合一的境界，根本不管认识，不管认识论或符合说意义下的真理和非真理，审美意识中的思或诗人的思只是一种思绪，其中包含有观点和看法。这些，在审美意识中，在诗人那里，都是真挚的，但不可以认识论意义下的真理或非真理来论

---

① 参阅张世英：《论黑格尔的精神哲学》，上海：上海人民出版社，1986 年，第 56 页。

述。虽然有的哲学家说审美意识能认识真理，但实际上他所说的认识不是指一般的科学认识或概念认识，他所说的真理也不是指一般的科学真理或规律。也许他们实际上是指的本体论意义下的真实。

前面说审美意识既经过对原始直觉的超越，又经过对思维和认识的超越，这两者的结合也可以说是原始的直觉性经过间接性达到更高一级的直接性。这里应该注意两点：第一，在实际的审美意识中，这双重超越并不是依时间先后次第进行的，而是一次完成的，诗人的意境并非在时间上先有原始直觉，然后进行思维和认识，最后再达到审美意识。第二，从原始的直觉性经过间接性达到高一级的直接性，这似乎就是黑格尔所讲的直接认识经间接认识再到直接认识的过程。但实际上，两者大不相同，黑格尔所讲的过程，其基础是主客关系的模式，他的原始直觉可算是原始的天人合一之境，但他的间接认识和最后达到的高一级的直接认识均属主客关系式的思想、认识。他说的高级的直接性是主体与客体的对立统一，是他所谓最高真理或最高认识。作为情与思或情与境相结合的审美意识在他那里是作为真理和认识的一个低级环节来看待的。他主要的是一个理性主义者，他把美视作理念、概念的感性显现，他所尊崇的是理念，是理性。我以为审美意识是要把思想认识转化为感情，而黑格尔则是要把感情提升为思想、概念；我以为天人合一（不是指原始直觉的天人合一）高于主客关系式，黑格尔则是要把天人合一纳入主客关系式（包括主客的对立统一公式）之内。

审美意识的创造性

审美意识的创造性，简单一点说，就是指的一次性或不可重复性。在主客关系的模式中，主体所认识的对象（客体）总是可以重复的。这是因为主客关系式所追问的问题是“它是什么?”这个“什么”必须是可以重复的，才有正确与真理之可言。如果我说它是如此，你说它是如彼，或者我今天说它是如此，明天说它是如彼，那就没有认识出它究竟“是什么”，也就是说没有真正的认识。但认识所要求的这个“是什么”，正好不是审美意识所要追问的。审美意识是天与人的合一，情与境的交融。人在审美意识中能超越周围事物之所“是”，发现其所“不是”，能超越周围事物之常住不变性，发现其异常的特征。所以审美意识所见到的总是全新的，因而也是特异的，而这就是创造。姜夔《点绛唇》：“数峰清苦，商略黄昏雨。”这“清苦”“商略”的意境，便是诗人的新发现和创造。主客关系式所告诉我们的不过是：黄昏时候，山雨欲来而已。但审美意识却远远超越了这个所是，而发现了其所不是，即“清苦”“商略”的意境。不能把“清苦”“商略”理解为诗人主观上强加的，那是一种肤浅之见。超越不是主观强加，不是简单的拟人化。这意境既不能说是客观的东西，也不能说是主观的东西，但它又是确实的、真实的东西，只有有审美意识的人才发现它、创造它，至于只知主客关系式的人则不可能发现它、创造它。主客关系式的模式只能见到重复的、共同的东西，只有具备审美意识的人才能发现这只能出现一次的奇珍。从这个意义来说，相比之下，那一味沉溺于主客关系式的人，其生活未免太贫乏、太平庸了，而有审美意识的人真可说是有别人所没有的、所不能重复的享受。我们平常说的“美的享受”，必然具有这样的特点，这也是“美的享受”的珍贵之所在。这里的关键在于“超越”。人不可能离开主客关系式，不可能离开认识，甚至可以说，一般人主要是按主客关系式看待周围事物（尽管人实际上都生活在天人合一之中），唯有少数人（一般人则只有在少有的情况下）能独具慧眼和慧心，超越主客关系，创造性地见到和领略到审美的意境。这也就是为什么诗人总是极少数，一般人只是偶尔才真有点诗意或者一辈子从无真正诗意的缘故。科学家也可以有创造、有发现，但科学家作为科学家，其创造发现的意义不同于审美意识的创造发现。科学家创造、发现的结果仍然是可以重复的东西，规律、定理就是如此。

审美意识的愉悦性

愉悦性是审美意识的另一特征。我这里用“愉悦性”一词主要是为了从俗。愉悦性一词似乎可以区别于快感一词，但实际上很难区别。一般流行的用法“美的享受”，或者说得文一点叫做“审美享受”，也许可以比较贴切地表达“愉悦性”的含义。且不去纠缠名词用语吧。我所要说明的主要意思是，审美意识既非经验主义所说的生理上的快感，亦非理性主义所说的理性的概念。生理上的快感和理性的概念，或属于感性认识，或属于理性认识，总归都是主客关系式的认识的结果。审美意识不是这些，而是超越主客关系达到与周围事物交融合一境地的一种感受，这种感受是人的生命的激荡，人因这种激荡，特别是这种激荡得到适当形式的表现和抒发形式而获致一种精神上的满足感，这种满足感就是所谓“美的享受”。这种“享受”不是处于低级感性认识阶段的快感或痛感，也不是处于高级理性认识阶段的完善或不完善，而是它们的超越或升华。苏轼的《前赤壁赋》：“客有吹洞箫者……其声呜呜然……舞幽壑之潜蛟，泣孤舟之嫠妇。”这里不是什么快感或痛感，也不是什么完善不完善，而只是诗人生命的颤动。在呜咽的箫声中，诗人的血脉似乎与幽壑之潜蛟、孤舟之嫠妇，以至与整个宇宙处于共振共鸣之中。诗人的这种感受就是一种“审美享受”。

审美意识的超功利性

审美意识之不计较利害的特性也是超越主客关系式的表现。主客关系式关心客体的存在，而计较利害的实用性活动归根结底属于认识领域(指广义的认识，平常说的实践也包括在内)，属于主客关系式，因而也关心客体的存在。欲望就是要占有存在、攫取存在。没有客体的存在，欲望就无法得到满足。审美意识则不关心存在，或者像康德所说的那样，对于对象的存在，采取淡漠的态度。这并不是说，审美意识完全起于人的主观意识，而只是说审美意识不过问对象的存在与否。我们说审美意识超越利害，从理论根源上说，就因为它超越了存在与否的问题，也就是说，它超越了主客关系式。《老子》里“昭昭”“察察”的俗人就是指的一心沉溺于知识和欲望之人。“昭昭察察”就是过于精明计较之意。《老子》里“昏昏”的“愚人”则是指的超越主客关系而有了天人合一境界的人，这种人超越了利害得失的干扰，故能“淡兮其若海，飂兮若无止”，也就是不受具体功利之束缚而逍遥自得，这也就是有审美意识的人。陶渊明《饮酒》诗里的“一士长独醉，一夫终年醒”，说的也是这个意思。“醒”者锱铢必较，斤斤于现实存在物，但得到的是生活的平庸和贫乏；“醉”者超越现实存在物，不论得失，但得到的却是美的享受。前者过于“昭昭察察”，病在一个“醒”字；后者“昏昏沌沌”，贵在一个“醉”字。看来，“醉”是审美意识的一个特点。

审美意识的诸种特性都在于超越主客关系和认识

总之，审美意识的直觉性、创造性、愉悦性，以及不计较利害的特性，归根结底，都离不开对主客关系式或认识的超越。我并不认为审美意识与知识、真理相互对抗，并不认为天人合一与主客关系相互对抗，我认为前者是对后者的超越。超越主客关系，其实，也就是超越有限性：按主客关系的模式看待周围事物，则事物都是有限的，一事物之外尚有别事物与之相对，我（主体）之外尚有物（客体）与之相对。我在前面说主客关系是“有我之境”，也就是指在我之外尚有客体限制我。可是在审美意识中，在天人合一中，一切有限性都已经被超越了，万物一体、物我一体，人不意识到自己之外尚有外物限制自己，所以我在前面把审美意识称为“物我两忘”或“忘我之境”。审美意识的这种超越颇似宗教上的超越，两者都是要超越有限，但宗教上的超越是人与神的合一，审美意识的超越是人与宇宙合一，与周围事物合一；宗教上的超越往往以灵魂不灭或轮回为达到永恒的途径，而审美意识的超越，既非灵魂不灭，也非轮回（尼采的永恒轮回究应如何看待，是一个复杂问题，兹不具论，我个人不赞成他的永恒轮回的思想）；既非上帝的永恒，也非西方传统形而上学所谓超感性的抽象本质世界（即尼采所斥责的“真正的世界”）之永恒，而是有限的人生与宇宙万物“一气流通”，融合为一，从而超越了人生的有限性。人在这种“一气流通”中忘了一切限制，获得了永生，就这个意义来说，人变成了无限的，即无限制的。当然，审美意识中的这种无限性，只是精神上的、理想性的，而绝非肉体上的和生理上的。我想，艺术家们所谓对无限性的追求，应当作这样的理解。

超越不是一件易事，不是人人都能做到的，也不是经常能做到的。人们在日常生活中习惯于按主客关系看待周围事物，所以要想超越主客关系，达到审美意识的天人合一，就需要修养。这里的修养就是美的教育。美的教育不是教人知识，而是教人体验生活，体验人生的意义和价值，锻炼在直观中把握整体的能力，培养超凡脱俗的高尚气质等。所有这些，归结起来无非是教人超越主客关系，超越知识和欲望，回复（不是简单回到）到类似人生之初的天人合一境界，或者用《老子》的话来说，就是教人“学不学”“欲不欲”“复归于婴儿”。所谓诗人不失其赤子之心，其哲学理论基础在此。

三、审美意识给人以自由

自由在于超越必然

哲学家们都认为审美意识给人以自由。康德说：“诗使人的心灵感到自己的功能是自由的。”①黑格尔说：“审美带有令人解放的性质。”②这里引起我们提出一个问题：自由究竟来自认识还是来自审美？或者用《老子》的话来说，究竟来自“学”，还是来自“学不学”？我们平常说自由是对必然的认识，这就是主张自由来自“学”。但学得了知识，就等于获得了自由吗？我以为尽管认识必然性比盲从必然性要自由得多，但有了对必然性的认识，还得更进而有超越必然性的自由意识或境界。认识不等于境界，认识不等于必然进入自由境界。康德着重论证了自由境界之超越必然性知识的本质，对西方传统形而上学，作了一次冲击，但康德的自由境界具有超验的性质。黑格尔虽然承认审美有令人解放的性质，并力图让自由不脱离必然，但他的概念哲学最终还是把自由变成了永远不可企及的幽灵。要真正获得自由的意识和境界，则必须超出西方近代哲学史上自笛卡尔到黑格尔其中也包括康德的传统主客关系模式。

主客关系式是以主客彼此外在为前提，主体受客体的限制乃是主客关系式的核心。因此，不自由便是主客关系式的必然特征。只有超越，才有真正的自由。原始感性的直觉认识中的悲痛、流泪是一种限制，一种不自由，但因一首诗、一曲戏的感动而流泪、而悲惋，则是一种自由的享受。关键在于审美意识中的悲惋、流泪是原始感性直觉中的悲痛、流泪的超越，我们平常称之为

---

① Immanuel Kant, *The Critique of Judgment*, Oxford, 1952, translated by J. C. Meredith, pp.191－192.

② [德] 黑格尔：《美学》第一卷，朱光潜译，北京：商务印书馆，1979 年，第 147 页。

“升华”。欲念中利害的计较给人以烦恼、痛苦，原因也是由于主客关系给人以限制，即使是生理上的快感，也是一种限制，它不过是欲念的满足，而“欲壑难填”，欲望与限制相伴而行。如能做到不“以物累形”，不“以心为形役”，那就有了自由，这里的关键也在于超越，我们平常称之为“超脱”。认识的结果只是关于必然性的知识，而审美意识的创造性则可以显示无限的可能性，这是一种不受限制的自由，一种最大的自由，这里的关键同样在于超越，所谓“游乎方外”，除了超脱世事或利害之外，似亦包含无限可能性的意义在内。

总之，超越了主客关系，就会从欲念、利害以至整个认识领域里、逻辑因果必然性的束缚中获得解放和自由，这就是自由的理论根据。我在前面把人生之初原始的天人合一境界叫做“无我之境”，主客二分的自我意识叫做“有我之境”，超越主客二分的天人合一叫做“忘我之境”。按自由的观点来看，“无我之境”既然无自觉，也就无自由的意识可言；“有我之境”则是不自由；“忘我之境”则是审美意识，是自由。

审美意义的自由高于道德意义的自由

除审美意义上的超越之外，平常认为还有宗教意义的超越和道德意义的超越，因此自由除审美意义上的自由外，还有宗教意义的自由和道德意义的自由。我不懂宗教，宗教上的超越是否给人以自由，就我个人来讲，我至少持怀疑态度。道德上的超越是否给人以自由？康德用绝对命令解释道德，把道德放在自由的领域，固有一定的道理，但用“绝对命令”解释道德，毕竟是不现实的，道德总是受制约、受限制的。康德虽然想通过审美自由以克服感官世界与道德世界的二元论，但毕竟不如谢林明确地把艺术自由放在最高的地位。孔子注重“礼教”“乐教”，极力要把审美意识和仁义道德结合起来，反对无道德内涵的审美意识：“礼云礼云，玉帛云乎哉？乐云乐云，钟鼓云乎哉？”[①]他还说，对于仁义道德“知之者不如好之者，好之者不如乐之者”。[②] 孔子似乎懂得一点审美意识高于认识和知识的道理，但他却因此而想通过审美意识把封建道德原则变成心灵的内在追求，实际上破坏了审美意识的超越性，限制了人的自由。我这里绝无教人不道德之意，但我以为审美意识的自由高于道德上的自由。一个真正有审美意识的人，一个伟大的诗人，都是最真挚的人，他们中有的人虽不谈论道德，甚至主张非道德（例如西方的尼采，中国的李贽），但他们的真挚，或者用李贽的话来说，他们的“童心”，即审美意识使他们成为最高尚、最正直、最道德、最自由的人。单讲德育，不讲或不重美育，则很难教人达到超远洒脱、胸次浩然的自由境界。

第九章　典型说与显隐说

关于美的本质和特征，在西方美学史上有各种不同的学说：

① 《论语·阳货》。
② 《论语·雍也》。

(1) 摹仿说，认为美是对现实事物的摹仿，柏拉图的美学理论就是如此。(2) 和谐说，认为美在于和谐，毕达哥拉斯、赫拉克利特都持这种观点。(3) 形式说，认为美与功利无关，是对象的合目的性的单纯形式，康德是持此说的突出代表。(4) 理念说，如柏拉图认为理念是“美本身”，是一切美的东西的根源，黑格尔提出“美是理念的感性显现”。(5) 客观说，认为美是客观事物的属性，如亚里士多德主张美在现实世界之中，是把零散的东西结合成为统一体。(6) 主观说，主张美的根源在人的主观方面，如休谟(David Hume，1711—1776)认为美没有客观标准，它只存在于鉴赏者个人的心中，康德亦认为美在于人心而不在于事物的存在，克罗齐认为美是人心的力量。(7) 关系说，狄德罗(Denis Diderot，1713—1784)认为美在于事物内部的关系，包括人与人、人与物、物与物的关系。(8) 实践说，马克思主张美是人类社会实践的产物。(9) 典型说，认为美是同类事物中的普遍性，孟德斯鸠(Montesquieu，1689—1755)以及其他许多古典美学家大多持此说，如此等等。我在这里不一一讨论这些学说，只想从西方传统哲学到现当代哲学的转向的角度，提出两种最具代表性的学说即典型说与显隐说来加以论述。

一、典型说及其哲学基础

主体—客体关系要求作为主体的人把本来外在于主体的客体作为对象来加以认识，从感性认识到理性认识，最终认识到特殊事物所共有的普遍性即本质、概念，从而能说出某事物是“什么”。这“什么”就是各种特殊事物的本质、概念。例如，当认识到或者能说出某物是“桌子”时，这里的“桌子”就是各种特殊的桌子的普遍性，是它们的本质、概念。可以说，“什么”乃是主—客式所要达到的目标，主—客式由此而崇尚理性、概念，故如前所述，这种哲学又叫做概念哲学。

西方传统艺术哲学基本上以所谓典型说为其核心，典型说就是以概念哲学为其理论基础的：典型就是作为普遍性的本质概念，艺术品或诗就在于从特殊的感性事物中见出普遍性、见出本质概念。柏拉图认为感性事物是概念（“理念”）的影子，而艺术品或诗不过是对感性事物的摹仿，因而是影子的影子，故他拒诗人、画家于他的国门之外。亚里士多德认为历史学家描述已发生的事情，诗人则描述可能发生的事情，因为诗所言说的大多带有普遍性，而历史所说的则是个别的东西。[①] 亚里士多德所说的普遍性就是典型，诗就是要写出典型。亚里士多德还把典型与理想联系起来，认为艺术品应当按事物“应然”的理想去摹仿，例如画美人就要画出集中美人之优点的理想的美人。这种典型显然是以本质概念为依归，实源于柏拉图的“理念”。“理念”本来就有普遍性、理想性的意思，艺术品应以“理念”为原型来加以摹仿。西方近代流行的“典型”一词与柏拉图的“理念”有密切关系。康德虽然承认审美意象所包含的意蕴远非明确的普遍性概念所能充分表达，这比亚里士多德把诗人所描述的可能性限制在

① 亚里士多德：《诗学》第 9 章。

同类的普遍性范围之内的思想要前进了一步，但康德没有充分发挥这一思想观点，而且他的哲学中的“规范意象”，显然未脱追求普遍性概念的窠臼。近代艺术哲学的典型观已经把重点转到特殊性，重视普遍与特殊的统一，但即使是强调从特殊出发的歌德(Johann Goethe，1749—1832)，也主张在特殊中显出普遍，所谓“完满的显现”就是要显现出本质概念，这种艺术观仍然是走概念哲学的旧路。西方艺术哲学中有所谓艺术摹仿自然的主张，不用说，是以自然为原型，以艺术品为影像的主—客式的表现。黑格尔虽然批评摹仿说，认为摹仿说意在复制原物，而实际上摹仿总是“落后于原物”，[①]但黑格尔所谓“美是理念的感性显现”，仍然是要求艺术品以追求理念即普遍性的本质概念为最高目标，凡符合艺术品之理念的就是真的艺术品，尽管他也要求典型人物应是有血有肉的活生生的人。我国文艺理论界半个多世纪以来所广为宣讲的典型说，认为只有能显现一件事物之本质或普遍性的作品才是真正的艺术品，此种艺术观完全是西方传统典型说之旧调重弹，其理论基础是西方旧的概念哲学，它的要害就是把审美意识看成是认识(即认识事物的本质概念，认识事物是“什么”)，把美学看作是主—客关系式的认识论。在六十年前的那场美学争论中，有的参与者曾明确宣称，美学的哲学基本问题是认识论问题。这就充分地点出了他们所崇奉的旧的艺术哲学的核心。

---

① [德]黑格尔：《美学》第一卷，朱光潜译，北京：商务印书馆，1979年，第53页。

二、显隐说及其哲学基础

超越主客关系的境域

黑格尔逝世以后，一些西方现当代哲学家如狄尔泰、尼采、海德格尔等人，都不满意传统的主—客式的概念哲学，而努力寻求一种超越主—客式、超越概念哲学的道路。这是西方哲学的一次新的重大转向。尼采认为世界万物不过是相互联系、相互作用、相互影响，根本没有什么独立的实体或本质概念。海德格尔则明确地要求返回到比主—客关系更本源的境域，或者说是一种先于主客区分的本源。此境域我以为就是由普遍的"相互联系、相互作用、相互影响"(用尼采的话来说)"构成"的，每个人都是这种联系、作用、影响的聚焦点。借用佛家所讲的"因缘"来说，一事一物皆因缘和合而生，有直接与以强力者为因，有间接助以弱力者为缘，事物皆与其境域相互构成。这里没有任何二元之分，包括主客之分、物我之分。这万物一体的境域是一切事物之所以可能的本源或根源，它先于此境域中的个别存在者，任何个别存在者因此境域而成为它之所是。人首先是生活于此万物一体的"一体"之中，或者说天人合一的境域之中，它是人生的最终家园，无此境域则无真实的人生。但人自从有了区分主客的自我意识之后，就忙于主体对客体的追逐(无穷尽的认识与无穷尽的征服和占有)而忘记了对这种境域的领会，忘记了自己实际上总是生存在此境域之中，也就是说，忘记了自己的家园。

显隐说的审美意识要求回复到人与万物一体之本然

诗意或者说审美意识，就是要打开这个境域，获得一种返回家园之感，也可以说，就是回复或领会到天人合一、万物一体。人自脱离母胎以后，先总是有一个短期的不分主客的无自我意识的阶段，然后才区分主客，产生自我意识，至于领会到万物一体、天人合一，从而超越主客二分，则是有了审美意识的人或少数诗人之事。黑格尔青年时期曾经把艺术、审美意识置于哲学、理性概念之上，到了他的哲学成熟期则反过来把哲学、理性概念置于艺术、审美意识之上。他在阐述其成熟期的这套理论时曾明确地把主客"二分"的态度看成是"对于对象性世界的散文式的看法"而与"诗和艺术的立场""相对立"。[①] 从黑格尔这里也可以看到我国六十年前关于美是主客二分关系的观点之陈旧。黑格尔贬低艺术，他是主客式的散文哲学家，而非诗人哲学家。在以黑格尔为代表的主—客式的旧形而上学者看来，真实的世界只能是"散文式的"，人们最终能达到的只是一些表达客体之本质的抽象概念。哲学成了远离诗意的枯燥乏味、苍白无力、脱离现实的代名词。海德格尔一反黑格尔集大成的主—客式的主体性哲学，强调对"人与存在的契合(Entsprechen)"的领悟或感悟，认为人一旦有了这种感悟，就是聆听到了"存在"的声音或呼唤，因而感到一切都是新奇的、"令人惊异的"，都不同于按平常态度所看待的事物，而这所谓新奇的事物，实乃回复到天人合一、万物

---

① 《黑格尔著作集》第 13 卷，Suhrkamp, Verlag 1970，第 410 页。

一体的事物之本然。所以海德格尔说:“诗人就是听到事物之本然的人。”[①]海德格尔显然把哲学和诗结合成了一个整体。

显隐说在于说明事物“怎样”从隐蔽处显示自身

旧形而上学家的概念哲学要求说出事物是“什么”,与此相对的是,新的哲学方向则要求显示事物是“怎样”(“如何”)的,也就是要显示事物是怎样从隐蔽中构成显现于当前的这个样子的。“什么”乃是把同类事物中的不同性——差异性、特殊性抽象掉而获得的一种普遍性,“怎样”则是把在场的东西和与之不同的、包括不同类的不在场的东西综合为一,它不是在在场与不在场之间找共同性。这里的“怎样”不是指自然科学如生物学、化学等所研究的动植物怎样生长、化合物怎样化合的过程,而是从哲学存在论的意义上显示出当前在场事物之背后的各种关联,这些背后的关联,并不像自然科学所要求的那样需要出场和证实。例如,一座古庙基石上的裂痕所显示的,是隐蔽在它背后的千年万载的风暴的威力以及与之相联系的无穷画面。从梵·高(Von Gogh, 1853—1890)画的农鞋显示出隐蔽在它背后的各种场景和画面,即各种关联:如农夫艰辛的步履,对面包的渴望,在死亡面前的战栗等。正是这些在画面上并未出场的东西构成在场的画中的农鞋。总之,“怎样”说的是联系,是关系(显隐间的联系或关系),或者用佛家的话说,是“因缘”,而不是现成的东西——“什么”。

---

① 《海德格尔全集》第 39 卷,第 201 页;译自 *Reading Heidegger*, Indiana University Press, 1933, p.185。

这些关联的具体内容就是“何所去”“何所为”“何所及”之类的表述关系，表述相互纠缠、相互构成的语词。例如前面提到过的酒壶的例子，如果按照传统形而上学的观点，酒壶由泥土做成，是壶形，可以盛酒，如此就说明了酒壶是“什么”。但是按照海德格尔的观点，酒壶的内涵更重要的是在于它可以用来敬神或增进人与人之间的友谊或者还可以借酒浇愁……这样，就从显隐之间的各种关联的角度显示了酒壶是“怎样”构成的，酒壶的意义也就深厚得多。从这里也可以看到，把美学看成是认识论，把审美意识归结为把握“什么”的认识活动，这种旧的艺术哲学观点该多么贫乏无味，多么不切实际。

显现与隐蔽的共时性

“怎样”的观点，说明显现与隐蔽的同时发生和不可分离性。对一件艺术品的欣赏，乃是把艺术品中显现于当场的东西放进“怎样”与之相关联的隐蔽中去，从而得到“去蔽”或“敞亮”的境界。倒过来说，“去蔽”或“敞亮”就是把隐蔽的东西带到当场或眼前。离开了“怎样”与之相关联的隐蔽，根本谈不上在场的“敞亮”。也可以说，是“怎样”打开了“敞亮”。所以海德格尔一再申言，宁要保持着黑暗的光明，不要单纯的一片光明，一千个太阳是缺乏诗意的，只有深深地潜入黑暗中的诗人才能真正理解光明。只要我们能把在场的东西放回到不在场的隐蔽处，我们就可以领略到诗意无穷。我们不要希求从这无穷的诗意中找到一个什么人生的最终的根底、答案或结论以规避我们对无穷性的追逐（这里所说的追逐完全不是指对知识的无穷追逐，而是一种无穷的玩味）。当然，我们更不要希求从这种无穷的诗意中得到某种训诫式的教条。这无穷的玩味本身就给我们以美的享受和精神上的满足，因为隐蔽着的诗意乃是无穷尽的未看到的、未说到的东西对看到、说到的东西的一种“许诺”或“预示”。[①] 这“许诺”或“预示”是无声之声，或者强名之曰“天听”，唯有能领会诗意的人能与这种“许诺”或“预示”相契合——能聆听到这种声音而感到愉悦，通常人或没有诗意的人对于这种声音不过是聋子。德里达(Jacques Derrida，1930—2004)说：“诗人坚定地聆听原始地、本能地发生的东西以及一般如其所‘是’的东西。”[②]“诗人的耳朵所听到的这‘是’”，“乃是按照古希腊‘是’这个词所表示的‘集合’之意”。[③] “是就是集合。”[④]诗人所聆听的就是在场与不在场之“集合”，是一即一切、一切即一，是敞亮着又同时隐蔽着的东西。

诗意或艺术品的审美意义所隐蔽于其中的不可穷尽性和不在场性，乃是我们的想象得以驰骋的空间和余地。一首诗或一件艺术品所留给我们的这种想象空间越大，它的意味也就越深长，其审美价值也越高。而且，这想象的空间之大小和内容，或者说，潜入黑暗的深度，会随着各人的水平而异。一个毫无审美意境的人，再好的艺术品也激发不起他的想象。他只能盯住一点在场的东西。

---

① Otto Pöggeler, *Heidegger's Path of Thinking*, p.233.
② John Sallis ed., *Reading Heidegger*, Indiana University Press, 1993, p.185.
③ John Sallis ed., *Reading Heidegger*, Indiana University Press, 1993, p.185.
④ John Sallis ed., *Reading Heidegger*, Indiana University Press, 1993, p.184.

西方传统的形而上学和艺术哲学之弊就在于割裂"敞亮"与"隐蔽",把"敞亮"绝对化、抽象化而奉单纯在场的永恒性(本质概念就是永恒的、单纯在场的东西)为至高无上的东西。海德格尔所代表的新的艺术哲学方向就是要强调隐蔽对敞亮、不在场对在场的极端重要性。美的定义于是由普遍概念在感性事物中的显现转向为不出场的事物在出场的事物中的显现。

三、真理的场所——艺术品

在场与不在场、显现与隐蔽相互构成的境域是万物之本源,也就是说,不在场的、隐蔽的东西是显现于在场的东西的本源。按照这种新的哲学方向和观点来追究一事、一物之本源,则需要从在场者追溯到不在场者,而不是像旧的概念哲学那样到抽象的概念中去找本源,这里的不在场者不是概念,而是与在场者一样具体而现实的东西。哲学由旧方向到新方向的转变就这样把人从抽象的概念王国转向具体的现实王国,由天上转向人间,由枯燥、贫乏、苍白的世界转向活生生的有诗意的生活世界。人本来就是诗意地栖居在这大地上。这样,哲学本身就是艺术哲学。通常把艺术哲学(或者用我们通常所用的术语来说,美学)看成是哲学的一个分支的看法应该说是过时了。

科学技术不能显示事物的隐蔽性

按照这种新的方向和观点,文艺作品不再是以写出具有普遍性的典型人物、典型性格为主要任务,而是要求通过在场的东西显现出不在场的东西，从显中看出隐。只有在显隐相互构成、人与世界相互构成的整个联系、作用、影响之网络中，在此本源中，才能看到一事物的真实性。诗不简单是个人情感的表达，而是引发，（或者用老子的话来说）是“反”回到作为本源意义的境域，也就是看到真理。所以海德格尔说，有诗意的艺术品乃是“真理的场所”。真与美，在海德格尔看来，是一而二、二而一的东西。前面第四章中所讲的去蔽说的真理，其实就是这里所讲的艺术的真、诗意的真、审美意识的真。例如一块顽石的“顽”性（坚硬、沉重、块然、粗蛮、古朴等①），就是一种“自我隐蔽”“自我封闭”的性质，这种性质并不能靠科学技术显示出来：我们诚然可以用计量的方式来把握石头的沉重性，这似乎是对石头做了精确的规定，但计量的数字终究不等于、也不能代替石头的沉重性本身，也就是说，不能让石头的沉重性本身显现出来。同理，对石头颜色的波长所做的定量分析也不能代替石头的颜色本身，不能显现石头的颜色。总之，无论科学怎样精细又精细地对石头进行对象化的观察实验，石头的“隐蔽”的根本特性仍不能“显现”。② 通过技术把石头制成可供使用的器具，例如石斧，是否可以把石之“隐蔽”性“显现”出来呢？也不能。使用一物，意味着消耗该物，使用石像意味着消耗石头，这里的关键不在于斧之石性（stoneness）而在于它的有用性、服务性（serviceability）。因此，随着科学技术的进步，石头制成的斧已为金属制成的斧所代替。石头可以被金属

---

① Heidegger，*Gesamtausgabe*，volume 5，1977，p.7.
② Heidegger，*Gesamtausgabe*，volume 5，1997，p.33.

所代替，说明石之“隐蔽”的特性仍然没有“显现”出来。[①]

只有艺术品能显示事物的真理

与科学技术对待石头的情况不同，石头在艺术品中，其“自我隐蔽”的本性（顽性）就确实显现出来了。例如一座石庙之石，就显现了它的隐蔽的特性。海德格尔说，石庙这一艺术品“展开了一个世界而没有让材料（即石——引者）消耗掉”，石庙倒是让石头“第一次在世界中显现出来”，“让石头第一次按石头之本然显现出来”，让石头在石庙这一艺术品中“显现其为石头”，更简捷一点说，就是第一次显现了石之“顽”性或者说石之“自我隐蔽”、“自我封闭”的本性。[②] 试看“石庙之矗立”既“显现了在它上面肆虐的风暴的威力”，同时又“在其对风暴威力的抗拒中”生动而具体地“显现了石之沉重和自我支撑”的本性。[③] 从另一角度来说，石的这种“顽”性在石庙的艺术品中敞开了一个“世界”：“石的光彩和闪烁使白昼之光、天空之宽广、夜之黑暗第一次出现。”倒过来说，这第一次出现的“世界”是石庙这一艺术品中之石所显现、展开出来的。海德格尔由此得出结论说：天空的空间原是不可见的，但“石庙的矗立却使不可见的空间成为可见的”。[④] 海德格尔关于石庙的这些描述和论述告诉我们：顽石一旦进入了艺术品，

① Heidegger, *Gesamtausgabe*, volume 5, 1997, p.32.
② Heidegger, *Gesamtausgabe*, volume 5, 1997, p.32.
③ Heidegger, *Gesamtausgabe*, volume 5, 1997, p.28.
④ Heidegger, *Gesamtausgabe*, volume 5, 1997, p.28.

就恰恰由于其“顽”而显现出一个生动具体的景象（“世界”），也可以说，在艺术品中的顽石，正因其“顽”而“通灵”，当然，这里的“通灵”不同于小说传奇中所说的通灵之意，而是指“顽”所显现出的“世界”之生动具体性。大概也就是因为这个缘故，尽管今天由于科学技术的进步，钢材、玻璃、水泥建成的摩天大楼已遍布全球，人们不再用石头建筑大厦，但人们总还是想欣赏顽石而回到古代的石庙建筑那里去。[1]

按照常识的理解，石头的光彩和闪烁是“由于阳光的恩赐而放射出来的”，是先有天空、白昼和黑夜等自然现象，然后才有艺术品石庙之光彩和闪烁。但海德格尔却颠倒了艺术和自然的常识上的关系，认为是先有了石庙这艺术品，然后，它才使天空、白昼、黑夜等真实地显现出来——使它们“成为可见的”。由此类推，雕刻的神像这一艺术品要比神的肖像更容易显现神本来的样子，前者“让神自己出场”。[2] 海德格尔据此而得出结论说：“正是石庙之矗立，才第一次给予事物以神色，给人以对其自身的看法。”[3]换言之，只有艺术品才照耀出人和万物之本然，才使万物“升起”“发生”（φμ´στζ, Aufgehen）。

西方传统的艺术观认为，艺术作为摹仿乃是从属于自然的。这种观点自柏拉图以后就占有优势。黑格尔对摹仿说的批评反对了艺术对自然的从属地位，他认为艺术是精神的感性表现，艺

① John Sallis, *Stone*, Indiana University Press, 1994, p.112.
② Martin Heidegger, *Gesamtausgabe*, volume 5, 1997, p.29.
③ Martin Heidegger, *Gesamtausgabe*, volume 5, 1997, p.29.

术之美产生于精神，因而高于自然。但是正如美国哲学教授萨利斯所指出的："黑格尔式的颠倒只不过从另一角度重建了艺术的次性地位，而不是根本取消艺术的次性地位：艺术虽不再次于自然，但次于精神。……海德格尔的颠倒则不同：它不是由精神的概念来规定的，而是如海德格尔告诉巴多尼（Kraemer Badoni，1913—1989）的那样，是由'真理的本质之规定中无底的差异'来规定的。海德格尔的颠倒既不是自然简单地先于艺术，也不是精神简单地先于艺术，……甚至也不是真理先于艺术……。艺术乃是真理在其中发生的诸方式之一，虽然不是唯一的方式，并且，真理并不先于它的发生而存在。"[1]简言之，真理、真实性在艺术品中才得以发生，是艺术品使事物显现其真实面貌，显现其真理，是艺术品提供了真理得以显现、照耀的场所。就像前面所说的，是石庙的艺术品第一次使天空、白昼、黑夜最真实地、最生动具体地显现出来，第一次使之"成为可见的"。陶渊明的诗："采菊东篱下，悠然见南山。山气日夕佳，飞鸟相与还。"这里说的似乎都不过是一些自然景象，但实际上陶渊明不是为了简单地描写自然美，这幅景象是诗人与自然合一的整体，它已化成显现"真意"（"真理"）的艺术品。"此中有真意，欲辨已忘言。"这里的"真意"不是通常所说的同美（和善）相对峙的科学认识或理论活动意义下的真理，而是类似海德格尔所说的"显现"或"去蔽"状态。"此中有真意"，就是说秋菊、东篱、南山、飞鸟之类所敞开的世界，是

① John Sallis, *Stone*, 1994, pp.107－108.

一个美的、有诗意的世界，是一个艺术品，而此美、此艺术品又显现着最真实、最本然的东西。《庄子·渔父》:“真者，所以受于天也，自然不可易也。故圣人法天贵真，不拘于俗。”这里的自然似可解释为本然之意。陶渊明所说的“真意”，可以说是一种艺术的真实、审美意义的真实。诗作和艺术品似乎是把我们从已经习以为常的现实中抽离出来而置入梦幻之中，但实际上，诗人、艺术家所言说的才是最真实的，它比日常生活的现实更真实，比单纯的自然之物更真实，这种真实是一种更深刻意义下的真理，甚至如某些思想家和诗人所说的那样，缺乏诗意和艺术修养的人倒是生活在梦幻中。在真正的诗人和艺术家面前，顽石会为之“点头”的。

在艺术中回到人生的家园

人和其他任何事物一样，原本植根于隐蔽的无穷尽性之中而与之合一，这合一的整体就是人生的家园。自从有了自我意识从而能区分主体与客体之后，人一般地就把事物当成外在的客体、对象而加以认识、占有和征服，人在这种认识、占有和征服的过程中反而觉得失去了万物一体的庇护，失去了家园。于是人又总想回到自己植根于其中、出生于其中的整体和家园中去，从中找到最终的庇护。如果说主客关系式的生活方式是一种开化的生活方式，那就可以把我们对整体和家园的思慕看成是一种对原始的向往。大概就是因为这个缘故，文明人总喜欢回到自然的原始中去，而且文明程度越高的人越有这种爱好。久居钢筋水泥和玻璃建成的高楼大厦的人们之所以不辞劳苦地要到高山雪峰上去赏玩，从深层来看，这不是为了欣赏黑格尔所批评的自然之美，也不是为了把握黑格尔所推崇的美的概念或思念，毋宁是自觉不自觉地出于一种归根寻源、思慕人生家园的感情。高山雪峰不是经过文明开发了的钢筋水泥和玻璃制成的，而是最原始的顽石之巅，它下面坐落在坚实的大地上，上面直指无垠的天空，它象征着万物的根源（例如恩培多克勒所说的“四根”：火、水、地、气）的集合点，[①]人在这里似乎回到了家园。我们是“顽石”之子，是“大地”之子，是它产生出我们，也永远看护着我们，直至死后。人为什么一般地爱在死者的墓地上立一块石头以作纪念？这墓石不仅是为了埋葬死者，而且更重要的是它有着庇护死者不因时间而堙没的象征性意义。[②] 顽石和高山雪峰在诗人眼里不是单纯的自然之美，而是有诗意的艺术品。

这里需要特别说明的是，强调隐蔽、思慕家园、回复到与万物合一的整体，绝不是要提倡回到自然、反对文明，绝不是要回到主客关系以前的原始状态（无论就个人来说，还是就整个人类思想发展的道路来说）。这在事实上也是不可能的。我们的中心意思无非是要在艺术中超越主客关系，以回到人生的家园，回到前面所说的“顽石”“大地”所表示的隐蔽的无穷尽性（我们所说的“整体”，乃是一个无穷尽性的整体）之中。这里的关键在于艺术修养或美的陶冶和教育。可以说，人生的家园只有在艺术、审美意识

① John Sallis, *Stone*, 1994, pp.15－16.
② John Sallis, *Stone*, 1994, p.18.

中，或者更确切地说，在诗意中才能达到。

四、中国古典诗论的“隐秀”说

对我国文艺理论观点的一点评议

隐蔽的东西的无穷尽性给我们带来了对艺术品的无穷想象——无穷玩味的空间。过去，我国有的文艺理论家认为，只要从个别事物中写出和看出普遍性，这就为我们提供了言有尽而意无穷的艺术哲学上的根据。其实，如前所述，一种普遍性概念所界定的事物范围无论如何宽广，总是有限度的，我们从这种艺术作品中所能想象——玩味的，充其量只能是与此个别事物同属一类的其他事物，因此这种艺术品所给人留下的可供想象——玩味的可能性的余地显然也是有限度的，而不是无穷的。新的艺术哲学方向要求从显现的东西中所想象——玩味的，不仅冲破某一个别事物的界限而想象——玩味到同类事物中其他的个别事物，而且冲破同类的界限，以想象——玩味到根本不同类的事物。两相比较，真正能使我们想象——玩味无穷的艺术品显然是后者而非前者。莫里哀的《伪君子》倒是写出了典型人物或者说同类人物的普遍性特点，而不是某一个别的精确画面，但它给人留下的想象——玩味的空间并不是无穷的。

尤有进者，旧的典型说在崇奉普遍性概念的哲学的指引下，总是强调把现实中不同人物的不同性格做集中的描写，写英雄就把现实中各种英雄的性格集中于英雄一身，写美人就把现实中各种美人的美集中于美人一身，于是艺术作品中的人物、性格都被普遍化、抽象化了，虽然也能在一定限度内给人以想象和启发，但总令人有某种脱离现实之感。新的艺术哲学方向所要求显示的在场者背后的不在场者，与在场者一样，仍然是现实的、具体的东西，这样的艺术作品所描写的人和事和物也都是活生生的、有血有肉的具体现实，而非经过抽象化、普遍化的东西。当然，它也不能是具体现实的照搬，否则，就不能给人以想象和玩味了。

中国古典诗的一个特点：意在言外

中国古典诗在从显现中写出隐蔽方面，在运用无穷的想象力方面，以及在有关这类古典诗的理论方面，实可与海德格尔所代表的艺术哲学互相辉映，或者用人们当前所习用的话来说，两者间可以实行中西对话、古今对话。

刘勰(约 465—520)《隐秀篇》云："情在词外曰'隐'，状溢目前曰'秀'。"他所讲的"隐"和"秀"，其实就是讲的隐蔽与显现的关系。海德格尔的艺术哲学——"显隐"说未尝不可以译为"隐秀"说而不失原意。文学艺术必具诗意，诗意的妙处就在于从"目前"的(在场的)东西中想象到"词外"的(不在场的)东西，令人感到"语少意足，有无穷之味"。这也就是中国古典诗重含蓄的意思。但这词外之情、言外之意不是抽象的本质概念，而仍然是现实的，只不过这现实的东西隐蔽在词外、言外而未出场而已。抽象的本质概念是思维的产物，词外之情、言外之意则是想象的产物，这也就是以诗的国度著称的中国之所以重想象的原因。元稹(779—831)的《行宫》："寥落古行宫，宫花寂寞红；白头宫女在，闲坐说玄宗。"诗中的一个“在”字用得很妙，它点出了白头宫女的在（场），却显现了（在想象中的显现）昔日宫中繁华景象的不在（场），从而更烘托出当前的凄凉，然而后者只是言外之意、词外之情，既是隐蔽的，却又是现实的，而非抽象的普遍性概念。柳宗元（773—819）的《江雪》：“千山鸟飞绝，万径人踪灭。孤舟蓑笠翁，独钓寒江雪。”这首诗所描写的画面真是状溢目前，历历可见，可谓“秀”矣。但如果仅仅看到这首诗的画面，显然还不能说领会到了它的诗意。实际上这首诗的妙处就在于它显现了可见的画面背后的一系列不畏雨横风狂而泰然自若的孤高情景，这些情景都在诗人的言外和词外，虽未出场，却很现实，而非同类事物的抽象普遍性，虽未能见，却经由画面而显现。当然这首诗的“孤舟”“独钓”之类的言词已显露了孤高之意，有不够含蓄之嫌，但这只是次要的，其深层的内涵仍然可以说隐蔽在言外词外而有待人们想象。柳宗元的另一首诗云：“渔翁夜傍西岩宿，晓汲清湘燃楚竹。烟销日出不见人，欸乃一声山水绿。回看天际下中流，岩上无心云相逐。”（《渔翁》）此诗的前四句本已通过一幅历历如在目前的画面令人想象到了渔翁那种悠闲自在的境界，但作者偏要在最后用“无心”这样的概念来作一概括，就反而了无余味，因为前四句让人想象到的那种人与自然合一的高超境界，可以引起许许多多的生动的画面，绝非渔翁的“无心”所可以简单概括的。这首诗之所以遭到后人批评，实因其缺乏“隐秀”之意，当然，从这方面来说，白居易的许多诗作之概念化的毛病就更多了。

诗人之富于想象，让鉴赏者从显现的东西中想象到隐蔽的东西，还表现在诗人能超出实际存在过的存在，扩大可能性的范围，从而更深广地洞察到事物的真实性。我们通常把这叫做夸张。李白(701—762)《秋浦歌》之十五："白发三千丈，缘愁似个长。"这里的极度夸张，其实就是想象的一种极端形式——"幻想"。按胡塞尔的说法，是一种对实际存在中从未出场的东西的想象。白发竟有三千丈之长，此乃实际世界中从未有过的，诗人却凭想象，超出了实际存在的可能性，但这一超出不但不是虚妄，反而让隐蔽在白发三千丈背后的愁绪之长显现得更真实。当然，诗人在言词中已经点出了愁字，未免欠含蓄，但这当另作评论。一个毫无想象力的人也许会凭感觉直观和思维作出白发一尺长或两尺二寸长这类的符合实际的科学概括，但这又有什么诗意呢？如果说科学家通过幻想，可能做出突破性的发现和创造性的发明，那么诗人则是通过幻想以达到艺术的真实性；如果说科学需要幻想是为了预测未来(未来的未出场的东西)，因而期待证实，期待未出场的东西的回答，那么诗意的幻想则不期待证实，不期待未出场的东西的回答，它对此漠不关心，而只是把未出场者与出场者综合为一个整体，从中显示出审美意义和审美价值。

杜甫(712—770)《春望》："国破山河在，城春草木深。"司马光在《续诗话》中对这两句诗作了深刻的剖析："古人为诗贵于意在言外，使人思而得之，……近世诗人惟杜子美最得诗人之体，如'国破山河在，城春草木深。感时花溅泪，恨别鸟惊心'。'山河在'，明无余物矣；'草木深'，明无人矣。……"从司马光(1019—1086)的剖析中可以看到："山河在"和"草木深"都是"状溢目前"的在场者

(“秀”),但它们却显现了不在场(“隐”)的“词外之情”——“无余物”和“无人”的荒凉景象。值得注意的是,这里的显现是想象的显现,想象中的东西仍保留其隐蔽性,只有这样,这两句诗才有可供玩味的空间。若让想象中的东西在言词内出场,把杜甫的这两句诗改成为“国破无余物,城春无人迹”,那就成了索然无余味的打油诗了。杜甫的这两句诗是中国古典诗中重言外意的典型之一,司马光的赏析则深得隐秀说之三昧,可与海德格尔显隐说的艺术哲学相呼应。像杜甫这样的由在场想象到不在场的中国古典诗,显然不是西方旧的典型说所能容纳的,其所给人留下的想象空间也不是按典型说所写的艺术作品所能比拟的。

总括以上所说,我以为从以主客关系的在世结构到超主客关系的在世结构,从重在场(显)到重不在场(隐),从典型说到显隐说,乃是当今艺术哲学的新方向。把中国的隐秀说和中国古典诗词同西方现当代艺术哲学联系起来看,则虽古旧亦有新意,值得我们特别加以重视并作出新的诠释。

五、超越在场与功利追求

超越在场的审美态度高于功利追求

从重在场(显)到重不在场(隐)的转化,绝不意味着不需要对在场的东西的功利追求。功利追求不等于功利主义,功利主义是把功利追求当作第一位的,而我们则一方面主张人离不开功利追求,一方面又强调以审美意识、特别是以显隐说的审美态度超越在场的东西,从而超越功利之心。梵·高的农鞋在不能超越在场的常人眼里，黑洞洞，破旧不堪，完全是一双无用之物，毫无价值可言，因为常人看事物，或者说以常人的眼光看事物，目的在于攫取存在者，而不在场者或隐蔽着的不可穷尽性只是虚幻的、不可攫取的东西。常人的眼光是缺乏或较少有想象力的。反之，一个能超越在场的东西、富于想象力的鉴赏家则如康德所说，“对于一个对象的存在是淡漠的”，[①]实际上也就是对于在场者是淡漠的。有的美学家认为审美对象具有“虚幻性”，或者说，审美对象是“虚幻的时间”，其实，更确切地说，审美对象是不在场者的潜在的出现，是隐蔽着的敞亮，是时间诸环节的自身越出。“虚幻”一词未免容易引起虚构的误解，实际上，审美对象正是在事物隐蔽处——在事物所隐蔽于其中的不可穷尽性中显示、敞亮其最真实的面貌。审美对象并不是一般事物以外的另一种特殊事物，它乃是任何事物的最真实的面貌，或者说，是在真实性中的事物。

功利追求是对在场者的直接攫取或索取的追求，所以功利追求似乎对人最切近，所谓切身利益，就是此意；超功利以审美态度对待事物，似乎是“把对象推向远方”，[②]是与对象拉开距离。但人为什么在功利追求之余又总觉得有失去家园之感？这就是因为事物不是单纯在场的东西，而是与隐蔽的不可穷尽性“集合”在一起、纠缠在一起的，只有这种“集合”才使事物具有真实的意义，具有海德格尔所说的“天地神人四合一”的意义，也类似中国人所

① ［德］康德：《判断力批判》（上册），宗白华，韦卓民译，北京：商务印书馆，1985年，第46页。
② ［德］席勒：《审美教育书简》，冯至，范大灿译，北京：北京大学出版社，1985年，第131页。

说的“天人合一”的境界，人正是生活在这样“集合”的家园中。超越在场，一方面是与对象拉开距离，另一方面却正是回到自己最亲近的家园，家园比功利追求更重要。

哲人、诗人的鸽子应乘着气流在天地之间飞翔

我们也不要片面地相信只有悠闲才能作哲学思考的古老说法，不要以为审美意识就是虚静自在。任何人不能不有功利追求，不能不过日常生活，不能不作常人，哲人、诗人亦复如此。哲人、诗人不同于常人之处在于：常人安于功利追求和日常生活，哲人、诗人则既作为功利追求，过日常生活，而又总想从中挣脱出来。哲人、诗人的生活是“常”与“非常”的交织与同时发生，而这又是一种更充实、更真实的生活。在我们今天的时代，哲人、诗人更应该是热爱生活的人，而不应该是专事静观和旁观的人。情况也许是：我们越深入火热的生活，我们就越需要哲学，需要审美，需要有诗的意境。让我们回想一下康德所说的鸽子。柏拉图的“理念”的鸽子幻想在真空中更自由地向天空飞去，但没有空气的支持，没有大地的支持，飞翔终成泡影，鸽子也许会坠入柏拉图的“洞穴”，在影子中爬行。我以为，哲人、诗人真正的鸽子应该既不安于作洞穴中的爬虫，也不要为真空的自由所诱惑。哲人们、诗人们还是作一个现实的鸽子吧，在天和地之间乘着气流飞翔！[①]

---

① John Sallis：*Delimitations*，Indiana University Press，1995，pp.15－16.

第十章　两种哲学，两种语言观

一、西方古典哲学到现当代哲学的转向

“人类自恋”的三次冲动

人不同于其他万物，人有精神性，因此，人总有一种超越其他万物、企图摆脱物质性或者说超越有限、奔向无限的内在冲动，这种内在冲动的过程表现在西方哲学史上就是几次哲学转向的运动。

第一次转向是柏拉图《斐多篇》中苏格拉底所说的，从在个别的具体事物中寻找当前具体事物的根源转向为在“心灵世界”（即“理念”）中寻找当前具体事物的根源，这一转向标志着人类超越物质性和有限性而突出精神性和奔向无限性的第一步。但苏格拉底—柏拉图的“理念”是独立于人的精神意识而存在的。近代哲学的创始人笛卡尔提出了“我思故我在”的命题，明确地建立了近代哲学中人的主体性原则，从而进一步推进了人类超越物质性和有限性而突出人的精神性和奔向无限性的内在冲动，这是西方哲学史上的第二次转向。康德沿着主体性哲学的方向，更进而把先验性看做是必然性知识的来源，这是人类内在冲动过程中一个新的里程碑，也可以算做是西方哲学史上的第三次转向（胡塞尔就是这样看的）。不过，我还是想把康德哲学归入从笛卡尔到黑格尔的近代主体性哲学的大范畴之内。黑格尔是主体性哲学之集大成者，他完善了主体性哲学，他的“绝对精神”或“绝对理念”

是绝对的主体，实际上是把人的主体性夸大到至高无上、登峰造极的神圣地位。人类企图超越物质性和有限性的内在冲动在黑格尔这里可谓达到了顶点，但这个顶点也是它走下坡路的开始。黑格尔死后，他的绝对主体被一些现当代哲学家们从各种角度撕得粉碎。西方现当代人文主义思潮的哲学，其主要特征之一就是批判以黑格尔哲学为代表的主体性哲学。

对“人类自恋”的三次打击

其实，在西方思想史上，伴随着这种突出精神性主体的内在冲动过程的，还有另一种与之相反的思想运动：首先是哥白尼（Nikolaj Kopernik，1473—1543）关于人所居住的地球不再是宇宙中心的理论；后来是达尔文（Charles Robert Darwin，1809—1882）发现的关于人类的动物演化的理论；再往后是弗洛伊德（Sigmund Freud，1856—1939）的精神分析学所发现的关于无意识对于自我意识或主体意识的重大作用的学说。这三种理论，按照弗洛伊德的观点，是对“人类自恋”的三次打击。我以为这三次打击也可以说就是对突出精神性主体的内在冲动的反击，是对主体性哲学所标志的人类中心论的反击。三次反击所构成的思想运动，说明三次哲学转向所标志的内在冲动再也不能一意孤行地继续下去了。当精神性主体在人的内在冲动中被抬高到如日中天之际，一种返回到物质自然和现实生活的反向运动开始了：人们愈来愈倾向于否认超越感性之外的绝对主体，人不能作为主宰一切的主体而君临于客体之上。

哲学从天上回到人间

由黑格尔集大成的传统形而上学，即主体性哲学，基于内部的和外部的原因而走向终结。黑格尔死后的西方现当代哲学，特别是欧洲大陆人文主义思潮的哲学，流派纷呈、各抒己见，但大体上都以强调超越主客关系，主张人与世界融为一体（海德格尔的“此在与世界”的关系就是一种主客融合论）为指归。西方现当代哲学的这一基本思想观点是整个西方哲学史上继笛卡尔、康德之后的又一次大转向。胡塞尔在《欧洲科学的危机》一书中自称他是这次转向（“革命”）的开创人。胡塞尔不仅像康德那样认为认识形式或范畴的客观性来源于主体性，而且把认识内容的客观性也建立在主体性的基础之上。他主张认识对象在认识活动中构成自身，这实际上就是说，对象是在人与物的交融中构成的。正因为人与物的交融构成对象，正因为物必须在与人的交融中显现其自身之所是，所以在胡塞尔看来，超越于人之外的独立外在的东西是无意义的，因而也不是他所谓“自明的”“被给予的”或“直观的”（这是胡塞尔现象学不同于传统主体性形而上学的重要特点之一，后者把客体看做是与人的主体相互外在的）。换言之，人与物的交融构成整个有意义的世界，并使整个世界处于“被给予的直观”之内。胡塞尔由此而排除传统形而上学所主张的“超越”，认为这种“超越”就是承认离开人而独立外在的东西的意义。胡塞尔的这种哲学观点开始把人的注意力从传统主体性形而上学所主张的抽象的超感性的概念世界拉回到人所生活于其中的现实世界即“生活世界”中来，哲学从过去那种苍白无力、枯燥乏味的贫困境地开始走向了与诗意相结合的境地。但胡塞尔毕竟还只是一个现当代哲学的开创人物，他的现象学哲学本身还包含许多传统的主体性哲学的旧框框和印迹。他的哲学中所蕴涵的许多连他自己也不明确其重大意义的开创性观点突破了他的现象学哲学自身。胡塞尔在不少地方谈到事物的“明暗层次”的统一，谈到事物总要涉及它所暗含的大视野，这实际上意味着在场的事物（“明”）都出现于由其他未出场的事物（“暗”）所构成的视域之中，意味着胡塞尔不同意传统形而上学以“永恒在场的”超感性概念为万事万物之根底的观点，而主张在场的与不在场的具体事物结合为一体。只不过胡塞尔的这些思想尚未有明确的阐发，胡塞尔仍然经常强调“在场”的优先地位。法国当代哲学家德里达（Jaeques Derrida，1930—2004）批判了胡塞尔以“在场”为先的观点，并发掘、补充和发展了胡塞尔现象学所暗含的关于在场与不在场结合为一体的观点。

把在场的具体物与不在场的具体物结合为一体的现当代哲学观点，是对于自苏格拉底—柏拉图至黑格尔的传统形而上学所主张的那种抽象的概念哲学的反对，也是对苏格拉底—柏拉图以前基本上不分感性世界与超感性世界，不分主体与客体的哲学观点的某种回复（一种在高级基础上的回复）；而从中西哲学比较的角度来看，则又可以说是与中国传统的人与万物一体或天人合一说（这里的“天”也如前所述，是取其自然或万物之意，而非指意志之天或封建义理之天）以及易老思想的某种接近，尽管二者间有时代上和历史阶段性的差异。

西方现当代的哲学转向使西方人不再像自笛卡尔到黑格尔的主体性哲学那样过多地注重人与自然的斗争，过多地注重寻找普遍性，过多地注重认识（知），轻视人的情感和意欲，而转向重视作为知情意结为一体的人与人之间的相异性，重视各个人的独特性，从而重视人与人之间的相互沟通、相互理解的研究。精神科学，或者说，关于人的学问，被提到比自然科学更受注目的地位。当前，在我国学术界，有一种观点仍然执着于把精神当做自然一样看待，专心致志于寻找普遍性而忽视个人的独特性和人与人的相异性和相互理解的研究，这是否有辱人的尊严呢？

二、语言学转向

对精神科学研究的重视和对人与人之间如何相互理解的研究的重视，必然导致对语言的哲学研究的重视。

世界由于语言而敞开

西方传统哲学到现当代哲学（或者粗略地泛称为“后现代哲学”）的转折点是语言学转向，从此以后，哲学所讨论的重点问题大体上由主客关系转向语言与世界的关系，由主客关系的观点转向人与万物融合的观点。从前，旧形而上学的认识论把人看成是进行认识的主体，世界万物是被认识的客体，于是语言被看成是反映天地万物的工具和镜子，天地万物无语言，或者说，不能言，只有有意志的人才有语言，才能言。现在则不然：人既是对世界的开放，又同时是世界本身的显现，人与世界融合为一体，融合的关键在语言，语言使人与世界由相融而相通，语言开启了世界，建构了世界，或者说，世界由语言而敞开、有意义。离开语言，便没有世界，事物就没有意义。海德格尔说：“语言是存在的家”，“有语言的地方才有世界”；同样，“人的存在基于语言”，因为人的世界是语言建立的。这样，我们也就可以说，在人与世界相融相通的“一体”之中，任何事物都是言说着的。当然，这里的言说是无言之言，并且只是对于多少有诗意的人来说才如此（每个人都或多或少地是有诗意的）。例如石头本身无语言，块然无“空无”，因而也无敞开状态。但石头的艺术品，例如石庙建筑，却是发生在语言的敞开之中的，它和一切其他形式的艺术品（包括造型艺术品）一样，富有诗意地言说，[1]它使我们不再以主客关系式的日常态度对待石头，而是使石头以反日常的姿态显现出来，让石头诗意地言说着。所以只有有诗意的人——诗意地言说着的人，才能贪图和欣赏石头艺术品所言说和敞开的世界，可以说，石头在艺术中，在能欣赏艺术品的、有诗意的人的心目中，是通灵的；反之，在毫无诗意、毫无艺术修养的人的心目中，石头只能是冥顽不灵的。一个有诗意的人登上雪山高峰，不只是一般地为了游山玩水、变换生活方式，甚至也不只是简单地为了欣赏大自然，而更重要的是把雪山高峰当作一种富有诗意的艺术品（一切艺术品都富

---

① 尽管石建筑之类的艺术品不同于狭义的诗作（语言诗作，Poseie），不能言说，但由于真理首先发生在语言中，语言诗作是广义的诗（Dichtung）中的最原始的一种形式，所以石建筑之类的艺术品是在语言诗作所敞开的空间之内发生的，即是说，石建筑之类的艺术品也诗意地言说着（Heidegger，*Gesamtausgabe*，volum 5，p.62.），只不过是一种无言的言说。

有诗意)来看待的。严格讲来,自然离开了人,是没有意义的。岩中花树,“当你未看花时,此花与汝心同归于寂”。“寂”者,无意义之谓也。所以自然本身无所谓美。自然美作为美实际上是一种艺术美,它是自然与人合一的整体,在这里,自然(作为美)已转化成了一种艺术品。“你来看此花时,则此花颜色一时明白起来。”这“一时明白起来”的“此花颜色”乃是人与自然合一的艺术品和艺术美。伽达默尔也说过:“能被理解的存在就是语言”,“没有语言性之外的‘自在世界’”。这样,语言便由先前作为主体(人)的工具而反映和再现客体的地位转变为“先在”的地位:不是人说语言,而是语言说人;语言言说在先,语言所言说的世界超越了人,人之言说(包括人之诗的言说与思的言说)不过是“应和”语言之言说;语言的言说是“道言”(die Sage),我们人作为说者只能是“谦然任之”(Gelassenheit)的依从者,因此,我们人的言说应对语言言说“感恩”。

总之,在人与万物融为一体的现实生活世界之中,语言是世界的意义之寓所,每个个人所说的语言(言语)来源于作为世界意义之寓所的语言,前者(言说)是有言之言,后者是无言之言,前者之所以能发生,是由于对后者的聆听。

语言独立于主体和对象的出场

传统的语言观总是按照常识的看法,认为书写的东西是口头语言的符号,语言只是说话的主体的活动,总是涉及说话者或作者。这一基本观点,早在亚里士多德的《解释篇》的第一节(16a)

中就已得到明确的表述。海德格尔和德里达认为这种传统语言观“与主体性形而上学有不可分离的联系”。“在海德格尔的论题中，语言不能归结为说话者的活动，它毋宁需要(按照最简单的公式来表达)对某种言说的东西的聆听，而这某种东西是它在人类语言中发出声响以前就言说着的。”[1]海德格尔本人说过：“说源于听。”它是对我们言说着的语言的一种聆听。因此，说并非同时是一种听，而乃预先就是一种听。这种以不显现的方式对语言的聆听先于所有其他各种聆听。我们不仅仅是言说语言(*the language*)，而是我们从语言中言说(“Wir sprechen nicht nur *die* Sprache, wir sprechen *aus* irh”)。[2] 德里达从另一角度表达了与海德格尔相似的观点。德里达批评了胡塞尔关于语言表达或意谓总是指向他人的体验，而他人的体验对于说话者又不能“直观在场”的观点，他发展了胡塞尔所暗含的而又超出其自身的观点，认为语言表达可以独立于一切“直观在场的东西”：既独立于感性对象或客体的“直观在场”，也独立于主体(说话者)的“直观在场”。[3] 这也就是说，没有某个说话者或没有某个作者之前，早已有语言。

海德格尔和德里达关于语言独立于说话的主体的观点，是对传统的主体性形而上学的背离。主体性形而上学的特点之一是把最真实的存在看做只是在场的东西，因此它又被称为“在场的

---

① John Sallis, *Delimitations*, Indiana University Press, 1995, p.140.

② M. Heidgger, *Unterwegs zur Sprache*, Pfullingen: Verlag Günther Neske, 1959, s.254.

③ John Sallis, *Delimitations*, Indiana University Press, 1995, p.142.

形而上学”。海德格尔和德里达都批评单纯在场的观念。海德格尔所谓“在手的东西”（Vorhandenheit，presence-at-hand）就是与单纯的看或直观相关的一种现成的在场。他认为比“在手的东西”更根本、更具基础性的是“上手的东西”（Zuhandenheit，readiness-to-hand），即人与之打交道的东西，或者说，人所操作、使用的东西（而非单纯的看或直观着的东西）。“在手的东西”是与主体对立的、预先摆在主体面前的客体，但海德格尔认为任何事物首先是“上手的东西”，或者用我们中国哲学的语言来说，首先是人与之交融在一起的东西，而“上手的东西”总是涉及隐藏在其背后的东西，并非单纯在场的东西，它的意义指涉着一个作为参考系的整体。这也就意味着，语言表达的意义不在于单纯的“直观在场”，而总是在场与不在场的东西相结合的整体。这种意义下的语言，就是一种先行于某个说话人或某个作者所说的语言之前的无言之言。借用庄子的话来说，我想强名之曰“大言”。“大言炎炎”（《齐物论》），意谓“大言”如燎原之火，照亮一切，使万物具有意义。

德里达从另一角度指出了单纯在场观念的局限性。德里达指出，胡塞尔所谓与“语言意指”严格分离的“前表达经验的层次”（即语言表达所指向的他人的体验，这种体验对于说话者是不能直观在场的），是一种单纯感性的在场，这种在场的“现在”并不是孤立的、静止的，而是与过去、未来有着本质联系的。它不是先有一个出场（在场）的“现在”，然后与过去、未来相联系；实际上，这种联系原来就是一个出场的“现在”之构成因素，这也就是说，没有单纯的自我同一的出场(在场)。德里达在《言语与现象》一书中把这种“现在”的特殊复杂性用“重复”的概念来称谓和说明,其要点是,“现在”在下述两种意义下包含一种重复的运动:(1)当前出场的“现在”包括先前的“现在”的重复,这就是保留、记忆;(2)当前出场的“现在”,即出场的形式,其本身是理想性、观念性的并从而是无限地可重复的。[①] 这种重复的特征被德里达称为“印迹”(trace),又称“延异”(différance)。根据这种“延异”的观点,封闭的在场就被解构了,即是说,语言表达或意谓的作用不要求达到单纯直观在场的目标,不要求达到一个现成的固定不变的在场物而成为独立于言说者或作者的在场以及独立于对象的在场的流变不居的东西。德里达所谓独立于主体与对象的语言,也颇类似上述海德格尔所说的人与世界相融合、在场与不在场相结合的整体的语言。

海德格尔与德里达的语言观,除二者论证的角度不同之外,其共同的思想倾向都是强调人与万物融合为一的宇宙整体能作无言之言。这种语言独立于说话人或作者的语言,前者通过后者而发出有言(有声)之言。显然,这种语言观的哲学基础是万物一体论(借用中国哲学的术语来说),它和传统语言观之以主客关系论和主体性哲学为基础,正好形成鲜明的对比。

其实,英美分析哲学家中也有人认为世界具有语言的性质,

---

① John Sallis, *Delimitations*, Indiana University Press, 1995, p.143;并参阅[法]德里达:《声音与现象》,杜小真译,北京:商务印书馆,1999年,第81—86、127—131页。我所提到的德里达著《言语与现象》一书即杜译《声音与现象》。

没有离开语言的独立存在。例如蒯因(W. V. O. Quine，1908—2000)的“本体论的承诺”就是把本体论问题归结为语言问题，他认为一事物的存在决定于它所纳入其中的语言概念的体系。但有一点根本不同的是，蒯因的“本体论的承诺”是建立在约定论的基础之上的，它与主客关系的思维模式结合在一起。在蒯因那里，世界的言说对人而言并不是先在的。

三、语言意义的转换

语言的意义由指向感性对象和抽象概念转换为指向无底深渊的世界

主客关系式的主体性形而上学沿袭柏拉图主义的方向，把世界分裂为感性世界与超感性的概念世界、现象的事物与本质的事物(“真正的世界”)。在这种哲学观点的指引下，语言表达的意义被归结为由说话的主体指向客体：或指向感性的对象，或指向抽象的概念，总之，都是指向在场的东西，前者是变动不居的在场，后者是永恒的在场。由于这种语言观以要求在场为意义的根本条件，所以，没有任何可能对象的语言表达，或与概念不相符合的语言表达，在它看来，都是无意义的，例如“一座金山”或“方形的圆”就被看成是无意义的。[①]

传统形而上学的终结和现当代的现象学否定了超感性的抽象概念世界，要求人们专心致志于具体事物本身及其自我显示。这

① 参阅[法] 德里达：《声音与现象》第7章，杜小真译，北京：商务印书馆，1999年。

样，事物的意义就不在于表面现象指向所谓“真正的世界”或抽象概念，也不在于由此一事物指向彼一事物，而在于指涉一事物所一向源于其中的万事万物本身之整体，或者用海德格尔的话来说，在于指向“世界”。所以，要理解某事物，就要参照“世界”这一“敞开的参照体系”(an open system of references)[①]而不是参照抽象的普遍性概念或某一个别的事物，这就叫做“从事物自身理解事物”(to understand it *from itself*)或“自我显现”(self-showing)。[②]这样，语言表达也就得到了重新的界定：语言的意义不是指语言要去表达独立于语言的某确定的对象或某确定的概念，而是(用海德格尔的说法)事物从中显现自身的“漂流着的世界”，是作为Dasein之Da的“言说”(Rede)，亦即“世界”之展露口。[③]

对于这种意义下的语言来说，某个具体对象的“直观在场”是不需要的，作为某一类对象的永恒在场的概念也是不需要的，它所需要的是一切存在者(beings)之“集合”，这“集合”就是“是”(Being)之本意。换言之，“是”(Being)集合着一切：在场的，不在场的，显现的，隐蔽的，而且这一切是无穷无尽、没有止境的。语言言说着这无底深渊的一切，[④]同时也言说着存在者的真正内涵——言说着存在者之所是。但是，我再重复一句，它并不需要某个具体对象或某个概念。正是在这种意义下，没有任何可能的

---

① John Sallis, *Delimitations*, Indiana University Press, 1995, pp.164 - 165.

② John Sallis, *Delimitations*, Indiana University Press, 1995, pp.164 - 165.

③ John Sallis, *Delimitations*, Indiana University Press, 1995, pp.164 - 165.

④ Jacques Derrida, "Heidegger's Ear", *Reading Heidegger*, Indiana University Press, 1993, pp.163 - 218.

感性对象的“直观在场”的语言，仍然是有意义的。[1]

诗的语言可以独立于感性对象和概念的出场

其实，诗的语言之不同于非诗的语言的特点之一，就在于它容许甚至偏重无直观在场的语言的意义。李白《秋浦歌》之十五：“白发三千丈，缘愁似个长。”三千丈的白发显然没有直观在场的可能，但它把不在场的、隐蔽的愁绪生动具体地展露（显现）出来了，鉴赏者通过“白发三千丈”，可以在不在场的无尽空间中驰骋自己的想象而玩味无穷。叶燮（1627—1703）的《原诗》曾举杜诗“碧瓦初寒外”“晨钟云外湿”等为例，生动鲜明地说明了不符合概念的语言亦可以有丰富的意义。且花点篇幅节录其中两段以见叶燮的分析之精彩：“‘碧瓦初寒外’句，逐字论之，言乎外，与内为界也。初寒何物，可以内外界乎？将碧瓦之外，无初寒乎？寒者，天地之气也，是气也，尽宇宙之内，无处不充塞，而碧瓦独居其外，寒气独盘踞于碧瓦之内乎？寒而曰初，将严寒或不如是乎？初寒无形无象，碧瓦有物有质，合虚实而分内外，吾不知其写碧瓦乎？写初寒乎？写近乎？写远乎？使必以理而实诸事以解之，虽稷下谈天之辨，恐至此亦穷矣。然设身而处当时之境会，觉此五字之情景，恍如天造地设，呈于象，感于目，会于心。意中之言，而口不能言，口能言之，而意又不可解。划然示我以默会相象之表，竟若有内有外，有寒有初寒，特借碧瓦一实相发之。有中

① 参阅[法] 德里达：《声音与现象》第 7 章，杜小真译，北京：商务印书馆，1999 年。

间，有边际，虚实相成，有无互立，取之当前而自得，其理昭然，其事的然也。……凡诗可入画者，为诗家能事，……若初寒内外之景色，即董、巨复生，恐亦束手搁笔矣。天下惟理事之入神境者，固非庸凡人可摹拟而得也。”叶燮这段话的意思无非是说，“碧瓦初寒外”一句若按逻辑的道理（叶燮所谓“名言之理”）分析，则于理不通，不可解（“使必以理而实诸事以解之，虽稷下谈天之辨，恐至此亦穷矣”），然这一不符合逻辑之理或者说不符合逻辑概念的语言，却诗意盎然，使人“觉此五字之情景，恍如天造地设，呈于象，感于目，会于心”。再举一段关于“晨钟云外湿”一句的分析：“以晨钟为物而湿乎？云外之物，何啻以万万计，且钟必于寺观，即寺观中，钟之外，物亦无算，何独湿钟乎？然为此语者，因闻钟声有触而云然也，声无形，安能湿？钟声入耳而有闻，闻在耳，止能辨其声，安能辨其湿？曰云外，是又以目始见云，不见钟，故云云外，然此诗为雨湿而作，有云然后有雨，钟为雨湿，则钟在云内，不应云外也。斯语也，吾不知其为耳闻邪？为目见邪？为意揣邪？俗儒于此，必曰‘晨钟云外度’，又必曰‘晨钟云外发’，决无下湿字者，不知其于隔云见钟，声中闻湿，妙悟天开，从至理实事中领悟，乃得此境界也。”钟声与湿相联，声中闻湿，颇与德里达所谓“方形的圆”相似，不符合概念，无直观在场，然而“妙悟天开，从至理实事中领悟，乃得此境界”。叶燮由此得出结论说：诗的语言虽亦言理，但此理非“可言可执之理”，而乃“不可言之理”。“可言可执之理”，乃“名言之理”，逻辑概念之理。此种理，无诗意的人，“人人能言之”。诗人之言则为“不可言之理”或称“不可名言之理”，斯为“至理”。正是这种“至理”才能达于诗意的境界。

总之，诗的语言既可以不需要具体的某个感性对象之在场，例如“白发三千丈”或“一座金山”；也可以不需要符合普遍性概念的东西之在场，例如“声中闻湿”。叶燮对于这两个方面的不在场做了简明的概括：他把无具体感性对象之在场的事物叫做“不可述之事”或“不可施见之事”，把没有普遍性概念之永恒在场的理叫做“名言所绝之理”或“不可名言之理”。“不可施见”或“不可述”就是无具体感性直观对象之意，例如三千丈的白发就是“不可施见”的；“不可名言”或“名言所绝”就是不可用通常的逻辑概念衡量之意，例如入耳而有闻的声与只与触觉有关的湿相联，就是“不可名言”的。诗意语言的“事”或“理”，若按毫无诗意的“俗儒之眼”观之，则“于理何通”（逻辑概念上讲不通），“于事何有”（没有感性直观中的对象）？真所谓“言语道断，思维路绝”了。然而诗意语言之事理乃是“幽渺以为理，想象以为事”，例如三千丈的白发就是想象以为事，“声中闻湿”就是幽渺以为理，此种事理能“引人于冥漠恍惚之境”，此绝非无诗意的凡夫俗子所能至也。

这是否意味着诗的语言是可以完全脱离现实世界、凭空乱想乱说的呢？不然。非诗的语言要求有“可征之事”（即要求有具体的感性直观对象），有“可言之理”（即要求有符合逻辑概念之理），这都是拘泥于“在场”的观点（如前所述，前者是变动不居的在场，后者是永恒的在场），但诗的语言是集合在场与不在场、显现与隐蔽的无穷尽的东西于一点而产生意义，所以它虽然一方面不要求单纯在场的东西，但另一方面，它又不是脱离世界的，世界是由在场与不在场、显现与隐蔽的无穷尽的东西构成的。“声中闻湿”以单纯在场的概念衡之，声的概念不容许有湿的概念，湿的概念不容许有声的概念，声与湿各自坚执着自己的单纯在场的特性，所以按照这种“在场形而上学”的观点，“声中闻湿”这样的语言是无意义的。但从在场与不在场、显现与隐蔽相结合的观点来看，“声中闻湿”则能达于“妙悟天开”之境界，此种境界就是一种对无底深渊的聆听。叶燮《原诗》中所谓“能实而不能虚，为执而不为化”之“理”，实即“在场形而上学”之理。“实”者，在场也，“虚”者，不在场也，“为执而不为化”者，执着于界定的东西而不容许有变异性之意也。与此相反的“理”，叶燮则赞扬它“至虚而实，至渺而近”。实与虚相结合，近与渺相结合，正可以说是在场与不在场、显现与隐蔽的结合。“妙悟天开”的境界就在这两者的交会处。德里达说：“语言可称为在场与不在场这个游戏的中项。”①我想，这里所说的语言，就其本质而言，应是诗的语言。叶燮《原诗》中的话：“诗之至处，妙在含蓄无垠，思致微渺，其寄托在可言不可言之间，其指归在可解不可解之会。”②这里的“之间”“之会”亦未尝不可以解读为在场与不在场的“交会处”或德里达所说的“中项”。至于完全脱离世界、凭空乱想乱说的语言，如德里达所举的例子“绿色是或者”，③则丝毫没有集合在场的东西与不在场的东西之

① ［法］德里达：《声音与现象》第 7 章，杜小真译，北京：商务印书馆，1999 年，第 10 页。

② 叶燮《原诗》中的这几句话虽系出自“或曰”之口，但属于叶燮本人所赞许之列。

③ ［法］德里达：《声音与现象》第 7 章，杜小真译，北京：商务印书馆，1999 年。

意，是真正无意义的语言，[1]这种语言与诗的语言毫不相干。

四、“大言”与“小言”

“大道”不作“小言”之言

独立于感性对象和概念的“语言言说”颇有点类似庄子的“大道”“大言”，“人的言说”有点类似“小言”“人言”。“大道”“大言”对于“小言”“人言”来说，是“先在的”。所谓“道本无言”，其深层含义是说“大道”不作“小言”之言，或者说得更具体一点，“大道”非“小言”所能言者，而不是说“大道”根本不能言。“小言”“人言”是概念式语言，不能离开在场的东西。凡感性中不可能出场的东西或不符合逻辑概念的东西，在“小言”“人言”看来，就是胡言。反之，“道言”“大言”是要把在场与不在场的“一体”显示出来，是要显示着、言说着无底深渊，是要表达事物从中显现其自身的“漂流着的世界”。可以说，这是一种超概念式语言，亦即诗的语言。王船山所谓诗“以神理相取”，“神”（或“天德”）能“合物我于一原”，“彻于六合，周于百世”（《正蒙注·太和篇》），不能以“名言”出之（《古诗评选》卷四），实际上就是说“道言”不能以概念式语言（“名言”）来言说，只能以诗性语言来言说。由此看来，“人言”只有当其言说诗性语言时，才可以通达“道言”，才可以还原为“道言”而与“道言”合一。

---

① 德里达区别“方形的圆”与“绿色是或者”两种不同的语言，认为前者虽无直观对象之在场，但它是富有意义的，后者则是全然无意义的，但他主要是从语言学的角度来分析问题的。

按照海德格尔的看法,“语言本身从根本的意义上说是诗”。[①] 但通常人们所说的语言已经异化、堕落成了概念式的语言,所以通常的“人言”“小言”不能通达“道言”“大言”。

日常语言和科学语言的“小言”是否就完全无助于“大言”呢?对于概念式的“小言”来说,“道言”或“大言”确实不言、不可说,但这类语言(概念式的语言)却可以“反映”“折射”(伽达默尔语)或“指出”“意味”(维特根斯坦语)那“不可说”的“道”,也就是可以“间接地烘托”(不同于“诗意地直接言说”)那“不可说”的“道”。关于这个问题,我在这里不想多说。

知觉中的东西言说着“道言”

我在这里想多花点篇幅来说明的是关于个人知觉中的东西是否可以用语言表达的问题。我之所以要谈这个问题,是因为有一种观点认为语言的言说或“道言”“太抽象”,“太形而上”,不如谈人的现实知觉中的东西更为“实在”。因此,对于持这种观点的人来说,我的主题应着重谈知觉中的东西是可说还是不可说的问题。在我看来,这个问题首先涉及对“实在”的理解。我不同意所谓“道言”不实在或太形而上的看法,但这里不是争论这个问题的场所。无论如何,知觉中的东西是可说还是不可说,这的确是一个值得研究讨论的问题。

个人的知觉是主观的、私有的、单一的,我的知觉不可能转让

---

① Martin Heidegger, *Holzweg*, *Gesamtausgabe*, Vittorio Klostermann, Frankfurt a. M. 1980, p.61.

给你，让你也得到完全同样的知觉。这是因为语言是普遍的、公共的，不可能指称私人的、单一的东西。语言分析哲学家们讲了很多关于这个问题的理论，企图说明指称单一的东西的可能性，但最终都摆脱不了普遍无法达到单一这个困境，以致有的分析哲学家如莫汉蒂(Jitendra Nath Mohanty)不得不多少靠近一点海德格尔，在超越纯理论的实践关系中，寻求单一性。①

个人知觉是否能用语言表达的问题，应与如何看待个人知觉的问题联系起来考察。

把个人知觉中的东西看成是一个单纯在场的东西，一个没有人的实践参与其中的孤立的东西，则它本身是空洞的、无意义的，因而就像黑格尔所说的“感性确定性”那样，是任何语言所不能表达、不能与之同一的。黑格尔认为语言所言说的普遍性概念高于“感性确定性”，而我们这里所谈的问题却与黑格尔相反，正是要捕捉“感性确定性”中的单一性。那么，如何捕捉?

莫汉蒂的观点大体上是这样的：知觉中单一的东西不是孤立的，它实际上存在于一个宽广的领域中，此单一的东西正是在此领域中显现自身；现实的人并不只是与此单一的东西打交道，而是与整个宽广的领域打交道(莫汉蒂认为这整个领域就是“实践”)。概念式的语言乃是把整个领域不断地、一步一步地向单一的东西这个中心缩小和限定，语言对这个领域所作的限定越多、越细，则语言的普遍性与知觉中的单一性之间的鸿沟就越接近于

① Jitendranath Mohanty, *Phenomenology and Ontolgy*, Martinus Nijhoff Haag, 1970, p.83.

填平。也就是说，语言越接近于表达了个人的知觉，越接近于与知觉中的单一性同一。但是只要把主体与客体对立起来，认为客体独立于主体，而语言硬要作所谓“客体的表达”，则语言普遍性与知觉单一性之间的鸿沟永远不可能完全填平，两者“不可能完全无区别”。[①] 莫汉蒂似乎看到了，语言要想与其所指称的单一性事实同一，此事实本身必须就是主体与客体的融合。他说：当人们说某事物壮丽时，“壮丽的事实就只是在某说话者如此说的意义下是事实”；“在此，正是语言构成事实”。[②] 莫汉蒂的这一观点有类似海德格尔之处，他自己也明确说过：他的论点“部分地证实了海德格尔的论点”。[③] 但莫汉蒂把某物壮丽这样的语言叫做“主观的语言”，以区别于那种表达独立客体的“客观的语言”。[④] 莫汉蒂并不真正懂得有意义的世界本身必然是主体与客体的融合，他仍然站在主客关系式的立场，认为“主观语言”所指称的事实不过是私人主观的东西。

我们不妨换一个角度来讨论个人知觉和语言的关系问题。莫汉蒂看到了知觉中单一东西所显现于其中的整个宽广领域，即看到了不在场的东西，这是比较深刻的。但他的目的还是要缩小整个世界领域，甚至要缩小到某个个人的“主观语言”，以捕捉到

---

① Jitendranath Mohanty, *Phenomenology and Ontolgy*, Martinus Nijhoff Haag, 1970, p.67.

② Jitendranath Mohanty, *Phenomenology and Ontolgy*, Martinus Nijhoff Haag, 1970, p.69.

③ Jitendranath Mohanty, *Phenomenology and Ontolgy*, Martinus Nijhoff Haag, 1970, pp.70－71.

④ Jitendranath Mohanty, *Phenomenology and Ontolgy*, Martinus Nijhoff Haag, 1970, p.68.

唯一的、单一的东西，捕捉到这单纯在场的东西。我们为什么一定要死死盯住单纯在场的东西呢？我们不妨把方向倒过来：不是从整个领域向在场的单一性东西缩小，而是由在场者向整个领域即向不在场的东西扩大、延伸，以至把握这整个领域，把握在场与不在场、显现与隐蔽相融合的整个“天人合一”的境界。这样，知觉中的在场者就显现了隐蔽在其背后的不在场者而具有无穷的意味，我们由此也就可以通达于“道”或“存在”，而聆听到“道言”或“存在的声音”。所谓知觉中单一的东西就不再是任何语言都不能与之同一的私人感觉，不再是无言的冥顽不灵之物，而成了有言的灵物，“道”通过它而言，它的言是诗意的言。前面说到，概念式语言把客体当作与主体分离的对象，因而不可能完全填平语言与知觉中单一事物之间的鸿沟；反之，诗意的语言所言说的是主客融合的整体，是一种“天人合一”的整体。在这里，事物与语言不可分离，语言使该事物成为该事物，所以语言能与其所言说的事物同一。

海德格尔说：“在庙宇和阿波罗的雕像中尽管没有语言作为材料被运用、被‘作成’，但这一事实完全不足以证明这些‘作品’——就其为作品而言——并非本质上缺乏语言。……雕像和庙宇在敞开中立于与人作无言的对话之中。如果没有无言之言，那么……凝视着的神就决不会显现雕像的神色和外貌；庙宇如果不在语言的敞开领域中，它也决不会作为神的住处立在那里。”①一块石头，你硬要死死盯住它，把它作为孤立的认识对象，用概念式语言说它

① Martin Heidegger, *Gesamtausgabe*, volume 54, p.172.

是这样是那样，都说不到点子上，因为它与主体对立，其本身无言无语，冥顽不灵。但石头的艺术品如石庙、石雕像，则因其为主客融合的整体，它显现了隐蔽的其背后的无穷画面和意境，就会“立于与人作无言的对话之中”。这里的石头诗意地言说着，也可以说，只有在这里，才算是显示了或捕捉到了此石头的真意和真理。

“道言”并不离开个别的诗作和艺术品。任何个别的单一性事物，只要你把它当做离开了主体的客观认识对象，当做单纯的在场者，它就是僵死的；诗人把它放到主客融合的境界中，放到在场与不在场、显现与隐蔽相结合的整体领域中，他就以他自己独特的方式诗意地言说着它。古希腊石庙以一种方式言说着“道言”，梵·高画的农鞋以另一种方式言说着“道言”；此石头以此种方式言说着“道言”，彼石头以彼种方式言说着“道言”。诗意地言说方式无穷多样，其为“道言”一也。

中国古典诗作和艺术品在作无言之言方面，是极具特色的。古典诗重言外之意，便是一例。言外之意就是通过言内所及的在场的东西显现出或言说着隐蔽在背后的无尽的画面。杜甫：“国破山河在，城春草木深。”(《春望》)其诗意就在于通过言内所及的在场的东西“山河在”与“草木深”，而言说着隐蔽在背后的“无余物”和“无人”的凄凉景象。有人认为言外之意是截取最有启示性的东西，而略去无启示性或少启示性的东西。所谓有启示性的东西，我以为是指能把隐蔽的东西显现出来的东西，例如，“山河在”能显现(“启示”)“无余物”的景象，“草木深”能显现(“启示”)“无人”的景象。但“无余物”和“无人”却并不是无启示性或少启示的东西，言外之意是显与隐的结合与斗争，不是简单的取舍关系。

有人把言外之意的言与意对立起来，认为意本不言。实际上，意虽然是隐蔽的不在场的东西，但意能通过在场的言内之物而言说自身——显现自身，它能作无言之言。“无余物”和“无人”的凄凉景象正是通过“山河在”与“草木深”而言说自身——显现自身的，就像海德格尔所讲的千年万载的狂风暴雨的压力（不在场者）通过古石庙之石（在场者）而言说自身——显现自身一样。

还可以举一个中国的建筑为例。北京的天坛是中国艺术的瑰宝，它不仅是建筑，也是一首古典诗。美学家杨辛（1922—）先生告诉我们，天坛从南到北是一个由低向高的上升运动，把人的视角引向天之“崇高”；天坛建筑突出圆的造型，圜丘、皇穹宇、祈年殿都是圆形，而且在每一建筑中又形成很多同心圆，把人的视角引向天之“圆融”；天坛建筑采用蓝色琉璃瓦，并大面积种植柏树，把人的视角引向天之“清朗”。他由此得出结论说：“天坛是以实衬虚，一切导向虚空”，“天坛建筑的妙处正在于以有限的建筑实体唤起无限的想象”。[①] 所谓“以实衬虚”，据我的理解，就是通过在场的建筑实体显现出隐蔽的虚空（“天”）。在天坛这一群体建筑中，圜丘、皇穹宇、祈年殿、蓝色琉璃瓦和翠柏等都是在场的东西，是“实”，天之“崇高”“圆融”“清朗”都是不在场的东西，是“虚”，这个伟大艺术品之美妙和诗意就在于它让隐蔽在背后的不在场的东西——天之“崇高”“圆融”“清朗”，通过出场的东西——

---

① 杨辛：“天坛审美”，《中国紫禁城学会论文集》，第1辑，北京：紫禁城出版社，1997年。

圜丘、皇穹宇、祈年殿等生动地显现出来。我们平常对天如何高、如何圆、如何清，只有很抽象的理解，但通过天坛的建筑，我们却非常具体地看到了天之“崇高”“圆融”“清朗”。平常人只能从表面上看到天坛建筑之“实”，因为他们只能看到在场的东西，诗人则从天坛之“实”洞见其“虚”——洞见到隐蔽的、不在场的东西。用海德格尔的话说，这就是让平常认为“无言”的天坛建筑“言说着”，(“显现着”)天的“崇高”“圆融”“清朗”。天坛对平常人无言以对，但对游览天坛的诗人来说，却“立于与人作无言的对话之中”。

第十一章　语言的诗性与诗的语言

一、语言的诗性

精神科学重在研究个人的东西如何为他人所理解

人们一般总以为认识就只是寻求普遍性，愈是撇开特殊性、个别性，就愈具有理论的高度。这种思维方式主要源于自然科学：在实验室里，为了得到普遍的、可以不断重复的效果，各种具体的特殊性和个别性都要加以排斥。这种思路移植到人文社会科学，于是在人类的精神现象中，在社会历史领域内，也产生了寻找像自然现象中必然性规律一样的社会历史规律的要求。随之而来的往往是：人的个性被抹杀了，人与人之间的相互理解、相互承认被阻挠了，整个社会陷入紧张的剑拔弩张的困境。

其实，人文社会科学，或者用狄尔泰的语言来说，精神科学，固然不能说无规律性和普遍性可寻，特别是就人的精神与自然有联系的方面而言，但是精神科学的更重要的任务则是讨论人与人之间的社会交往和相互理解的问题。人之不同于物的特点之一在于人的精神性及与之密切相关的个体性。物无精神性，因而也无个性，物与物之间没有社会交往和相互理解的问题；而人则不然，每个人都有每个人的独特的个性，但又不能离开全体社会而孤立地生活，因而就产生了不同的个性之间如何沟通的问题。如果说，在自然科学那里，重要的问题是如何使个体性纳入普遍性，那么，在精神科学这里，问题则侧重于如何使普遍性适合个体性。说得更具体通俗一点，就是如何让个人的东西通过普遍的东西而得到他人的理解，或者说达到一种共识。精神科学的这一特征及其与自然科学的这种区别，狄尔泰早已有所论及，[①]只是没有做出上面这样明确的陈述。

个人的东西之所以为他人所理解并产生共识的可能性的基础或根据何在？个人的东西通过什么途径为他人所理解并产生共识？狄尔泰对这两个问题都有自己的回答。

“万物一体”保证人与人之间相互理解的可能性

狄尔泰说：“理解首先产生于实践生活的兴趣。人们在这里被指定于相互交往之中。他们必须彼此理解。一个人必须知道另一个人愿意做什么。”[②]狄尔泰把作为相互理解之基础的实践生

---

① *Wilhelm Diltheys Gesammelte Schriften Ⅶ. Band*, Verlag von B. G. Teubner in Leipzig und Berlin, 1927, s.191 - 228、207、146 - 147、141、131、134 - 135、205、206、205 - 207.

② *Wilhelm Diltheys Gesammelte Schriften Ⅶ. Band*, Verlag von B. G. Teubner in Leipzig und Berlin, 1927, s.191 - 228、207、146 - 147、141、131、134 - 135、205、206、205 - 207.

活的共同体叫做“共同性的领域”（Sphäre von Gemeinsamkeit）：“每一个体生活的表现，在客观精神的范围里，都代表一种共同的东西。每一个词，每一个句子，每一个表情或套话，每一个艺术作品和每一个历史活动，都只是由于一种共同性（Gemeinsamkeit）在其外在表现中与理解相结合，才是可以理解的。个体的人总是在共同性的领域中体验着（erlebt）、思想着和行动着，并且只能在其中理解着。”①显然，狄尔泰这里所用的“共同性”一词不是指不同人在属性上的抽象的相同性或同一性，而是指人人都生活于其中、交往于其中的唯一的生活集体或共同体。狄尔泰认为正是这唯一的共同体保证了人与人之间的相互理解，包括相互间的同情：“相互理解使我们确信存在于个人与个人之间的共同性（Gemeinsamkeit）。个人与个人是通过共同性而相互结合在一起的，在此共同性中，休戚相关或相互关联，同类关系或亲缘关系都彼此联系在一起。这种相互关联和同类关系贯穿于人的世界的领域之中。此种共同性表现在理性的同一性之中，表现在感情生活的同情之中，表现在伴随应该的意识而产生的义务与权利的相互牵制之中。”②狄尔泰在这里所讲的“共同性”有类似我们中国人所讲的“万物一体”之处。“万物一体”讲的不仅是人与人息息相通，休戚与共，而且包括人与物、物与物的一体相通。狄尔泰

① *Wilhelm Diltheys Gesammelte Schriften Ⅶ. Band*, Verlag von B. G. Teubner in Leipzig und Berlin, 1927, s.191 - 228、207、146 - 147、141、131、134 - 135、205、206、205 - 207.

② *Wilhelm Diltheys Gesammelte Schriften Ⅶ. Band*, Verlag von B. G. Teubner in Leipzig und Berlin, 1927, s.191 - 228、207、146 - 147、141、131、134 - 135、205、206、205 - 207.

的“共同性”则是直接地讲人与人的一体相通。我主张把道德意识建立在万物一体及同类感的基础之上，我的这一主张与狄尔泰有契合之处，只是狄尔泰更多地讲人与人之间的一体相通（“共同性”）。如果说我所强调的万物一体是“民胞”和“物与”二者的统一，狄尔泰则可以说主要是讲“民胞”（狄尔泰的道德观，本书略而未谈）而不侧重讲“物与”。但是，为什么不可以把作为理解之基础的人类“共同性”扩大为“万物一体”呢？也许狄尔泰只考虑到人与人的交往媒介是语言，而人与物无语言可通。但是这样考虑问题显然有片面性。在人与万物融为一体的世界里，不仅人与人有语言交往，而且人与物也有语言交往，只不过物对人做无言之言罢了。狄尔泰实际上也看到了人与万物融为一体，例如他说：“在不同成效由之而出的稳定的基底中，没有东西是不包含我的生活关系的。正如这里的一切都存在着一种对我的态度，同样，我的现状也经常按照物（Dinge）和人对我的关系（态度）而改变。根本没有什么人和事物（Sache）对于我仅仅是对象而不包含压力或推动力，不包含努力的目标或意愿的责任，不包含对重要性、需求的考虑和内在的亲近或抗拒、疏远和异己。”①“一种无限的生活丰富性乃是在个人的个体存在中由于其与环境的关系，其与他人和物的关系而展开的。但是每一个别的人都同时是诸多联系的交叉点，这些联系贯穿于个人之中，产生于个人，但又超越于其

① *Wilhelm Diltheys Gesammelte Schriften Ⅶ. Band*, Verlag von B. G. Teubner in Leipzig und Berlin, 1927, s.191 - 228、207、146 - 147、141、131、134 - 135、205、206、205 - 207.

生活之上……”①上引这些话说明在狄尔泰那里，在人与人的生活关系中，事物不是离开人而独立的简单对象，而是能指示人的意向的，是与人融为一体的，也只有这样，事物才能得到理解。但是，狄尔泰的注意力仍然重在人与人之间的交往和相互理解以及语言媒介在这里的重要性，他一再强调的是，语言是沟通人与人之间或者说主体间性的基础。所以，中国人所强调的万物一体的思想，在狄尔泰那里，可以说只有部分的表现，他也不重视万物皆有语言性，从而也不重视对自然的审美鉴赏。

尽管狄尔泰的思想有上述局限性，但他毕竟对语言在人与人相互沟通、相互理解的功能方面进行了深刻的分析，他的分析对我们所关心的为什么日常语言具有诗意本性的道理有很大的启发意义。

语言一般皆有诗性

在狄尔泰看来，日常语言的结构有这样一种特性：它既能保持个人的独特性，又能使个人与他人取得共识，取得相互认同。用我在讲“相同与相通”的那一章中的术语来说，就是，日常语言既能维持各个人的“不同一性”（“不相同”），又能使人与人相通。说得更通俗一点就是，日常语言具有使个人的东西可以传达给别人从而达到相互理解的结构。

每个人都是无限联系的交叉点，每个人的独特性都包含着他

---

① *Wilhelm Diltheys Gesammelte Schriften* Ⅶ. *Band*, Verlag von B. G. Teubner in Leipzig und Berlin, 1927, s.191 - 228、207、146 - 147、141、131、134 - 135、205、206、205 - 207.

所生活于其中、交往于其中的无限联系的共同体，语言表达若与具体的生活联系相脱离，若“不依赖于时间或个人之差异性”，则说话的人所说出的东西与受话人的理解是“同一的”“没有转换的”，这当然无疑地会保证理解的“完全性”。[①] 例如，数学上的语言。

但是，日常的语言表达总是受具体的生活联系的制约，受“共同性”的制约，说话人与受话人处于具体的环境关系之中，于是隐蔽于当前出场的言词背后的无穷的“生活关联的隐暗背景”（der dunkle Hintergrund des Lebenszusammenhanges）和“丰富的内心生活”（die Fuelle des Seelen Lebens）[②]会掺杂到日常语言之中，使日常语言不得不通过一些非口头的东西而暗示出未说出的东西。例如面部表情、说话的语气、说话时的姿态以及行为，（狄尔泰把这些概括为“生活表现”［die Lebens-aeuβerungen］的第二种形式和第三种形式，即“行为”［Handlungen］与“经历表达”［Erlebnisausdruck］。第一种形式是单纯的语言表达，即“概念和判断，思维产物”。[③]）它们都能和日常语言结合在一起，使日常语言得以表达说话者个人所处的独特的无限联系的交叉点，即是说，得以表达说话者个人的东西。日常语言所包含的诸多暗中示

① *Wilhelm Diltheys Gesammelte Schriften* Ⅶ. *Band*, Verlag von B. G. Teubner in Leipzig und Berlin, 1927, s.191 – 228、207、146 – 147、141、131、134 – 135、205、206、205 – 207.

② *Wilhelm Diltheys Gesammelte Schriften* Ⅶ. *Band*, Verlag von B. G. Teubner in Leipzig und Berlin, 1927, s.191 – 228、207、146 – 147、141、131、134 – 135、205、206、205 – 207.

③ *Wilhelm Diltheys Gesammelte Schriften* Ⅶ. *Band*, Verlag von B. G. Teubner in Leipzig und Berlin, 1927, s.191 – 228、207、146 – 147、141、131、134 – 135、205、206、205 – 207.

意的东西构成日常语言的组成部分，它们使日常语言具有指向未说出的东西的特点和功能。这些能暗中示意的东西是在个人与他人生活的共同体中形成的，因此，只要是在这个共同体中生活的人都能理解其所表达的个人的内心生活及其背景。日常语言就这样具有使个人的东西通过生活共同体而为他人所理解的结构。狄尔泰并没有把这样的思想观点像我这里所表述的那样做出明确的表达，但这里的基本思想观点应该是属于他的。

我在这里所要着重指出的是，狄尔泰所指明的日常语言具有暗指未说出的东西，从而能使个人独特的东西得到他人理解的特点和功能，正是语言的诗性之所在。

伽达默尔所讲的“语言的思辨性”的论点，阐述了语言都有从说出的东西中暗示未说出的东西的特点，这个特点就叫做语言的诗性，这也就是说，语言一般皆有诗性。伽达默尔说：“说出的都在自身中带有未说出的成分”，说出的与未说出的“具有答复和暗示的关系”；[①]语词的有限性与语言整体是紧密联系、相融相通的，人讲话时所处的“生动现实性”就表明人所讲出的有限话语使附属于其上的“意义整体”，“在发生作用”，[②]这也就是伽达默尔所谓“语言的思辨性”。甚至有的分析哲学家如维特根斯坦、奥斯汀（J. L. Austin，1911—1960）、塞尔（J. R. Searle，1932—　）等也大讲说话时的语境，认为一个语句的意义以语境为转移，这语

① ［德］伽达默尔：《真理与方法》第 1 卷，洪汉鼎译，台北：时报文化出版社，1993 年，第 583 页。

② ［德］伽达默尔：《真理与方法》第 1 卷，洪汉鼎译，台北：时报文化出版社，1993 年，第 583 页。

境颇有类似伽氏所讲的“未说出的意义整体”和“讲话时的生动现实性”之处。当然，分析哲学家们的思维模式主要是主客关系式，他们所讲的语境属于与主体对立的客体，不同于海德格尔与伽达默尔所讲的“隐蔽”与“意义整体”，因而缺乏诗意。

尽管日常语言，由于在场与不在场总是融合在一起，因而实际上，“说出的”总是带有“未说出的”成分，但日常语言毕竟未能发挥语言的诗性而不同于诗的语言。诗的语言具有最强的“思辨性”，它从说出的东西中暗示未说出的东西的程度最大、最深远，而一般的非诗的语言毕竟未能发挥语言的诗意之本性。这就像我们平常说的，人在某种意义上皆为诗人，皆有诗意，但一般的人并非都是真正的严格意义上的诗人。

那么，诗的语言，究竟有什么特点以区别于非诗的语言呢？

二、诗的语言与非诗的语言的区别

执着于当前在场者与聆听“异乡”的声音

一般都是从感性与理性的二元对立中来作这种区分。这样的区分虽也符合实际，但未说到深处。从存在论的角度来看，世界、真理是在场者、显现者，同其背后的不在场者、隐蔽者的融合，也是人与世界的融合。概念式语言的存在上的根源是主客二分，以在场者之显现为语言的本质，而排斥、抹煞不在场之隐蔽的作用。反之，诗性语言（严格说来是语言的诗性）的存在论根源在于人与世界的融合，重视不在场者，一心要把隐蔽的东西显现出来。所以，诗性语言的特性就是超越在场的东西，通达于不在场的东西，用海德格尔的话说，就是超越“世界”而返回“大地”。

我们的日常生活过多地执着于当前在场的东西，包括科学技术在内也是如此，往往遗忘了隐蔽的东西，即使偶尔记忆起来，也只是把它当作“异乡”。但诗人却正是要聆听这“异乡”的声音，诗性的语言可以说就是对“异乡”的召唤。“道言”“大言”乃是通过诗人的诗性语言，把来自海德格尔所谓“存在”“无”“神秘”或德里达所谓“无底深渊”的声音释放出来。如果说平常生活中的用语往往只盯住个别的在场者，那么，科学语言就可以说是只盯住普遍的、永恒的在场者，即概念、理念、同一性之类的东西。面对一株春暖发芽的杨柳，一个普通农夫和科学家与诗人所言说的东西就大不相同：农夫会说，杨柳活了，今夏我可以在它下面乘凉；科学家会说，杨柳发芽是气温回升的结果；这两种人都是盯住客观的在场的东西，一个是个别的在场者，一个是普遍永恒的在场者。诗人则会说：“忽见陌头杨柳色，悔教夫婿觅封侯。”（王昌龄：《闺怨》）甚至一个有诗意的小孩也会说：“妈妈，杨柳又发芽了，爸爸怎么还不回来？”诗意的语言把隐蔽在杨柳发芽背后的离愁活生生地显现出来了，这离愁不是简单的感情发泄和简单的心理状态，而是一种情景交融、主客（人物）交融的审美境界。

语言分析哲学家奥斯汀把言语行为分为三类：

（1）“以言表意的行为”（locutionary act）——用语言表达某种思想观点的行为；

（2）“以言行事的行为”（illocutionary act）——用语句施行某种行动的语言行为；

(3)“以言取效的行为”(perlocutionary act)——用语言取得某种实际效果的语言行为。

奥斯汀的三类语言行为应该说概括了全部日常语言和科学语言,所有这些都是一种只盯住在场的东西的语言行为,而不具有把隐蔽的东西显现出来的特性。奥斯汀虽然强调某种语言行为要与其语境或说话的场合相结合,但那只是出于让某种语言行为适当而有效的考虑,其所特意盯住的对象,正是该种语言行为本身所讲出的在场者。奥斯汀所说的语境或场合,表面上没有出场,实际上却也是出场的东西。

塞尔在“以言行事的行为”中专门列入了“表情式”一类的语言行为,例如祝贺、哀痛、抱歉之类的言语。我们当然不能认为单纯的表情式语言就是诗性语言。对单纯的某种心理状态的描述,和对单纯的某种物理事物的描述一样,都是把客体与主体分离、把在场者与不在场者分离的日常语言或科学语言。

总之,日常语言和科学语言的特点就是以主体与客体关系为前提,把在场与不在场、显现与隐蔽割裂;而诗性语言的特点则是二者的融合。

抽象性语言与一次性语言

与此相联系的是,诗的语言的特点还在于诗具有独特性、一次性。波格勒(Otto Pöggeler, 1928—2014)在解释海德格尔关于诗和思的关系时说:“思维的说”与“诗意的说”,或者说,“思维”与“诗化”,“它们之接近在于两者因各自言说的特性而保留着相互的区分。海德格尔用公式化的简明语言说：‘思想家言说存在，诗人给神圣的东西命名。’……诗人所做的是给神圣的东西的要求以一种直接的回答，给神圣的东西‘命名’，而思想家不能自命作到这一点。……相反，思维必须拒绝对神圣东西的要求作直接的回答”。[①] 所谓“命名”，乃是指独特性、一次性，只有诗人才可以在诗意中独特地、一次性地，亦即创造性地直接把握到真意，思想家用逻辑的、推理的语言，总是只能把握到一些普遍性的、抽象的东西，对真意或境界只能间接地去把握。这就是诗与思、诗的语言与概念式语言的又一区别之处。

三、中国古典诗的语言的特征和要求

刘勰《文心雕龙·隐秀》篇：“情在词外曰‘隐’，状溢目前曰‘秀’。”（这段话出自《隐秀》篇的佚文）刘勰所谓词外之情（即言外之意），实际上就是我上面所说的诗的语言具有暗示未说出的东西的特点之意。刘勰的这两句话可以说最简明扼要地概括了诗的语言的本质。中国传统诗论和传统哲学爱讲“言不尽意”，“言有尽而意无穷”，这并不是说中国传统思想否认或怀疑语言的表达能力，就像有的学者所认为的那样。其实，“言不尽意”“言有尽而意无穷”恰恰是重视诗的语言之不同于一般非诗的语言的表现，恰恰说明了诗的语言乃是以说出的东西（即“有尽之言”）暗示出未说出的“无穷之意”。（我们说的言外之意，主要不是指抽象

① Otto Pöggeler, *Martin Heidegger's Path of Thinking*, p.227.

的概念或道理，而是指具体的意境，其中也包括“词外之情”）如果语言根本不能表意，那还有什么诗的艺术可言呢？中国是一个诗的国度，所以也特别重视发挥语言的诗性，重视用诗的语言表达（严格说是暗示）无穷之意。中国古典诗的水平之高下，主要不在于说出的东西，例如词藻之华丽与否，而在于说出的言词对未说出的东西所启发、所想象的空间之广度和深度。

中国古典诗的语言所具有的上述基本特性，具体地说有以下几点：

言约旨远

诗的语言不能像平常说话或科学的逻辑论证那样铺陈展开，它要求用尽量少的语言表达尽量多的内涵，所谓“言约旨远”（《世说新语》），“语少意足，有无穷之味”（洪迈（1123—1202）：《容斋随笔》），“语少而意广”（陈师道（1053—1102）：《后山诗话》）等，都是说的这个意思。魏庆之编的《诗人玉屑》引述了《漫斋语录》的这样一段话：“诗文要含蓄不露，便是好处。……用意十分，下语三分，可几风雅；下语六分，可追李杜；下语十分，晚唐之作也。用意要精深，下语要平易，此诗人之难也。”我们当然不必拘泥于这些比喻性的具体数字，也不必认为从四言诗到五言诗到七言诗是一个距离“言约旨远”的水平愈来愈低下的过程。这段话无论如何指明了诗的语言的一个特点：为了含蓄不露，暗示较大的未说出的东西的空间，说出来的言词一定要量少而含金量大。否则，就成为无诗意的散文了。唐庚（1070—1120）的《唐子西文录》

称赞杜诗之含蓄深远说："过岳阳楼，观杜子美诗，不过四十字尔，气象宏放，含蓄深远，殆与洞庭争雄，所谓富哉言乎者。……杜诗虽小而大……""小"者，词量少之谓也；"大"者，含意深远之谓也。王力（1900—1986）先生曾以杜甫《春日忆李白》中的两联为例具体说明了诗的语言的这一特征："诗词是最精练的语言，要在短短的几十个字中，表现出尺幅千里的画面，所以有许多句子的结构就非压缩不可。……例如杜甫的《春日忆李白》中两联：清新庾开府，俊逸鲍参军。渭北春天树，江东日暮云。若依散文的语法看，这四句话是不完整的，但是诗人的意思已经完全表达出来了。李白的诗清新得像庾信的诗一样，俊逸得像鲍照的诗一样。当时杜甫在渭北（长安），李白在江东，杜甫看见了暮云春树，触景生情，就引起了甜蜜的友谊的回忆。这个意思不是很清楚了吗？假如增加一些字，反而令人感到是多余的了。"①

但仅仅词量少，并不足以暗示未说出的空间之深远，"言约"一条并不足以保证"旨远"。这说出的少量语言还必须具有更积极的特点，才能达到"旨远"的目标。

象征性与暗喻性

它以表示具体事物或具体实景的语言暗示（象征）深远的意境。法国当代著名哲学家利科（Paul Ricoeur，1913—2005）认为，"语言的神奇性正是在于：语言是利用象征的特性玩弄'指

① 王力：《诗词格律》，北京：中华书局，1962年，第133—134页。

明—隐藏’的双重方向的运动的魔术——语言在‘指明’时就包含了一种新的‘隐藏’，而在‘隐藏’时又包含了再次指明的可能性”。[①]利科这段话是就一般语言的特性而说的，至于诗的语言，我想当然更具这种象征性特色。中国古典诗中有以单个的语词为象征的，例如以松柏象征坚贞；也有以全诗为象征的，例如张九龄(678—740)的《感遇》：“江南有丹橘，经冬犹绿林。岂伊地气暖，自有岁寒心。可以荐嘉客，奈何阻重深。运命唯所遇，循环不可寻。徒言树桃李，此木岂无阴。”这就是以丹橘及其经冬不谢的具体形象，象征诗人高洁的品格，从而使读者理解诗人的内心生活。中国人无论古人还是今人，都有共同的传统背景，生活于一个古今一体的“共同体”中，所以即使是今人也能理解丹橘的品质，从而使古人张九龄的个体性的东西得到今人的理解和同情。张九龄的《感遇》，可以说全诗都是用象征性语言暗示更深远的意境或情意。又如王维(701—761)的《终南别业》：“中岁颇好道，晚家南山陲。兴来每独往，胜事空自知。行到水穷处，坐看云起时。偶然值林叟，谈笑无还期。”全诗写的是实情实景，非常形象，然而这些富有象征性和暗喻性的语言却指向一个没有说出的物我两忘的境界，让读者能心领神会，恍若身历其境。(关于上引两诗的象征性和暗喻性语言的区别，本文从略。)

当然，并非所有的中国古典诗都以象征性和暗喻性语言见长，但象征性和暗喻性语言在中国古典诗中却是常见的现象，尽管在

① 高宣扬：《李克尔的解释学》，台北：远流出版公司，1990年，第158页。

程度上有所不同。这种语言构成了中国古典诗的一个重要特色。

黑格尔也曾提到，东方诗人爱用具体的图像和暗喻的方式使人兴起对所写对象之外的与其本身有联系的东西的兴趣，也就是说“把人引导到另一境域（in ein andre Element），即内容本身的显现或别的相近现象（in andre verwandte Erscheinungen）”。[①] 黑格尔还以此作为诗与散文意识的区别：散文意识注重所写对象本身的特性以及对此对象的内容及其意义的精确、鲜明和可理解性；诗则注重形象及其所引发的背后与之有关联的领域。因此，人们可以用散文对诗做不同的解释。[②] 散文是凭理解力表述真理，诗是用形象显现真理。[③] 黑格尔对诗的这一特点及其与散文的区别的说明，对中国古典诗也有一定的意义，只是黑格尔从西方古典的概念哲学和西方古典美学的典型论出发，把诗所写的东西背后的境域或真理只理解为理念、概念、典型，而中国古典诗所暗喻的未说出的领域则主要不是抽象的理念、概念，而是具体的深远的意境。

画意性

上面已经谈到诗的语言应是表示具体事物或具体实景的形象性语言，这一点实际上已涉及画意性语言，但单纯形象还不等于就是画意。例如，前引张九龄的《感遇》虽然用的是形象性语

---

① *G. W. F. Hegel Werke in Zwangzig Bänden 15*, Suhrkamp Verlag s.281.

② ［德］黑格尔：《美学》（第三卷下册），朱光潜译，北京：商务印书馆，1981 年，第 61 页。

③ ［德］黑格尔：《美学》（第三卷下册），朱光潜译，北京：商务印书馆，1981 年，第 24—25 页。

言，但比较缺乏画意，而《终南别业》则是一首画意很浓的诗。“行到水穷处，坐看云起时。偶然值林叟，谈笑无还期。”这四句诗，虽然是语言而非绘画中的线条、颜色和人物姿态，但这样的语言却具有触发人的想象和联系的特点，让鉴赏者在头脑中产生一幅“状溢目前”的生动画面。“状溢目前”在这里就是有线条、有颜色、有人物姿态之意。

但是，我这里所讲的画意性语言，并非指单纯描写景物的诗，而是指画意的背后还隐藏着深远的境界。王维的《终南别业》，就既是诗中有画，而又在画的背后隐蔽着一种悠然、空寂的境界。陶渊明的《饮酒》：“采菊东篱下，悠然见南山。山气日夕佳，飞鸟相与还。”表面上是一首描写田园山水的单纯写景的诗，但仅仅这样来看待这首诗，显然未能真正领略其诗意。这几句诗在描写“人境”的现实田园景物时，却隐蔽着语言文字所未说出的超现实的情趣和理想境界。所谓“象外之象，景外之景”，应是此意。也许我还可以在此再补上一句“画外之画”，或许更能直接表达我的看法。中国古典诗中有不少以描写景物、注重形似的好诗，但中国传统美学思想或诗论却更加崇尚画意与深远的境界相结合的诗，崇尚有神韵的诗，而不是崇尚单纯形似的诗。

音乐性

语言是有声音的，与音乐有共同之处。音乐比起绘画来更接近语言，因此，诗的语言具有音乐性也比它具有画意要更为直接。

诗的语言的画意性在于提供空间上同时并存的事物的外在形象，使语言所未说出而又暗指的精神境界更具鲜明性，但仅仅有画意性语言还不足以表达时间上先后之承续，不足以暗指精神境界的节奏性，这就需要语言的音乐性。

人与万物一体，息息相通，真正高远的精神境界也必然是这息息相通的整体之显现，它本身不但有画意，而且有节奏、有音乐性，它是回旋荡漾、波澜起伏、时而高扬、时而低沉的。因此，诗的语言也必然具有这种以节奏为基础的音乐性，从而使诗中已说出的语言能暗指未说出的深远境界的节奏和音乐性。黑格尔也曾说过，人的内心生活是回旋往复、震颤不停的。因此，音乐适合于表现内心生活的这一特点。“通过音乐来打动的就是最深刻的主体内心生活；音乐是心情的艺术，它直接针对着心情。”[①]“音乐凭声音的运动直接渗透到一切心灵运动的内在的发源地。所以音乐占领住意识，使意识不再和一种对象对立着。”[②]即是说，“在音乐里”，“主客的差别消失了”，达到了一种完全忘我的境地。[③] 中国古典诗所讲的四言二二、五言二三、七言四三的格律以及押韵、平仄、双声词、叠音词等都是诗的语言的音乐性的表现，而且这种音乐性都是和诗的语言所暗示的意境、内心生活相配合的。例如崔颢（704—754）的《黄鹤楼》：“昔人已乘黄鹤去，此地空余黄鹤楼。黄鹤一去不复返，白云千载空悠悠。晴川历历汉阳树，芳草

---

① ［德］黑格尔：《美学》（第三卷上册），朱光潜译，北京：商务印书馆，1981年，第332页。
② ［德］黑格尔：《美学》（第三卷上册），朱光潜译，北京：商务印书馆，1981年，第349页。
③ ［德］黑格尔：《美学》（第三卷上册），朱光潜译，北京：商务印书馆，1981年，第332页。

萋萋鹦鹉洲。日暮乡关何处是，烟波江上使人愁。”诗人吊古思乡之情悠悠久长，押“十一尤”韵最为恰切，如用仄韵则显然不妥帖。反之，岳飞（1103—1142）的《满江红》：“怒发冲冠，凭阑处，潇潇雨歇。抬望眼，仰天长啸，壮怀激烈。三十功名尘与土，八千里路云和月，莫等闲，白了少年头，空悲切。”这首词用短促的入声韵（这首词用的是互相通用的六月和九屑的韵），则正好表现其悲壮忠愤之情，如用平韵则不能与这种情感相配合。又如李清照（1084—1155）的《声声慢》：“寻寻觅觅，冷冷清清，凄凄惨惨戚戚。”首句连叠七字，顿挫凄绝，仿佛可以听到诗人感情波澜起伏的心声。若非语言的音乐性效果，何能至此？

我在前面讲画意性语言或音乐性语言与意境、境界或内心生活的关系时总是用“暗示”“暗指”之类的字眼，意思是：画意性语言或音乐性语言，毕竟不是绘画本身或音乐本身，所以诗既不能代替绘画，像绘画那样直接提供一种占空间的外在图像，也不能代替[1]音乐，像音乐那样达到非语言所能直接表达的境地，但画意语言或音乐语言都是诗的语言，这种语言的特点就是凭借它可以想象、玩味那种深远的意境、境界或内心生活。所谓“暗示”“暗指”就是想象、玩味之意。也可以说，诗的语言就是一种能触发想象、玩味的语言。日常语言、散文式的语言都具有这种诗性，但不及诗的语言所具有的诗性之强和显著，日常语言和诗的语言，其间虽有区别，但很难作明确的划界。

① “不能代替”并不意味着绘画或音乐比诗更高，我这里完全无意讨论绘画与诗或音乐与诗的高低问题。

第十二章　生活的艺术化与艺术的神圣性

一、从美在声色到美在自由

在“生活艺术化”的国际思潮的大背景下，人们热衷于“五色”“五音”之美，热衷于“巧笑倩兮，美目盼兮”之美，应可视为社会思想文化发展之自然趋势，无可厚非。问题在于，声色之美，或者说，感性美，是否就是美之极致，就是美的核心。

柏拉图《大希庇亚篇》中关于“美是由视觉和听觉产生的快感”[①]的定义，把美的特点只赋予视觉和听觉，此种声色之美遭到苏格拉底和亚里士多德的批判。但这个定义本身所蕴含的审美感官和非审美感官的区分，却显示了审美的兴趣不同于实际兴趣的独特之处，这是很有意义的：视觉和听觉的对象，不同于味觉和嗅觉的对象，后者涉及人的感性欲念和功利追求，而前者无功利欲念的牵挂。“望梅”可以产生美感，但并不能满足“止渴”的功利欲念。中世纪的圣托马斯·阿奎那申述了美的这一定义的深层内涵，继承公元三世纪古希腊最后一个伟大思想家普罗提诺关于“美源于上帝”的基本思想，认为事物的对称之美不在于其本身而在于其为神性的象征，美在于形式而不在于实物，在于超出欲念功用之上，这一思想揭示、扩大和加深了“美在于声色”的含义，美由此而可以定义为超越功用欲念之意。比起苏格拉底、柏拉图

---

① 柏拉图：《大希庇亚篇》298a－299b，《柏拉图全集》第四卷，王晓朝译，北京：人民出版社，2003 年，第 50—52 页。

之重审美的效用性的观点来，阿奎那显然提高了审美的超功利的地位，尽管他并不很崇尚艺术品，认为艺术品是人造的，不及上帝所造的自然事物之美那样更能显现“真”。康德继承和发展了阿奎那的思想，强调美是唯一独特的不计较欲念功用的愉悦之感，他称之为“自由”的感情，即不受欲念功用制约之意。在康德看来，不计欲念功利—自由，乃艺术创造之精髓。“美在声色”的思想和命题从此明确地发展为“美在自由”。但康德认为，艺术所创造出来的东西是“审美意象”，即理性观念的感性形象，这里所要显现的是具有最大普遍性的概念——“理想”，类似后来黑格尔所发展了的“美是理念的感性显现”说中的“理念”。所以康德的艺术创造的产物，仍然是柏拉图式的“理念”，属于欧洲传统的超感性世界。在康德看来，从有限的感性世界，通过艺术创造，跳到无限的超感性世界，就是达到了自由。席勒更进一步提出了审美意识是既不受感性物欲限制又不受理性法则限制的“自由活动”的论断，并认为只有此种“自由活动”的人——“审美的人”——才是“完全的人”。席勒把美之为美在于自由（超欲念功利）的观点提升到了整个欧洲近代意识的最高峰。①

从总体上来看，西方近代美学，基本上是以感性显现理性为美，把自由放在超时空的、超感性的王国，于是造成了美和自由的抽象性。欧洲现当代美学反对这种传统的审美观。海德格尔的“显隐”说，就是这种反传统观点的重要代表。“显隐”说认为美和

① 参阅张世英《哲学导论》“美与真善”一章，北京：北京大学出版社，2008 年。

自由不在于超越时空、超越感性，而在于通过和超越时空之内的、当前在场的东西，显现出（实系一种暗示）同样在时空之内、然而不是当前在场的东西。这里的超越不是古典美学所讲的超越到抽象的概念世界中去，而是从此一具体的领域（包括感性与理性的具体统一物）超越到彼一具体的领域中去，只不过前者出场（在场），后者未出场（不在场）而已。所以，此种超越就是由“显”见“隐”，即通过显现于当前的东西，显现出隐蔽在其背后、作为其深层根源的东西。审美意识就是通过想象的途径，超越到无穷尽的隐蔽的领域，此即艺术之所以能创造出一个令人玩味无穷的全新世界的原因。“全新”者，隐蔽的东西被全部敞开之谓也，亦即海德格尔所说的“去蔽”。欧洲现当代的“显隐”说，与中国刘勰“隐秀”说所讲的意在词外、言有尽而意无穷的美学思想颇相类似。中国传统美学的“意象”说，也是讲的“美在象外”之意，亦即通过在场之“象”，显现（暗示）未出场的、隐蔽之“意”。欧洲现当代的“显隐”说和中国古典的“意象”说、“隐秀”说，都不是要创造一个超时空、超感性的抽象世界，而是要创造一个同样在时空之内的、具体的然而又是全新的世界。这是两者的共同点，只不过在欧洲早有追求抽象概念王国的思想传统，故欧洲现当代美学在建立自身的理论体系时需要加倍努力，做一些反传统的工作，而中国对“意象”说、“隐秀”说的传承至今不衰。

西方由追求抽象的概念王国的美学思想传统到现当代“显隐”说的转化，其最重要的意义在于由自由的抽象性转化到自由的具体性。集欧洲传统哲学之大成的黑格尔哲学，最典型地表现了欧洲传统美学所追求的自由的抽象性。黑格尔把艺术、审美列为他哲学体系的无限性领域中的最低阶段，强调哲学所讲的"纯粹概念"是其最高阶段，他主张"结束艺术"而进入（中经"宗教"阶段）"哲学"，其根本理由就是艺术具有感性具体性，而仍带有限性，因而不够自由，只有最终达到了"纯粹概念"，才有最充分的自由。最抽象的领域就是最自由的领域，因而也是最高的领域——这就是黑格尔的审美观和自由观。黑格尔哲学隐退以后，欧洲现当代哲学、现当代美学的总趋势是由抽象走向具体：人的主体不单是理性的主体，而更是包括感性、欲望、本能、下意识等在内的主体。单纯理性的主体是苍白无力的，包括感性、欲望、本能、下意识等在内的主体，才是活生生的，因而也是真正自由的。欧洲后现代艺术充分体现了这一点。对此，我在其他著作中多有论述，兹不再赘。这里需要着重阐明的是艺术创造亦即审美的"去蔽"活动所创造的全新世界何以是真正自由的本体论根源。

二、艺术的本质在于进入神圣的"澄明"之境

天地万物本是各不相同而又彼此相通（互相联系、互相作用、互相影响、互相支持）的一大有机整体，人与他者（他人、他物）亦本互相融通，无有间隔。中国传统哲学所谓"天人合一""万物一体"，就是讲的人与天地万物之间的这种本然状态。但自从人有了自我意识之后，人与他者的关系就不再是平等共处和互动的关系，而为一种主体与客体二分的关系，即"对象性关系"：每

个人都把自我当作主体，而把他者当作客体——认识和使用的对象。人与他者于是分隔开来了，所谓“宇宙不曾限隔人，人自限隔宇宙”（《象山全集卷三十四·语录上》）是也。“限隔”就是限制—约束，人为了自我的生存而认识客体、使用客体，其结果是同时受到客体的限制—约束而失去了自由自主。求自我生存而同时丧失自由，这一悖论是人生不可逃避的必然，也可以说是一般人日常生活的常态。海德格尔称此种一般人的常态为“沉沦”（Verfallen），由于此常态是人生之必然，故又称为“必然的沉沦”。但海德格尔认为“沉沦”中的人既然是受“人”束缚的、不自由的“丧己”之人，那么，“沉沦”就是一种“非本真状态”（Uneigentlichkeit）。海德格尔主张人应摆脱“非本真状态”，返回到“本真状态”（Eigentlichkeit）。[①]

什么是“本真状态”？如何进入“本真状态”？

海德格尔认为，人与天地万物本来浑然一体，人若能从天地万物之无限整体的角度，而不是从具体有限事物的角度看待生活、看待事物，那就叫做“超越”。海德格尔又称此种“超越”为“无”。“超越”是“对整个现实存在的克服”，“对现实存在的超出”。[②] “超越”并“不脱离现实存在”，而是对现实存在采取一种超然物外、泰然任之（Gelassenheit）的态度，此种人生态度使人既

---

① Cf. Zhang Shiying, “Heidegger and Taoism”, in John Sallis (ed.), *Reading Heidegger: commemorations*, Bloomington: Indiana University Press, 1993, p.309. 参阅张世英：《天人之际——中西哲学的困惑与选择》，北京：人民出版社，2007 年，第 350 页。

② 参阅张世英：《天人之际——中西哲学的困惑与选择》，北京：人民出版社，2007 年，第 352、372 页。

不脱离现实，又能摆脱“欲求、异化和自我束缚”，达到一种不依傍他人、不为外物所累的境界。一句话，超脱功名利欲的自由境界，此即回复到了“本真状态”。① “本真状态”似乎是一种婴儿状态，“复归于本真”似乎相当于老子的“复归于婴儿”。

但完全恢复婴儿状态是不可能的。老子的“复归于婴儿”也只是以婴儿比之，实系一种超越“欲”和“知”的“若愚”状态。同样，海德格尔的“复归于本真”之“复归”，也当然不是回复到完全“无知”“无欲”的状态，而是指一种超越上述主客二分和“对象性关系”的自由境界。此境又称“澄明”。海德格尔的“澄明”“无”“超越”之说，为康德、席勒的美在自由找到了本体论根源。

著名抽象艺术的鼻祖、俄国画家康定斯基（Wassily Kandinsky，1866—1944）认为，“艺术的精神”把人的精神从“外在的东西”中“解放出来”而“达到自由”。艺术创造不计较他人的“认可”或“不认可”，只听从自我的“内在需要”，像儿童一样，“因有赤子之心”而“与实用性无缘”。这样，画家才能以不同于日常生活的“新鲜目光观望一切”，画出有创造性的艺术品。② 康定斯基的这些话告诉我们，艺术创造的“本真状态”的自由境界，就是一颗赤子之心。

海德格尔曾以面临死亡无之“畏”来描述这种自由境界，虽亦

---

① Cf. Zhang Shiying, “Heidegger and Taoism”, in John Sallis (ed.), *Reading Heidegger: commemorations*, pp.310 - 312. 并参阅《天人之际——中西哲学的困惑与选择》，北京：人民出版社，2007 年，第 352—355 页。

② 参阅［俄］康定斯基：《艺术中的精神》，李政文等译，北京：中国人民大学出版社，2003 年，第 16、17、36—38、65、89、92、101、105、106、109、119、138、144 页。

有深意，但不足为训。晚期的海德格尔则和康定斯基相似，也以艺术创造来回答如何进入此境的问题。他作为一个哲学家，其论述比康定斯基更富哲理性。

海德格尔认为，艺术的本质（亦即诗）是把日常生活中被分割、限隔的存在者带入天、地、神、人聚合为一的、敞开的“澄明”之中，从而显现其本真。人用诗的语言，言说着这四者的不同而相通的统一性，在此统一体中，不同的万物“相互隶属”，每一物都因其所属而成为该物，这是一种不同而和的统一体。海德格尔用“Ereignen”一词以表示这种相互隶属。人通过艺术创造，通过诗，而进入这不同于日常生活的全新世界——一个“去蔽”了的、敞开了的澄明世界。在此世界中，日常生活中的某物——一个壶、一座桥或农夫的一双鞋——与人的关系都不再是“对象性关系”，而是“真正人性的关系”：某物不再是人的对象，不再是被人认识、被人理解的对象，不再是“实现人的意图的材料”，而是在与万物一体的一体中被看待。人在用此种眼光看待某物时，人才算是本真地作为人而诗意地栖居。诗——艺术的本质，是人生进入“本真状态”的自由境界之源。这种“进入”，为前所述，是一种“复归”，一种高一级的复归。如果把美狭义地看成只是声色之美的外观之美，把美学狭义地界定为只是对此种愉悦之情的研究，那么海德格尔这里关于进入“本真状态”的自由之境的途径，关于诗的创造功能的讨论，便远远越出了美和美学的范围。我倒是愿意把此种自由之境，叫做“心灵之美”，以别于表面的、浅层次的“声色之美”。

海德格尔认为这种照亮每一事物的“澄明”是“神圣的”。“澄明即定位，独自就能使万物各得其所。”“澄明”使“每一事物都自由徜徉着”。“澄明是最高者”，“澄明将每一事物都保持在宁静和完整之中。澄明……是神圣的。对诗人来说，‘最高者’与‘神圣’是同一个东西，即澄明”。“澄明是欢迎之源，即神性之源。”①海德格尔的这种种说法，都表明一个意思：艺术的本质（诗），是使人进入澄明之境，而澄明是照亮一切事物之所是、之本真的最高源头，故它是神圣的。“神圣的”一词是相对于日常生活的功用境界而言的。日常生活，特别是现代技术化，把任何事物（包括人）都“对象化”，人的世界变得千篇一律，这样的世界成了现代人生活的“白天”。但这种“白天”在海德格尔看来是扼杀了人的本真，人的自由的“黑夜”，这样的世界是“不神圣的”。② 艺术的本质在于使人从“不神圣”的日常生活“突然地”进入一个全新的“神圣的”领域（艺术作品所揭示出来的领域）。试举一座石建筑的希腊神庙为例。石之本性在于“顽”（坚硬、沉重、块然、粗蛮等），其可用性、服务性，如制成石斧供人砍物，是人强加于它的，不足以表现石之“顽”性。与日常生活用科技对待石的情况不同，石在艺术品中，例如一座石庙（作为一个艺术品）之石，就“显现了在它上面肆虐的风暴的威力，同时，又在其对风暴威力的抗拒中”“显现了石之沉重和自我支撑”的本性—“顽”性。另一方面，石之“顽”性

① ［德］海德格尔：《追忆诗人》，《海德格尔诗学文集》，成穷，余虹译，武汉：华中师范大学出版社，1992 年，第 229、232—233 页。

② ［德］海德格尔：《诗人何为》，《海德格尔诗学文集》，成穷，余虹译，武汉：华中师范大学出版社，1992 年，第 107 页。

通过石庙这一艺术品，敞开了一个全新的世界："石的光彩和闪烁使白昼之光、天空之宽广、夜之黑暗第一次出现。"天空的空间原是不可见的，但"石庙之矗立却使不可见的空间成为可见的"。[①]这就是说，顽石一旦进入了艺术品的领域，就恰恰由于其"顽"而显现出一个全新的生动具体的景象——"世界"。"正是石庙之矗立，才第一次给予事物以神色，给人以对其自身的看法。"[②]这就是说，只有艺术品才照耀出万物之本然，使万物得以"升起""发生"（Aufgeben）。艺术创造的"神圣性"，从海德格尔所举的石庙这一例子中，得到了十分形象的说明。

三、"生活艺术化"在于以艺术的神圣之光照亮生活

艺术，一般来说，总是与艺术品相联系，具有声色之美。但在把美的内涵由视听的感性美延伸为心灵的自由，更进而像海德格尔那样追寻到自由的本体论根源，把艺术的本质归结为神圣的"澄明"之后，艺术就不仅与艺术品相联系，而且很自然地可以与人的生活相联系，艺术、审美可以扩展到人的生活了，这就是"生活艺术化"或"生活审美化"。生活艺术化有低层次与高层次之分：低层次的"生活艺术化"是指生活用品的艺术化，生活环境的装修，以至人体的化妆之类，所有这些显然还与物质、功用、消费等密切相关。但还有更高层次的"生活艺术化"，这就是超越日常

---

① Heidegger, *Gesamtausgabe*, B. 5, Frankfurt a. M.: Vittorio Klostermann, 1977, s.28.

② Heidegger, *Gesamtausgabe*, B. 5, Frankfurt a. M.: Vittorio Klostermann, 1977, s.29.

生活的、具有内在的心灵之美的艺术化生活，我以为这也就是进入海德格尔所谓“澄明”之境的生活。只有当人的生活达到了“澄明”之境，为“澄明”所照亮，这种生活才是真正艺术化的生活，生活本身成了艺术品。此种心灵之美显然不是表面的声色之美可以涵盖的，它是生活之美的核心和灵魂。欧洲后现代艺术所倡导的“生活艺术化”，特别是所谓“行为艺术”“身体艺术”之类，也许就是上述艺术观或审美观不断延伸和深化的体现。尽管现当代某些“行为艺术”“身体艺术”只是在表面上表现生活的艺术化，而丧失了艺术之心灵美的本质。

海德格尔本人并未像后现代艺术之父杜尚（Marcel Duchamp，1887—1968）那样做到生活的艺术化，但他的艺术理论实际上为后现代的“生活艺术化”奠定了基础。

海德格尔艺术理论的核心，为前所述，是超越日常生活之功用性，敞开一个“澄明”之境，这“澄明”就在于体悟到万物各不相同而又“相互隶属”、相互融通为一整体。以“澄明”的眼光看物，物非人使用的对象，而为艺术品；以“澄明”眼光看人，则人亦非被我使用的对象：人与人不是相互利用、相互限隔，而是因“相互隶属”、相互融通，从而相互尊重。我隶属于他人，故我尊重他人（的“自我”）；他人隶属于我，故他人亦尊重我（的“自我”）。处在这种人际关系中的人，就是进入“澄明”之境的人，其生活就是为艺术的神圣之光所照亮的生活。奥地利犹太裔宗教家、哲学家布伯（Martin Buber，1887—1965），从宗教的角度，用宗教的语言，论述了这种生活的神圣性。布伯没有运用

“艺术”“审美”这样的字眼，但他的观点完全适用于生活的艺术化、审美化。

布伯根据人的生活态度，把人的“生活世界”分为两重：“被使用的世界”(the world to be used)和“相遇的世界”(the world to be met)。布伯用“我—它”(I—it)公式称谓前者，意即自我把他者(不仅指物，而且指人)当作“物”来使用。布伯用“我—您”(I—Thou)公式称谓后者，意即自我把他者(不仅指人，而且指物)当作神圣的、大写的“您”来看待。布伯是一个宗教家，他把“我—您”的关系看作是人与上帝的关系的体现，这是人性中的根本，布伯认为他所处的时代和社会已经失去了根本，他极力主张恢复人性之根本，要求承认“我—您”关系在人生中的首要地位。“人生并非只是在及物动词的领域里度过的，并不只是依靠以某物为对象的活动才存在着的。我知觉某物，我想象某物，我意愿某物，我感触某物，我思考某物。人生并非仅仅在于这一类的东西。所有这些只构成‘它’的领域。”①而在“我—您”关系中，“当说到‘您’时，言说者并没有把什么物当作他的对象”，②而是把“您”当作“能做出自我决定”的“有自由意志”的人来看待的。③ 人皆有“自我性”(独立自由的主体性)。布伯所谓有“自由意志”的人，实即我们一般所谓人的“自我性”，布伯所要求的实系尊重他人(布伯

---

① Martin Buber, *I and Thou*, trans. Ronald Cregor Smith, New York: Scribner, 1958, p.4.

② Martin Buber, *I and Thou*, trans. Ronald Cregor Smith, New York: Scribner, 1958, p.4.

③ Martin Buber, *I and Thou*, trans. Ronald Cregor Smith, New York: Scribner, 1958, p.4, p.8, p.9, p.51.

的"您")的"自我性"。在布伯看来,人的"自我性"具有神性,犹太人就是以"您"来尊称上帝的。人的"自我性",在布伯看来,是"真实生命的摇篮"。[①] 那种把他人当作物一样来看待,当作满足自我的欲望或期望的目标,当作实现自我之私利的工具的人,是不能和他人"相遇"的。所谓"相遇",也就是不夹杂功利的隔阂,两人在灵魂深处直接见面,也就是赤诚相见。布伯特别强调"相遇"中双方的相互回应。在日常功用的世界中,只有我对他者("它")的主动作用,他者("它")完全是被动的,没有回应,故两者隔阂;反之,在"相遇的世界"中,双方互相回应,构成"我—您"的一体。布伯的"一体关系"颇像我所说的"不同而相通"的"万物一体"。布伯的"互相回应",源于彼此"相通"。"相通"才能构成整体——"一体";在"我—它"的使用世界中,彼此不相通,不能构成"一体"。[②] 布伯的"一体"关系由于上帝的光照而形成,是一种宗教情绪,但也具有中国人所讲的"万物一体"的诗意,我把布伯的"我您一体"的关系解读为审美情绪,与海德格尔的"澄明"相似相通,也是一种艺术的神圣之光,它能照亮人的生活,使人的生活艺术化。布伯说:"一切真实的生活乃是相遇(All real living is meeting)。"[③]达到"相遇"(不仅人与人"相遇",而且人与自然物"相遇"),就做到了人的生活的艺术化。

---

① Martin Buber, *I and Thou*, trans. Ronald Cregor Smith, New York: Scribner, 1958, p.9.
② Martin Buber, *I and Thou*, trans. Ronald Cregor Smith, New York: Scribner, 1958, p.3.
③ Martin Buber, *I and Thou*, trans. Ronald Cregor Smith, New York: Scribner, 1958, p.11.

四、中西两种不同的“生活艺术化”

在西方，“生活艺术化”本是后现代主义为反对现代艺术片面重少数精英艺术、重声色的感性美、重理性和科学的产物。但后现代的艺术生活化，在我看来，却产生了高低两个层次的审美观和艺术观：一是把生活艺术化简单化、表面化为大家谈论的所谓“日常生活的审美化”：生活用品的艺术化、消费品的广告宣传、生活环境的装修、人体的化妆等。此种“生活艺术化”，特别是其中的低俗之风，是把本来与物化、功用化相对立的艺术化变成了物化、功用化，反而扼杀了自由，扼杀了艺术的解放功能。这种弊病的关键在于把艺术降低到日常生活的水平，而不是提高日常生活的精神境界，把艺术降低为审美的低级形式，甚至降低到动物的低等审美形式，以致肉欲横流。此种“日常生活的审美化”现象已遭到德国当代美学家沃尔夫冈·韦尔施（Wolfgang Welsch）等人的大力批判，我国许多美学学者，结合我国社会上所出现的此种现象，也从不同角度剖析了此种现象的弊端，本文不拟在这方面多所论述。我这里只想申述的一点是，我们倒也不必简单否定日常生活的审美化，不必简单否定这种艺术化的活动。特别是我国当前社会上所热衷的种种“日常生活审美化”现象，可能是改革开放以前片面讲革命而压制生活的一种反作用，值得谅解。重要的是提高日常生活的精神境界，让商品的艺术化，生活环境的装修、人体的化妆等都渗透着人生高远的精神境界。现在社会生活中许多低俗现象，来源于高远的精神境界的缺失，我们应当加强这种种活动背后的人的审美教育。这就涉及后现代“生活艺术化”的更高层次。关于这方面的理论，我在其他论著中已有论述，这里倒是想简单重述一下后现代艺术之父杜尚的艺术生活化的例子，因为他的名言最能说明“生活艺术化”的深层含义：“我最好的作品就是我的生活。”杜尚生活的前期虽然作画，但出于他个人“对抗感性美”的“潜意识”，[①]其画作的特点是根本没有感性美。例如他的名画《从处女到新娘的变迁》，完全没有视觉上引起性感的肉体形象，尽是些机械般的线条，把人画成了“机器人”，然而这幅“机械画”，却把一般人羞于谈说的人生旅程中最神秘的一幕，淋漓尽致地展现在观众的眼前，观众从这里所欣赏的完全不是视觉美，而是对人生的领悟。这里的美，不属感性美，而是一种思想美。杜尚的画作不在意悦目，而在于展现他生活的思想境界。“艺术为思想服务”，这是杜尚生活艺术化的具体内涵。杜尚的思想是对西方那种非此即彼的重分别、分析的理性至上主义传统的反抗，他认为这种理性至上主义压制了自由。他为了获得更多的自由，提倡一种亦此亦彼、彼此融通、相辅相成的思想，有些类似中国传统的“天人合一”“万物一体”、易老之学的阴阳合一。杜尚晚期的生活，其生活艺术化的思想甚至进一步发展到干脆放弃绘画，让他的生活本身成为他所说的“最好的艺术作品”。杜尚为人，超然物外、淡泊名利、尊敬他人、乐于助人，周围的男男女女都很喜爱他。杜尚潇洒超脱的生活本身，为“澄明”的神圣之光所照

---

① [法] 皮埃尔·卡巴内：《杜尚访谈录》，王瑞芸译，北京：中国人民大学出版社，2003 年，第 4—6 页。

亮，属于“我—您相遇”的“最真实的生活”，的确体现了艺术的本质——自由，是“最好的艺术作品”。

就“生活艺术化”的实质内涵而言，它在中国传统文化中，可谓古已有之。庄子妻死，鼓盆而歌，可以说就是超脱了生死大限而进入了一种艺术的自由之境，用西方后现代艺术的语言来说，算得上“行为艺术”，而且是具有深刻思想性的“行为艺术”。庄子的庖丁解牛，也是一种顺乎自然规律而达到自由之境的“行为艺术”。魏晋士人，其言行举止，大都展现了潇洒自由的神采和风姿，真的是一种“生活艺术化”。如王右军“飘如游云，矫若惊龙”；嵇康“肃肃如松下风，高而徐引”，其“为人也，炎炎若孤松之独立，其醉也，傀俄若玉山之将崩”（刘义庆《世说新语·容止》）。阮籍“容貌瑰杰，志气宏放，傲然独得，任性不羁”（《晋书·阮籍传》）。刘伶虽“形貌丑陋”，然“肆意放荡，悠焉独畅。自得一时，常以宇宙为狭”（《世说新语·容止》）。魏晋士人所崇尚的这种种“生活艺术化”的人物风格，皆其自由境界之体现，究其社会历史根源，盖由于对汉武帝以来思想统治之反动。汉武帝用董仲舒策，独尊儒术，个体性自我从此被湮没于三纲五常、贵贱等级森严的封建社会群体之中。魏晋人士上述种种“艺术化”的生活姿态，一言以蔽之，皆在于“越名教而任自然”（嵇康《释私论》），欲摆脱各种封建社会群体之束缚而求得个性之自由、解放。如果说欧洲后现代所宣讲的生活艺术化，是为了自由而反对欧洲理性至上主义之类的传统束缚，那么中国古人所践行的生活艺术化，则是为了自由而反对中国长期封建专制主义对个体性自我的束缚。欧洲后现代艺术所追求的审美自由，是在文艺复兴已经让个体性自我从封建神权统治下获得解放而独立之后，要求自由的进一步深化；而中国从魏晋士人开始所追求的审美自由，则远远落后于欧洲，此种自由还只不过是要求从封建统治下获得个性解放，要求个体性自我从封建社会群体的湮没中脱颖而出，从而获得独立地位。

在中国长期封建统治的历史条件下，中国人追求审美自由的历程，既漫长，又艰苦，甚至惨烈：其结局或归隐田园，或就囹圄，惨遭屠杀。嵇康“早孤，有奇才，远迈不群。……恬静寡欲，含垢匿瑕，宽简有大量”（《晋书·嵇康传》）。然而嵇康（公元3世纪）公开揭露统治者“矜威纵虐”，批判儒家名教的虚伪，主张“越名教而任自然”，以致为统治者所不容，惨遭杀身之祸。嵇康下狱时，“太学生数千人请之，于是豪俊皆随康入狱”（《世说新语·雅量》）。临刑，“太学三千人请以为师”（《晋书·嵇康传》），而“康临刑自若，援琴而鼓”（《三国志·魏志》注引）。临刑援琴，何等惨烈悲壮的“艺术”人生！何等崇高豪迈的“审美”境界！

陶渊明的艺术化生活是另一番景象。陶渊明第一次为官，就“不堪吏职”，深感“志意多所耻”，于是“少日自解归”。最后一次为官，任彭泽令，仅三月，又因不甘“为五斗米折腰”而赋《归去来兮辞》：“归去来兮！田园将芜胡不归？既自以心为形役，奚惆怅而独悲？悟已往之不谏，知来者之可追；实迷途其未远，觉今是而昨非。”所谓“以心为形役”，就是湮没自我于宦途，为功名利禄所束缚。迷途知返，归隐田园，就是为了越名缰利锁而进入自由的境界。《归田园居》：“野外罕人事，穷巷寡轮鞅。白日掩荆扉，虚室绝尘想。时复墟曲人，披草共来往。相见无杂言，但道桑麻长。"《饮酒》："结庐在人境，而无车马喧。问君何能尔？心远地自偏。采菊东篱下，悠然见南山。山气日夕佳，飞鸟相与还。此中有真意，欲辨已忘言。"陶渊明自复归田园以后，如鸟脱樊笼、复返自然的艺术化生活，深切而生动地表现了他抱朴含真的审美自由境界。"此中有真意"之"真意"，与海德格尔的"本真状态"相似相通；"时复墟曲人，披草共来往"，与布伯的"我—您相遇"可以互相辉映。

中国的封建专制和思想统治的历史，自汉武以后，一直延续不断，至晚明而愈演愈烈。晚明的大思想家李贽则是一个为反对封建专制和思想统治而用自己的生命、身体来实现自我之自由本质的悲剧性人物。李贽（1527—1602），福建泉州人，二十六岁中举，三十岁初仕，任河南辉县县学教谕。五十二岁任四品姚安知府，五十四岁离任告归后，潜心著书，设坛讲学，听众"一境如狂"，因不满黑暗统治，屡遭污蔑，六十二岁削发为僧，由于正道直行，遭官府迫害，七十六岁被捕入狱，在狱中自刎。

李贽强烈反对以孔子之是非为是非，"夫天生一人，自有一人之用，不待取给于孔子而后足也。若必待取足于孔子，则千古以前无孔子，终不得为人乎？"（李贽《焚书·答耿中丞》）"虽孔夫子，亦庸众人也。"（李贽《焚书·答周柳唐》）"咸以孔子之是非为是非，故未尝有是非耳……夫是非之争也，如岁时然，昼夜更迭，不相一也。昨日是而今日非矣，今日非而后日又是矣。虽使孔夫子复生于今，又不知作如何非是也，而可以据以定本行罚赏哉！”（李贽《藏书·世纪列传总目前论》）李贽以反孔闻名，并非反对孔子的一切言论思想之本身，其本意在于反对定孔子为一尊，一切依傍孔子而无已见。“夫孔子未尝教人之学孔子，而学孔子者，务舍己，而必以孔子为学，虽公亦必以为真可笑矣。”（李贽《焚书·答耿中丞》）由此观之，李贽反孔之思想主旨在于反对“舍己”，亦即反对唯他人残唾是咽之人，反对丧失自我的自由本质之人。

李贽为人、为文，唯抒其胸中之独见，劝人力戒言不由衷，说“伪言”，行“伪行”，做“伪人”，他要求人吐“真言”，行“真行”，做“真人”。他认为人皆有本然之心，伪道学使人心蒙上尘垢而失其本然，乃“真心”之障碍。“夫童心者，真心也，绝伪纯真，最初一念之本心也。若失却童心，使失却真心，失却真心，便失却真人。”（李贽《焚书·童心说》）李贽斥责伪道学先生之“伪”：“口谈道德，而心在高官，志在巨富。”（李贽《焚书·又与焦弱侯》）与伪道学先生相反，以李贽本人虽在“学而优则仕”的传统下，官至四品，仍然学陶渊明，辞官归里。究其“本心实意”，在于不因富贵而屈于人，在于“一念真实，受不得世间管束”，与陶公“偶与同耳”（李贽《焚书·豫约》）。李贽如此超脱功名利禄的“世间管束”之“真心”“童心”，是他以“游于艺”为人生最高精神境界的人生观、审美观的体现。至于他最后出家为僧的行为，则更彻底地表现了他不受世间管束之“真心”“童心”，也是他“游于艺”的人生观、审美观的更深一层的表达。削发为僧，应可称为对世俗、功利—“世间管束”的一种反抗，尽管这种反抗是消极的。

李贽之死，是他追求自由的一生的悲剧性总结。李贽以“妄著书”“敢倡乱道，惑世诬民”之罪入狱，狱中仍做诗读书自如。一日忽持剃刀自割其喉，气不绝者两日。侍者问：“和尚痛否?”以指书其手曰：“不痛。”又问：“和尚何自割?”书曰：“七十老翁何所求!”遂绝（袁中道《李温陵传》）。李贽死后，其著述被视为“异端之尤”，下令“尽行烧毁，不得存留”。然“卓吾死而书愈重”，其著述更广为流传，以至远及外洋。

李贽不过一介书生，著书立说，“其意大抵在于黜虚文，求实用；舍皮毛，见神骨；去浮理，揣人情”。其为人也，“绝意仕进”，“狷洁自厉”（袁中道《李温陵传》），“不蹈故袭，不践往迹”（李贽《焚书·与耿司寇告别》），奋不顾身，一往无前。其“所求”者何?非功名利禄也，为不受“世间管束”之自由故也，为做“真人”之故也。不自由，毋宁死。李贽不仅是一般为自由而死之“真人”，而且是出自他的自由意志，在面临死亡中体悟人生的自由本质之“真人”，就像海德格尔所谓面临死亡而“返回本真状态”一样。用西方后现代“生活艺术化”的语言来说，李贽的生和死，都是最好的、最深刻的“行为艺术”和“身体艺术”。而且他不是表演给观众看的，而是用自己的生命和鲜血绘制成的。杜尚说他的生活就是他的最好的艺术作品，李贽也是一个以自己的生活来表现和创造自己最好的艺术作品的人，不过杜尚的生活作品是潇洒自在，而李贽的生活作品是惨烈悲壮。这种差别是中西两种不同文化传统的历史背景造成的。

西方后现代艺术化的生活，特别是“行为艺术”和“身体艺术”，是用生活中的行为和身体来表现自我的自由本质的艺术，如前所述，它是适应文艺复兴已经让自我的个性获得解放而独立之后，人们对自由有了更进一步的更深入的要求而产生的。杜尚生活作品的潇洒自在是此种自由的表现，他也毋需为他的生活自由付出什么代价。中国长期的封建专制主义使中国历史文化长期处于湮没自我、湮没个性的阶段，故中国人的生活艺术化的作品必须为摆脱封建思想统治的传统桎梏而付出惨痛的代价。李贽的生活作品不过是其中的一例而已，虽在晚明，至今仍有现实意义。

根据以上关于中西两种不同“生活艺术化”的对比，我以为：西方当代人的“生活艺术化”，有待于进一步超越传统的非此即彼、主客二分的思维方式，不要从一个极端走向另一个极端，为了生活艺术化便放弃绘画，为了艺术服务于思想便放弃感性美，甚至生硬地制造一些非正常生活的“艺术化”生活。针对中国的历史文化传统和现实状况，我以为我们的“生活艺术化”的关键在于提高人的心灵美，重在一个“真”字，像李贽所主张的那样：吐“真言”，行“真行”，做一个“真人”；由此而建立的美学体系应在阐发“美在自由”的思想和命题方面下功夫。如果像《论语·为政》所讲的求官之道（“学干禄”）那样，“言寡尤，行寡悔”；像《论语·乡党》所教导的那样，见“上大夫”是一个姿态，见“下大夫”是另一个姿态；进入朝廷的门，就要像害怕而谨慎的样子，好像没有自己容身的地方一样（“入公门，鞠躬如也，如不容”）；经过君王的座位（“过位”），连话都像说不出来（“其言似不足者”）；“升堂”，憋着气似乎不能呼吸（“屏气似不息者”）……总之，言不由衷，行不由己，那还谈得上什么“生活的艺术化”！谈得上什么建立新的美学体系！

第十三章　美 在 自 由

什么叫做美？美的最基本的内涵究竟是什么？古今中外，异说纷纭：美在“摹仿”；美在“和谐”；美在“意象”；美在“隐秀”；美在“通过感性以显现理性”；美在“澄明”……莫衷一是。我以为，这些界定和观点，从理论上来讲，都各有其理由、根据；但从文化思想的历史现实来看，每种界定和观点之所以能盛行于某一时代、某一民族，皆有其各自的时代背景和民族文化背景。本文无意为什么是美的问题寻求一种放之四海而皆准的、排他性的界定和观点，而主要是想从中欧文化思想发展的历史实际和发展趋势的角度，探讨一下美的最基本的内涵。

一、欧洲“美在自由”思想的孕育、成长和发展的过程

古希腊的思想文化尚处于人类的童年时期，重视实际功用的兴趣在人生中占首要地位，美的衡量标准亦重在功用。在这方面，苏格拉底是最早的代表。苏格拉底虽并未简单主张美即是功用，但他的确强调美依赖于效用的相对性。与此相联系的是古希腊盛行的摹仿说。摹仿说的特点在于强调现实是衡量美的标准，这和古希腊人之重现实的兴趣是紧密相连的。对于尚处在不成熟的思想文化水平阶段的人来说，要想超越现实性、功用性，是很困难的。

然而古希腊对于美的观念又绝非只是片面地讲功用。即使是苏格拉底，他虽然同意一般的摹仿说，但他反对艺术简单复制自然，认为雕刻家的雕像应当表现出人的心灵状态，雕得比现实的人更美。苏格拉底在这方面的论述很简单朴素，却为审美意识的自由创造闪现了一点空间。以毕达哥拉斯学派为代表的古希腊的美在和谐，美在多样性的统一性的学说，也是古希腊人超越现实、欣赏感性的形式美的一种表现。柏拉图在《大希庇亚篇》中关于“美是由视觉和听觉产生的快感”①的定义，把美的特点只赋予视觉和听觉，这种对审美感官与非审美感官的区分，表现了他实际上看到了审美兴趣不同于实际兴趣的独特之处在于其无欲念的牵挂，在于其对功用追求的超越。亚里士多德虽然仍用“摹仿”一词来界定“美”，但他对原先的“摹仿”说已作了很大的延伸：(1) 摹仿之所以能引起快感，在于摹仿的东西引起人的“领悟”和“推断”以至对人的智力运用的“赞赏”；(2) 摹仿不仅指摹仿事物的简单“形象”，而更应摹仿事物所“应当如何的样子”——理想。亚里士多德对“摹仿”意义的这些延伸，向美之超越现实的束缚——美之自由的特性靠近了一步。但亚里士多德并未根本摆脱古希腊美在摹仿这一思想的基本框架，他对摹仿的“应当如何的样子”这一理想并未作更进一步的探讨。

总起来说，古希腊人的审美意识与现实性、功用性尚难以区分，美在自由的思想尚在孕育中。②

① Plato, *Hippias Major*, 298a - 299b.
② 参阅张世英：《西方美学思想与自我》，《北京大学学报》，2008 年第 2 期。

在基督教神权占统治地位的中世纪，一般说来，人性中自由的特征受到压制。但美之超越感性、超越现实的特征也有所突显。四世纪至五世纪的奥古斯丁(Saint Augustinus，354—430)虽主张美必须讲形式，但他又认为美的内涵主要还是在于美的形象受了神的“光”的照耀。

13世纪的圣托马斯·阿奎那也主张，美虽然必须讲究形式，但更重要的是，美的形式之所以美，其根源在上帝。“精神性的真理通过物质事物的貌似(under the likeness of material things)而被启示、教导，乃是恰当的，就像狄奥尼索斯说的那样：除非借助于隐藏在许多神圣面纱覆盖之下的神圣的光耀，我们是不能受到启迪的。……精神性的真理是靠来自有形体的图像而得到说明的。”[①]托马斯在神学的外衣下表达了美是人的“精神性真理”的显现的思想，这实际上也表达了美之超越感性束缚的特点。托马斯还比柏拉图更进一步申述了关于审美感官与非审美感官之区分的内涵，强调作为非审美感官的味觉和嗅觉所得到的是功利欲求的满足，包含有实际的目的和意图，而作为审美感官的视觉和听觉则不求实际功利的满足，而是“认识能力”(cognitive power)，具有理性——认识的性质，更能领悟“形式美”。

总之，美不限于感性形象，而在于超越感性形象，这是中世纪基督教美学思想的核心，也是西方美学思想史上由古希腊前进到近代历程中所曾经走过的关键性的一步。这一步的含义就在于

---

① *Basic Writings of Saint Thomas Aquinas*, Random House, Inc. 1945, volume I, p.15.

从感性形象的束缚中走向超越感性形象之束缚的自由，尽管这种“美在自由”的思想在整个中世纪还只是在基督教宗教神秘主义的笼罩下匍匐前行。至于明确地主张美必须具有理性、理想的内涵的思想，则是到近代才能完成的。[①]

文艺复兴以后，人的自由、理性的特征逐渐从基督教神权的统治下解放出来而赤裸裸地展现其自身。“美在自由”亦自文艺复兴开始而日益明确，成为欧洲近代美学思想的标志。

唯理论与经验论的美学思想，虽有重理性与重感觉、情感之分，但都同样重视和突出独立于客体之外而又主宰客体的主体意识，主体意识也就是自由。此种建立在主—客二分基础上的自由，是包括审美意识在内的欧洲近代意识的最根本的特征。到了康德，美学问题就是如何把唯理论所强调的理性与经验论所强调的感性结合起来，具体地说，就是感性的东西如何显现理性的问题。康德认为，在可感觉的必然性领域和超感性的理性自由领域之间有桥梁可通，这就是审美意识。在康德看来，美就是事物的形式符合主体的认识功能的统一性，此种“符合”引起了主体的愉悦之感，就是审美快感。审美快感不同于满足（符合）欲念功用追求所得到的快感，后者是对事物的实体性的快感（如口渴、充饥之类），前者是一种对事物的表象形式（不同于事物的实体性）的快感，其特点是不计较欲念功用，是一种超脱了欲念功用之束缚的自由。此种审美的自由就是从上述的“符合”而来。康德把事物

① 参阅张世英：《西方美学思想与自我》，《北京大学学报》，2008 年第 2 期。

的形式符合主体的认识功能中的“符合”又称之为“无目的的符合目的性”：“无目的”是指无意愿、无欲求之限制、束缚之意。此种“符合”是理性之自由表现于可感世界的必然性之中。故审美快感也就是“自由”的感情。当然，康德的美学思想，远不限于上述的形式美。他关于崇高的理论，关于依存于道德的“理想美”的理论，都值得重视。康德的“审美意象”，并非仅仅指道德理想，而且包含了自然的合理性，它是道德秩序和自然秩序的有机统一，是囊括了人和自然于一体的理性在感性世界中的具体化。这样，美在康德看来也就是理性观念在感性形象中的显现。“审美意象”说更深刻地指明了人的理性自由的特征，人在审美意识中超越了单纯对道德的依存，进而达到了比道德意识更高的自由。不过康德的美学思想至少在字面上更多的还是表现了道德主义的因素，康德并没有明白地把审美的地位放在道德之上。“美在自由”，在康德这里，还颇受道德上“应该如何”的限制。

席勒明确地把“审美意识”（他称之为“游戏冲动”）视为“感性冲动”与“理性冲动”的统一。单纯的“感性冲动”使人受自然的感性欲念的强制，单纯的“理性冲动”使人受理性法则（如道德上“应该如何”的法则——义务）的强制，二者分开来皆不自由。唯有人的第三种冲动“游戏冲动”能将此两种冲动结合起来：一方面不让感性欲念因失去理性而成为至上的东西，以致物欲横流；另一方面不让理性法则例如道德义务因缺乏感性欲念而令人有被迫接受之感。这样，单纯的“感性冲动”和单纯的“理性冲动”所给人的强制——束缚就“都被排除了”。席勒由此而得出结论：只有

"游戏着的人"——"审美的人",才是"自由的人"、"完全的人"。[①]席勒断然超越了康德,认为美之自由不仅在于突破了个人欲念功用的限制,而且在于超越道德法则的限制。席勒把"美在自由"的命题和思想做了空前明确的表述。

黑格尔认为,人作为主体,其"最高内涵"是"自由"。[②] 自由在于克服对立面的限制以达到统一,而在科学、法律、政治、道德等有限领域内,人总是受有限事物的束缚而不可能达到充分的自由,只有在最高的无限性整体即他所谓"自身真实性的境界"(die Region der Wahrheit an sich selbst)[③]里,有限领域中的各种对立得到最终解决、最终统一,人才有了充分的自由。黑格尔认为,属于无限领域的"自身真实的境界",最初呈现于感性的东西中,这就是美的艺术。黑格尔关于美的定义:"美是理念的感性显现",此定义中的"理念"就是"自身真实性"(die Wahrheit an sich selbst)。黑格尔告诉我们,当我们在艺术的感性形象中体味到其中的"真实性"("理念"——意蕴)时,我们就能得到一种自由的愉悦之感。"因此,审美带有自由的性质。"[④]它不是把对象当作服务于我的有限性功用追求的手段,它根本不受外在之物的干扰而独立自由。至此,黑格尔可以说把美在自由的思想阐述得相当清晰了。然而黑格尔认为美的艺术并未达到最充分的自由,因为艺术仍具有感性的有限性,其所达到的自由并非最充分的。艺术还

---

① [德]席勒:《审美教育书简》,张玉能译,南京:译林出版社,2009年,第15、23封信。
② *G. W. F. Hegel Werke 13*, Suhrkamp, 1986, s.134.
③ *G. W. F. Hegel Werke 13*, Suhrkamp, 1986, s.137.
④ *G. W. F. Hegel Werke 13*, Suhrkamp, 1986, s.155 - 156.

只是无限领域的最初的低级阶段。他由此而主张“结束艺术”而进入(中经“宗教”阶段)以最抽象的即毫无感性拖累的“纯粹概念”为内容的“哲学”阶段，才算是达到了最充分的自由。最抽象的领域就是最自由的领域因而也是最高的领域，上述黑格尔所谓“自身真实的境界”至此而达到顶峰。欧洲近代美学思想，从总体上来看，是以感性显现理性为美，把自由放在超时空、超感性的抽象王国，于是造成了美和自由的抽象性。而集欧洲古典哲学之大成的黑格尔美学思想，则最典型地表现了欧洲传统美学所追求的自由的抽象性。

黑格尔哲学垮台以后，欧洲现当代哲学的总趋势是由抽象走向具体。其美学思想的特点也是将“美在自由”之“自由”从抽象的转化为具体的。人的主体不是像古典哲学所主张的那样，只是抽象的理性的主体，更是包括感性、欲望、本能、下意识等在内的具体的主体。单纯理性的主体是苍白无力的，其自由受到限制；包括感性、欲望、本能、下意识等在内的主体才是活生生的，因而也是真正自由的。

海德格尔是西方现当代美学(“后现代美学”)的先驱。他一反以黑格尔为代表的欧洲古典的概念哲学，突破了以超感性概念王国为人生最高追求目标的旧套，而代之以显隐融合为一的现实的整体。海德格尔认为天地神人本来浑然一体。他所说的“神”并非指基督教的上帝，而是指有限性的人对自己的有限性的超越，即对无限性的向往；“天”指事物之显现方面；“地”指事物之隐蔽方面。任何一物都是有限与无限、显现与隐蔽的结合点。有限的、显现于当前的东西，都有隐蔽于其背后的无限的东西为其根源，双方融合为一整体而构成具体的、真实的某物。但人在日常生活中，特别是在当今技术占统治地位的世界中，人不是在本然的“一体”中对待事物，而是人为地把事物对象化，使之成为服务于人的工具，从而与事物相敌对，人与事物的关系不再是相互融通的关系，而是主—客二分、彼此隔绝的关系。人为了自己的生存而认识客体，使用客体，却同时受到客体的限制、约束而失去了自由。这一悖论是人生不可避免的必然，也可以说是一般人日常生活的常态。海德格尔称此常态为“必然的沉沦”。“沉沦”是人生中一种不自由的“非本真状态”。人为了自由，就要复归人之本然，复归到天地神人融合为一之本然，亦即海德格尔所谓“本真状态”。这种复归，海德格尔称之为“转向”(Kehre)。如何“转向”？这就要求既能入乎其内，又能出乎其外的态度，即“超越”(又称为“无”)。“超越”并“不脱离现实存在”，而是“对整个现实存在的克服”，“对现实存在的超出”，具体地说，“超越”就是不从有限的个体事物的角度看待事物，而是从无限整体的角度看待事物，所谓超然物外是也。海德格尔又把此种“超越”更具体地称之为“泰然任之”(Gelassenheit)。此种态度使人既不脱离现实(入乎其内)，又能摆脱“欲求、异化和自我束缚”，达到一种不依傍他者、不为外物所累、超脱功名利欲的自由境界——“本真状态”。此境又称“澄明”。[1] 海德格尔曾以面临

---

① Cf. Shi-Ying zhang, *Heidegger and Taoism*, *Reading Heidegger*, Indiana University Press, 1993, pp.309－312；并参阅张世英《天人之际——中西哲学的困惑与选择》，北京：人民出版社，2007 年，第 350、352—355、372 页。

死亡之“畏”来描述对此种境界的领悟。海德格尔的晚期则以艺术创造来回答如何进入“澄明之境”的问题。他认为艺术的本质(亦即诗)在于把日常生活中被分隔的存在者带入天地神人融合为一的、敞开的“澄明”之中。人通过艺术创造、诗,进入一个不同于日常生活的全新世界——一个“去蔽”了的、敞开的“澄明”世界。在此种世界中,日常生活中的某物与人的关系不再是“对象性关系”,而是“真正人性的关系”:某物不再是与人分隔了的认识对象和使用对象,而是在人与万物一体的整体中,在显隐合一、有限与无限合一的整体中被看待。人用此种超然的眼光——态度看待事物,人就是“诗意地栖居”,就是诗意的生活。显然,海德格尔教人通过艺术、通过美所达到的自由之境——“澄明”,远非传统美学所追求的抽象概念王国,而是同属现实具体领域的显隐合一的宇宙整体。海德格尔的美学思想把自由的抽象性转化到了自由的具体性,从而实际上也为后现代美学特别是为后现代艺术的生活化和生活的艺术化奠定了理论基础。

西方后现代艺术是反现代艺术——片面重少数精英艺术、唯理性至上和唯科学至上——的产物。它把美及其自由的特性具体地体现于大众生活和日常生活中,让人不仅在特制的艺术品中,而且就在日常生活中、日常行为中获得美的享受,获得自由。用诗人荷尔德林(Hölderlin, Friedrich, 1770—1843)的话来说,就是让“人诗意地栖居在这大地上”。海德格尔对这句话的解释是:人既要如荷尔德林的诗所说,要讲功用,要“建功立业”,立足于“这大地上”;但人又可以以“超越”的态度仰望神性,进入天空。

人就是在此“大地上”和“天空下”之中翱翔而自由地生活（“诗意地栖居”）。这实际上就是后现代艺术所讲的“艺术的生活化”和“生活的艺术化”。后现代艺术中的所谓“行为艺术”和“身体艺术”特别明显地表现了这一“诗意地栖居”的审美生活。

二、在中国的“意象”说中，“美在自由”的思想有待争取独立和伸展

如果说，在欧洲美学思想史上，“美在自由”的命题和思想自文艺复兴以后便长期处于主导地位，而且自由的发展方向是越来越从抽象走向具体。那么，中国美学思想史，则是一个自古以来长期以“美在意象”的命题和思想占主导地位的历史，而“美在自由”的思想则是其中所蕴藏的、有待延伸和发展的一个内容。

中国古代思想家不爱讲感性美，而更多地爱讲感性形象之外的“意”或“境”。《周易·系辞上》所谓“言不尽意，立象以尽意”；刘勰《文心雕龙·神思》所谓“窥意象而运斤”；刘禹锡（772—842）《董氏武陵集序》所谓“境生于象外”，都是说的感性形象之外的“意”“境”。中国古典美学思想，从其主要方面来说，就是指对此种“意”“境”的体悟。用“美在意象”来总括整个中国古典美学思想之指归，应该说是很深切的。“意象”者，“象”外之“意”也，就是对感性形“象”之外的“意”的体悟。

“意象”说所要求体悟的“意”，不同于西方古典美学所要求进入的超感性的抽象王国，如“理念”“典型”之类。海德格尔所讲的“显隐”说，倒是与中国传统的“意象”说相似相通：“意象”之“象”

就是显（现）于外者，“意”是隐（蔽）于内者（背后的东西）；“意象”说以体悟“象”外之“意”为美，“显隐”说以由“显”见“隐”，去蔽而敞开“澄明”之境为美。二者的确可以互相辉映，互相发明。只是二者所产生的时代背景和民族文化背景不同，这就产生了二者的差异。海德格尔的“显隐”说是反对西方传统的“主客二分”的思维方式和“主体性”哲学的产物，是对此种思维方式和哲学的克服和超越，从而也是对自由——主体性的更进一步的弘扬；中国传统的“意象”说基本上是“前主客二分”和“前主体性”的“原始的天人合一”思想，缺乏“主客二分”的思维方式和“主体性哲学”，从而也把“美在自由”的思想掩盖甚至湮没在双重的“原始的天人合一”的思想（一重是与封建的各种社会群体的原始合一，一重是与自然的原始合一）之中，有待大力发掘、开发。可以说，“美在自由”的思想在西方，自文艺复兴以来，一直在神采飞扬地阔步前行；而在中国，则是在“原始的天人合一”思想的压抑下，为争取独立而挣扎。

孔子对美与善已作了区分，但孔子强调美从属于善，具体地说，即从属于“仁”德。在孔子看来，“仁”是“美”的本质。大概也就是因为这个缘故，孔子所开创的儒家美学，基本上不像古希腊美学思想那样讨论和重视不涉及实际兴趣的纯粹意义的美——形式美，如对称、比例、秩序、数的和谐所给人的愉悦之情。儒家所讲的“乐从和”，也许是讲的形式美之所以美在于“和”，但过于简单、朴素。

《易传》的美学思想虽有儒家的成分，但更多地属于道家范畴。《易传》“立象以尽意”的命题，为中国传统的美在意象的基本思想奠定了理论基础。“立象以尽意”之“意”当然也包含儒家强调的“仁”德之“意”，但它主要是指自然变化之“神”。“知几其神”“神以知来”。“知几”“知来”讲的都是由显知隐，由著知微，这里包含有想象力之自由的成分。

老子是中国历史上第一个哲学家，也算得是第一个美学家。如果说儒家重善，那么，老子所奠定的道家哲学则是崇美。老子所崇奉的美不是“五色”“五音”之类的形式美，但他又非笼统地否定形式美。老子所否定的美似乎是指矫揉造作之美。他所崇奉的美，是一种与“道”合一的境界。就字面上来看，他倒不是用“美”字来称谓，而是以“道”“自然”“真”“妙”“无”等概念来规定，其核心是“道法自然”之自然而然，是“无为”。换言之，在老子看来，最高的美在于自然而然，质朴真实等。其反面是人为，即“伪”（矫揉造作之雕饰、虚伪等）。美在于去伪而顺其自然，即“无为”。老子所提倡的与“道”合一的“无为”境界也是一种原始的天人合一，但与儒家所讲的原始的天人合一的内涵有所不同，儒家的“天”主要是道德的含义，而老子的“天”即“道”，是超越道德之上的自然而然之义。这样，老子所崇奉的美，就比儒家少一层仁义道德方面的约束——一种来自封建社会群体关系方面的约束，而多一分自由。与此相联系的是，老子所讲的“道之为物，惟恍惟惚。惚兮恍兮，其中有象”，以及“大音希声，大象无形”等，和《易传》相似，也是后世所谓通过“象”以显现“道”——“意”的“意象”说之先声。此中的“道”——“意”，亦超越了道德的含义。老子教人超越“欲求”、超越“求知”、超越“道德”，而达于自由之境。

庄子认为我们一般人讲的形式美之美是与丑相对的，其间无绝对鸿沟，关键在于悟道。庄子认为，“道”——“一”才是“大美”——真正的美。“天地有大美而不言。”（《庄子·知北游》）能“游心”于“道”，则“至美至乐”（《庄子·田子方》），那才是最高的审美享受。此种“至美至乐”的境界，乃是一种物我不分的天人合一境界。在此境界中，人能超越我与他物、他人之分，“外天下”（摆脱世事的纠缠），“外物”（摆脱物欲的诱惑），“外生”（摆脱生死的牵挂）（《庄子·大宗师》），而成为“无已”之“至人”、“无功”之“神人”、“无名”之“圣人”。此种人才是“无待”（无所依傍）之人、逍遥之人——真正自由之人。美（“大美”）在自由的思想，在庄子这里，似乎已得到了淋漓尽致的阐发和表述，为中华后世的审美境界具有不计较功名利禄以至生死问题的自由精神的观点，起了光辉的先导作用。

先秦儒道两家，一以“仁”德为人生最高境界，一以“大美”之“无待”（自由）为人生最高境界。如果说，二者在先秦尚显二水分流之势；那么，自秦汉以后，特别是自西汉武帝用董仲舒策，独尊儒术，实行思想一元化以后，中国文化思想的发展，便是一个以儒家的“仁”德压抑道家自由之“美”的历史。讲道德，说仁义，成为“学而优则仕”的必经之道；特立独行，越名教、卑浮理而傲然自得者，则或遭贬黜，或就囹圄。

汉代自武帝以后，从总体上来说，思想界为天人感应、三纲五常和谶纬之学所统治，“美在自由”的思想理论少见。

魏晋南北朝时期，是老庄道家美学思想突破汉代几百年来唯儒独尊的思想一元化局面而成为一时风尚的时代。王弼（226—249）的“得意忘象”，顾恺之（348—409）的“以形写神”，宗炳（375—443）的“澄怀味象”，谢赫（479—502）的“气韵声动”等美学命题，其主旨各有所重，然大体上都可以“意象”说来概括。王弼的“得意忘象”说最有代表性。“得意忘象”者，通过有形之“象”以显现（“得”）无形之“意”也。“象”总是有限的、个别的，“意”即是“道”，是无限的、整体的。“忘”，实为超越。“得意忘象”就是超越有限的个别之物象以显现无限的整体之道。这里所显现的“道”——“意”，是一种“天人合一”的高远境界，也就是一种不分人和物、不分尔我的无我之境。所谓“神”“灵”“气韵”，实皆可归结为此种无我之境，魏晋南北朝时期的“意象”说亦可归结为以无我为美。刘勰的“隐秀”说，是魏晋南北朝时期“意象”说的总结与发展，尤具现代意义。此种以“无我”为美的“意象”说，蕴涵了摆脱汉代儒家纲常名教之束缚而追求个性解放的思想。“美在自由”的命题，呼之欲出。值得注意的是，“美在自由”的思想在魏晋南北朝时期不仅表现在美学理论方面，而且具体地体现在当时士人的生活行为方面：魏晋南北朝士人之言行举止，大都潇洒自得、放荡不羁，越名教而纵情山水，颇有些类似西方后现代所讲的“艺术化生活”，特别是其中的“行为艺术”和“身体艺术”——一种用生活中的行为和身体来表现人的自由本质的艺术。当然，魏晋南北朝时期士人所追求的自由——个性解放，还是不彻底的，因而是有限度的，特别是就道家强调与道合一，把自我湮没于自然整体之中而言，则根本谈不上有什么主宰自然的自由。所以，我以为，当时的“美在自由”之自由，还是朦胧的。然而，即使是这样一点自由的追求，在当时思想一元化的历史条件下，也往往遭到摧残。嵇康遭杀身之祸，陶渊明归隐田园，皆因追求艺术人生和自由的审美境界所致。

唐代既有以韩愈(768—824)、白居易(772—846)等人为代表的儒家美学思想，也有以王昌龄(698—757)、皎然(约720—803)、司空图(837—908)、刘禹锡(772—842)等人的“意境”说为代表的道家美学思想和以王维为代表的佛教禅学的美学思想。美在自由的思想显然蕴藏于佛道之中。“意境”说是“意象”说的延伸和发展，皆源于易老之学。“境”乃物我两忘之境，但此境需要通过人的想象力(张彦远称之为“凝思遐想”)的创造，才能达到，这就把“至人无己”之“无己”向个体性自由的方向推进了一步。李白诗之狂放，与其鄙视儒家以礼教束缚自我和崇尚道家思想之自由不羁，有密切关系。

禅宗所强调的“自悟”，实乃“美在自由”之核心。如果一切都已“说破”，都是“大白话”，便了无余味，毫无自由想象的空间，也就无诗意之可言，无美之可言。“自悟”说与“意象”说相通，而且比“意象”说更提高了自由的内涵。“禅悟”根本不立文字，超越了“言”，只通过一些棒喝怒呵之类的行为、动作，以取得“自悟”的效果，简直就像西方后现代艺术的“行为艺术”和“身体艺术”。难怪西方许多后现代艺术家公开地大讲中国的禅宗！

自宋至明清，“文以载道”“作文害道”的理学美学思想，虽然长期统治思想文化领域，但“文”的审美意义和价值却日益伸张。与道德说教有密切关系的宋诗之强调“以理入诗”，遭到严羽等人的非议；反之，与宋诗相抗衡的宋词，则具体地以一种与音乐融为一体的语言，抒发了个体性自我的真情，给人以“无拘无束”的自由之美的享受。

明末清初王夫之的“情景妙合”说，继承和发展了宋代的情景合一说，把情和景二者更进一步做了有机的融合，并更多地强调美在于表现个人的情趣，在于表现与理学家所讲的名教相对立的“幻妙”之理——一种超理性之理。

叶燮(1627—1703)强调审美意象是由于“造物”与“人”之“遇合”而成(叶燮《已畦文集》卷)。他的“遇合”，已不是原始的天人合一之“合”，其中的“人”已不是“无己”之人，而是区别于“造物”之人。叶燮在讲“遇合”中注意到了“人”的独立自由的本质。叶燮由此而特别强调审美主体自由创造的胆识和魄力。① 叶燮的美学思想有些接近西方近代“美在自由”的观点，算得上中国传统美学思想的高峰与终结。

鸦片战争至“五四”的 80 年间，西学输入对中国传统审美意识起了重大影响，究其思想根源主要在于欧洲近代科学及其思维方式——主客二分。维新派首领康有为赞赏西洋画之重形准、求真，反对中国传统画重写意而忘形的画论，及其弟子徐悲鸿(1895—1953)所提倡的“惟妙惟肖”的“写实主义”，应可视为

---

① 参阅张世英：《中国古典美学思想与自我》，载于《江海学刊》，2008 年第 5 期。

中华美学思想由以原始天人合一为基础的“意象”说走向“美在自由”说所必经的一个历史阶段。梁启超一方面提出“真美合一”说，把艺术与科学联系起来，实际上主张美源于真；一方面又超越了现实主义，而有表现主义的思想，强调美术重在表现个性。他的“趣味主义”论，更多突出不计较功用的“美在自由”的观点。他甚至明白表示“美”还是“人类生活”中“各种要素中最要者”（梁启超《美术与生活》）。美有自由，在梁启超这里，已被提升到了人生的最高境界。

王国维的美学理论更直接地深受欧洲近代哲学家康德、叔本华的影响。王国维作为中国近代美学思想的先进代表人物，明确地用欧洲近代的主客二分式概念和术语，对他的“境界”说做了近代意义的阐述。他认为“境界”乃“情”与“景”之合：“景”是“客观的”；“情”是“主观的”。王国维的美学思想显然也为中国美学走向“美在自由”的方向作了铺垫。

中国传统美学之主流，大体上是建立在道家“原始的天人合一”之本体论基础的“意象”说。中国传统美学思想史，是深藏于“意象”说中的“美在自由”的思想不断挣脱儒家名教纲常的束缚而力求自拔的历史。中国传统审美意识重现实生活之美，重人生境界之美，故以“生活艺术化”为其特征的欧洲后现代的“行为艺术”和“身体艺术”，就其内容实质而言，在中国实可谓古已有之。但此种中国式的“行为艺术”和“身体艺术”，是以现实生活中人的血肉绘制而成的，因而中国式的行为艺术家和身体艺术家，为追求自由之美的生活，必须与封建专制主义和思想一元化统治势力作斗争而付出代价。本文提到的嵇康之死、陶渊明之归隐田园等，最典型地表现了此等中国式行为艺术家和身体艺术家的结局。

和中国传统美学不同，西方传统美学特别是自文艺复兴以后，大体上以建立在主客二分思维方式基础上的“美在自由”的思想观点为主导，其发展过程是由自由的抽象性走向自由的具体性。欧洲后现代以海德格尔为代表的“显隐”说，类似中国古典美学的“意象”说，但在中国的“意象”说中，“美在自由”的思想观点尚未得到伸张，而海德格尔的“显隐”说则是自由的更进一步的深化。由于欧洲人的自由早在文艺复兴时期就已挣脱封建神权统治的束缚而获得，血肉的代价早成过去，故欧洲后现代人在追求艺术化生活中更进一步的自由时，显得轻松自在。此乃杜尚之所以能以潇洒自如、整日下棋的生活为“最好的艺术品”之故也。杜尚的艺术生活和中国式“行为艺术家”嵇康等人的“艺术生活”如此相反，是中欧两种不同文化背景和不同时代的产物。

为中西审美意识各自的未来发展，我以为，就欧洲而言，传统的自我专制主义过于跋扈了，需要有点中国式的“无我”之美加以节制。当今的欧洲人，为了使自由之美更具体化，还应更深入地学习一点中国“意象”说中彼此融通、浑然天成的气象。就中国而言，要更多地发掘“意象”说中的自由思想，给“无我”之美增添一点自我表现的神采。中国传统的“意象”之美，过于含蓄了，需要随着时代的步伐而展翅飞扬。

第十四章　哲学之美——从西方后现代艺术谈起

一、后现代艺术由视觉美转向人生的哲学思考

从西方现代绘画到后现代艺术，最根本的区别是审美标准、审美观点上的转变：现代绘画主要以视觉上“好看”“漂亮”为美（当然，这并不是说，现代绘画只讲视觉美而完全不讲意境），这也就是美学上所讲的“形式美”，以和谐、匀称、比例恰当等为美的标准，实际上也就是一种悦人耳目之美，平常所谓美玉之美、美目之美皆属之。后现代艺术则以思想上、心灵上的自由为美，以人生高远的精神境界为美。当然，视觉美、感性美也含有自由的性质，但其自由的性质还不是很明显、很明确的。后现代艺术之父杜尚的作品《门》所表达的思想，就是对西方传统所崇尚的对立、分离和彼此外在性思想的否定。杜尚所设计的门后来被摄成了一张同样大小的彩色照片送到展览会上，引起不少观赏者流连久久、思绪万千。是这扇门在视觉上的美感吸引了观众吗？显然不是。杜尚的思维方式颇与中国传统的思维方式有相似相通之处。中国传统思想，特别是易老之学，强调相反相成、阴阳合一，此中有彼、彼中有此，一中有二、二中有一。这同西方传统思维方式之重视界定、区分，强调彼此有别、“说一不二”，有明显的差异。杜尚的《门》为西方近代因片面重理性、科学的固定性而引起的千篇一律、枯燥乏味的生活方式和精神状态，带来了“有趣的”“幽默的色

彩”(杜尚语)。《门》之美不是单凭“目之官”可以看到的,而是需要用“心之官”才能领悟到的。《门》所给予人的艺术享受,不是视觉美——感性美,而是思想美。

杜尚出于他“对抗感性美的潜意识”,[①]甚至引机器般的描图入画。他的画作《从处女到新娘的变迁》,完全没有视觉上引起性感的肉体形象,而尽是些机械般的线条,把人画成了“机器人”。没有性感,没有色情,却把一般人羞于谈说的人生旅程中最神秘的一幕描绘得淋漓尽致。鉴赏者从这里所领悟到的,也不是什么一般的视觉美——悦人耳目之美,那是杜尚所要“对抗”的;杜尚在这里所提供的是一种值得玩味的人生历程,此种玩味也是一种审美意识,这是一种生活境界之美,一种思想美。

更有甚者,杜尚反抗感性美的思想竟然发展到干脆放弃绘画,长时间下棋,以达到其彼此无别、万物融通、潇洒自在的生活境地。杜尚的名言:“我最好的作品是我的生活”,“艺术为思想服务”而非为视觉、感性服务。显然,杜尚的艺术,已经不是传统的、感性意义上的艺术,其所表现的是直截了当的人生哲理。

杜尚这种生活化的艺术观和思想化、哲理化的审美观,在后来的后现代艺术中有了更鲜明的表现。纽约的一位女艺术家米尔勒·拉德曼·尤克里斯(Mierle Laderman Vkeles, 1939—),花了近一年的时间,和清洁工人待在一起,体验他们的生活,甚至站在清洁管理站入口处和八千多名清洁工一一握手道谢,

① [法]皮埃尔·卡巴内:《杜尚访谈录》,王瑞芸译,北京:中国人民大学出版社,2003年,第46页。

说:“谢谢你们让纽约保持了生命力。”这位女艺术家把她的这一行为当作一种特别的“艺术作品”献给清洁工。清洁工们说:“一辈子没有见过这种事,如果这是艺术的话,我们喜欢这种艺术。”①这位艺术家填平了艺术和现实生活间的鸿沟。她的行为完全抛开了视觉美,而体现了一种崇高的人生境界之美,这是一种思想上的崇高美。德国著名的后现代艺术家约瑟夫·博伊斯(Joseph Beuys, 1921—1986)把他的“行为艺术”落实到了社会实际活动中。参加议员竞选,带领群众到丛林中打扫,安排种植七千棵橡树等活动,都被当作是自己的艺术作品,他希望通过他的这些艺术作品——艺术行为,拯救社会、医治人心。艺术在博伊斯那里完全成了提高人生境界之术。为了让世界完满,符合自己的理想,他往往做出一些不切实际的举动,却稚子般地高喊:“我的意图是美好的。”他的心灵深处,隐藏着一种不苟同流俗的“童心”之美。

后现代艺术由视觉、感性的审美意识进入人生、社会的哲学思考,或者用他们中间某些人用的术语来说,由“艺术”到“非艺术化”的转变,很自然地会让我们联想起黑格尔关于艺术让位于哲学的观点。实际上,两者有明显的不同。黑格尔以精神战胜物质的程度为划分艺术门类高低的标准:一种艺术门类愈受物质的束缚,其精神活动的自由愈少,则愈属低级;反之,一种艺术门类愈不受物质的束缚,愈显出精神活动的自由,则愈属高级。象征型艺术,物质超出精神,最低级;浪漫型艺术,精神超出物质,最高

① 王瑞芸:《通过杜尚:艺术史论笔札》,北京:中国人民大学出版社,2004年,第221—223页。

级。到了浪漫型艺术中的最高峰，精神即将完全超出物质，亦即摆脱感性形式，而最终达到(通过宗教阶段)以概念的形式认识最高的真实——“绝对理念”，这就宣告了艺术的终结和哲学的开始。可以看到，在黑格尔那里，由艺术到哲学的转化，归根结底，意味着精神脱离物质，思想脱离感性。当然，黑格尔并没有像有些研究家所说的那样，让艺术“灭亡”。他只是说，“艺术的形式已不再是精神的最高需要”(“……ihre Form hat aufgehört，das hörchst Bedürfnis des Geistes zu sein”)。[①] 但无论如何，黑格尔的确认为“心灵的最高需要”是脱离物质，脱离感性的哲学——一种超感性的(Supersensible)“纯概念”的哲学。可是后现代艺术所谓“非艺术”的艺术，如上述诸种“行为艺术”，却远非超感性的东西，而是现实的生活。黑格尔认为精神的最高定性是自由，这个观点是应当肯定的，但他崇奉理性至上主义，尽管他认为艺术已越过各种有限领域，通过人类对自然需求的满足，以至对知识、意志方面的需求的满足，达到高度的自由，但即使在艺术里，仍受感性的有限性的束缚，没有达到绝对的、完全的自由；只有在概念中，才最终调和了彼此限制的对立性而达到了最真实的自由，满足了精神的最高需要。而“这种把握真理的概念，就是哲学的任务”(“Diesen Begriff der Wahrheit zu fassen，ist die Aufgabe der Philosophie”)。[②] 黑格尔把这种一步一步超出了自然需求和

---

① *G. W. F. Hegel Werke 13*，Theorie Werkausgabe，Suhrkamp Verlag，1981，s.142.

② *G. W. F. Hegel Werke 13*，Theorie Werkausgabe，Suhrkamp Verlag，1981，s.138.

知识意志等方面的需求，超出了一切感性有限性束缚的概念，称之为“纯概念”。黑格尔此种以把握“纯概念”为己任的哲学，实际上脱离了人的现实生活，把人生变得苍白无力、枯燥乏味，与后现代艺术主张的艺术生活化的主旨实大相径庭。

西方近代思想重视理性，本是反中世纪神权至上的产物，对解放人性、发挥人的自由创造性有积极意义。但理性至上主义把人片面地理解为只是理性的主体，而忽视甚至抹杀人的情欲、感性、本能等非理性方面。黑格尔虽不排斥人的情欲，甚至盛赞亚里士多德指责苏格拉底——柏拉图的道德定义中缺乏非逻辑、非理性的环节，但他仍明确主张“道德应抑制热情”，“在道德中理性的东西占统治地位”。[①] 他的“纯概念”说，尤其抹杀了非理性的环节。实际上，人和人类的历史文化是理性和非理性的统一体。单纯的理性统治，会使人生陷入严酷的、刻板的公式之中。黑格尔声称在“概念”中，可以达到自由，但这种唯理性至上的“概念”，恰恰使人丧失全面性，丧失创造性和自由。后现代主义认为，人的感性、欲望、本能等非理性方面才是人的生命力、创造力的源泉。后现代艺术，特别是其中某些“行为艺术”，简直就是人的自然本性、原始欲望和感情的充分自由的表演。法国后现代艺术家伊夫·克莱因（Yves Klein，1928—1962）竟异想天开，创作了一个命名为《虚空》的作品，只是一间一无所有的空房子，让人去参观。许多参观者哈哈大笑，掉头而去。可是作家加缪（Albert

---

① *G. W. F. Hegel Werke 19*，Theorie Werkausgabe，Suhrkamp Verlag，1981，s.223.

Camus，1913—1960）却有深刻的领悟，他在留言簿上写下了一句颇富哲理的题词："虚空充盈着力量。"这位艺术家甚至用他学过柔道的本领，从一栋楼房的二层楼上跳下，作为他飞翔于虚空的艺术作品。这种行为作品显得异常荒谬，虽然也许是一种过激的冲动，但他确实表现了人的自由创造性的一种冲动。艺术审美的特性——自由创造在后现代艺术中，从原先视觉领域延伸到了现实生活的领域，从而也更明确、更鲜活、更深化了。而黑格尔的艺术让位于哲学，不仅没有使艺术的自由特性得到延伸，而且，扼杀了这种特性。后现代艺术的"非艺术化"，导致了生活的艺术化和思想境界的提升；黑格尔的艺术之"退位"，导致了生活的苍白无力和哲学概念的公式化。

后现代艺术的确也有许多偏激、荒谬的东西，例如有的行为艺术家把自己关在笼子里，一年不同外界交流，以体验生活；有的艺术家在相隔十几米的两道墙之间跑来跑去，直到累倒为止，他们把这种行为视为"身体艺术"，如此等等，千奇百怪，他们都想破旧立新，以显出自己独特的艺术生活境界，但实际上人们很难看出这些非日常生活的生活作品能表现什么精神境界。后现代艺术之所以如此无视规矩，放荡不羁，乃是一种反传统的思想表现。西方长期的理性至上主义和科学至上主义，一味强调划界、分析，崇奉概念的普遍性、标准尺度的固定不变性和法则的永恒性，把人生弄得刻板无趣，把哲学弄得干瘪乏味。后现代主义往往自觉或不自觉地运用中国传统的模糊界限、万物融通的思维方式，对此种传统进行冲击，甚至矫枉过正，做出一些不近人情、不合常理的行为表现。但后现代艺术各派之主旨都是求得思想之自由，生活之豪放，这是西方后现代艺术特别值得我们珍视的。

前面提到，杜尚以他的生活本身为“最好的艺术作品”。的确，杜尚曾明白表示，他的人生哲学是正反相成，彼此无别。杜尚为人，超然物外、淡泊名利、乐于助人，周围的人无论男女，都很喜欢他。中国庄子的“齐物”和“逍遥游”的思想，禅宗的担水砍柴皆有禅意的思想，一句话，万有相通、亦此亦彼、自由豪放，似乎可以作为杜尚生活境界和人生哲学的写照，而这正是艺术美的真谛之所在。杜尚的“非艺术”和“非美”，实际上是最高层次的艺术和美。撇开 20 世纪 60 年代以来某些后现代艺术中那些过分偏激，甚至在学习杜尚、学习中国禅意而误入歧途的现象不说，杜尚的生活艺术算得是西方后现代艺术的最佳代表。但以杜尚为代表的后现代艺术，毕竟还不是哲学，后现代艺术大都富有哲学意味，但哲学意味还不等于哲学理论。哲学之为哲学，总得运用概念，运用理性的说明；后现代艺术却只有生活而乏说理和论证。黑格尔的体系是一步一步地摆脱现实生活，而进入纯概念、纯理性的哲学，把哲学变得没有生活气息，不具艺术之美。后现代艺术是生活艺术，根本不是讲概念、讲推理的学科。我们当然并不要求艺术家成为哲学家，但我们有理由要求哲学具有艺术美的特性。哲学从后现代艺术中得到的启示应该是：讲出生活中的哲学理论；只要把艺术化的生活境界，通过理性思考，以说理的方式表达出来，就可以使之转化为美的哲学。

二、割裂哲学与审美的西方传统哲学应当终结，哲学应以提高人生境界为己任

西方传统哲学以柏拉图为开端，几乎成了“形而上学”的同义语，这种传统形而上学强调主客二分，理性至上，崇尚超感性的抽象概念、理念，而疏离现实的感性世界和感性生活。柏拉图贬抑艺术，要把诗人逐出他的理想国，强调至高无上的幸福与快乐在于对抽象概念的理性追求，把人的感情欲望压到最低限度。黑格尔是西方传统哲学之集大成者，他关于艺术让位于纯概念哲学的理论，是柏拉图主义的延伸和变种。[①] 所以，要让哲学具有艺术美的特性，必须让西方形而上学的哲学传统终结，我在《境界与文化》一书的“哲学的身份”一章中论述了这个问题。此种旧哲学终结之后的哲学，一般称之为“后哲学”或“后现代主义哲学”。“后哲学”的特点之一就是哲学与诗的融合。这种观点在海德格尔的后期哲学思想中已很明显，德里达更进一步撤除了哲学与诗之间的藩篱。[②] 所谓哲学与诗的融合，其实就是让哲学具有艺术美的特性。

哲学要美，首先就要与人的生活紧密结合。如前所述，那种专讲脱离人生的超感性的概念哲学，不可能产生哲学之美。哲学乃

---

① 参阅张世英：《境界与文化：成人之道》，北京：人民出版社，2007 年，第 125—130 页。

② 参阅张世英：《天人之际——中西哲学的困惑与选择》，北京：人民出版社，2007 年，第 157 页。

是“对攸关人生问题所作的理性的、方法上的和系统的思考”。[①] 人生活动的方面多种多样：科学、道德、审美等皆属之。对人生的这些不同方面作各式各样的深层次的追问（“理性的、方法上的和系统的反思”，亦即我们平常所说的“打破砂锅问到底”的追问），就有了各式各样的哲学，如科学的哲学、经济的哲学、政治的哲学、道德的哲学、审美的哲学等等。我们通常在用语上大都去掉“的”字，于是成了“科学哲学”“政治哲学”等。反思自然现象，就有自然科学的规律；反思政治现象，就有政治规律；反思道德现象，就有道德规律。某一门学科，就是讲某种现象的规律之学，物理学是讲物理规律之学，政治学是讲政治规律之学，如此等等。于是有一种观点认为，哲学不同于这些具体科学之处，就在于它是讲的最普遍的规律的科学。规律总具有普遍性、整齐划一性。“最”普遍的规律，有“最大”的普遍性、“最大”的整齐划一性。于是这种观点更进而认为，哲学只能是唯一的科学。

我们对任何人生活动的反思，的确都包含有对普遍规律的追求，包括对“最”普遍规律的追求。科学都是知识体系，关于“最”普遍规律的科学，也是知识体系。但人生的反思、追问，是否在达到知识体系之后就此停步了呢？我以为单纯地把握到规律，甚至“最普遍的规律”，那还不是人生的反思活动之极致，算不上哲学的反思。也许科学规律显现于眼前之日，就是哲学的反思、追问开始之时。哲学反思的特点在于打破砂锅问到底：问这些规律

① *The New Encyclopedia Britannica*, Chicago, 1993, Volume 25, p.733.

的最终根据是什么？采取什么样的态度来对待这些规律？以及为什么采取某种态度？这些都是哲学所应当专门研究的问题，而不是其他科学研究所能代替的。这些问题可以概括地简称为人生境界问题。这才是哲学应当探索的终极问题。哲学是讲人生境界之学，以提高人生境界为最高任务（而非如某些人所说，“哲学的最高任务是把握最普遍的规律”）。一个人或一个群体有什么样的生活境界，就有什么样的哲学：有悲观主义的哲学，有乐观主义的哲学；有极端个人主义的哲学，有民胞物与的哲学；有人类中心主义的哲学，有非人类中心主义的哲学。不同阶层的人有不同阶层的生活境界，因而有不同阶层的哲学。不同民族的人有不同民族的生活境界，因而有不同民族的哲学。不同宗教信仰的人有不同的生活境界，因而也有不同宗教的哲学。不同时代的人有不同时代的生活境界，因而也有不同时代的哲学。哲学所反思和追问的问题不是科学所能回答的问题，没有最终的、确定的答案，所以也没有唯一的科学的哲学。当然，同一个民族、同一个时代、同一个宗教信仰，因其共同的生活环境，可以有为大家所共鸣的哲学，但共鸣不等于唯一，不等于同一。①

我按人的精神自由的程度，把人生境界分为高低四个层次：最低的境界是“欲求的境界”。人在此种境界中，只知道满足个人生活所必需的最低欲望。孟子所谓“食色，性也”，大概就是指的这种境界。这种境界，“其去禽兽也几希”，无自由之可言。第二

① 参阅张世英：《归途：我的哲学生涯》，北京：人民出版社，2008 年，第 114 页。

种境界是“求实的境界”。人在这种境界中，不再单纯地满足于最低的生存欲望，而是有求知欲，要求理解外在的客观事物的秩序、规律。无知则无自由，有了知识，掌握了规律，人的精神自由大大前进了一步。所以“求实的境界”是得到某种程度的自由境界。但所谓“认识必然就是自由”，其实只是说了事情的一半。前面说过，掌握规律，认识必然之后，还有一个如何对待规律的态度问题，被动屈从规律，在规律面前哀鸣悲泣，那算不得自由，只有主动顺应规律，像尼采所说的那样以“爱”来“拥抱必然”，那才是真正的自由。科学的追求还只是人作为主体对外在的客体的认识。把哲学界定为仅仅是认识普遍规律之科学，以致人生变得千篇一律、苍白枯燥，那不是真正自由的哲学，谈不上有哲学之美。随着科学追求的进展，也随着个人的日益社会化，人进而领悟到人与他人以至世界万物本来内在地融合为一体，人的科学活动与人伦道德意义不可分离，①人生由此而进入第三境界——“道德境界”，人在此境界中，一定程度上摆脱了主客间的外在性，而获得更大的自由。② 但道德总是以理想与现实之间存在着一定的距离为前提，以主客间尚未达到完全的融合为前提，道德上的“应该”就是这种差距的表现。道德的实现与完成，既是道德境界的极致，也是它的结束，这就开始进入了人生第四境界，即“审美境

① 参阅张世英：《境界与文化：成人之道》，北京：人民出版社，2007 年，第 291 页。

② 在人的科学研究活动与人伦道德活动之间，还有经济、政治之类的活动，这些活动既有人的自然方面（例如人的经济活动就离不开自我保存的自然本性），又有人之不同于自然的方面，前者接近科学活动，后者接近人伦道德活动，故经济、政治活动的自由程度亦居于两者之间。本书所讲的四种人生境界，只是举其大略而言，故未针对经济、政治活动另列一种人生境界。

界”。“审美境界”包摄道德而又超越道德、高于道德。在“审美境界”中，人不再只是出于道德义务的强制（尽管这是一种自愿的强制）而行事，不再只是为了“应该”而行事，人完全处于一种与世界万物融合为一的自然而然的境界之中。“自然而然”是老子“道法自然”的“自然”，不同于“应然而然”。后者尚有不自由的因素，前者则是完全的自由。“审美境界”中的人，其行为必然合乎道德，但他是“自然而然”地——自由自在地做应该之事，无任何强制之意。

如前所述，黑格尔也是根据自由之为精神的定性的原则，依实现自由的程度，把人的活动从最低级的满足生存欲望的活动到最高级的精神活动，分为许多高低层次，但他最后却功亏一篑，认为只有摆脱了人生各种具体活动，包括最后摆脱艺术活动，而达到纯概念的领域，才算是最高的自由。[①] 而我所讲的四种境界始终不脱离人的具体生活，自由丝毫不脱离人生。一般来说，人生往往是四种高低不同层次的境界交织在一起，只不过有的人以低级境界为主导、为至上，有的人则以高级境界为主导、为至上。大体上说来，高级境界包括低级境界在内，而不能脱离低级境界，一个最有审美境界的人，一个真正的诗人，也不可能不满足他所必需的最低欲望而生存。但他作为一个有审美境界的人，作为一个诗人，他能以审美的精神境界来对待这些满足最低生存欲望的生活行为。哲学以提高人生境界为最高的任务，就是要把人的生活

① *Hegel Werke 13*. s.134 - s.144.

境界提高到审美的境界中来，就像席勒所说的那样，做一个结合感性与理性为一体的“审美直观”中的人——一个“自由的人”，一个“完全的人”。

我在其他论著中曾特别强调，审美中还有高低价值之分，形式美、感性美、视觉美是美的低级层次，人的心灵之美、生活境界之美才是美的高级层次，西方现代艺术到后现代艺术的转变，如前所述，包含了由重形式美、感性美、视觉美到重心灵美、生活境界之美的转化过程，这是审美观的进步表现。我以为“审美境界”之极致是万物一体，天人合一、彼此融通无碍的高远境界。后现代艺术之父杜尚的人生，就基本上达到了此种审美境界。只可惜杜尚毕竟是艺术家，对于他的这种人生境界只有片言只语的描述，缺乏理性的反思和理论性的、系统的论述，算不上真正的哲学家。至于杜尚以后的后现代艺术家，虽亦有审美的人生境界，却更乏理性反思和理论性的论述，有行而无言，谈不上具有哲学之美。

根据艺术与生活相结合的观点，我们可以很清楚地看到，审美境界往往渗透、浸润到各种较低级的人生活动之中，从而产生高低层次不同的生活之美：最低的“欲求”活动中男女之间的爱欲，如果单纯地以主客二分的态度看待，把对方视为简单发泄兽欲的工具，就像一些境界低下的人那样，则无美可言；但以人与世界融合为一的态度对待，则可在爱欲中体验到一种美。“软玉温香抱满怀，……春至人间花弄色，……露滴牡丹开。”这就使爱欲具有诗意，具有美，这种美既是视觉美、感性美，也包含更高层次的美——心灵美、精神美。我把这种渗透到爱欲中的生活美称为

"爱欲美。"对于较高的科学活动,亦可作如是观。以主客二分的态度,把它视为不过是作为主体之人寻求外在的客观之物的普遍规律,并利用规律使物为人所用,就像那种认为哲学不过是寻找最普遍规律之唯一科学的观点那样,则亦无可言;但以人与世界融合为一的态度来看待,则在科学活动中也可体验到一种美:首先是普遍规律、定理的和谐、统一之"形式美"(且不说显微镜下的美和太空之美等视觉美、感性美)。更重要的是心灵美、思想美。例如爱因斯坦曾明确表示,他对整个宇宙的秩序和可理解性(所谓"可理解性"实即物与人之间的交融)抱有一种崇敬的"宗教感情"(religious feeling),并认为此种非人格性上帝意义下的"宗教感情"是推动科学家不断努力理解和研究物理的动力。他称这种非人格的上帝是"斯宾诺莎的上帝"。我以为爱因斯坦的这种"宗教感情",实际上是一种高层次的审美境界,一种崇高美。此外,我还认为,科学活动本身所具有的那种不计较功利的自由精神,给科学家以愉悦感,也是一种高层次的审美境界。我把这些渗透到科学活动中的不同层次之美,统称为"科学美"。[①] 道德行为出于"应该",接近审美活动而非严格意义的审美活动;但如能以自然而然的、完全自由的态度行"应该"之事,则可以达到一种"道德美",只不过日常语言中不大用这个词。总之,人生——人与世界的关系,绝不仅仅是使用工具的关系,而且是更深层次的审美享受的关系。但又非人人都能达到审美享受的境地:爱欲人皆有

① 参阅张世英:《境界与文化:成人之道》"科学与审美"一章,北京:人民出版社,2007年。

之，但只有达到审美境界的人才能体验到“爱欲美”；科学界也只有一部分达到审美境界的科学家，才能体验到“科学美”（当然，对于显微镜下和太空中的那些浅层次的视觉美、自然美，也许每个科学家都能体验到，不过我并不主张以这类美作为“科学美”的主要例证）。西方后现代艺术乃是对各种生活美的艺术表达，只是它缺乏理论上的论述和分析，没有像我这样提出高低层次之分。而具有美的特性的哲学，正是对审美人生的理性反思和在理论上的阐释。

三、西方“后哲学”与中国传统哲学大都具有哲学与审美相结合的优点

西方“后哲学”反对传统哲学超感性、二元对立（包括主客二分）和理性至上主义、科学至上主义的缺点，讲究人生境界，故多具哲学之美。海德格尔、德里达等人的哲学皆如此。在他们之前，尼采的哲学尤有鲜明的美的特性。他明确指出：“同艺术家相比，科学家给生命以限制和降级”，“艺术比真理更有价值”。尼采关于“善于无知”的理论，关于人生最高境界是“醉境”和超然物外的自由之境的理论，关于“远观”的理论等，对哲学之美做了生动的、细致的阐述和论证，[①]是我们体悟哲学之美的范例。

中国古代的“天人合一”的思想，使中国传统哲学大都具有与诗相结合的特征，中国古代哲学著作往往就是文学著作，哲学家往往就是文学家和诗人。这是因为“天人合一”本是一种物我两

① 参阅张世英：《天人之际——中西哲学的困惑与选择》，北京：人民出版社，2007年，第315—329页。

忘、主客不分的审美境界，中国传统哲学中也大多是对这种境界的一种理性反思和理论陈述。即使是儒家哲学，以道德境界为人生境界之最高层次，其“天人合一”之“天”主要具有道德含义，但儒家的“天人合一”也含有诗意，它企图通过诗意的审美意识，把道德意义的“天理”变成一种自发的内心追求。至于道家，则明显地是以审美境界为人生的最高境界，道家哲学具有鲜明的哲学之美的特征。

《老子》十二章：“五色令人目盲，五音令人耳聋，……是以圣人为腹不为目。”老子似有否定视觉美之意，然老子在他的理想社会中仍主张“甘其食，美其服”（《老子》第八十章）。可见老子并非完全否定视觉美。老子的本意在于不重视觉美，而崇尚人生的精神境界之美；老子形容这种境界为“愚人之心”，“昏昏”“闷闷”；“我独泊兮其未兆，为婴儿之未孩”；“众人皆有以，而我独顽似鄙”（《老子》第二十章）。老子称这种境界为“玄同”，具有此种境界的人叫做“贵食毋”之人，亦即得道之人，一种具有不计功利、大智若愚的境界之人。老子以此种人为其理想人格。《老子》一书虽仅五千言，却是中国最早的具有丰富的理性反思和说理的哲学著作，其核心就是论述此种审美境界的本体论根据——“道”。《老子》是中国第一部堪称“哲学”的哲学著作，也是第一部具有哲学之美的哲学著作。

庄子在老子“道”论的基础上，把老子的“玄同”发展成为“天地与我并生，而万物与我为一”（《庄子·齐物论》）的“天人合一”的精神境界，这种境界比老子的“玄同”更具诗意，更多美的意义。

“蝴蝶梦”是庄子对他的“天人合一”境界的最形象、最美的描述。

庄子对审美之自由本质的理论性论述，尤为精彩。这一点集中表现于庄子的“有待”与“无待”之说：“夫列子御风而行，泠然善也。……此虽免乎行，犹有所待者也。若夫乘天地之正，而御六气之辨，以游无穷者，彼且恶乎待哉？故曰：至人无己，神人无功，圣人无名。”(《庄子·逍遥游》)乘风而行，固然免得行走，但仍“有所待”——需要有依赖，即依赖风力，这还不能算得是逍遥，是自由自在。世俗之人，以私己为重，以获得功名、利禄为自由自在，实际上，这种自由自在都“有所待”，即有待于满足私己的功名、利禄之获得，一旦得不到功名、利禄，就满怀不自由不自在。其所以不自由不自在，是由于受到“所待”的限制。只有根本不受限制，才是真正的自由自在或逍遥，这就要求“无所待”——不依赖任何外在的东西。如果能“乘”天地之正理，“御”阴阳风雨晦明之变化(“辨”)，一句话，顺乎自然之法则，达到“天人合一”的境界，则可以不依赖世俗间任何东西的限制，这才是真正的自由和逍遥。“圣人”“至人”“神人”忘己，无功名利禄之牵绕限制，乃真正自由之人，逍遥之人。简言之，“无所待”就是在“天人合一”的境界中，顺乎自然，不受世俗间外在事物(“身外之物”)的限制。这种自由也正是席勒所谓“游戏”——“审美”的特征。庄子继承和发展了老子“复归于朴”(《老子》第二十八章)的思想，反对虚饰之美，而主张出自自然真情的精神境界之美。[①] 庄子还进而认

① 参阅张世英：《境界与文化——中西哲学的困惑与选择》，北京：人民出版社，2007年，第160—161页。

为，要创造出此种美，必须有不同于凡俗的“游心”，“游心”也就是“天人合一”境界中审美主体的一种超越有限之实而达乎无限之虚的感情。庄子非常形象地打过一个比喻：室无空虚，则婆媳易于争吵；心无天游，则六窍不和，虚（“天游”“游心”）正所以“和”（“和”字作动词用）现实的有限之物也。现实事物要达到和谐，靠的是超现实事物之“虚”。“游心”，实即游于虚之心，“虚”字乃庄子以至整个道家哲学之美的核心。[①] 庄子关于“游心”和“空虚”以至“虚实生白”（《庄子·人间世》）的理论分析，不禁使我们联想到前面已经提到的法国后现代艺术家克莱因的艺术作品《虚空》。一个是中国古人，一个是西方今人；一个是哲学家，一个是艺术家，古今中外实可互相辉映、互相发明；哲学与艺术（美）有异曲同工之妙。

庄子哲学以“虚”为美，是对我前面所讲的四种境界中前三种境界的超越，而非简单抛弃。庄子不是虚无主义者，不是禁欲主义者，他所谓“至人无己，神人无功，圣人无名”并非一切皆无，不讲私欲与功利，不讲道德，不讲规律，而是超越“欲求”，超越“规律”，超越“道德”。庄子妻死，鼓盆而歌。惠子问其故，答曰：“是其始死也，我独何能无慨然？察其始而本无生。……今又变而之死。是相与为春秋冬夏四时行也。人且偃然寝于巨室，而我就嗷嗷然随而哭之，自以为不通乎命，故止也。”[②]可见庄子之鼓盆而

① 参阅张世英：《境界与文化——中西哲学的困惑与选择》，北京：人民出版社，2007年，第161—162页。

②《庄子·至乐》。

歌，远非麻木不仁，绝情无欲，而是一种从痛苦中挣扎出来，以主动顺应自然的态度来对待生死的高远的精神境界。

四、道家哲学与西方后现代艺术的“相通”与“不同”

把庄子哲学拿来与西方后现代艺术作比较，似乎有点不伦不类：一是哲学，一是艺术，两种不同的专业，如何相比？但二者在思想上确有相通之处，作点比较，亦颇有意味。鼓盆而歌，如果没有庄子对惠子所作的哲理性论述，简直就是后现代艺术中“行为艺术”派的一件杰出的艺术作品。我们之所以不觉得庄子的鼓盆而歌的行为不像一般的后现代艺术作品那样“怪诞”和费解，就因为庄子作为哲学家，对此种行为作了理论上的说明。后现代艺术家克莱因的艺术作品《虚空》之所以让参观者哈哈大笑，掉头而去，就因为作者不是哲学家，没有作哲理性的论述。幸有大作家加缪写下了“虚空充盈着力量”的深刻留言，人们才能理解作品中的深意。其实，庄子关于“虚室生白”“室无空虚，则妇姑勃谿”的哲理论述，与加缪的留言真可谓心有灵犀一点通，是对克莱因作品的最好的解说。如果把后现代艺术作品《虚空》做出哲理的说明，那简直就是一篇老庄哲学。庄子的哲学，或者推广而言之，中国的道家哲学，为什么与西方后现代艺术能如此相通？原因就在于两者都重视人的生活境界，崇尚生活美、思想美、心灵美，这种美的核心是在思想上破除限制，彼此融通，自由创造，而非视觉上、感性上的美。哲学之美与艺术之美在这里结合起来了。歧异在于：两者是不同民族文化传统、不同时代背景下的产物：后现代艺术是西方后科学的文化现象，道家哲学是中国前科学的文化现象。后现代艺术是对西方近现代一味重界定、重分析的科学至上主义和理性至上主义的一种反叛、一种批判；但又由于传统的凝滞性和顽固性，未能摆脱严格划界、非此即彼的传统思维方式的影响，于是在实际上由一个极端走向另一个极端：近现代艺术是艺术脱离生活，而处于至上的地位，后现代艺术（“行为艺术”“身体艺术”）则声称否定艺术、否定美；近现代艺术是重视感性美、视觉美，后现代艺术则干脆否定感性美、视觉美，只讲生活境界，只讲思想，以致画家放弃绘画。后现代艺术家所谓“模糊”艺术与生活间的界线的口号，主观上意在反传统思维方式，客观上却让生活脱离艺术，思想美脱离视觉美，未脱传统思维方式的窠臼。后现代艺术中，某些由作家刻意制作的非日常生活的生活作品和行为作品，皆由此而来。我个人认为，把视觉美、感性美与生活美、思想美绝对对立起来，是西方后现代艺术的一大缺点。

五、继承和发扬中国传统哲学之美

中国的老庄哲学、道家哲学，是一种原始的天人合一的思想，比起西方传统思维方式来，显然缺乏科学界定、彼此判然有别的理性分析。老庄哲学、道家哲学虽亦有说理，不失为具有理性反思的哲学，但形象思维过多，诗意掩盖了哲理分析，老庄哲学毕竟过于朴素。在科学日益繁荣昌盛的今天，中国哲学不可能停留在前科学的、朴素简单的状态，其未来发展的道路，应该是在保持老庄哲学、道家哲学之美的前提下，吸取西方科学文化的优点，加强理论分析，从而让中国传统哲学以崭新的姿态走向世界。

但中国哲学自20世纪中期以来，受西方近现代哲学的影响，以主客二分的思维方式为主导，认为哲学就是作为主体之人寻找作为客体的外在事物的最普遍规律的科学。哲学失去了传统的美的特性和优点。为维护中国传统哲学之美，我们不能停留在哲学仅只是寻找最普遍规律之学的界定上，不能停留于主客二分的思维方式，而应该在此基础上进而把哲学理解为提高人生境界之学。有生活境界之美，才有哲学之美，哲学应当像西方后现代艺术那样生活化。继承和发扬老庄哲学、道家哲学，借鉴西方后现代艺术所蕴含的生活哲理，似乎是我们提高人生境界、追求哲学之美的一条可行之道。

第三编

伦理观

第十五章　人与世界的两重性

当今的人类，一方面为自己不断征服自然所取得的巨大成就和进步而喜悦，一方面又为日益失去精神的自由和家园而苦恼，这一矛盾也许最能表现我们这个时代的特征。人们整天忙于经济信息而无暇他顾，精神便非常轻易地被送给了强权势力而成为他们的奴仆；人们因失去精神而麻木不仁，以致连识别恶的能力也失去了，恶便公开地成了强权势力压制人的手段，而更可悲的是，人还在强权势力的卵翼下沾沾自喜。人，不论是恶势力的发动者也好，还是恶势力的受害者也好，都变成了物！

我们的时代，过多的被自我中心论所控制：每个人都把自我看成是主体，其他都是客体，自我的活动就是使他人、他物对象化，亦即把他物看成是我的对象，越是斤斤计较眼前的小小筹码，这些对象和筹码就越是侵蚀我们的精神，使我们人自身也被物化而失去主体的意义。

一、“使用的世界”与“相遇的世界”

每个人都有自己的世界，这世界因人的态度而具有不同的性质。奥地利宗教家、哲学家马丁·布伯就曾按照人的生活态度把世界分为两重：一是“为我所用的世界”(the world to be used)，一是“我们与之相遇的世界”(the world to be met)。这种双重性即贯穿于整个世界之中，也贯穿于每一个人之中，贯穿于每一个人的生活态度与活动之中。布伯用“我—它”(I—It)的公式称谓前者，用“我—你”(I—Thou)的公式称谓后者。布伯站在宗教的立场对两者作了很多解释，他的解释很精细、也很晦涩，甚至有很多神秘之处，以致有人称他为神秘主义者，但我认为他的解释和思想仍包含有不少清晰可见、发人深思之处，我宁愿称他为诗人哲学家。

布伯所谓“我—它”的范畴实指一种把世界万物(包括人在内)当作使用对象的态度，所谓“我—你”实指一种把他人他物看作具有与自己同样独立自由的主体性的态度，这是一种以仁爱相持、互为主体的态度，借用中国哲学的语言来说，乃是一种“万物一体”“民胞物与”的态度。不过，布伯是一个宗教家，他把“我—你”的关系看作是人与上帝的关系的体现。布伯认为，人与上帝的关系乃是人性中最根本的东西，而他所处的那个时代却基本上不承认这种关系。因此，要恢复人性，就要承认这种关系在人生中的首要地位。布伯的宗教思想蕴涵着一个很重要的、可供我们吸取的观点：人不能把世界万物只看作是可供自己使用的对象，更重要的是，人应该以仁爱的态度、以“万物一体”“民胞物与”的态度对待世界万物。中国思想界当前所发出的所谓“人文精神”丧失的哀叹，我以为实际上是对那种把一切都归结为使用对象的人生态度的批评。强调“人文精神”，乃是要求人们以仁爱的态度或“万物一体”“民胞物与”的态度对待自己和对待他人。大学里重理轻文的现象不过是片面地重实用或者说片面地把万物归结为使用对象的人生态度和哲学思想的一种表现。用布伯的宗教语言来说，“人文精神”的丧失乃是把“我—它”放在首位，把一切都看成是物或对象（“它”），恢复“人文精神”就是要把颠倒了的事情再颠倒过来，把“我—你”的关系放回首位，也就是不要再把他人他物看作是单纯的对象或物，而要首先把它们看作是和自己一样具有主体性的东西。

二、人生并非只是以物为使用对象的活动

半个世纪以来，我们所广为宣传的哲学观点主要是要求主体认识客体、利用客体、征服客体，以达到“主客的统一”。这种哲学观点的要害就是把世界万物当做对象：认识的对象、征服的对象。所谓“驯服工具”论便是一个最极端、最典型的例子。用布伯的术语来说，这种哲学观点就是属于“我—它”的范畴：世界万物，包括他人在内，都不过是“它”，不过是为我所用的对象。

世界万物只是我们的对象吗？以万物为认识对象和征服对象的活动就算是人类生活的全部内容吗？

布伯在《我与你》一书的开首部分就明确地回答了这个问题：“人生并非只是在及物动词的领域里度过的。它并不只是依靠以某物为对象的活动才存在着的。我知觉某物，我感觉到某物，我想象某物，我意愿某物，我感触某物，我思考某物。人生并非仅仅在于这些以及这一类的东西。所有这些，只构成‘它’的领域。”①布伯强调人生尚有另一更重要的方面，这就是“‘你’的领域”，这一领域有着不同于“‘它’的领域”的基础：“当说到‘你’时，言说者

① Martin Buber，*I and Thou*，trans. Ronald Gregor Smith，New York：Scribner，1958，p.4.

并没有把什么物当作他的对象。”[①]这里的“你”不是指在某时某地出现的肉体的人。时空中某时某地的人和一般的某物一样受他物的限制和制约，是被决定的，是许多物中之一物，这里的“你”则不是指人之受他物限制和处于因果链条中和运数的旋涡中的方面，[②]而是指人之能作出自我决定的自由意志的方面。[③] 人的这一方面（“我—你”关系中之“你”）归根结底是上帝，是人的神性，犹太人就是以“你”来称呼上帝的。布伯认为，只有这一方面才是“真实生命的摇篮”。[④] 那种把“你”当作物一样来看待，把“你”当作欲望对象或期望目标来看待，一句话，把“你”当作手段的人，是不能与“你”“相遇”的。只有通过“仁爱”“仁慈”(Grace)，我和“你”才能“相遇”。布伯所谓“相遇”，我把它理解为与人的灵魂深处直接见面。只有通过“仁慈”，通过“万物一体”“民胞物与”的精神，才能与人的灵魂深处直接见面。一个只把别人当作利用的对象和手段的人，不可能与别人在灵魂深处直接见面，也就是说，不可能与别人“相遇”。“相遇”是赤诚相见，所以布伯特别强调“我—你”关系的“直接性”，也就是说，在我与你之间不掺杂任何具有意图和目的之类的中介。与此相反，“我—它”的范畴则是以“它”为我所图谋的

---

① Martin Buber, *I and Thou*, trans. Ronald Gregor Smith, New York: Scribner, 1958, p.4.

② Martin Buber, *I and Thou*, trans. Ronald Gregor Smith, New York: Scribner, 1958, p.4, 8, 9.

③ Martin Buber, *I and Thou*, trans. Ronald Gregor Smith, New York: Scribner, 1958, p.51.

④ Martin Buber, *I and Thou*, trans. Ronald Gregor Smith, New York: Scribner, 1958, p.9.

手段，是“间接性”。布伯在这里所反复申述的，正是要告诫我们，人生的意义不在于以他人他物为手段（中介）的活动，而在于“我—你”之间的“直接性相遇”。“一切真实的生活乃是相遇（All real living is meeting）。”[①]布伯的这一思想观点虽发表于20世纪初，但对于一个世纪以来片面地陶醉于主体认识客体和征服客体的我国思想文化界来说，仍应有振聋发聩的现实意义。“我—它”就是把一切都看成无独立自主的物，我倒是想用“人—物”的公式来称呼；“我—你”就是把一切都看成和自己一样具有独立自主性的人，我想用“人—人”的公式来称呼。布伯的思想启发我们：人不要把他人他物只看成是物，而要用对待人一样的精神对待他人他物。

三、人生的最高意义在于与万物一体的领悟或“我—你”之间的相互回应

把一切都看成是使用对象的人只能生活在过眼云烟中

人们常常慨叹世事如过眼云烟，人生没有意义。我以为布伯关于过去和现在的分析可以对这种慨叹起一点消解的作用。布伯断言，仅仅按照“我—它”公式把一切都看成是“它”（物、对象）而生活的人（“我”），是只有过去而无真实现在的人。换言之，一个人如果只满足于把事物当成对象，只满足于在经验中认识物和使用物，那么，他就只能生活在过去，他的生活便是缺乏现在的现实内容的，也就是说，是空着的、无意义的，因为物、对象总是如过

① Martin Buber, *I and Thou*, trans. Ronald Gregor Smith, New York: Scribner, 1958, p.11.

眼云烟、转瞬即逝的，总是过去式的。只有在“我—你”关系中看待事物或世事，事物或世事才不是过去的，而是现在的，这里所谓的现在，不是指通常意义下的时间点，而是指有充实内容的现在，是指在相互关系中永恒现存的东西。① “现在源于‘你’的出现。”②因此，对于在“我—你”关系中生活的人而言，世事或事物是永存的（现在的），其人生意义是充实的。

“我—你”间的相互回应与“我—它”（主—客）间的相互限隔

布伯特别强调“我—你”关系中所讲的“关系”的相互性：“我们不要尝试去削弱来自关系的意义的力量：关系是相互的。”③在布伯看来，“我—它”之间，只有“我”对“它”（物、对象）所施加的主动作用，没有“它”对“我”的主动作用。也就是说，“我”对“它”的活动是及物动词的活动，“它”对“我”没有“回应”，“它”完全是被动的。布伯认为，这就表明“我”与“它”之间没有进入“关系”的领域，即没有“相互性”。只有“我—你”才“建立关系的世界”。④ 在这里，双方都是自由自主的，双方可以相互回应。⑤

---

① Martin Buber, *I and Thou*, trans. Ronald Gregor Smith, New York: Scribner, 1958, p.8, pp.12 - 13.

② Martin Buber, *I and Thou*, trans. Ronald Gregor Smith, New York: Scribner, 1958, p.12.

③ Martin Buber, *I and Thou*, trans. Ronald Gregor Smith, New York: Scribner, 1958, p.8.

④ Martin Buber, *I and Thou*, trans. Ronald Gregor Smith, New York: Scribner, 1958, p.6.

⑤ Martin Buber, *I and Thou*, trans. Ronald Gregor Smith, New York: Scribner, 1958, pp.124 - 137.

“我—它”既然是“我”对“它”所采取的及物动词的活动，所以“我—它”范畴颇相当于西方近代哲学的“主体—客体”的思维方式。事实上，布伯自己也明确说过，在“我—它”范畴中，“主客间的限隔便建立起来了”。[①] 正因为如此，布伯认为尽管在“我—你”和“我—它”中，一说到“你”或“它”，就要说到“我”，但只有“我—你”才能说是一个整体（the whole being），而“我—它”则“决不能说是一个整体。[②] 据此，我在下面谈到布伯的“我—你”关系时，也往往把它表述为“我—你的一体关系”。实际上也就人与万物一体的关系。

对自然物亦可因人的“仁爱”态度而相互回应

当然，这样划分“我—你”和“我—它”，并不意味着人与草木瓦石之间只能属于“我—它”的范畴，而人与人之间都属于“我—你”的范畴。“我—它”和”“我—你”之别，不决定于人与自然物的区分，而决定于人对世界万物（包括对人）的态度。布伯在《我与你》一书中开宗明义就说：“按照人的双重态度，世界对人是二重的。”[③]这就是说，世界万物对人而言究竟是“它”还是“你”，是物还是自由自主的东西，是单纯的及物动词活动的对象还是可以作出主动回应的东西，这要取决于人对世界万物的态度：如果把别

① Martin Buber, *I and Thou*, trans. Ronald Gregor Smith, New York: Scribner, 1958, p.23.
② Martin Buber, *I and Thou*, trans. Ronald Gregor Smith, New York: Scribner, 1958, p.3.
③ Martin Buber, *I and Thou*, trans. Ronald Gregor Smith, New York: Scribner, 1958, p.3, p.31.

人当做被利用的对象和工具，那就是把人当成了“它”；[①]相反，即使是一棵树，如果不把它仅仅当作观察和研究的对象，不仅仅看到它吸收空气土壤的过程以及如何将它加以植物学的分类甚至把它单纯归结为一些数字公式等，而是以“仁爱”“仁慈”的态度对待它，那么，这棵树就不再是“它”而是“你”，人和树就处于“我—你”的“关系”之中，树对于“我”而言就成了有“回应”、有意义的东西，而不是简单的“物”。[②]

人生的最高意义在于对人与万物一体或“我—你”一体的领悟

“关系”及其“相互性”，在布伯看来，就是“仁爱”（Tenderness，“恻隐之心”）。[③] 世界万物本来都处于“我—你”的相互关系中，都是相互回应的。用中国哲学的术语来说，就是“一气相通”与万物一体，这是一种“自然的结合”。把万物看成属于“我—它”的范畴，那是一种“自然的分离”。[④] 采取分离态度的人乃是“把自己与同胞的生活割裂成了两个截然分开的领域”。[⑤] 布伯的这些思想是以他的宗教观为基础的，但显然包含有与中国的“万物一体”

---

① Martin Buber, *I and Thou*, trans. Ronald Gregor Smith, New York: Scribner, 1958, p.17.

② Martin Buber, *I and Thou*, trans. Ronald Gregor Smith, New York: Scribner, 1958, p.7.

③ Martin Buber, *I and Thou*, trans. Ronald Gregor Smith, New York: Scribner, 1958, p.28.

④ Martin Buber, *I and Thou*, trans. Ronald Gregor Smith, New York: Scribner, 1958, p.24.

⑤ Martin Buber, *I and Thou*, trans. Ronald Gregor Smith, New York: Scribner, 1958, p.43.

特别是与王阳明的“一体之仁”的思想相近的成分。人生的最高意义不在于人己分立、物我隔离或布伯的“我—它”公式和西方近代哲学的“主客关系”式，而在于对布伯的“我—你”的一体关系的领悟。在于对超越主客关系的“万物一体”的领悟。

四、有“民胞物与”精神的人，能唤醒万物与之作语言交流

“关系”的相互回应需要通过语言，草木瓦石无语言，如何回应？在“天人合一”、物我交融的世界中，万物都是有意义的，草木瓦石亦可作无言之言，所以在诗人的诗意境界中，即使是一块顽石，也可以“点头”示意。[①] 布伯的《我与你》一书也包含了类似我所说的思想观点，尽管他是从宗教的角度用宗教的语言来论述这个问题的。

布伯认为，无论我与自然物或者是我与他人，都以各自不同的方式通向“永恒的你”。[②] 一切事物都在“你”的光照之下。而只要有上帝的光照，则不仅有人与上帝之间的相互性或相互回应，有人与人之间的语言交流和相互回应，“在上帝的回应中，每一物，宇宙，都作为语言而显现。”[③]

但是，布伯同时也申言，人与人之间的相互性和语言交流同人与自然物之间的相互性和语言交流是有阶段上的差异的。自

---

① 参阅张世英：《进入澄明之境——哲学的新方向》，北京：商务印书馆，1999 年，第 12、14 章。

② Martin Buber, *I and Thou*, trans. Ronald Gregor Smith, New York: Scribner, 1958, p.6.

③ Martin Buber, I and Thou, trans. Ronald Gregor Smith, New York: Scribner, 1958, p.103.

然动物为自然物，是“和我们对立的”，“不能与我们相遇”，但如我们不以物来对待自然物，而以“仁慈”之心视之为“你”而与之对话，这就接近了语言的门槛。[①] 布伯说：“由于我们的态度，我们会唤醒某物容光焕发而从其自然存在过程中（转而）接近我们。”这样，“从石头到星星这一大的领域便都可以说是相互性的前门槛阶段”。[②] 我以为，布伯所谓上帝的“仁慈”与我们中国人所讲的“民胞物与”的胸怀或高远的诗意境界未尝没有相同之处。一个有诗意境界的人或有“民胞物与”的胸怀的人也是可以像布伯所说的那样，唤醒某物，使之容光焕发而与我们作语言交流的，即使它是无生命或无自我意识之物。

与“自然领域”中人与自然之间的相互性不同，“精神领域”中人与人之间的相互性则是“语言门槛”的阶段[③]或“语言形式中”的阶段。[④]

实际上，语言的“前门槛阶段”是指的无言之言，“进入语言门槛”的阶段是指的有言之言。不管是“前门槛”阶段也好，或者是“门槛”的阶段也好，无言之言也好，只要采取“仁慈”的态度，则人与人或人与物都是精神的体现，都有相互间的回应或语言应答。“精神是语词。”“实际上，语言并不居留在人这里，而是人位于语

---

① Martin Buber, *I and Thou*, trans. Ronald Gregor Smith, New York: Scribner, 1958, p.6, p.7, p.126.

② Martin Buber, *I and Thou*, trans. Ronald Gregor Smith, New York: Scribner, 1958, p.126.

③ Martin Buber, *I and Thou*, trans. Ronald Gregor Smith, New York: Scribner, 1958, p.127.

④ Martin Buber, *I and Thou*, trans. Ronald Gregor Smith, New York: Scribner, 1958, p.6.

言中，是人从语言那里说话。”“精神不在我，而在我与你之间。”①显然，布伯的观点与海德格尔等人关于不是人说语言而是语言说人的思想有相似之处，只不过布伯更强调语言、精神在我你之间的“之间”。庄子所讲的“大言炎炎”②（“大言”如烈日，照亮万物）是否也可以延伸为这样的含意呢？布伯强调，“人要想生活在精神中就必须与自己的‘你’对话”。③ 我想，中国思想界当前对所谓“人文精神”的呼唤，有必要从这里得到启示：人若能与自己的灵魂深处多作一点对话和应答，让“大言”如烈日照空，则所谓“人文精神”也就会多增加一分。布伯还说过这样一段话，很值得我们深思：“精神是人的根本。人是独特的个体，假如我们只把人当作自然的现象，就无法把握人的本质。”④

五、超主客关系的优先地位

“宇宙不曾限隔人，人自限隔宇宙”

布伯认为，“我—你”关系先行于“我—它”。“关系是最原始的（In The Beginning Is Relation）。”“原始人的语言”“主要指示一种关系之整体”。⑤ 这也就是说，人在认识到自己是“我”而与

---

① Martin Buber, *I and Thou*, trans. Ronald Gregor Smith, New York: Scribner, 1958, p.39.

② 《庄子·齐物论》。

③ Martin Buber, *I and Thou*, trans. Ronald Gregor Smith, New York: Scribner, 1958, p.39.

④ 刘小枫主编：《二十世纪西方宗教哲学文选》上卷，上海：上海三联书店，1991年，第107—108页。

⑤ Martin Buber, *I and Thou*, trans. Ronald Gregor Smith, New York: Scribner, 1958, p.18.

"它"分离之前,本来是生活在"我—你"一体的关系之中的。人生之初,本无自我意识,人一旦意识到有我,他就进入"我—它"的范畴之中,把自己当做主体,把"它"当做对象或客体。例如当我说"我看见树"时,这就意味着我有了以树为对象的知觉,意味着有了"主体与客体之间的限隔"(the barrier between subiect and object)。[①] 如果可以借用陆象山的语言来说,这就叫做"宇宙不曾限隔人,人自限隔宇宙"。[②] "宇宙不曾限隔人"在这里是指"我"本与"你"处于一体关系中,"人自限隔宇宙"是指人因意识到了自我而产生了主客间的限隔。

和布伯把"我—你"的一体关系看成先于"我—它"的基本思路一样,在西方现当代哲学家和神学家中,把超主客的统一体或者说(人与世界的)融合体作为自己思想的最高原则,几乎成了主导的思潮。尼采大力反对主体与客体的概念,强调主客融合的"酒神"状态;海德格尔贬低主客关系的思维模式,主张人与存在的"契合";雅斯贝尔斯(Karl Jaspers, 1883—1969)把存在分为可以客观化为客体的领域、生存的领域(即不能作为客观对象的领域)和超主客的领域,即"大全"的领域,"大全"的领域最高;马塞尔(Gabriel Marcel, 1889—1973)区分"神秘"的领域与"问题"的领域,后者可以客观地从外部去考察研究,前者则主客不分,只能从内部去亲身体验,主客的僵持对立应由两者的融合、交流来代

① Martin Buber, *I and Thou*, trans. Ronald Gregor Smith, New York: Scribner, 1958, p.23.

② 《象山全集》卷一,第12页。

替，俾能超越自我中心；田立克采取了海德格尔的基本思路，认为自我寓于他所属的世界之内，主体—客体模式以存在的基本结构“自我—世界”为前提，所以他明确断言，与主体对立的客体不能成为最高的、终极的东西，真正终极的东西只能是超越主客关系的，如此等等。无论这些人有的把超主客的统一体引向审美意识（如尼采），有的引向宗教与审美的结合（如海德格尔），但他们把超主客的统一体视为高于主客关系的东西，在这方面则是一致的。

人“不能死于”“主—客”关系或“我—它”公式

人有了自我意识，进入“我—它”范畴或“主客关系”，这难道是“我们命运的悲哀”吗？这种悲哀“起源于最早的历史”吗？布伯对这个问题作了明确的回答：“是的，就人的有意识的生活起源于最早的历史来说，诚然如此。但有意识的生活正意味着宣告人的自然形式。”[①]这也就是说，人进入自我意识，进入“我—它”范畴，乃是人生之必然。而且，人不能没有“我—它”或“主客关系”而生活，只有可供使用的物或对象才养活着人，使人得以生存。但是布伯强调，人不能“死于”“我—它”范畴而不悟，人只有以“仁慈”之心关心他人他物，从而超越“我—它”范畴，进入“我—你”的一体关系中，人才能被理解，人与他人他物才不是异己的。[②] 诚然，“这种态度无助于维持你的生存”，“但只有它才可以

① Martin Buber, *I and Thou*, trans. Ronald Gregor Smith, New York: Scribner, 1958, p.23.

② Martin Buber, *I and Thou*, trans. Ronald Gregor Smith, New York: Scribner, 1958, p.32.

帮助瞥见永恒”。[1] “人不可能生活在单纯的现在(指“我—它”范畴——引者)中,……但人可能生活在单纯的过去(指“我—它”范畴——引者)中。……我们仅仅需要以经验与使用填满(生活中的)每一刻,但这样的时刻会停止发光发热”。“没有‘它’,人不能生活,但仅仅靠‘它’来生活的人不是人”。[2] 一段多么透辟平实而又多么惊心动魄的警世之言!对于我国当前那些一味迷恋实用,只知“以经验与使用填满生活中每一时刻”的人来说,难道不是一副极其有效的清醒剂吗?

六、让科技事业充满“民胞物与”和“仁爱”精神之火与光

和布伯所处的时代类似,我们现在也正处于科技日益繁荣发达的时代,布伯所谓“它的世界”(the world of It)正日益扩大,“经验和使用的能力”(ability to experience and use)也正日益增长。[3] 我们今天所面临的这种文化思想景观,欧洲在我们之前早已达到了,布伯在20世纪初出版的《我和你》一书中就已经对这种景观作出了自己的评论:“经验和使用能力一代一代地不断增长,这是不可避免的。通常谈论精神生活的进步,就是取的这个意义。”但是,“这种所谓‘精神生活’对于生活在精神中的你我来

---

① Martin Buber, *I and Thou*, trans. Ronald Gregor Smith, New York: Scribner, 1958, p.33.

② Martin Buber, *I and Thou*, trans. Ronald Gregor Smith, New York: Scribner, 1958, p.34.

③ Martin Buber, *I and Thou*, trans. Ronald Gregor Smith, New York: Scribner, 1958, p.38.

说，多半是一种障碍”，“因为经验和使用能力的增长主要是通过降低人们进入关系的力量，即削弱人们所唯一赖以生活在精神中的生活的力量而发生的”。“精神在于你和我之间”的一体关系，而不属于“我和它”。“人如果能回应他自己的‘你’，他就是生活在精神中。……只是由于他有力量进入关系(指进入“我—你”的一体关系——引者)，他才能生活在精神中。”[1]布伯的这些话并不是要把“经验和使用的能力”与进入“我—你”一体关系的“力量”对立起来，并不是要把科技的发展与人的精神境界的提高对立起来。布伯在这里主要是描写一个历史事实：在历史上，过分重视科技方面“经验和使用的能力”的发展，大多伴随着进入“我—你”一体关系的精神力量削弱。我国当前不是也存在这种情况吗？人们所谓“人文精神之丧失”与布伯所谓进入“我—你”一体关系的精神力量之削弱，是很相似的。但是，正因为在布伯面前存在着这种历史事实，他才在《我—你》一书中反复申述这种状况的不合理。布伯并不否认科技上“经验和使用能力的发展”的意义，但他针对时弊，却更加强调要超越这种能力的发展而进入“我—你”一体关系的精神境界。他说：“‘我—它’这个原始词并不是不幸”，“不幸的是，如果一个人让这个原始词掌握了统治权，那么，不断增长的‘它’的世界就会盖过他而剥夺他自己的‘我’的真实性”。[2] 的确，“经验和使用能力的发

① Martin Buber, *I and Thou*, trans. Ronald Gregor Smith, New York: Scribner, 1958, pp.38 - 39.

② Martin Buber, *I and Thou*, trans. Ronald Gregor Smith, New York: Scribner, 1958, p.46.

展”是必要的，但片面地让其统治人，则人必然成为“丧己”之人。布伯说：“因果性在‘它’的世界中的无限统治对于自然的科学秩序有其根本的重要性，但这并不会成为人的负担，人并不限于（生活在）‘它’的世界，而是能够不断地走向关系的世界，在这里，‘我’和‘你’自由地在相互影响中彼此面对，这种相互影响既不是与因果性相联系的，也不具有因果性的特点。在这里，人既确实拥有他自己存在的自由，同时又确实拥有神（Being）的自由。只有认识了关系（指“我—你”的一体关系——引者）和认识到‘你’的显现（presence）的人，才有做出决定的能力，做决定的人是自由的，因为他已接近了主。”[1]“因果性对确有自由的人并不是负担。他知道他的必死的生命本性上摇摆于‘你’和‘它’之间，他意识到这一点的重要意义。”[2]布伯的这些话告诉我们，科学技术所讲的因果性、必然性是人生之所必需，但它又并不妨碍人做出自我决定的自由，人生就是“摇摆于”二者之间。问题的关键在于不要把因果性、必然性或“它”的世界放在统治人的地位，而是相反地应该把“我—你”的一体关系或自由的精神境界放在主导的地位。对于有自由的精神境界的人来说，“所谓必然性并不能吓住他”，他能认识到自由与必然或命运是“相互回应”的，他能驾驭必然性，敢于面对它，也就是说，有超越必然性或命运的力量。“敢于对梦魇说出它的真名，就能有超越‘它’的

---

① Martin Buber, *I and Thou*, trans. Ronald Gregor Smith, New York: Scribner, 1958, p.51.

② Martin Buber, *I and Thou*, trans. Ronald Gregor Smith, New York: Scribner, 1958, p.52.

世界的力量。”[①]这也就是说，超越必然就是自由。超越不是抛弃，而是一种主导的力量。这种力量（处于“我—你”一体关系中的精神力量）“能渗透到‘它’的世界之中并使之变形。”[②]布伯的这一思想和尼采所主张的以积极肯定的态度和“爱”的热情对待必然性从而超越必然性，达到自由的思想，是相似相通的。[③] 布伯由此得出结论：“一个忽视一切由因果性决定的东西而能从深层做出决定的人‘和’不在乎财物的人”，是“自由的人”，命运或必然性“不是他的限界，而是他的实现”。以这样的态度来看待命运或必然性，那么，原以为是“严酷的东西”（指必然性——引者）就会变得“充满了光”，就像“仁爱”本身一样。[④] 我想，如果当今正在蓬勃发展的科技事业充满“仁爱”和“民胞物与”的精神与光，那该是一幅多么美妙的文明景象啊！

第十六章　人类中心论与民胞物与说

人类中心论（人类中心主义，Anthropocentrism）是西方哲学的一个专门术语，说的是以人为中心，人处于支配和统治的地位，

---

① Martin Buber, *I and Thou*, trans. Ronald Gregor Smith, New York: Scribner, 1958, p.58.

② Martin Buber, *I and Thou*, trans. Ronald Gregor Smith, New York: Scribner, 1958, p.100.

③ 参阅张世英：《二十世纪中国哲学之回顾与展望》，《北京大学学报》，1998 年第 6 期。

④ Martin Buber, *I and Thou*, trans. Ronald Gregor Smith, New York: Scribner, 1958, p.53.

自然物处于被支配和被统治的地位，人与物的关系是不平等的关系。自笛卡尔到黑格尔的西方近代哲学的“主体性”(subjectivity)原则和主—客关系的思维方式采取的立场便是人类中心论。“民胞物与”说的是，不仅天下之人皆如我的兄弟，而且天下之物亦皆我的同类，我对他人他物均应像兄弟一样对待。“民胞物与”虽语出张载的《西铭》，但这种思想观点及其哲学基础——“万物一体”“天人合一”说在整个中国传统哲学中具有普遍性，例如王阳明所讲的“一体之仁”就是一种典型的以“万物一体”“天人合一”为基础的“民胞物与”的思想。“民胞物与”说与西方近代思想史上的人类中心论及其哲学基础主—客关系式是大不相同的，本章标题中的“民胞物与”包括人与人的关系(“民胞”)和人与物的关系(“物与”)两个方面，但本章的内容大部分谈人与物(“物与”)的关系，以便和人类中心论相对应。

一、中国哲学史上民胞物与和人类中心思想的统一

“万物一体”和“物与”的精神是否同人类中心论绝对对立？仁者以天地万物为一体，引物为同类，这是否就意味着仁者不应当为了自己的生存而征服自然，牺牲其他生命呢？[①] 换言之，主张“万物一体”和提倡“物与”的精神，是否必然要完全否定人类中心论呢？

① 冯友兰：《中国哲学史》下卷，北京：商务印书馆，1944 年，第 960 页。

张载的“民胞物与”说

张载关于“民胞”的思想虽未消除人与人之间爱有差等之意，即是说，“民胞”包括有程朱所申言的“理一分殊”之意，但“理一分殊”并非张载《西铭》之所强调，张载“民胞”说的重点在博爱而不在爱有差等（“分殊”）。关于“物与”方面，张载更明确的论述，窥其大意，似乎也是强调物与人一体同类，而不重视两者之轻重差异。因此，从张载的民胞物与说中，尚难看出他已经意识到上述的问题。

王阳明的“良知上自然的条理”

王阳明比张载进了一步，他明确提出了上述问题，并作出了自己的回答。尽管他不可能使用“人类中心论”这样的西方术语。王阳明《传习录》：“问：‘大人与物同体，如何《大学》又说个厚薄？’先生曰：‘惟是道理自有厚薄。比如身是一样，把手足捍头目，岂是偏要薄手足？其道理合如此，禽兽与草木同是爱的，把草木去养禽兽又忍得。人与禽兽同是爱的，宰禽兽以养亲与供祭祀、燕宾客，心又忍得。……（这里删节了一段关于人与人之间爱有差等的论述，因其不是本章重点——引者）。盖以仁民爱物皆从此出，此处可忍，更无所不忍矣。《大学》所谓厚薄，是良知上自然的条理，不可逾越，此便谓之义。”[①]显然，在王阳明看来，“万物一体”与“物与”之“爱”，同人为了维持自己的生存而“宰禽兽”的人

① 王阳明：《传习录》下。

类中心的思想和主—客关系式并不是绝对对立的，因为这里的“厚薄”乃“良知上自然的条理”，也就是所谓“轻重厚薄……自有天然之中”[①]王阳明的观点实际上是把人类中心的思想纳入万物一体的思想之内或之下：人与物之间“轻重厚薄”这种不平等的关系乃万物一体之内的区分。所谓“天然之中”或“自然的条理”就是讲的事物之本然（“天然”“自然”），把人与物作主客厚薄之分亦是按事物之不然行事。

荀子、戴震关于“人最为天下贵”的思想

但王阳明只是笼统地谈到人与物之间的“轻重厚薄”是“良知上自然的条理”，而没有对此作进一步的分析。荀子倒是早已对人与物的价值之高低作了细致的区分：“水火有气而无生，草木有生而无知，禽兽有知而无义，人有气有生有知亦有义，故最为天下贵也。”[②]水火有质料而无生命，草木有生命而无知觉，禽兽有知觉而无道德意识，人则不但兼有质料、生命和知觉，而且有道德意识，故人在万物之中居有最高的、最卓越的地位（“最为天下贵”）。戴震似乎更进而根据人与物的地位之高低说明了人有宰制自然物的理由：“人之才得天地之全能，通天地之全德……智足以知飞走蠕动之性，以驯以豢；知卉木之性，良农以莳刈，良医以处方，圣人神明其德，是故治天下之民。”[③]人因其有其他自然物所缺乏的

① 王阳明：《大学问》。
② 荀子：《王制》。
③ 戴震：《原善》。

"智"与"德",故能使自然物为人所用。荀子和戴震虽然对人与物的价值高低作了比王阳明更为细致的分析,但从他们的论述中还不能看出人类中心论的思想如何与万物一体和"物与"的精神统一起来。

程朱的"理一分殊"说

程朱的"理一分殊"说则不仅细致地分析了人与物的高低之分,而且明确了这种高低的分殊与万物一体的统一性。这是他们比王阳明和荀子、戴震高出一筹之处,"理一"是以万物一体立论,"分殊"是就人之异于和高于禽兽草木等自然物(以及人与人之间爱有差等)而言。在程朱看来,人与物虽是一体,但又有价值高低之分,两者是统一的。朱子说:"天之生物,有有血气知觉者,人兽是也;有无血气知觉而但有生气者,草木是也;有生气已绝而但有形色臭味者,枯槁是也。是虽其分之殊,而其理则未尝不同;但以其分之殊。则其理之在是者不能不异。故人为最灵……"[①]显然,程朱在说明万物一体、民胞物与和人类中心论思想的统一性方面比王阳明讲得更明确,更具理论性。

万物一体,"民胞物与"包容人类中心的思想

程朱和王阳明的学说启发了我们:万物一体和"物与"的精神似可包容人类中心的思想于其自身,是后者降低为前者的一个

① 朱子:《答余方叔》。

构成环节。当然，这也就意味着人类中心论不能按其原样保持于万物一体和“物与”的学说之中。万物一体和“物与”说大不同于人类中心论，但它仍然坚持人之异于和高于其他自然物的卓越地位。换言之，坚持人的卓越地位不等于说人可以任意支配和统治自然物，不等于是人类中心论，至少不符合西方哲学术语“人类中心论”的原意。中国学界有一种看法，认为中国传统哲学强调人的重要地位，因而便是一种人类中心论，这种看法是不确切的。人类中心论以人为主体，以物为客体，这种主—客关系的思维方式在中国传统哲学中远不占主导地位。关于这一点，我在其他论著中多有论述，这里不再重复。

二、西方极端神秘主义者的非人类中心主义

西方现当代一些哲学家、神学家出于对人类中心论及其理论基础“主体性哲学”和主—客关系式的不满，对上述问题也有很多议论，尽管他们并不知道“民胞物与”这一中国传统哲学的术语。

极端神秘主义者的非人类中心主义

有一些极端的神秘主义者，为了彻底否定人类中心论，竟然主张一切自然物都具有神圣性，都和人一样具有同等价值。例如德国的新教神学家莫尔特曼(Jurgen Moltmann，1926—)强烈谴责“不受限制的控制欲”“驱赶着现代人攫取地球自然界的权力”并“依据权力(经济权力、财政权力和军事权力)的增长来衡量成长和进步”。他认为这种现象来自“现代人的上帝形象”，现代人

按照自己所理解的上帝的形象把自己理解为“知识和意志的主体”，而“把他的世界理解为需要面对、需要征服的消极的客体”。“人变得酷似上帝，不是通过善与真，不是通过忍耐与爱，而是通过权力和统治”。“很长时间以来”，人类“只看到了自然的一个方面，亦即有用的一面”，而未看到自然的神圣方面，不知道“在大自然中处处都能看到‘上帝的痕迹’”，于是“自然得不到保护，任凭人类权力意志的摆布”。① 莫特曼对人类中心论的谴责和对主—客关系式的批判，切中现代文明的弊端，确有其积极的意义，但他以自然中具有“上帝的痕迹”为根据来批判人类中心论和论证自然应得到保护，则是我们不能接受的，尽管他的宗教思想中未尝不可以说包含某种中国人所说的“物与”或爱物的精神在内。

另一位德国的哲学家、神学家施魏策尔（Albert Schweitzer，1875—1965）更明确地主张尊重一切生命而不去追问不同生命的不同价值，包括人与其他生物间的高低。“生命本身就是神圣的东西。”因此，合理的伦理学应该“主张照顾一切生物以至最低级的生命现象”。按照这种原则行事的人，“当夏天的夜晚他在灯下工作的时候，他宁愿关起窗子，呼吸闷热的空气，也不愿见一个一个的飞虫烧焦了翅膀死在他的桌子上”。②

施魏策尔从“人与存在合为一体”的哲学原则出发，认为每个人都是一个有求生意志的生命，他每时每刻都能“从自己内心的

---

① 刘小枫编：《20 世纪西方宗教哲学文选》下卷，上海：上海三联书店，1991 年，第 1759—1761、1765—1771 页。

② A. Schweitzer，*Civilization and Ethics* 第 2 章，译文引自《尊重生命的伦理学》，《哲学译丛》，1966 年第 5 期。

求生意志出发”体验到别的生命的求生意志，因而使自己的“内心充满了对存在于万物之中的神秘的求生意志的尊重心情”。这样，每个人内心里的求生意志便“与别的求生意志合为一体”了，而在施魏策尔看来，道德也就是“对一切生物的无限广大的责任”。施魏策尔的这套哲学和伦理学虽然是以宗教神学的观点立论，但与中国的天人合一、万物一体和“物与”精神确有相通之处，特别是与王阳明的“一体之仁”、草本亦有“良知”之说相近。[①]

极端神秘主义者面临的问题

按照这种观点，将如何解释人为了满足自己的求生意志而不得不牺牲其他生命的现象呢？正如王阳明意识到这个问题一样，施魏策尔也提出了这个问题，而且提得更具体、更明确。他对问题的回答与王阳明有同亦有异。

“当献身于别的生命这一内心要求与忠于自己的生存这一必要性之间发生冲突的时候，尊重生命的伦理学将采取什么态度呢?”施魏策尔就像王阳明一样，承认这一矛盾的事实：“我也是逃脱不了求生意志的矛盾冲突的。我的生存同别的生物的生存以千万种方式发生冲突。毁灭生命和伤害生命这一必然性，我是逃脱不了的。当我走过一条僻静小道的时候，我的脚就得毁灭和伤害在这条小道上生活着的小生物。”施魏策尔在承认这个事实之后，紧接着就对这种“可怕的必然性”和“必然矛盾”作了自己的解

① A. Schweitzer, *Civilization and Ethics* 第 2 章，译文引自《尊重生命的伦理学》，《哲学译丛》，1966 年第 5 期。

释与回答。他认为“保持和促进生命是善，而一切毁灭和损害生命的，不论是在什么样情况下发生，都是恶”。因此，在施魏策尔看来，人为了满足自己的求生意志而毁灭和损害别的生命，虽然是不得已而为之的、必然的行为，但还是应当承认这种行为是不道德的，人应当为此而“承担罪过”。人即使是为了治病救人而不得不在动物身上做试验时，也“必须就他们力之所及尽可能减轻动物的痛苦”，因为这毕竟是“残忍行为”。[①] 施魏策尔的这些解释与王阳明所谓“宰禽兽以养亲”、“燕宾客”虽于心不忍（“心不忍得”）而又是“不可逾越”的“良知上自然的条理”既有相近之处又有差异。王阳明承认人与生物之间有轻重厚薄之分，这种分殊合乎“良知”，而施魏策尔则明确申言残害其他生命的行为是不道德的行为，人在做这种行为时“不可感到良心无愧”，施魏策尔从伦理原则上否认人与其他生物的高低之分。

极端神秘主义的非人类中心主义抹杀人与物的分殊

针对王阳明，我们可以提问：为什么“宰禽兽以养亲”合乎“良知上自然的条理”，这里的轻重厚薄的标准何在？针对施魏策尔，我们可以提问：既然人与其他有生命之物同样是神圣而无价值高低之分，那么，人又有什么独特的权利为了自己的生存而牺牲别的生命呢？这种不分价值高低的主张是否意味着否认了人类的卓越地位和尊严呢？难道人以外的其他生物也是“道德主

① A. Schweitzer，*Civilization and Ethics* 第 2 章，译文引自《尊重生命的伦理学》，《哲学译丛》，1966 年第 5 期。

体”吗？难道人为了自己的生存而不得不牺牲其他生命是不道德的吗？我以为，万物一体和“物与”的精神并非指人与物一律等价，而是有等级差异的，这种差异就在于人有自我意识和道德意识，而其他生物则无；人与其他生物的价值高低以及对其他生物的轻重厚薄的标准在此。正因如此，人才有独特的权利为了自己的生存而在不得已的情况下牺牲其他生命，这是有自我意识的、作为“道德主体”的人对于无自我意识的、“非道德主体”的其他生命所做的合乎道德的行为。王阳明的哲学思想指明了人物一体与人物高低分殊的统一性，指明了人物高低分殊是合乎道德（合乎“良知”）的，惜其未指明这种分殊的标准在于有无自我意识和是否是道德主体。施魏策尔只强调人与物同等神圣，或者用中国哲学的术语来说，只强调“万物一体”和“物与”，而忽视人与物的高低之分殊。尽管他承认人为了自己的生存而不得不做出牺牲其他生命的行为事实，但由于他忽视人的卓越地位而不能指明这种行为的理论根据。我们既主张万物一体和“物与”精神，又承认人与物的高低之分殊并论证了这种分殊的标准，两者是统一的。正因为论证了人物间价值高低之分及其区分之标准，所以我们认为人有权利、有理由为了自己的生存而牺牲其他生命；正因为主张万物一体和“物与”精神，所以我们又认为人应该尽量培育保护其他生命的意识，应该在不得已而牺牲其他生命时抱有同类感和恻隐之心，从而采取尽量减少其他生命的痛苦的措施。我认为我们的这些看法不能被等同于人类中心论，它乃是扬弃和超越了人类中心论，使其隶属于万物一体说。说它不等于是人类中心论，是因为我们虽然也主张人为了维持自己的生命而有必要牺牲其他生命，但是第一，从理论上讲，这样的行为是以万物一体的原则为根本的，人与物的高低之分是万物一体之内的区分；第二，从实践上讲，人不能随意采取牺牲其他生命的行为，而在采取这样的行为时，应当抱有同类感和不忍之心，尽量减少其他生命的痛苦，而不是像人类中心论那样一味强调人对自然、对其他生命的征服与宰制。

三、超越人类中心主义与非人类中心主义

人类中心论应从属于万物一体论和民胞物与精神

有一种观点，把人类中心论视为哲学和人生的最高原则，似乎天地万物只是为我所用的对象，人生不过是利用这些对象以维持自己的生存。正是这种观点促使人们一味宣扬主—客关系式和主体性哲学：人是主体，物是客体，哲学的目标就是主体认识和征服客体。于是主体与客体、认识与实践、思维与存在等成了哲学所唯一探究的范畴，重理轻文之风日盛，人文精神不过是人们召唤的对象，提高人生境界（包括审美境界和道德境界）成了人们嗤笑的迂腐之辞。

人的生活世界，或者说，人所生活于其中的世界不是绝对独立于人之外的抽象的“自在之物”，它是人与物相互交融的产物。人固然可以把天地万物单纯地当作供人使用、任人宰制的对象，但从深层来看，人与天地万物不是对立的，而是一气相通、融为一体的，人对万物应有同类感，应当以仁民爱物（“民胞物与”）的态

度相待。

任何一人一物都存在于一体之中，万物一体乃是最原始的。泰初本是一体，只是由于万物一体，一人一物的存在才有了支撑，或者换句话说，是万物一体创造了一个一个的人和一个一个的物。所以，作为有自我意识的人应该首先以民胞物与的态度对待他人和他物。这不是施舍，而是一种责任感，是一种被要求的自我意识。人之所以有权利以人为主体和中心而利用自然物，包括人以外的有生命之物，以维持自己的生存，乃是因为处于一体的万物合乎自然地有自我意识和无自我意识、道德主体和非道德主体的价值高低之分，这种区分是万物一体之内的区分，是“自有天然之中”。人类中心论应当从属于万物一体论。人有权利维持自己的生存，以便向着最高的人生目标前进。

“物与”和“民胞”不可偏废

以上主要只是讲的人与自然物之间的“物与”关系，其实，在当前大家关心的可持续发展的伦理观方面，还有一个同“物与”相联系的人与人之间的“民胞”问题，而这正是某些非人类中心主义者所忽视的。当前的生态危机大多是由发达国家对发展中国家的资源掠夺造成的，这就导致了人与人之间贫富悬殊等不公正、不平等的现象。而且发展中国家所需要强调的是对自然物的开发和利用，而不是非人类中心主义。因此，我们主张发达国家本着民胞物与的原则精神有责任、有义务对发展中国家提供经济援助和技术援助。另外，“民胞”的精神不仅包括同代人之间的关系，而且应当包括代与代之间的关系。地球上的自然资源是全人类共有的，这全人类就既包括我们的上一代、这一代，而且应包括以后的子孙万代，他们都是我们的“同胞”。我们不但不能透支子孙后代的自然资源，而且要为子孙后代的自然资源做各种积极的保护措施，这也是我们本着民胞物与的精神的应尽之责。人与自然间的所谓和谐同人与人之间的和谐是紧密相连的，“物与”和“民胞”不可偏废。

第十七章　建立道德律的方式：对话与独白

一、从独白到对话

从“主体性”到“互主体性”

许多现代西方哲学家如尼采、狄尔泰等人反对主客二分，以致反对与之相联系的主体概念和主体性原则。其实，现当代哲学家中也有人觉得尼采、狄尔泰等人对近代哲学的批评太过分了。例如法兰克福学派的霍克海默（Max Horkheimer，1895—1973）、阿多诺（T. W. Adorno，1903—1969）就认为尼采、狄尔泰等人想取消主体，过分强调非理性，都是不应该的。他们则强调要恢复人的主体性，重视理性。但他们又受了尼采、狄尔泰等人的思想影响，反对西方近代哲学中抽象的理性主义，反对自然科学的方法，特别是反对那种企图使人文科学屈从于自然科学的统治的“传统理论”，于是发展出了他们自己的“批判理论”。自然科学的方法主张排除人的参与，以追求所谓纯粹的客观真理，而“批判理论"则认为只有当事人参与到事物中去才能理解事物，对于人类社会的研究尤其应当如此。社会不是什么纯粹的客体，而是人生活于其中的世界，它不仅包含人的认识，而且包含人的情感和意志等，绝不是干巴巴的自然科学规律所可以解释的。他们吸取了狄尔泰关于精神科学必须建立在"理解"的基础之上和伽达默尔把解释学看成是一种本体论的观点，采用解释学的方法以研究社会科学。但是霍克海默与阿多诺所代表的"前法兰克福学派"并没有具体地、特别是没有从哲学上说明如何发挥人的主体性问题以及如何展示人的理性普遍性问题。在这方面有独特建树的是"后法兰克福学派"的哈贝马斯(J. Habermas，1929—　)。这里最主要的是指他把过去西方传统哲学对"主体性"的强调进而转化为对"互主体性"的强调，并以此维护人的主体性和理性的普遍性。

与传统哲学的主体性原则重人与自然的关系、重人与自然的斗争不同，现代西方人文主义思潮则转向人与人的关系，重人对人之间的交往与协调。狄尔泰等人反对"主体"概念和"主体性"，其真实意图并不是否定人有主动创造性，实际上，他们是要由人对物的"主体性"转向人与人之间的"互主体性"，只不过他们没有做这样明确的主张和表述。哈贝马斯的商谈伦理学也是要把哲学的重心由认识自然、征服自然的旧传统转移到人与人之间的相互交往和相互理解。

康德的独白式与哈贝马斯的对话式

康德以"主体性"为自己哲学的主导原则，而且以道德主体性为最高的主体性，他的认识论以及他关于认识主体性的论述都不过是为论证道德主体性作前导。他的道德准则是如何建立起来的呢？康德的回答是“绝对命令”。他的道德哲学以人类具有共同的实践理性结构为根据，要人“只按照那个你可以同时意愿它变为一个普遍的道德律的标准去行事”。这就是说，当道德律对每一个个人，或者说，对每一个主体是普遍的时候，则这个道德律同样地对所有其他人、其他个体都有效准，这也就等于说，每个人都可以把自己确定其为普遍的道德律加在别人头上，这样的道德律是独白式地建立起来的。哈贝马斯不同意这样的方式，认为道德行为是人与人之间、主体与主体上间的相互交往，只有通过他们之间的交往、商谈、对话，才能达成共识，达成具有普遍性的道德律。所以在哈贝马斯看来，道德律是通过主体间的对话方式建立起来的。独白与对话是哈贝马斯的伦理学与康德伦理学以至“传统理论”的一个重要区别。①

儒家的独白式与西方传统的独白式

这里不能不令我们想起中国儒家的伦理道德观。无论是孟子的天人相通说，还是董仲舒的天人感应说；无论是朱熹的“与理为一”，还是王阳明的“吾心即理”，都把封建道德律看成是无需经过主体间的任何交谈、对话即可确定的，这些道德律完全是“天”或圣人之“心”的独白的产物，而究其根源，则不过是封建统治者

① 参见［德］哈贝马斯：《道德意识和交往行动》（*Moralbewwstsma und Amnmuni Aativts Hondeln*），美因兹—德兰克福（Franlefurt a. M.），1983 年，第 76 页。

"天子"的独白的产物。

西方哲学史上道德律的建立方式大体上有下面几种类型：一是早期的宗教、神话；二是较发达的宗教，例如基督教的上帝；三是主体性形而上学所谓的最终根据，例如康德的"绝对命令"。所有这些都是独白式。哈贝马斯的交谈伦理学所提出的对话式，乃是对西方传统伦理学的一个大突破。哈贝马斯自己说他的交谈伦理学是康德式的，但那主要是就他和康德都强调道德律的普遍性而说的。如果就建立道德律的普遍性的方式来说，则一个是独白式，一个是对话式，实大相径庭。当然，哈贝马斯所主张的对话式和"互主体性"，在黑格尔关于意识间的互相承认的理论中和胡塞尔的"互主体性"概念中都已有其思想渊源，但哈贝马斯确实大大地发展了他们的思想。至于中国哲学史上道德律的建立方式，除了占卜与西方早期的宗教、神话大致属于同一类型之外，既缺乏宗教，也不讲主体性形而上学的最终根据，更没有哈贝马斯所倡导的对话式。中国哲学史上长期占主导地位的儒家方式是听从"天"的独白，这是不同于西方独白式的另一种形式的独白。道德律是"天理"，"天理"是天经地义的东西，不容许有任何交谈、商讨的余地。儒家哲学缺乏主体性原则，不承认每个人都是一个主体，更谈不上主体与主体之间的对话，谈不上"互主体性"。如果说承认主体，那也只是承认"天子"一个人是主体，这也就是黑格尔所谓"只知道一个人是自由的"。[①] 在中国，要建立道德律的

① ［德］黑格尔：《历史哲学》，王造时译，北京：生活·读书·新知三联书店，1956年，第56页。

对话方式，必须清除根深蒂固的儒家的独白式传统。

二、儒家的“万马齐喑”的伦理学与哈贝马斯的“商谈伦理学”

哈贝马斯的“认知主义”伦理学

哈贝马斯的交谈伦理学是建立在理性的基础之上的，这是哈氏伦理学与康德伦理学的一个重要共同点，只不过康德所讲的实践理性是独白式的，而哈贝马斯所讲的理性则是个人与个人之间、主体与主体之间通过商谈，共同诉诸理性，以达成共识。哈贝马斯主张用道德的方式以解决各个个体或主体行为之间的矛盾来代替暴力的方式和强制的方式。道德行为是主体与主体之间进行真正的相互沟通、彼此理解的行为，其中，双方通过自己所提出的理由作为论据，以达成共同接受、共同认可的规则或规范。这里，双方唯一服从的标准是理性——理由，而不是任何强制性的外在力量，所以这样达成的同意和一致是非强制性的，是合乎理性的。正因为如此，哈贝马斯明确地称他的交往伦理学是“认知主义”伦理学。认知主义就是以理性为基础，而不以情感主义和直觉主义为基础；即使是个人的情感、爱好、欲望之类的非理性的东西也要建立其合理性的根据，使之具有普遍性。反之，“非认知主义”则认为道德规范是个人情趣，属于纯粹由主观方面决定的东西，无理性、理由和普遍性之可言。

“理想的谈话环境”的“假定”

哈贝马斯深刻地注意到，在实际生活中要求人们的交谈、对话只服从理性—理由而不受任何强制性因素的干扰(例如权势的胁迫、利害的引诱、社会舆论的偏见、不平等和不能自由发表意见的传统等),几乎是不可能做到的事。因此,他把自己所提出的不受理性——理由以外的力量所左右的所谓“理想的谈话环境”称作是交谈中的一种不可缺少的“假定”或“预期”,这就是说,商谈、对话不一定就产生完全合乎理性——完全根据理由的一致和同意,但哈贝马斯强调,要达成这样的一致和同意,商谈、对话是唯一可行的途径。哈贝马斯的这个思想启发了我们,“理想的谈话环境”虽然在现实中几乎不可能找到,但这毕竟是一个合乎理性的理想。

儒家的“庶人不议”

与哈贝马斯的这种理想相对照,中国儒家的创始人孔子的伦理政治理想则不然。孔子认为“天下有道,则庶人不议”。[①] 这也就是说,不商谈、不对话(“不议”)是最高的伦理政治理想。孔子以后的整个儒家传统都继承了这个原则。当然,他们也推崇“谏君”和“纳谏”,但孔子所讲的“君君,臣臣,父父,子子”那一套“正名”的思想,却决定了“谏君”和“纳谏”只能是君与臣之间的一种不平等的对话,不是主体与主体之间的平等对话,这种对话的最后裁决者不是理性者,而是掌握权力的君主,尽管开明的君主也讲一点理,但最终理仍然掌握在君主的手中。“九州生气恃风雷,

①《论语·季氏》。

万马齐喑究可哀”（龚自珍语）。一种“万马齐喑”的伦理学——一种排斥交谈、对话的伦理学，无理性的伦理学，与哈贝马斯的商谈伦理学—合理性伦理学正好形成鲜明的对比，说明中国的儒家伦理学缺乏主体性原则，更谈不上“互主体性”。儒家的伦理学与理性伦理学背道而驰，既不能比拟为康德以“主体性”为原则的伦理学，更远远比不上哈贝马斯以“互主体性”为原则的伦理学。联系到中国儒家伦理传统的顽固性，我们把儒家拿来与哈贝马斯的伦理学对照一下，或许不算是迂阔而无意义的吧。

“仁”与“互主体性”的区别

有一种意见认为孔子的“仁”是对人的尊重，因而也是对人的主体性的承认，并引“己所不欲，勿施于人”，[1]“己欲立而立人，己欲达而达人”[2]作为佐证。把孔子的这些话评价为对人的尊重，固无不当，但认为这就是孔子的“主体性”思想，则未免过分。孔子的“仁”是推己及人，以自己为出发点，所谓“能近取譬”，[3]即是此意。孟子说的将“四端”“扩而充之”，更明显地是指由近及远，发展同情心的意思。孔孟的这些思想诚然有其可贵之处，值得肯定。我们平常称赞的“人情味”，也许就是孔孟的“仁”的思想表现。但细察一下这种由近及远、推己及人的“人情味”，就不难看出，它是出自“自我”的施舍和恩赐，而并非出自对他人的“主体

① 《论语·颜渊》。
② 《论语·雍也》。
③ 《论语·雍也》。

性”的承认——对他人的独立自主的权利的承认，并非出自责任感。反之，“主体性”和“互主体性”的思想是肯定人皆有独立自主权，人与人之间的关系是两个独立的人之间的关系，而绝不是施予与被施予、恩赐与被恩赐的关系。后者是主动与被动的关系，前者则是一种“互动”的关系。后者确能给人以“温暖”，但“温暖”之余，却给人留下“欠债”甚至压抑之感，原因就在于不平等；前者似乎是“冷冰冰”的人际关系，但各人各有自己的权利，彼此独立、相互平等。“仁”与“主体性”“互主体性”的区别也许就是中国传统人际关系与西方传统人际关系的区别。

墨子的“兼相爱”

这里是否对孔孟的“仁”的含义，分析得太牵强、太苛刻了一些呢？我们不妨把墨子的“兼爱”拿来与孔孟的“仁”对比一下，也许能帮助我们更切近地理解我上述的看法。墨子的“兼爱”有两个特点：一是爱无差等，不分远近亲疏。墨子说：“兼以易别”，[①]“兼”就是不分人己，不分远近，“别”就是分别远近和人己。与之相反，孔孟的“仁”则是爱有差等，由近及远，由己及人。故墨子主张爱应该“远施周遍”，“贵贤罚暴，勿有亲戚弟兄之所阿”；[②]而孔子则认为“子为父隐，父为子隐，直在其中矣”。[③] 孔子的这个思想大概是中国人所谓“合乎人情”的一个具体表现吧，但我想这也

---

① 墨子：《兼爱》下。
② 墨子：《兼爱》下。
③《论语·子路》。

是缺乏“主体性”和“互主体性”的表现，至于墨子的“兼相爱”则颇有“主体性”和“互主体性”的思想闪光，“兼相爱”之“相”与“互主体性”所讲的相互承认对方是独立的主体，有相通之处。难道我们不应该发扬墨子的“兼相爱”以冲击一下儒家父子相隐的传统吗？

“兼爱”的第二个特点是“交相利”。墨子的“爱”不像孔孟的“仁”那样只是脱离物质利益的抽象道德观念，而是与物质利益紧密联系在一起的。墨子虽然也讲“仁”，但他的“仁”的含义远不同于孔孟的“仁”。墨子说：“仁人之所以为事者，必兴天下之利。”[①]可见墨子是以利来解释仁。西方的“主体性”思想的一个重要含义就是强调认识自然、征服自然，使自然有利于人，所以从这方面看，墨子的“兼相爱”实在可以说包含有“主体性”思想的萌芽。

三、理与情

情的合理化

我们还是回到哈贝马斯的交谈伦理学的理性特征。哈贝马斯认为，通过交谈、对话所建立起来的合理性不仅包括道德规范，而且包括情感、欲望、兴趣等在内。反之，按照康德的独白式，个人的情感、欲望、兴趣、爱好等特殊性的东西都必须排除掉，然后才能建立道德律的普遍性。也就是说，道德律只能建立在排除上

① 墨子：《兼爱》中。

述个人的特殊因素的纯实践理性基础之上，因为这些特殊的东西是不可能被普遍化的。可是哈贝马斯的商谈伦理学却恰恰主张，在通过商谈、对话以建立普遍的道德律时，个人的特殊因素都必须包括在内，都必须成为商谈、对话的内容。例如通过商谈、对话，大家同意建立某种公共的福利事业，这样就达到了个人情感、欲望、兴趣等的普遍性与合理性，因为通过这样的方式建立起来的公共福利事业，是大家都根据一定的理由所支持的，至于某些具有极个别性质和私人性质的欲望、兴趣等则通过妥协来解决。哈贝马斯的这套理论和想法，是否周全缜密，这个问题我不想讨论，我的兴趣在于它把个人兴趣等特殊因素都包含在商谈、对话之内而加以普遍化、合理化这一基本观点。中国儒家所讲的"存天理，灭人欲"，是一种与哈贝马斯的基本观点正好相反的思想。"存天理，灭人欲"就是把个人的欲望、情感、兴趣等都排斥在普遍性、合理性之外，更不用说都要排斥在交谈、对话之外（因为在儒家那里，"天理"也是独白式地建立起来的）。倒是戴震的"理存于欲"和"达情遂欲"说有点接近哈贝马斯的上述观点。戴震说："理也者，情之不爽失也。未有情不得而理得者也。""今以情之不爽失为理，是理者存乎欲者也。"①"天下之事，使欲之得遂，情之得达，斯已矣。……遂己之欲者，广之能遂人之欲；达己之情者，广之能达人之情。道德之盛，使人之欲无不遂，人之情无不达，斯已矣。"②戴震这些话多少有点哈贝马斯的意

① 《孟子字义疏证》卷上。
② 《孟子字义疏证》卷下。

思：即私人之情与欲可以“广之”而同他人之情与欲达到普遍性与合理性，这种普遍的、合乎道德规范的理包含私人的情与欲在内而不使之有所“爽失”。戴震当然不懂得“达情遂欲”之“理”需要通过人与人之间的交谈、对话方式才能获得。以戴震为代表的明清之际的“理存于欲”的思想只是中国近代思想的萌芽，我们不能要求它达到以哈贝马斯为代表的西方现当代哲学思想和伦理思想的水平。

有一种看法认为哈贝马斯关于私人情感、欲望和兴趣等应该普遍化与合理化的理论有极权主义之嫌，这当然是一种误解。极权主义所谓普遍的、共同的兴趣或利益是超乎个体之上的、与个体处于对立地位的东西，所以它可以起着压制个体性、灭绝个体性的作用，中国儒家所讲的独白式的“天理”就是如此：“理”高踞于“天”的位置而宰制人欲，甚至灭绝人欲。哈贝马斯所讲的个人情欲等的普遍性则是通过主体与主体之间相互交谈、对话所达到的共识，这种普遍性、合理性就在个人与个人、主体与主体之间，类似戴震所说的“理存于欲”那样，它显然没有任何压制个体性与主体性之意。

排斥情与理之外的两种方式

把个人情感、欲望和兴趣等排除在普遍的理之外，可以有两种方式：一是中国儒家的存天理、去人欲的方式，即将个人特殊性因素排斥在外而加以压制甚至灭绝；另一种是西方自由主义的方式，即承认这些个殊性因素在普遍的理之外的存在权，承认它们的相对性，认为它们既不可能被普遍化，也不应该把它们普遍化，因为个人的这些特殊性本来是个人的、主观的，原无客观性和客观标准之可言，社会只需有统一的道德规范就可以了，至于上述个殊性则不应通过普遍化而加以压制。哈贝马斯的理论显然不属于自由主义的范畴。在自由主义者看来，只要把这些个殊性加以普遍化，就有限制或压制它们之嫌，哈贝马斯的商谈伦理学就有这种弊端。

三种情理关系

显然，这里所谈到的关于“情”（指情感、欲望、兴趣等特殊性的东西）与“理”的关系在大体上可以概括为三种：一是“理”在“情”之上，“理”是独白式地建立起来的，它压制“情”，中国的正统儒家的“存理去欲”论属于这一种；二是“理”在“情”之中，“理”是通过交谈、对话建立起来的，“情”统一于“理”，哈贝马斯的商谈论理学属之，中国明清之际的戴震的“理存于欲”说有近似之处；三是“理”在“情”之外，“理”不管“情”，“理”和“情”都不属于交谈、对话的内容，自由主义属之，康德的伦理学有近似之处。第一种关系以普遍性压制了个性，第二种企图把个性结合在普遍性之中，第三种是强调个性和多元性。在西方，哈贝马斯的伦理学正引起一些人特别是自由主义者的担心，主要担心它会压抑社会的多元性。在有着儒家传统的中国，哲学思想和伦理学思想究应走向何方？是对话，还是独白？这都是严重的问题。

第十八章　知行问题的道德含义与认识论含义

一、知行合一的道德意义

中国的知行问题与西方的认识与实践

我们一提到知行问题，就想到认识与实践，并且认为认识就是指主体认识到客体、对象是什么，实践就是指改造世界、改造自然，使其为主体服务。但中国哲学史所讲的知行问题是否只是指的这种含义呢？或者更具体地说，是否主要地是指这种含义呢。其实，这种含义主要来自西方哲学传统，至于中国哲学传统所讲的知行，主要地不是指这种含义，而是指道德意义的知和道德意义的行。前一种含义的认识与实践问题是一个认识论的问题，后一种含义的知行问题是一个伦理道德问题。中国哲学传统所讲的知行问题主要是伦理道德问题，当然也包含认识论问题。把中国哲学史上的知行问题主要当作认识问题来讨论，从而把中国哲学史上的知行理论主要当作某种认识论来批判，未免文不对题，至少是不恰当的。

王阳明的知行合一说对传统儒家知行不可分离思想的总结与发展

中国哲学史上占主导地位的儒家大都有知行合一的思想，尽管他们中间有的重知，有的重行，尽管“知行合一”的命题直至王阳明才明确提出。孔子反对“言过其行”，孟子主张“养”浩然之气，将善端扩而充之，“强恕而行，求仁莫近焉”，[1]都含有知行合一之意。程伊川虽然主张“以知为本”，但认为“知之深则行之必至，无有知而不能行者”，“知而不能行，只是知得浅”。[2] 这可算作是王阳明知行合一说之先声。朱熹也讲知先行后，但仍认为知行不可分离：“知行常相须，如目无足不行，足无目不见。论先后，知为先；论轻重，行为重。”[3]王阳明更明确地提出了“知行合一”说。他认为知与行是一件事情的两个方面：“知之真切笃实处即是行，行之明确精察处即是知，知行工夫本不可离。”[4]他也认为知与行是一个过程，即所谓“知是行的主意，行是知的工夫。知是行之始，行是知之成。若会得时，只说一个知，已自有行在；只说一个行，已自有知在”。[5] 如果说，王阳明以前的一些儒家还只是主张知与行两者不可分离，却仍然认为它们是有明确区分的两件事，那么，王阳明所明确提出的“知行合一”说则把知行合一的思想推进到了这样的地步：知与行不仅仅是不可分离的两件事，而且就是一件事物的两个方面，犹如手心之于手背，从这一面看是手心，从另一面看是手背，从“明确精察”的方面看是知，从“真切笃实”的方面看是行，从一事之“始”看是知，从一事之“成”看是行。有一种看法，认为王阳明混淆了知与行，从而“知行不分”。这种看

---

① 《孟子·尽心上》。
② 《孟子·尽心上》。
③ 《语类》九。
④ 王阳明：《答顾东桥书》。
⑤ 王阳明：《传习录》。

法并不符合实际。王阳明的“知行合一”说是对前人知行合一思想的发展，多少有点像斯宾诺莎把笛卡尔的精神物质的二元论发展成为同一实体的两个方面、两种属性的一元论的情况，我们不能说斯宾诺莎把精神与物质、思维与广延混为一谈，同样，我们亦不能说王阳明混淆了知与行，“知行不分”“以知为行”“销行归知”。

王阳明以前的一些儒家特别是程伊川和朱熹一派的理学家，其所谓知行虽然主要的仍然是指道德意义上的知行，但比起王阳明来，毕竟还包含有西方哲学传统所讲的认识论意义上的认识与实践的含义，所以他们关于知行问题的理论总体来说虽然还是以知行合一的思想为主导；但毕竟还包含有把知与行看作是两事而非一事的思想，因为认识论意义上的知与行即认识与实践，的确是可以发生知而不行（即有了认识，但不去实践）或行而不知的情形的。可是道德意义上的知与行则是紧密联系、不可须臾分离的。王阳明专从道德意义上讲知行，几乎不讲认识论意义的知行，所以在他那里，知与行相合一的程度达到了前人所未曾达到的最高峰。王阳明所谓“一念发动处便是行”，[①]更明显地是指道德意义上的行。若把它当作认识论上的问题，则诚如王阳明所说，“只因知行分作两件，故有一念发动，虽是不善，然却未曾行，便不去禁止”。[②] 但此“一念”即是道德意义之“念”，则念善便是道德，念恶便是不道德，故一念之初便已是行。道德意义之念即是道德意义之行，道德就是要讲动机（“念”）。王阳明的原话：“我

---

① 王阳明：《传习录》。
② 王阳明：《传习录》。

今说个知行合一，正要人晓得一念发动处便即是行了，发动处有不善就将这不善的念克倒了，需要彻根彻底，不使那一念不善潜伏在胸中，此是我立言宗旨。”①可见王阳明“知行合一”说的“立言宗旨”就是有道德意义的。他虽然也提到学问思辨亦是行，但那种意义的行并不是它立论的主旨，而且他主要是为强调“工夫”之切实才说这番话的：“凡谓之行者，只是着实去做这件事，若着实做学问思辨工夫，则学问思辨亦便是行矣。”②王阳明从道德意义上明确提出“知行合一”说，把道德意义的知行作为“知行合一”说的“立言宗旨”，正好抓住了以往儒家一贯偏重道德意义的知行问题的探讨和强调知行不可分离的思想的核心，可算是对中国哲学史上知行理论的一个总结和发展。

二、从天人合一到主客二分，从道德意义的知行合一到认识论意义的认识与实践

道德上的“知行合一”与“天人合一”

“知行合一”与儒家的“天人合一”有密切的关系，可以说，知行合一就是为了达到天人合一的最高境界，知行合一是方法、手段，天人合一是理想、目标。

孟子认为人之善端乃“天之所与我者”，但必须扩而充之，“强恕求仁”，也就是必须通过修养之行，“反身而诚”，才能达到与天为一、与万物为一的天人合一境界，至此，人就可以成为最有道德

① 王阳明：《传习录》。
② 王阳明：《传习录》。

的圣人。

程伊川强调“学者须是真知，才知得便是泰然行将去也”。“人既能知见，岂有不能行？”知就是知理，而“理性本善”，故“真知”也就是知“良知”。能知良知，知理性本善，则只要“循理而行”，[①]就可以达到“与理为一”的天人合一境界。

朱熹讲“知行常相须”，其所谓知，就是知“天理”，而朱熹所谓“天理”或“太极”的主要内容是“仁”，也就是有道德意义的义理之天。他说：“义理不明，如何践履？”[②]所以朱熹和伊川一样，也认为循理而行即可达到“与理为一”的天人合一之境。

王阳明的知行合一说最明显地表达了它与天人合一说的密切关系。王阳明所谓的知是指良知，所谓行主要是致良知。人与天地万物原是一体，人之良知即天地万物之良知，人之心即天地万物之心。此心或良知又称“明德”或“一体之仁”，人皆有之。“是故见孺子之入井，而必有怵惕恻隐之心焉，是其仁与孺子而为一体也。孺子犹同类者也，见鸟兽之哀鸣觳觫而必有不忍之心焉，是其仁之与鸟兽而为一体也。鸟兽犹有知觉者也，见草木之摧折而必有悯恤之心焉，是其仁之与草木而为一体也。见瓦石之毁坏而必有顾惜之心焉，是其仁之与瓦石而为一体也。”[③]总之，人与一切生物以至非生物皆息息相通，“一气流通”，这是王阳明的天人合一说之主旨。王阳明认为，当人不为私欲所蔽时，人既

① 《宋元学案·伊川学案上》。
② 《朱子语类》九。
③ 王阳明：《大学问》。

能“自知”其良知，亦必能实行此良知，故“知行合一”之“本体”就是“天人合一”。但因私欲障碍，人往往不能实行其良知，知行分离，于是天人相隔，这既“不是知行的本体”，①也不是天人合一，不是天地万物一体之本然。只有“去其私欲之蔽，以自明其明德”，②亦即致良知—实行良知，才能“复其天地万物一体之本然”，③回复到天人合一，这也同时就是回复到“知行的本体”即知行合一。可见在王阳明那里，知行合一与天人合一已经达到一而二、二而一的地步：知与行合一则天与人合一，知与行分离则天人相隔。可以说，王阳明把中国儒家天人合一的思想与知行合一的思想以及二者间密切相关的思想都发展到了中国哲学史上的顶点。

王阳明以后，天人合一与知行合一的思想逐渐衰退，西方传统哲学中占主导地位的主客二分思想在中国哲学史上也逐渐抬头。主客二分式的一个主要特点是主体与客体原本相互外在、彼此对立，而主体要通过自身的主体性，认识客体（认识）和改造客体（实践），从而达到主客的统一。这样，以道德意义为核心的知行合一的思想，也就逐渐为认识论意义的认识与实践的思想所代替。明清之际以后的哲学发展趋势大体上就是如此。

认识论上的认识与实践和主客二分

王船山既有天人合一的思想，也有主客二分即所谓“能所”的

---

① 王阳明：《传习录》。
② 王阳明：《大学问》。
③ 王阳明：《大学问》。

思想，所以他既有道德意义的知行合一的思想，也有认识论意义的认识与实践的思想。而认识论在王船山哲学中占有比前人哲学中更重要的地位，就如同主客二分思想在他那里占有比前人哲学中更重要的地位一样。王船山明确反对程朱的知先行后说和王阳明的知行合一说，而主张“知以行为功”，[1]颇强调实践在认识中的地位，当然，这里说的实践还不是指阶级斗争和生产斗争，而是指一般的日常活动和行动。

颜元提倡“事物之学”，攻击程朱陆王的“主静空谈之学”，他所主张的“习行”虽然仍以“习礼”“习乐”为主，但他也从认识论角度强调实际活动在认识中的作用，他认为“格物致知”之“格”即“手格猛兽之格”，“格物”即“犯手实做其事”，[2]必须“手格其物而后知至”，“必箸取而纳之口，乃知如此味辛”。[3] 颜元实际上是形象地、具体地强调了实践在认识中的基础地位。

魏源公开反对天人合一和万物一体的思想，与此相应，他颇多主客二分的思想，着重从认识论角度谈知行问题，他强调“及之而后知，履之而后艰”。[4]

魏源以后的一些近代先进思想家如谭嗣同、梁启超等人也都不注重讲天人合一，他们强调“我”或“心之力”，实际上就是强调西方传统哲学中的主体性思想，着重讲认识论，讲主体改造客体即实践的作用，尽管他们中有的人也谈知行合一，但那已不是重

---

① 王夫之：《尚书引义》卷三。
② 《言行录》。
③ 颜元：《四书正误》。
④ 《墨子》。

要的了。至孙中山则明确提出心物二元论，公开反对以王阳明为代表的知行合一说，提倡“知难行易”说。不管他的知行观有颇多可以指责之处，但无论如何他摆脱了儒家主要从道德意义谈知行问题的旧传统，而专门从认识论角度谈知行问题，并强调实践的重要性，这是中国近代史上一些先进思想家向西方学习主客二分思想和主体性原则的一个总结和成就，是中国哲学史上的一大突破。如果说中国哲学史在王阳明以前是以天人合一和知行合一的思想为主流，那么，中国近代哲学史，或者说得早一点，自明清之际的王船山以后，则是一段学习和发展主客二分思想和以之为基础的认识与实践理论的历史。前者重道德修养，后者重科学认识。前者以王阳明为集其大成者，后者至孙中山而告一大的段落。

三、“知”哲学与“行”哲学

儒家传统重“为道”：“知”哲学与“行”哲学的统一

中国哲学史上占主导地位的儒家传统的知行合一思想决定了中国哲学史上的哲学家一般都要求把自己的哲学观点付诸实践，使哲学与实际生活，包括政治生活，打成一片。他们不单是讲哲学，而且要用哲学，身体力行。所以一般哲学家，当然主要是儒家，都集哲学与政治思想、伦理思想于一身，他们往往既是哲学家，又是政治家、道德家。儒家所讲的内圣外王最典型地说明了这一点。我很赞赏金岳霖对这个道理所作的概括：既有内在的圣智，就必然可以外在化为王者治国安邦之道，哲学思想必然可以在经国济世的活动中得到实现，哲学家必然要成为政治家。[1]所以“一位杰出的儒家哲人，即便不在生前，至少在他死后”，可以成为“无冕之王”。[2]

儒家哲人的这种特点不仅与知行合一思想直接相关，而且说到底还是他们的天人合一思想的表现。儒家的天人合一本来就是一种人生哲学。人主要的不是作为认识者与天地万物打交道，而是主要的作为一个人伦道德意义的行为者与天地万物打交道，故儒家的天人合一境界是一个最充满人伦道德意义的境界。在此境界中，哲学思想与道德理想、政治理想融为一体，个人与他人、与社会融为一体。这样，在儒家传统中，哲学与实际的政治生活、人伦生活合而为一，哲学家与实践的政治家、道德家合而为一，便是很自然的事情了。

西方传统哲学重“为学”：“知”哲学与“行”哲学的相对分离

和这种情况不同，西方哲学传统重主客二分，重对自然的认识与征服，重认识论与方法论，比起中国儒家传统来，较少重人生哲学。如果用“为道”与“为学”的术语来说，中国儒家传统是重“为道”，而西方哲学传统则是重“为学”。重“为道”的哲学家必然把自己的哲学与人生、生活紧密联系在一起，“按照自己的哲学信念生活”；[3]重“为学”的哲学家则比较脱离实际生活，处在实际生

① 参阅《金岳霖学术论文选》，北京：中国社会科学出版社，1990 年，第 359 页。
② 参阅《金岳霖学术论文选》，北京：中国社会科学出版社，1990 年，第 359 页。
③ 参阅《金岳霖学术论文选》，北京：中国社会科学出版社，1990 年，第 361 页。

活之外，用金岳霖的话来说，“他推理、论证，但是并不传道。……他懂哲学，却不用哲学”。[①] 也可以说，他“知”哲学而不“行”哲学，不身体力行。前者往往兼作政治家、道德家，后者则往往脱离实际，对哲学作学究式的研究，在自己的哲学推理和论证中自得其乐。这当然不是说西方传统哲学家不讲政治思想和伦理思想，相反，他们大都有自己的系统的政治思想和伦理思想。但在大多数情况下，他们的政治思想、伦理思想或与他们本人的生活虽有紧密联系，却与他们的哲学思想并无紧密联系；或与他们的哲学思想更有紧密联系，却与他们本人的生活并无紧密联系。他们都不像中国的儒家哲人那样，其政治思想、伦理思想既与哲学家的哲学思潮紧密联系在一起，同时又与哲学家本人的生活紧密联系在一起，[②]甚至于哲学家与政治家、道德家，哲学思想与政治思想、伦理思想都是同一的。

西方哲学的这种特点大都表现在西方近代哲学史上。上面所说的西方传统哲学主要的也是指近代哲学。这仍然是由于上面已提到的主客二分所造成的。主客二分式和主体性是西方近代哲学的模式和原则，故上述特点在西方近代哲学史上表现得较普遍、较明显。古希腊的苏格拉底、柏拉图和亚里士多德就不是这样，他们的情况和中国儒家颇有些类似，[③]柏拉图的“哲学王”

---

① 参阅《金岳霖学术论文选》，北京：中国社会科学出版社，1990 年，第 361 页。
② 参阅《金岳霖学术论文选》，北京：中国社会科学出版社，1990 年，第 359 页，我这里基本上采用了金岳霖在该书中阐发的观点。
③ 参阅《金岳霖学术论文选》，北京：中国社会科学出版社，1990 年，第 357—358、360 页。

就很像中国儒家的“内圣外王”之王。

西方现当代哲学重“为道”的趋势

西方现当代哲学家尽管仍然保持近代哲学史上的基本情况，但已经有接近中国传统的趋势。在这一点上，我倒是不完全赞同金岳霖的看法。金岳霖在《中国哲学》一文中认为西方现当代的哲学家与中国哲学家“大异其趣”，“中国哲学家都是不同程度的苏格拉底式人物。其所以如此，是因为伦理、政治、反思和认识集于哲学家一身，在他那里知识和美德是不可分的一体”。至于西方现当代，则“苏格拉底式的人物已经一去不复返”，“现代苏格拉底是再也不会有的”。[①] 金岳霖的主要理由是求知有分工，“每个知识部门都取得了很多专门成就，要我们这些庸才全部掌握是几乎不可能的”，所以我们“不必野心勃勃地要求某一位学者独立统一不同的知识部门”。[②] 我以为分工明细固然使哲学家不可能再像苏格拉底那样集伦理、政治、反思和认识于哲学家一身，不可能使哲学家同时成为政治家、道德家，就像中国哲学的情况那样。但西方传统哲学之所以具有哲学或哲学家与实际生活（政治生活、伦理道德生活等）的联系不那么紧密的特点，其主要原因还是在于人对世界的态度问题。中国儒家哲人的天人合一与知行合一的思想态度决定着儒家既是哲学家又是政治家、道德家，西方近代哲学的主客二分的思想态度及认识与实践的理论决定着西

① 参阅《金岳霖学术论文选》，北京：中国社会科学出版社，1990 年，第 360、361 页。
② 参阅《金岳霖学术论文选》，北京：中国社会科学出版社，1990 年，第 360 页。

方近代哲学家与实际生活有不同程度的分离的特点。至于西方现当代哲学中现象学和存在主义以至后结构主义思潮中的哲学家，则大反主客二分式，他们中的大多数人所提倡的实际上是类乎中国天人合一的思想（当然不是儒家式的天人合一），他们都把哲学思想与人的实际生活结合在一起，而人的实际生活在他们看来，不仅是认识自然、改造自然的认识活动与实践活动，也不仅是道德行为，而更重要的是人的感情、情欲等，他们大都公开反对做书呆子式的、学究式的学者，反对那种把人看作是只有认识，只知向自然索取而没有感情、情欲，只知理性至上而无非理性因素的干巴巴的观点。克尔凯郭尔（Soren Aabye Kierkegaard，1813—1855）、尼采、狄尔泰、海德格尔、萨特（Jean-Paul Sartre，1905—1980）等基本上都是如此。他们不一定全都像中国儒家哲人那样既是哲学家，又是政治家、道德家，但他们都关心实际生活，以致关心政治生活，他们的哲学都是不同形式、不同程度的人生哲学，他们也都要求身体力行自己的哲学，要求"按照自己的哲学信念生活"，这一点却是和中国儒家哲人非常相似的。尼采不就是由于自己的哲学信念而疯狂致死吗？尼采反对苏格拉底、柏拉图，主要是反对他们过分吹捧理性，吹捧知识，但就尼采哲学之紧密联系人生，紧密联系生活而言，则与苏格拉底、柏拉图有相通之处，尼采实际上是要超越主客二分和主体性的模式和原则以及重认识的西方近代哲学而回复到古希腊的某种意义的天人合一的时代。海德格尔向往前苏格拉底哲学是一个明显的例子。萨特明确主张哲学应具有实践性，他本人就是一个实践家，一个身体力行其哲学的哲学家。看来，西方现当代哲学中现象学、存在主义等思潮，就其要求与人生、与实际生活紧密结合这一点来说，颇有以新的形式回复到古希腊哲学之势，也是向中国哲学靠拢的一种表现。也许西方现当代哲学中的分析哲学多有金岳霖所说的那种情况，但毕竟分析哲学不是西方现当代哲学之全部。当然，金岳霖也举了分析哲学以外的英国新黑格尔主义的例子，他认为新黑格尔主义者的政治思想与其哲学虽有内在联系，但与这些哲学家本人（“只有格林除外”）的联系却“非常外在”。[①] 但金岳霖毕竟没有看到分析哲学和新黑格尔主义以外的现象学和存在主义哲学家们那种把哲学与实际生活紧密结合起来，并身体力行其哲学的特点。还是用“为道”与“为学”的术语来说吧。西方现当代的现象学与存在主义思潮反对西方近代哲学史上的重“为学”的旧传统，颇有中国哲学史上的重“为道”的思想，故其哲学以及哲学家本人多与实际生活紧密相连。金岳霖说西方现当代哲学家“推理、论证，但是并不传道”，这个说法未免笼统。其实，例如克尔凯郭尔、尼采就不搞甚至反对脱离实际生活的推理、论证，而着重“传道”，只是这里的“道”不能理解为中国儒家之“道”。克尔凯郭尔、尼采不但“传道”，而且身体力行其“道”。

四、道家既“知”“道”亦“行”“道”

西方现当代一些哲学家们所传的“道”或“天人合一”（借用中

① 参阅《金岳霖学术论文选》，北京：中国社会科学出版社，1990 年，第 359 页。

国哲学的术语来说)思想类乎中国道家式的“道”或“天人合一”。(关于两者的区别,这里不打算论述。)道家的“天”和“道”是没有道德意义的,这和儒家的“天”和“道”具有道德意义特别是封建道德意义很不相同。道家讲在天人合一境界中达到超脱,他们乃是既要超脱功利,又要超脱仁义。道家的情况似乎证明天人合一的思想并不一定导致知行合一,并不一定导致哲学家及其哲学与实际生活紧密结合,似乎只有在儒家那里才有这种由前者导致后者的关系。这种理解实际上只是表面的。儒家的天主要是有道德意义的义理之天,它所讲的知行问题主要是道德问题,故由天人合一导致知行合一,非常明显、易于说明;道家否定天和道的道德含义,其哲学似乎是脱离实际行动和实际生活的,但深入考察一下道家就知道,他们讲超功利、超仁义,却并不脱离实际行动和实际生活,他们并不是不关心社会政治生活的学究。超功利、超仁义也是一种实际行动和实际生活。道家也重“为道”,只是不为儒家之道,至于道家轻“为学”,则比儒家往往有过之而无不及。所以道家也不像西方传统的哲学家那样“推理、论证,但是并不传道”,而是既传道,也身体力行其道。道家和儒家都属中国传统,道家哲人和儒家哲人一样都关心社会、关心政治,都把哲学与社会思想、政治思想紧密结合起来,都有自己的政治思想和社会理想,只不过道家的哲学和政治理想、社会理想是企图超功利、超仁义的。当然,道家不像儒家那样大都是政治家。《老子》:“法令滋彰,盗贼多有。”(第 57 章)“我无为而民自化,我好静而民自正,我无事而民自富,我无欲而民自朴。”(第 57 章)这些,既是老子的哲学，又是其社会政治思想，可称做无为而治的社会政治哲学。《老子》还说："小国寡民……。甘其食，美其服，安其居，乐其俗。邻国相望，鸡犬之声相闻，民至老死不相往来。"（第80章）这是老子的社会政治理想。可见老子有明确的社会政治思想，而且与其哲学结合成了一个有机的整体，以不过它是一种反传统的社会政治思想。庄子的逍遥游和齐物论的思想既是一种哲学，也是一种讲绝对平等自由，讲超功利、超仁义的社会政治思想。庄子妻死，鼓盆而歌，乃是庄子身体力行其哲学的一种表现。

老庄虽不谈知行关系，但实际上都主张不但要知"道"，而且要行"道"。庄子说："且有真人而后有真知。"①"真知"当然不是像西方哲学传统那样指认识自然，而是指悟"道"，也就是以道观物，达到天人合一，以见物无不齐，物我不分。但要达到这种境界就需要修养，修养就是行。儒家的修养是道德修养，即"去私"，这是儒家的行；道家的修养是"去知""忘我"，这是道家的行。儒家要求通过行达到人与道德意义的义理之天合一，道家要求通过行达到人与无道德意义之道合一。庄子讲"体道"，也许就是指身体力行其道。

五、哲学与人生

哲学与实际的社会政治生活紧密相连，与哲学家本人的生活、行动紧密相连，这是中国哲学传统所走的道路；哲学与这些有

---

①《庄子·大宗师》。

不同程度的分离，乃是西方哲学传统所走的道路。中国哲学传统的老路一直保持到今天，似乎没有什么改变，“学哲学，用哲学”，集哲学家、政治家，以及其他各种家于一身，仍为当今的风尚。至于西方哲学传统的老路，如前所述，似乎更多地存在于近代，而现当代西方哲学中则兴起了一种与之异趣的思潮。我以为哲学是关于人的学问，本不应自外于实际生活，哲学家本人也应按自己的哲学信念生活。否则，哲学便会失去自己的光辉和生命力，中国哲学传统的道路在这方面是值得继承的，西方现当代哲学中现象学和存在主义等流派把哲学与人生紧密联系起来的思潮也是值得我们吸取的。但是第一，中国儒家的义理之天必须打倒，儒家的天人合一与知行合一的道德含义必须清除。只有这样，我们才能既把哲学与实际生活紧密联系起来，又不致使我们的哲学与实际生活被一套封建道德生活与政治生活的教条所束缚。这是在儒家传统根深蒂固的中国这个国度里发展哲学所应注意的一个重要问题。

其次，哲学既然应当与实际生活紧密相连，那么，每个人的实际生活不一样，则每个人的哲学思想和哲学信念也不可能完全一样，这是一个不可否认的事实。不同的哲学思想和哲学信念可以通过彼此间的交往和讨论，或相互融合，或更进而加深其自身、发展自身，这都不是用外在的力量所能强求的。

第三，哲学虽然应与实际生活紧密相连，但这并不是说哲学与实际生活包括政治思想、伦理思想就没有区别。与西方哲学传统相比，中国哲学传统未免有些与实际的社会政治思想和生活搅混在一起了。就此而言，西方哲学传统把两者的距离拉得远一些，也有它好的一面，即可以使西学得到更多、更深入的专门研究，不致出现集各种“家”于一身而对哲学并无深入的专门研究的哲学家。其实，把这样的人称为思想家也许更为合适。当今之世，求知为道，都有分工明细的特点，金岳霖所指出的这个事实是对的，我们不能因强调哲学应与实际生活紧密相连，就把哲学与实际的社会政治思想与生活不加区分地搅混在一起而不对哲学作专门的研究，搅混在一起的做法与看法确实是不合时宜的。

第十九章　道德与宗教——为道德寻找一种无神论的宗教根据

一、哲学史上关于道德的宗教根源问题的各种思想观点

柏拉图在《普罗泰戈拉》篇中讲了一个关于人类如何获得道德意识的神话故事：人在最初被诸神创造时，一小群一小群地散居各处，手足牙齿不如禽兽的爪牙坚硬有力，运动起来也没有禽兽那般飞跑的速度，很难谋生自保；即使为了抵御禽兽而聚集在城堡里，可是人与人彼此之间又相互残害，以致合而复分，面临被禽兽吞食的危险。主神宙斯抱着一颗怜悯之心，深恐人类会因此而毁灭，于是把他所掌管的道德意识即尊敬和正义的意识赐予了人类，而且强调在赐予这种礼物时，一定要分配到每一个人，要让所有的人都有道德意识。只有这样，人才能通过一条团结合作的纽带，建立社会秩序，群居而生存，如果有一个人没有尊敬和正义

的道德意识，他就会祸国殃民，应当处死他。[1] 这段神话显然会引起我们对关于道德与宗教关系问题的许多思考。

最直接、最通常的思考是，这则神话赋予了道德以神秘的起源，人的道德意识是由神赐予的，具有神的威力。事实上，每个人类社会都有某种形式的神话来说明和解释道德的起源。《圣经·旧约》中记载，摩西接受上帝的“十诫”，如“应孝敬父母”“不可杀人”“不可奸淫”“不可偷盗”“不可作假见证”“不可贪恋他人财物”等都是主神耶和华的命令，这和希腊主神宙斯赐予人以道德意识如出一辙。巴比伦和亚述神话中的太阳神沙玛什（Shamash）赠给巴比伦国王汉谟拉比（Hammurabi）的《汉谟拉比法典》也是道德意识源于神性之一例。这类神话似乎都意在表示，道德的权威性，或者说，道德命令的绝对性（无条件性），只能用神的意志来说明，道德只能以宗教为基础。[2] 中国殷商时代的宗教文化中有无关于居最高地位的神“帝”赐予人类以道德意识的类似记载，我没有研究，但至少到了周代，周人的“天”已不是“敬而远之”的殷商之鬼神，而是“监下民”、对人间的道德行为起着主宰作用的力量。所谓“以德配天”“天降德于人”，实皆道德意识源于宗教上神的意旨之意。当然，周人所说的“天”与希腊的“宙斯”，其宗教含义是有区别的。

对于上述《普罗泰戈拉》中的那段神话，甚至对于中国周人关于“天”降德于人的宗教思想，我们也可以有另一种相反的思考：

---

① 柏拉图：《普罗泰戈拉篇》320D—323C。

② 以上参阅 *The New Encyclopedia Britannica*, Chicago, 1993, V.18, pp.492 - 493。

宙斯之所以赐予人类以尊敬和正义的道德意识，是因为他看到，人类缺乏道德意识，就会陷入相互残害、没有社会秩序的状态，以致无法维持人类的生存。从表面上看，道德意识是由宙斯赐予的，道德意识源于宙斯，但实际上，宙斯的命令之根据在于维护人类社会秩序，维持人类生存，这不反而说明宙斯是依从于人类社会的状态吗？宗教是以道德为基础吗？事实上，柏拉图在其另一篇对话《欧绪弗洛》篇中已表示了他对于道德源于神力的观点的质疑：在这篇对话中，柏拉图通过苏格拉底对欧绪弗洛的发问，表达了自己的观点。苏格拉底问："我首先想了解的要点是：究竟虔诚的或圣洁的东西是由于它是圣洁的才为诸神所爱呢，还是由于它为诸神所爱才是圣洁的呢？"[①]这个问题表述了两种观点的尖锐的对立：一种观点是道德以宗教为基础，事物之所以是善的，源于它为神所爱，神所爱者为善、为虔诚或圣洁，神所恶者为恶、为不虔诚、不圣洁，善恶依赖于神。按照另一种观点，宗教以道德为基础，事物之所以是善的，源于事物自身，而非依赖于神。柏拉图在这篇对话中隐约地、但也无可怀疑地表达了这样一个观点：如果是神的赞许和爱使一种行为成为善的，那我们就可以问，为什么神赞许和爱这种行为而不赞许和爱那种行为。柏拉图主张，善与恶、对与不对的行为标准并不是以神的赞许和爱与否为转移。[②] 苏格拉底—柏拉图显然主张置宗教于道德基础之上，

① Plato, *Euthyphro*, 10A; *The Four Socratic Dialogues of Plato*, Oxford: Clarendon Press, 1949, p.24.

② *The New Encyclopedia Britannica*, Chicago, 1993, V.18, p.493.

而不是相反。

关于中国周人的“天”降德于人的宗教观点，我们同样也可以做出类似的思考。周人其实只是表面上主张“天”降德于人，实际上，其最终目的是借畏“天命”以明人德。周人宗教上的天命论实以人伦道德为基础。这一点到孔子发展得更为明显。孔子显然有类似于苏格拉底—柏拉图把宗教置于道德基础之上的思想。不过，这里我必须立刻指出的是，两者的伦理道德观又有很大的差别，甚至可以说，差别大于相似。孔子的“天”已不具有外在性、彼岸性。孔子讲“仁”，“仁”出自人的天性。“仁远乎哉？我欲仁，斯仁至失。”[①]孟子说得更明确：“仁义理智，非由外铄我也，我固有之也。”[②]宗教意义上的“天”几乎被撇到了一边。但孔孟并非不言天。《论语》中多处言及天：“子见南子，子路不悦。夫子矢之曰：‘予所否者，天厌之！天厌之！’”[③]这句话至少可以解读为，在孔子那里，人之好恶与“天”之好恶相通。孟子言人之善心乃“天之所与我者”。[④] 这句话从字面上似乎可以解释为道德意识乃“天”之所赐，好像希腊神话中的宙斯赐予人以尊敬与正义的道德意识一样，但这种解释显然是肤浅可笑的。结合孟子讲的“四端”“我固有之”，“万物皆备于我，反身而诚，乐莫大焉。强恕而行，求仁莫近焉”等思想来看，在孟子那里，很显然，人的道德意识既是人所固有的，又是天之所予，人与天合而为一，天并非外在于人

---

① 《论语·述而》。
② 《孟子·告子》上。
③ 《论语·雍也》。
④ 《孟子·告子》上。

的，并非彼岸的。孔孟这种伦理道德观的非彼岸性、现实性对于我国思想文化传统缺乏彼岸性、超验性的宗教意识起了决定性的作用。

与孔孟的伦理道德观点不同，苏格拉底—柏拉图的思想观点则要复杂得多。柏拉图既有置宗教于道德基础之上的思想，如我们在上面所看到的那样，但又有很多灵肉二元对立和超验性、彼岸性的宗教神秘主义，从而使柏拉图主义经过长期发展而成为影响整个西方思想文化传统的基督教置道德于宗教之下的伦理道德观。柏拉图认为，人的灵魂原本与永恒的“理念”结合在一起，只是由于灵魂与肉体的结合亦即由于人的出生，忘却了它与理念的原初结合，而堕入感性的、变动不居的世界。因此，要获得“理念”之真知识，就必须通过理性的净化（柏拉图所谓的“辩证法”）和道德的净化过程，以回复到灵魂之本然。在柏拉图看来，“理念世界”本身是神圣的，灵魂居于此世界之中，乃是居于自己的家园中，因此灵魂的本性也是神圣的。灵魂通过净化过程，超越肉体之束缚，也就是灵魂回归自己家园的过程。柏拉图所谓“善的理念”，不仅是最高的理念，而且超越了理念的世界，它乃是理念世界或者说存在和知识之源。[1] 灵魂通过净化过程以后所达到的境界不仅是真正的知识，而且是一种超越知识的、与“善”合一的状态。[2] 总之，灵魂所回归的家园是一个以善的理念为根源、为

① 参阅柏拉图：《国家篇》508C—509B。
② 参阅柏拉图：《会饮篇》211E—212A。

善的理念之阳光所照耀的神圣的家园。灵魂与神原来就有“同类”性,[①]或者用更通俗的话来说,人性原来就具有神性。“只有热爱智慧的人,才能进入彼岸”,回到“天外”的神圣的家园。[②] 这神圣的领域既是人的“家园”,又在超越于现实世界的“彼岸”。这正是柏拉图思想的复杂而丰富之处。就其主张人性本具神性而言,颇有些类似孔孟的天人合一。孔孟基于天人合一而主张人的道德意识“仁”乃人之“天”性;柏拉图基于人性本具神性而主张诸神之所爱乃人之所爱,乃人之所认为善的。孔孟与柏拉图在这里有相通之处。但柏拉图又主张“理念世界”及其源泉“善”在“感性世界”之“彼岸”,这种思想则是孔孟所没有的。正是这一点造成了他们所影响的中西传统思想文化的区分,造成了中西传统思想关于道德与宗教关系的观点的分歧。

原来,柏拉图思想的来源既有先前的以宙斯为首的奥林匹斯诸神的多神教,又更多的是后来流行的奥尔弗斯教(Orphism)。希腊多神教认为即使是主神宙斯也要受一种隐藏在一切背后的无可抗拒的神秘力量“命运”所控制。因此,柏拉图认为,“正义”的道德意识并非取决于宙斯的命令。[③] 但柏拉图的“理念论”则是受奥尔弗斯教的影响,这是柏拉图的二元论和彼岸思想的主要来源。但即使是柏拉图思想的这一个方面,也与后来基督教的道德以宗教为基础的神学有不小的差距,这中间有一个发展过程。

---

① 参阅柏拉图:《蒂迈欧篇》,90A—D。

② 参阅柏拉图:《斐德罗篇》,247C—248A。

③ 参阅罗素:《西方哲学史》上册,李约瑟,何兆武译,北京:商务印书馆,1963年,第154页。

柏拉图的二元论和彼岸思想还没有上帝从无中创造出世界的观念。他的最高的理念，善的理念，还不能说是人格的上帝。他在《蒂迈欧》篇中所表达的神造世界说，似乎认为在神之前已存在着质料，但这些质料漫无秩序，神不过是从无序中创造出有秩序的世界。[①] 柏拉图之后，首先有纪元前后的菲洛。他认为有一个不能为人所认识的上帝，或者说超越了人的认识能力的上帝，他创造了人，人的灵魂是上帝的创造物，是上帝所赐予的恩典，灵魂并不如柏拉图所说的那样具有神性的本性。这样，在菲洛那里，灵魂的净化过程就不是灵魂回归到自己的家园的过程，而是向彼岸的上帝的渴望。超验的彼岸性的上帝在菲洛这里已经明显地表现了菲洛对柏拉图思想的背离。关于超验的、彼岸性的上帝的思想，自菲洛起，似乎越来越改变了柏拉图的理念论：理念不再像在柏拉图那里那样是终极的东西，而是隶属于上帝的。到了基督教，人格化的上帝观念、上帝从无中创造世界的观念、恩典的观念，都非常明确而成为基督教的超出柏拉图主义的特点，从而在道德与宗教的关系问题上基督教也有不同于柏拉图主义的观点：在柏拉图主义那里，人的灵魂本身具有神性，道德是人的灵魂自身的净化，是灵魂摆脱肉体的束缚而返回自身家园的行为；在基督教这里，创造者与被创造的造物之间有着根本的对立，人的灵魂亦属由无中创造的造物，不具有神性，人的本性是有罪的，即所谓“原罪”，道德是圣灵的产物，人要靠信仰上帝才能受到“救赎”

---

① 参阅柏拉图：《蒂迈欧篇》30A；罗素：《西方哲学史》上册，北京：商务印书馆，第190页。

的恩典而有道德。从柏拉图主义到基督教，在道德与宗教关系问题上，似乎实现了一个由以道德为宗教之基础到反过来以宗教为道德之基础的转化。

基督教的神性与人性二元分裂的内在矛盾，在整个西方历史发展的进程中日益尖锐，从而使基督教的神权统治地位逐步衰微。文艺复兴以后，到了 17 世纪，特别是 18 世纪，基督教的彼岸性的人格化的上帝日渐隐退，以宗教为基础的伦理道德观也越来越难有立足之地。但是在相当长的一段时间内，在许多大思想家那里，道德仍离不开神，哪怕这个神已经远离了基督教上帝的含义。伏尔泰虽然破口大骂基督，但为了赏善罚恶，他仍然说："即使没有上帝，也有必要捏造一个上帝。"卢梭、康德等人强调人的道德本性，但他们都在赶走基督教的彼岸性上帝的同时，却又在人的本性中安置了一个上帝。上帝的神性和人性是同一的。卢梭认为人天生就有对与自己息息相通的同类人的"同情感"，这是人的"天性"，也就是人的"良心"。人之所以把自己看作同别人一样，希望别人也不受痛苦，就是出于"同情感"，出于"良心"，出于人的"天性本身"。这种同情感、良心、天性是我们从事道德行为的基础、根据。"在我们的灵魂深处生来就有一种正义和道德的原则；尽管我们有自己的准则，但我们在判断我们和他人的行为是好或是坏的时候，都要以这个原则为依据，所以我把这个原则称为良心。"[①]值得注意的是，卢梭把道德上的"良心"等同于宗教上

① 周辅成编：《西方伦理学名著选辑》下卷，北京：商务印书馆，1987 年，第 143—144 页。

的“上帝”。“良心呀！良心！你是圣洁的本能，永不消逝的天国的声音。……是你在不差不错判断善恶，使人同上帝相似！”[①]卢梭的话多少使我们联想到中国人爱说的“天理良心”，“良心等于天理”，尽管中国人对“天”尚缺乏卢梭说的那种“对永不消逝的天国的声音”的西方式的宗教感情。

康德深受卢梭的影响，他对卢梭把宗教信仰植根于人的道德本性的基本思想做了更进一步的发挥，从理论上做了细微的论证。康德在《纯粹理性批判》中从理论认识的角度赶走了上帝，但在《实践理性批判》中又认为，为了道德之故，有必要“设定”一个上帝。在康德这里，上帝仍然立足于人的道德本性，这和卢梭的观点是一脉相承的。

总之，在西方近代思想史上，基督教那种居于彼岸世界而又主宰人间祸福的上帝固然退隐了，作为人伦道德之根源的上帝固然退隐了，但仍然有许多思想家没有摆脱上帝的阴影，尽管他们的上帝观念已大不同于基督教的上帝观念。在这些思想家心目中，似乎不能有根本没有宗教信仰的道德。

中国传统思想把人的道德意识都说成是“天理”。其实，大家都知道，中国人的“天”并不是基督教的上帝，“天”不是外在于人的彼岸力量，人的道德并不是像基督教主张的外在于人的力量所赐予的，它既是“人”性，又是“天”性，天与人合而为一。这种情况在某种意义上与卢梭之把良心等同于上帝颇有些类似。中国传

① 周辅成编：《西方伦理学名著选辑》下卷，北京：商务印书馆，1987年，第146—147页。

统思想需要把“人性”说成是“天理”，同西方在基督教的上帝退隐之后一些思想家需要在人的道德本性中安插一个上帝一样，都是要为道德找宗教上的支撑，以增加道德的权威性。伏尔泰说的“即使没有上帝，为了赏善罚恶也有必要捏造一个上帝”，这话已很明显地表现了宗教服从于道德需要的思想。卢梭、康德的上帝，从实质上来看，也是出于道德需要宗教的权威性。中国传统中礼教杀人的无数事例，其实都是给封建道德的教条披上“天理”的虎皮（权威）以压制人欲。戴震说的“人死于法，犹有怜之者；死于理，其谁怜之！”真是一语中的，生动地说明封建道德需要靠“天理”的支撑才能发挥其最大效力。戴震的话主要是针对中国封建道德以礼教杀人的方面而言，事实上，中国儒家一般讲的人性本善的道德本性也都是借“天理”的虎皮以发挥其效力。

从以上的历史事实可以看到，在主张人有“原罪”、人性本恶，需要有上帝赐予人以道德的恩典才能获得拯救的基督教之外，无论在西方还是在中国，都有很长的历史时期，一些占主导地位的道德观（在西方如卢梭、康德等人的思想，在中国有儒家的思想）也仍然或则离不开“上帝”，或则离不开“天”。难道道德必然要以宗教来树立自己的权威吗？道德命令本身就有没有绝对性吗？人为什么应该讲道德？道德的绝对性只能在于宗教吗？在西方现当代，像传统基督教教义那样一种对主宰人间祸福的人格上帝的信仰，已经是日落西山了，但连爱因斯坦这样伟大的自然科学家也还信仰一种他所谓的“宇宙宗教”（我认为这实际一种无神论的宗教）；美国当代著名神学家田立克一方面反对人格上帝，一方面又认为，他所主张的作为人的“终极关怀”的超主客关系之“一体”需要有一个人格的象征。西方现当代思想的主流似乎仍然认为道德离不开宗教，“没有宗教的道德”(morality without religion)是不能发生效力的。中国自鸦片战争、五四运动以后，特别是新中国成立以后，“天”的确被打倒了，什么“天命”“天理”都成为落后的代名词。但是中国传统思想中一向与“天理”并提的“良心”、道德是否也同时而彷徨起来了呢？与“天理”同时被打倒的固然主要是封建礼教之类的东西，但中国传统的道德观中也有很多合理的东西，是否也一起被弃置了呢？没有“天理”“良心”，道德难道就没有支撑吗？

二、“万物一体”可以代替“上帝”和“天”而成为道德的神圣性根据

上述这许多问题，归结起来，都是一个道德的根据问题：人为什么一定要讲道德？各民族的进化史上，大概都有一个很长的时期需要把对神的敬畏作为道德的根据。这种情况，各个民族、各种宗教文化那里都是如此。[①] 前面说的西方传统主要是在“上帝”那里找道德的根据，中国传统主要是在“天”那里找道德的根据，不过是其中最明显的例子。现在的问题是：除此以外，道德的根据何在？换言之，没有上帝的道德之根据何在？没有天的道德之根据何在？道德可否不需要上帝？可否不需要天？这无论

① 参阅[德] 包尔生(F. Paulsen)：《伦理学原理》，蔡元培译，北京：商务印书馆，1934年，第 175 页。

在西方还是在中国，主要都是在各自的近代史上所提出的问题。许多人就因为道德无所据，便认为道德是可有可无之事，有的人甚至由此而走上道德堕落的境地。所以道德的根据问题，人为什么一定要讲道德的问题，是人生不可回避的一个极其严重的问题。

在西方近代史上，不再在上帝那里找道德根据的思想学说主要有社会契约论。社会契约论有多种多样，其所谓契约是一种假设。大体上说来，其思想实质都是认为，道德律源于一种“社会的相互制约”（social interaction）：人们相遇在一起，过着社会生活，大家都需要对各人自己的自由加以妥协、节制，以达到相互都可以接受的社会状态，这就是道德的功能。[①] 社会契约论者都主张自然法，在他们看来，自然法也是一种道德规律，这种道德律不是上帝赋予的，而是出于人为了维持大家能在一起共同生存和生活下去的需要。社会契约论否定了上帝对于道德的绝对性和权威性。但社会契约论所讲的道德只能有相对性，缺乏绝对性和权威性。道德之所以必要，并不仅仅是为了维护社会秩序，使人的生存和生活得以维持。社会契约论为道德所找到的根据还只是外在的，它不能说明人为什么从灵魂深处要讲道德，要服从道德律。上帝的权威被打倒了，这是历史的一大进步，但社会契约论并没有为道德找到足以代替上帝的权威。

功利主义、快乐论认为人生的目的就是寻求现实的功利、现实的快乐，得到功利、得到快乐（我这里只是就功利主义之所谓

---

① 参阅 Arthur Chappell，*Morality without Religion*，GM Humanist，No.6，October，1994。

“最大多数人的最大幸福”而言)，就是善、就是道德。功利主义、快乐论不在上帝那里找道德的根据，这是值得肯定的。但功利主义、快乐论的缺点也是很明显的，它早已遭到西方许多哲学家、伦理学家的驳斥。英国新黑格尔主义者布拉德雷(F. H. Bradley，1846—1924)在其名著《伦理学研究》中列有专章，对功利主义、快乐论作了详尽的系统的批评。其中，我认为最有意义的是两点：第一，布拉德雷认为，人生并不以追求现实的功利、现实的快乐为最终目的。与此相联系的是，第二，功利主义、快乐论者都认为道德是得到快乐的一种手段，然而道德之为道德，正在于它是以本身为目的，功利主义、快乐论的错误在于把道德看成服务于一个外在目的的手段。[①] 布拉德雷对功利主义、快乐论的种种反驳，其中有的过于烦琐，但他的思想启发了我们：道德并不像功利主义者、快乐论者所主张的那样是人生中低于功利、低于快乐的文化层次，而是相反，道德高于功利、快乐。显然，功利主义、快乐论不但没有回答道德的绝对性、权威性问题，而且降低了道德的地位，把道德看成是达到功利、快乐的手段。

中国自 20 世纪道德的“天理”根据被推翻之后，似乎就再也没有找到道德的绝对性、权威性的根据。西方社会至今仍有基督这样一个道德上的神人作为人们的行为楷模，中国传统思想以“天理”为依据，也有一套道德秩序(封建的道德秩序)可循。但是我们当前在一部分人心目中，似乎什么权威性、绝对性都是虚无

---

① 参阅 F. H. Bradley，*Ethical Studies*，Oxford：Clarendon Press，1927，pp.62－70，82－94，114－115。

飘渺、迂腐可笑之谈，金钱第一、唯我至上，道德不道德都不过是说给别人听的浮华不实之词。不少学者都在试图从中国传统思想中找到重振道德之权威性的资源。我以为这项工作非常重要，这个方向非常正确。问题是如何重振？重新恢复“天”这张虎皮，恐怕没有人会这么做。照搬西方的“上帝”，显然不合中国的国情。我还是认为要走中西结合之路。

我在《哲学导论》等著作中结合中西哲学详细地讲了万有相通、“万物一体”的道理，这里不再重复。这里主要是想申述一下如何把道德建立在“万物一体”的基础之上的问题。说得更通俗一点，就是我想以“万物一体”代替西方的“上帝”和中国的“天”的地位，使我们的道德重振自己的权威性、绝对性。我以为这对于我们民族更加讲道德、更加尊重道德，会有一定的促进作用。我们现在一部分人不注重道德，最根本的原因也许是由于道德在当今失去了自己的权威性，我们要为“天”被打倒以后弥补道德无所依据的真空。我们当前都在谈论道德的教育问题，我想，建立道德的权威性才是道德教育问题的核心。

由天地万物彼此相互联系、相互作用、相互影响（一句话，彼此相通，包括人与物、人与人、物与物之间的相通）所构成的网络之整体，我称之为“万物一体”，这个“一体”是每个个别的人或物之最终极的根源。任何一个人、任何一个物，如果离开了这个“一体”，就不成其为一个人，不成其为一个物。人之不同于一般自然物的特点在于他能意识到这一点，或者说能领悟到这一点。这是人所独有的灵明，而动物则不能意识到它不能须臾离开这个“一体”之源，动物没有这种灵明。所以，人之为人，或者说，人要成为一个真正的人，就在于有这种领悟。但人在日常生活中，由于程明道所谓“自私而用智”[①]之“自私”（这里的“自私”不是指损人肥己，应是指人皆有之的私欲）或陆象山所谓“与焉之过”，[②]而采取自我中心主义，以我为主，以他人为客，因而与“万物一体”之“一体”分离开来，不能达到“廓然而大公”的一种与万物为一体的境界，人也就不成其为一个真正的人了。这样，人要做一个真正的人，就需要超越主客二分的生活态度，回到“万物一体”的怀抱，把自己与“一体”之源重新融合起来。所谓“宇宙不曾限隔人，人自限隔宇宙”，[③]正是要我们回复到人与宇宙万物为一体之“本体”。我这里说的“回复”或“重新融合”都不是要求我们简单抛弃主客二分，简单抛弃私欲。禁欲主义是我们所反对的。主客二分乃“人生在世”之必然结构，人有私欲乃生存之必需。如果说主客二分和私欲比起与万物为一体的境界来是一个“迷途”，那也是人生必然要经历的一个“迷途”。问题是人生之真谛在于“迷途知返”。这里所要求我们的是“超越”，即超越主客二分，超越私欲，这种“超越”的要求正是我们在道德上所“应该”做的事。我们做到了“超越”，做到了道德上所“应该”做的事，那就是重新与他人融合为一，回复到了与万物为一体，那也就是领悟到了人生之真谛，成为一个真正的人。反之，不思超越，沉溺于一己之私，做道德上

---

① 程明道：《定性书》。
② 陆九渊：《象山全集·卷一·与赵监二》，四部丛刊本，第13页。
③ 陆九渊：《象山全集·卷三十四·语录》，四部丛刊本，第9页。

“不应该”做之事，那就不是一个真正的人。所以这里的“应该”是直接关涉“是人”“不是人”的人生最根本、最终极的严重问题。这种“应该”是绝对的应该，它不是那种出于某个外在目的而为之的应该，而是出于人性之本然而为之的应该。[①] 人在本性上有做道德上“应该”做之事的愿望，也就是说，道德是人之本性，是人生在世的必然环节。布拉德雷说，为某个外在的目的而为善，那就永远不能窥见道德之真义，那是与道德意识相违背的，道德之真义就在于使人成为“真实的人”，道德行为是一个“使我自己成为真实的历程”，如果硬要问道德上的“应该”为什么“应该”，有什么“目的”？“为什么要讲道德”？那也可以回答说，道德行为本身就是目的。它是使人成为真实的人的活动，此外，别无目的。[②] 总之，道德上的“应该”是绝对命令。如果说有一个最高、最终极的发号施令者，那就是“万物一体”。它是万物之源，是人之源。人与任何他人“本是同根生”，皆以它为源。服从它，做所“应该”做之事，从而达到与万物为一体之境界，就是真正的人，否则，就不成其为人。例如，道德律要求我们“应该”做到“己所不欲，勿施于人”，这就是要求我们以一种与万物为一体的“民吾同胞”的精神对待他人的欲望。我们能做到这种道德上“应该”做之事，就是真正的人，否则，就不成其为人。所以，人只要有了对“万物一体”的领悟，就必然地、无条件地会讲道德，会做道德上“应该”做之事，

---

① 这里主要受田立克(Paul Tillich)关于区分“无条件的应该”与“有条件的应该”的观点的启发。

② 参阅 F. H. Bradley, *Ethical Studies*, Oxford: Clarendon Press, 1927, p.46, p.50, pp.55-56, p.80。

就像虔诚的基督教徒有了对“上帝”的信仰，就必然地、无条件地服从上帝的命令讲道德，做道德上“应该”做之事一样，或者像中国传统思想那样必然地、无条件地听命于“天”（“天理”）。这样，我们就为道德找到了哲学上本体论的根据，不致于在“上帝”和“天理”被推翻之后道德却彷徨无所依。

前面谈到人与人“本是同根生”，皆以“万物一体”为根，故人对人“应该”做到“己所不欲，勿施于人”。我这里所讲的“本是同根生”和基督教所讲的人与人皆以上帝为根，故人应该爱他人的观点，有一个很大的不同。除了传统的基督教义所讲的上帝是人格上帝这一点毋庸再谈之外，这里主要想强调的一点不同之处是，基督教的上帝这个根是超验的创造者，而人是被创造者，这两者之间原来是有鸿沟的。人有“原罪”，只是靠上帝的恩典而获得拯救。人之所以应该爱他人，在于人与人同为上帝的造物，在于通过上帝。而我所讲的万物一体之“一体”不是超验的，万物皆在时间之内，“一体”也是在时间之内永无止境流逝之整体，我称之为“动态的整体”。人与人（以至天地万物）构成一个整体，人与这个整体的关系不是时间之内的造物与超验的、创造时间的创造者之间的关系。所以在万物一体之中的人与人，不是通过一个超验的什么东西而相爱，而有“民吾同胞”的精神；万物一体之中的人与人，用我经常用的一个术语来说，是由于彼此“相通”而相爱、而有“民吾同胞”的精神。王阳明讲的“一体之仁”与基督教传统教义讲的人与人因同为上帝的造物，故应该彼此相爱，两者有根本的区别，我讲的万物一体的思想，与王阳明的“一体之仁”有传承的关系。

前面多处谈到道德上“应该”做之事。原来，凡讲道德都是讲的“应该”或“应然”，而非“已然”或“实然”。所以道德行为都有一个实现此行为的过程，即把“应然”转化为“实然”的过程。现在的问题是，此过程何以必需？有什么哲学理论上的根据？前面说过，道德行为是人之实现为人的过程。人虽然实际上总是生活在万物一体之中，丝毫离不开与他人、他物结合为一的整体，但人的日常生活大多处于主客二分的“在世结构”中。因此，人的一般生活态度，或者说生活境界，都与建立在“万物一体”基础上的“民胞物与”精神有或多或少的距离。人要成为一个真实的人，成为一个与万物为一体、具有“民胞物与”精神的人，就要缩短这个距离。有的人人生境界比较低，较多地陷入一己之私，这种人虽然知道“应该”与人为善，“应该”爱人，或者说知道“应该”有“民胞物与”的精神，但要实行这道德上“应该”之事，其间的距离比较远，也就是说，这种人要成为一个“真实的人”，需要克服私己的难度比较大。反之，越是较少陷入一己之私的人，其到达实行道德上“应该”之事的距离越短，也越容易接近成为一个“真实的人”。但无论如何，一个人从当前的生活境界之水平到实行“应该”，把“应然”变为“已然”，其间总是有某种距离。否则，就谈不上“应该”。“应该”总是蕴含一种“未然”或“尚未”，即距离。所以道德总是一种向着尚未实现却应该实现的理想的追求，总是一种弥平距离的过程，人生也正是这样一个向往成为“真实的人”的追求过程。“人皆可以为尧舜”，说的不过是人人在原则上皆可以成为“真实的人”，成为尧舜，但并非人生而为尧舜，这里需要的是做道德上的努力，也就是平常说的道德修养，即克服一己之私，向着“万物一体”“民胞物与”的精神境界迈进。

问题是，有的人愿意做道德上的努力，有的人不愿意或不甚愿意做这种努力。这里的关键还是在于“万物一体”是否真正能对道德具有权威性。基督教的“上帝”或中国传统的“天理”以不同的方式都对道德起着绝对权威的作用，故虔诚的基督教徒和深受中国传统思想影响下的人都能因信仰上帝或因不敢违背天命而无条件地愿意做道德上的努力。上帝和天命都具有神圣性（尽管两者的神圣性的含义不同），它们对道德的权威性正是由于它们的神圣性。现在我们讲“万物一体”，这“万物一体”的境界能像“上帝”和“天理”那样具有某种神圣性吗？

一般人的日常生活，主要采取主客二分的人生态度，心目中总离不开一个以我为主的“我”字，我在《哲学导论》中把这种状态叫做“有我之境”。人在这种境界中，“昭昭察察”，人我之间界线分明，对于利害得失都有精明的计较，这是一种毫无神圣性的境界。但是当人经过努力（道德修养，还应该包含审美方面的修养），超越了主客二分，达到一种与万物为一体的境界之时，人就忘了一切限制，忘了我与他人之间（包括与他物之间）的“限隔”，我称这种境界为“忘我之境”。人在这种境界中，超越了人的有限性而与无限的整体（“万物一体”之“一体”）融合为一，人由此而获得了“永生”。[1] 我以为这就是一种神圣性。平常总是把神圣性

① 参阅张世英：《新哲学讲演录》，桂林：广西师范大学出版社，2004年，第213页。

理解为只有人格神才能具有，我这里讲的神圣性乃是一种无神论的神圣性。这种神圣性是与上述“有我之境”中那种以我为主、斤斤计较的状态相对的。这种神圣性有点像奥地利宗教家、哲学家布伯所说“我—你”公式中的神性，它与“我—它”关系中的非神性是对立的。尽管我不赞成人格上帝，但布伯认为，按“我—你”公式生活的人具有神圣性，而按“我—它”关系生活，把人看成物（“它”），[①]则人无神圣性，这个基本观点是很有启发意义的。一个处于“万物一体”的境界中的人，一个有道德的人，是有神圣性的；一个一心沉溺于私己的人，一个不讲道德的人，是没有神圣性的。我以为正是“万物一体”的这种神圣性构成它对道德的权威性，正是对“万物一体”的神圣性的崇敬，激励着人要成为一个“真实的人”—成为一个本性上有神圣性的人，激励着人要无条件地做道德上“应该”做之事。如果有人说对“万物一体”的神圣性的这种崇敬之情仍然是一种宗教感情，我倒也很乐意接受这种提法，只不过我要补充一句，这是一种无神论的宗教感情。如果有人说我在这里仍然是把道德置于宗教基础之上，那我也是愿意接受的，不过我仍然要说，这是一种无神论的宗教。我们平常说“劳工神圣”，我们为什么不可以说人在本性上有神圣性呢？

由此观之，道德与宗教（指我所说的“无神论的宗教”）两者既不相同而又相通，其间的关系可以说是同一过程之始与终的关系：道德之为道德在于“主客二分”的生活态度与“万物一体”的

① 参阅张世英：《新哲学讲演录》，桂林：广西师范大学出版社，2004 年，第 364—367 页。

生活境界之区别和差距，道德上的“应该”就是讲的“应该”克服这种差距，“应该”超越主客二分，达到与万物为一体的境界，以“民吾同胞”“廓然而大公”的精神待人。但一旦达到了这种境界，道德作为道德就完成了自身的任务而进入了“万物一体”的宗教领域（指我所说的无神论的宗教领域）。可以说，“万物一体”的宗教乃道德之终极目标，道德以完成自身而结束自身。这乃是道德的悖论，[①]如果可以套用王阳明关于知行合一理论的话（“知是行之始，行是知之成”）来说，那么，在某种意义上也就可以说，道德是实现真实的人的行为过程之“始”，“万物一体”的宗教是实现真实的人的行为过程之“终”。道德与宗教是一而二、二而一的东西，始与终既有区别，又无截然可分的界线。

如果从自由不自由的角度来看道德，则道德作为道德总具有某种强制性，“应该”就有强制之意。从主客二分的生活态度和私己的立场来看“万物一体”、“民胞物与”，后者对于前者不能不有“他律”的意味。超越主客二分，克服私己，做道德上“应该”做之事，并非轻而易举，必然会感到“他律”的强制性，这正是道德的不自由之所在。席勒认为道德义务是“理性冲动”，是一种“限制”，具有强迫性，是一种“不自由”。席勒的观点[②]是很有道理的。不过，道德上的这种强制性不是来于外在的权威或某种需要，而是出于人性之本然、出于人皆愿成为真实的人而自愿做的“应该”，

---

① 这里受布拉德雷的“a moral duty to be non-moral”观点的启发，参阅 F. H. Bradley, *Appearance and Reality*, London: George Allen & Unwin LTD. 1987, p.436; *Ethical Studies*, pp.410－430。

② ［德］席勒：《审美教育书简》，第 15、23 封信。

这是一种自愿的强制，人本性上自愿强制自己超越主客二分，克服私己，从事道德行为。这样，“他律”也就转化成了“自律”，不自由也就转化成了自由。当道德实现了自己的任务而进入“万物一体”的宗教领域时，天人合一，人己一体，毫无限隔，人也就达到了完全自由的境地。从道德到“万物一体”的宗教，是一个实现自由的过程，是一个由不自由到自由的过程。

conduct
thoughts
stories
record
reputation
image
legacy
skills
narrative
role
traditions
feelings
ethnicity
personality
style
standing
attitude
class
heritage
history
narrative
role
abilities
talent
traits
character
beliefs
appearance
behavior
memories

第四编

自我观

第二十章　中西传统哲学的形成及其对文化的影响——两种实现自我的方式,两种文化观[①]

一、中西传统文化中两种实现自我的方式

大体上说来,中国传统哲学是指秦汉以后到 19 世纪中叶鸦片战争以前,或者说得早一点,是指到明清之际以前的这段长时期内占统治地位的哲学。西方传统哲学是指纪元前五世纪古希腊苏格拉底—柏拉图到 19 世纪中叶以前的哲学,不包括 19 世纪中叶以后的西方现当代哲学,也不包括苏格拉底—柏拉图以前的古希腊早期哲学。这只是一个极其粗略的划分,不能划得太死,而且中西哲学传统都有其孕育萌发的阶段,也都有其对以后的现当代哲学的影响。

如何给中西传统哲学定位?对于这个问题有各式各样的说法。例如认为中国传统哲学重人伦,西方传统哲学重自然;说中国重直觉,西方重理性,如此等等。这些说法都对,但本编是想从一个更高的层次把这些说法都囊括进来。我想从中国人和西方人在如何实现自己的人生价值的方式上的不同,来谈中西传统哲学的不同。

我们中国人有一句口头禅,叫做"人生在世"。人怎样生活在

① 这一章原系给大学文科学生(包括研究生)讲课的实录,此次收入本书时仍保持了录音整理稿的原貌,未作大的改动。

这个世界上？人抱着什么态度来面对这个世界？这是人生最大最根本的问题，也是哲学的根本问题。

每个人都想实现自我，这是人不同于一般动物的一个重要特点。动物只要能生存，能满足他的躯体、肉体的欲望就一切都满足了。人却不然，人总不满足于只让这个有限的七尺之躯活下来，人总想超越有限，扩大自己的空间，做出一番伟大的事业，创造一个辉煌的世界。这种对自我的有限性的超越，就叫做实现自我。人人都想实现自我，都想超越自我的有限性，达到无限。这就涉及对无限性的理解问题。

在中西哲学史上，对无限性的理解，各不相同，这就构成了在中国传统中生活的人和在西方传统中生活的人对如何实现自我的方式上的不同，构成了中国传统哲学与西方传统哲学的不同。简单一点说，中国传统是要**在时间之内**的无限绵延中实现自我，西方是要**在超时间**的无限中实现自我。

在西方传统中，有限的个人崇尚一种超时间的、超验的、超感性的、最圆满的无限性整体的概念，认为人生在世的最高意义和价值就在于渴望和追求这个最高的、最完满的无限性。基督教的上帝就是这样一种超验的无限性整体的人格化和变式。上帝是超出于时间之上的，上帝不在时间之内，时间是上帝创造的。所以西方基督教的思想文化传统认为人生的最高意义、最高价值就是要把有限的人统一到无限的上帝中去。人必须意识到自己的有限性，意识到自己的缺欠，才会去祈求无限的上帝，向上帝感恩。这样，人要实现自我，就要去崇拜无限的上帝。但是否就可以由此而用基督教的价值观来概括整个西方传统哲学呢？基督教的人生观、价值观之所以在西方占有重要地位，还有其更根本的思想根源或者说哲学上的根源。那就是上面所说的对一种超时间的、超验的、最完满的无限性概念的崇尚。而对这种无限性概念的崇尚，早在基督教创立以前、公元前五世纪柏拉图的哲学“理念说”中，就已经明确地形成起来了。

在柏拉图和他的老师苏格拉底以前、古希腊早期的思想家那里，还没有这种超时间的、超验的“理念”的思想，他们为了寻找某个有限事物的根源，都是在别的有限事物中去找，例如有的思想家认为水是万物的根源，有的认为是气，是火。水也好，气也好，火也好，都是有限的东西、个别的东西。苏格拉底说他年轻时跟着前辈们亦步亦趋，把某种有限的东西当作一切事物的根源，结果是越搞越糊涂，终于认识到要在“心灵世界”中去找真理、找万物的根源。[①] 例如美的东西为什么叫做美，根源就在“美本身”，就在我们平常说的美的定义。他的学生柏拉图把苏格拉底的这个观点发展为西方哲学史上有名的“理念说”，把苏格拉底追求的“心灵世界”和事物的一般定义加以客观化，把它变成独立于人的实体性的东西——“理念”。例如这个方的东西，那个方的东西，为什么都叫方的？因为它们都符合方形的概念：有四个边，四个角，每个角都是九十度。凡符合这个概念的东西就叫做方的东西。概念的范围有大有小，大范围的概念包含小范围的概念：水

---

① 参阅柏拉图：《斐多篇》，99e。

果的概念包括桃子的概念、李子的概念，苹果的概念。植物的概念，又大于水果的概念，它包括水果以外的其他植物，生物的概念又大于植物的概念，它包含动物。所以柏拉图认为“理念”、概念有许多层次，不同层次的“理念”构成一个有体系的“理念世界”。世界上最真实的是“理念世界”，我们感觉中的东西是个别的、有限的，是对“理念”的摹仿，摹仿的东西就赶不上理念那么真实。例如某个有限的方形的东西或圆形的东西就总不及方的理念或圆的理念那么方、那么圆。人生如果陷在感性的有限世界中而不能自拔，那就好比戴脚镣手铐的囚徒，幽禁在洞穴里，见不到太阳。这就是有名的柏拉图的“洞穴”比喻，这个比喻就是教育人要超越有限，去追求超验的无限的理念。柏拉图讲的“理念”、概念也就是平常说的普遍性，又可翻译为“共相”。本来，普遍性寓于个别性之中，没有离开个别事物的普遍性概念，可是柏拉图的“理念说”却是把理念看成离开个别有限物、独立于具体事物之外的东西，看成是超出于时间之外的东西，不在时间之内发生的东西。试想，什么时候、什么地方有过绝对圆的圆、绝对方的方呀？这就是所谓“超验的”。柏拉图认为，超越有限的个别东西，达到超验的无限性理念世界，这才是人生的最高意义之所在，才是人生最高的自我实现。

柏拉图的这种超验的“理念说”，后来就成了基督教的两个思想来源之一，这两个来源一个是犹太教，一个是柏拉图的超时间的、超验的“理念说”。基督教的上帝可以说就是柏拉图的最高理念的人格化和变式，两者有一脉相承的关系。西方哲学史上所谓柏拉图主义，其主要内涵就是指超时间的、超验的无限性理念的学说。

柏拉图主义统治了西方传统哲学两千多年，它不仅是基督教的思想来源之一，而且在文艺复兴推翻了中世纪神权统治之后，一直到19世纪中叶的这几百年的近代哲学中也占有主导的地位。文艺复兴以后，或者说得更近一点，自近代哲学的创始人笛卡尔以后，西方近代哲学的主要问题是作为主体的人如何认识客体、征服客体，以达到主客的对立统一的认识论问题。近代哲学的主要兴趣集中在认识人以外的客观事物的本质，而客观事物的最高本质就是普遍性概念。在追求普遍性概念的各种近代哲学学派中，占优势地位的是把普遍性概念看成是独立于具体事物之外的、超感性的、超时间的东西的思想观点。这种东西构成旧形而上学的本体世界。集西方近代哲学之大成的黑格尔哲学所奉为至尊的“绝对理念”就是这样一种本体世界。尽管黑格尔大讲“具体普遍”或“具体概念”，大讲“绝对理念”不能脱离历史，“绝对理念”与时间进程不可分离，从而在一定意义上起了颠覆旧形而上学的作用，成为他死后的西方现当代人文主义思潮的哲学先驱，但黑格尔的“绝对理念”最终还是超越于时间之外的、超验的抽象概念，这显然是柏拉图主义的一种变式。所以，有的西方现代哲学家如德国的海德格尔、英国的怀特海（Alfred North Whitehead，1861—1947）就说，西方几千年的传统哲学不过是柏拉图主义的变种或柏拉图哲学的注脚。

把古希腊哲学、中世纪基督教哲学和近代哲学这三大阶段联系起来看，我们显然可以把西方传统哲学的主要特点概括为对超时间的、超验的无限性概念的崇尚。在这种传统下生活的西方人，其实现自我的方式就是要把自己个人的有限性统一于这样的无限性之中。

西方传统哲学崇尚超验的无限性概念的思想之所以在古希腊植根，是和古希腊的地理环境密切相关的。古希腊位于欧洲东南部，地处欧亚非三洲的交汇处，很自然地吸收了埃及、巴比伦等先进的东方文化的血液。古希腊三面临海，小岛星罗棋布，交通贸易极其发达，希腊人生活在这种环境下，视野开阔，思想活跃，勤于思考一些自然现象何以如此如彼的道理，而且由于希腊人当时所处社会发展阶段的生活富裕所带来的闲暇，他们也有时间来进行这样的思维活动。古希腊思想文化中重视纯理性、纯知识，好推理，重视对普遍性概念的思考和追求，都与上述地理条件有密不可分的关系。柏拉图的"理念说"是古希腊人好作纯理性的沉思精神在哲学上、理论上的一种提升。柏拉图在《理想国》的第四章中就谈到，希腊人爱知识而不计较其利害，而腓尼基人和埃及人则爱把知识与利害结合起来，这是希腊人的特点。[①] 在第九章中，还对于从事知识、理性活动本身所给人的快乐如何高于求名和求利所给人的快乐做了详细的论证。古希腊哲学也讲神，柏拉图就把他的最高理念"善"叫做神，但那是一种理性化了的神，不同于后来的基督教的上帝。

---

① 参阅柏拉图：《国家篇》，Ⅳ，435；并参阅《法律篇》，Ⅴ，747b。

和西方传统哲学不同，中国传统哲学很少讲超验的无限性概念。公孙龙的“白马非马”论可以算得上这种思想的一个例子。白马是一个具体的马，是时间、空间之内的东西；马是一般的普遍性概念，是“共相”，某一匹白马不同于马的普遍性概念，所以说“白马非马”。公孙龙的“白马非马”论颇有点类似柏拉图的超验的“理念说”之意。他似乎认为马的一般性概念或共相是超时间的。但公孙龙的这种思想，在中国哲学史上根本不占重要地位，没有什么影响。朱熹的“理在事先”的思想观点，比公孙龙更明确地主张作为普遍性概念的“理”独立于时间之内的具体事物之上和之外。但朱熹思想的这一方面在中国传统哲学中也未占主导地位。总之，中国传统哲学的主要特点之一是不在感性的具体事物之上和之外，或者说，不在时间之上和之外、另立超验的理念世界。

中国传统哲学中占主导地位的思想学说是万物一体、天人合一。中国也有讲天人相分的思想的，如荀子等，但不占主导地位。儒家从孟子到宋明理学都以不同形式大讲天人合一：有的以天人相**类**的形式讲天人合一，例如汉代的董仲舒；有的以天人相**通**的形式讲天人合一，例如孟子、宋明道学家，一直到清初的王船山。儒家还大讲万物一体的思想，强调破除我与非我的界限，强调我与宇宙合一，宇宙万物息息相通，例如孟子、陆象山、王阳明等。儒家的万物一体与天人合一实际上是一个意思，天人合一指人与宇宙万物合一，万物一体包括天人合一。除儒家外，道家也讲天人合一、万物一体，庄子就大讲“万物与我为一”“人与天一也”。当然，道家讲的天人合一、万物一体与儒家学说有所不同，但都强调不分你我，人与万物都处于一个整体之中，这是基本一致的观点。

中国传统哲学以儒家为主导。在先秦诸子百家的时代，儒家虽说占上风，但还算不上占主导地位的哲学。孟子说：“天下之言不归于杨则归于墨。”可见当时儒家思想并不特别盛行。汉武帝罢黜百家，独尊儒术，儒家此后占了主导地位，但儒家也不是封闭的。它从汉初起就吸收了先秦的阴阳学说、老子的学说，以后又融入了外来的释家的思想。所以中国儒家思想的传统也是不断吸收儒家以外的思想而形成、发展起来的。但总起来说是以万物一体、天人合一的思想为核心，尽管万物一体、天人合一的思想，随着时间的推移和外来思想的融入而不断发展。

对照西方传统哲学来看，中国传统哲学所讲的万物一体，或者说天与人合一的这个“一体”，是在时间之内的。无论这个“一体”多么无限、无穷，但都不是西方传统哲学所崇尚的那种超时间的、超验的无限性概念。中国传统哲学所讲的“一体”，是一个在时间之内无穷无尽地或者说无限地绵延下去的一种动态的整体，它是一切在时间之内存在着的具体东西的绵延。西方传统哲学所讲的那个超验的无限性概念则是一种不变的、恒定的整体，例如方的概念、圆的概念在柏拉图那里就是一个不变的、恒定的整体，某个具体的方的东西、圆的东西总是随着时间的推移而不断变化的，但方的概念，圆的概念，由于不在时间之内，则是永恒不变的，它谈不上在时间上的绵延。这是中国传统哲学的无限观与西方传统哲学的无限观的根本区别。

在时间之内的某个具体事物如何能与其他的具体事物相通相融而成为“一体”呢？汉代已经开始融入儒家并成为儒家学说重要内容之一的阴阳学说、易老之学，颇能说明这个问题。易老学说中关于物质可分为阴气与阳气的思想，这里且撇开不谈，其中关于事物有正反、阴阳两面的思想对于回答我们的问题很有意义。易老学说讲“返本求源”，这就是要在事物的背后去找它的根源。“大哉乾元，万物资始”；“至哉坤元，万物资生”。乾元是阳，坤元是阴，阳是正面，阴是反面，正面是个始发点，万物都由反面而产生。“万物负阴而抱阳”，阴负载着阳，“负”就是负载事物，说明反面的东西支撑着正面的东西，阴支撑着阳。万物都是阴阳两面的合一，都是当前的东西与它背后无限多的东西合为一体的产物。易学讲究仰观天文，俯察地理，“知幽明之故”。幽是阴面，明是阳面。所以中国传统哲学的万物一体也可以说包含着阴阳和合的学说。中国传统哲学中占主导地位的儒家所讲的万物一体、天人合一有不少阴阳学说的成分。董仲舒的天人感应说是天人合一、万物一体说中的一个类型，其中就包含很多阴阳学说。宋代的儒学也引进了很多易老之学。周敦颐说的“阴阳一太极也”，“是万为一，一实万分”，就意味着万物一体的思想中包含太极即在万物之中、阴阳合一的意思。

总之，万物一体、天人合一在中国传统哲学中占有主导地位。在这种思想传统下生活的中国人，其实现自我价值的最高方式不是像西方人那样去渴望和追求一个超验的本体世界，包括追求基督教的“天国”，而是对万物一体、天人合一的一种自满自足的境界的享受。我这里用的“自满自足”，是针对西方传统而言的。西方传统思想认为人是有限的，人相对于无限完满的超验本体来说，相对于超验的神性来说，是有欠缺的。所以，人总是想在渴望、追求一种“彼岸”世界的过程中实现自我的价值；而中国传统思想中没有或者说缺乏一种“彼岸”的观念，在这种思想传统下生活的中国人，没有那种面对“彼岸”的自我欠缺之感，而只是想在时间之内的现实世界中无限地绵延自己的生活空间，就算是实现了自我的价值。天一般地说并不在我人之外，天与人都在“此岸”，人对于天并不觉得有什么亏欠，人只要通过修养，达到与天为一，那就是一种自满自足的享受。如果说西方传统哲学是由于人的自我欠缺感而向往超验世界的一曲赞歌，那么，中国传统哲学就可以说是由于人性的自满自足而享受现实世界的一首朦胧诗。

中国的万物一体、天人合一这种思想传统的形成，与长期的封建大帝国的统治是有联系的。儒家所讲的“天”的含义有多种，其中之一是义理之天，这种意义的“天”实际上是把一些人为的东西，三纲五常、君君臣臣之类的封建道德观念，附会在“天”的头上，叫做“天理”，人能灭人欲，顺乎“天理”，就是达到了“天人合一”的最高人生境界，所以这种意义的“天人合一”很合乎封建制度的需要。

中国传统哲学中“天人合一”之“天”也有自然之意，指天地万物而言，儒家有时也讲这种意义的“天”，但更主要的是道家，道家所讲的“天”是自然意义的“天”。这种意义下的“天人合一”大多是一种审美境界。

中国传统哲学往往把这种境界奉为人生的最高意义之所在，而忽视人与自然之分，忽视人对自然、主体对客体的认识和征服。所以中国传统的“天人合一”也是与长期的小农经济、生产生力落后的状况相适应的。

天人合一、万物一体的思想传统之形成，也与中国的地理环境有关。中国的西北边陲是一片荒漠大山，少与外人交往，历史上通西域就是一件极其困难的大事。东南沿海虽然海岸线很长，但中国之外就是一片大洋，中国几千年来也少有与外人的往来，与南洋的交往也是较晚的事。1492 年哥伦布（Cristóbal Colón，1450—1506）发现美洲大陆以前，美洲对于中国根本就不存在。历史上的中国在地理环境方面基本上是一个封闭的大帝国，与古希腊的地理环境形成鲜明的对比。秦朝统一中国是中国历史上的一大功绩，但统一之后的中国却长期缺乏或比较缺乏外来的交往，这就容易让一种不分你我、不分人与自然的大一统的思想，即天人合一、万物一体的思想长期传承不息。印度佛教的输入给中国传统哲学增添了新的血液，但佛教的哲学思想属于东方的思想文化类型，不少内容是对天人合一、万物一体思想的一种补充、充实并使之得到新的发展。一直到鸦片战争，由于帝国主义的侵略，中国人才醒悟到传统的万物一体、天人合一思想之弊。从此以后，19 世纪末的一批选进思想家们才大力介绍宣传西方近代的“主—客”关系的思维方式和“主体性哲学”。鸦片战争以后中国哲学的大转向，也从一个相反的角度说明中国的天人合一、万物一体的传统思想是与长期的封闭性相联系的。没有西方的冲击，传统的天人合一、万物一体的思想可能还会延续更长的时间。明末清初虽然已有比较明显的反传统思想的萌芽，但一直进展得很缓慢。

中西传统哲学在各自的传统伦理道德观、科学观和审美观等方面都有直接的表现和影响。

二、两种伦理道德观

古希腊人虽然重视人在现实世界中的幸福，例如他们提倡的美德：勇敢、富有、荣誉、自信、正义等都与现实的幸福有关，但他们往往还是把不计较实际利害的、纯思辨的、纯理性的活动作为最高的幸福，而现实生活中善恶的标准要以理性来评判。苏格拉底把德性规定为知识，柏拉图认为人的灵魂来自另一个世界，其归宿也在另一世界。这些都与他们崇尚超乎时间之外的超验概念世界的哲学有很大的关系。中世纪的基督教崇尚信仰，似乎与古希腊崇尚理性正好相反，但两者间也有相通之处。基督教的上帝是柏拉图超验的最高理念的变式，两者都是超时间的、超验的，只是上帝的无限性更增添了有限的人对它的敬畏之感。人在上帝面前总是意识到自己的有限性，意识到自己的缺欠，总是要求回到上帝的怀抱里，把自己的有限性统一到超验的上帝的无限性中，以得到拯救。所以人生的最高意义、终极意义就被归结为对超验的神性整体的追求，这是一种对“彼岸”世界、现实世界以外的另一个世界的渴望。这种对人生最高价值和最高意义的体悟，和柏拉图关于人的灵魂的最后归宿在另一个超越的世界中的观点，和古希腊人把不计较利害的纯理性活动视为最高幸福的观点，显然有继承的关系。纯理性活动与基督教的信仰既是相反的两极，但在超越现实利害、在崇尚超验的世界这一点上却又接通了。基督教与古希腊哲学都有把精神追求置于物质利益的追求之上的倾向，原因就在于都崇尚超验的世界。两者的精神追求都在于追求这个超验的世界：一个是超验的理念世界，一个是超验的神性世界。西方文艺复兴以后的近代哲学，其主导原则是柏拉图主义的继续和变式，也是主张对超验的理念世界的崇尚。西方近代的理性主义哲学、主体性哲学虽然赶走了上帝，但仍然保留了与上帝同类型的超时间的超验世界。超验的神性被代之以超验的概念、超验的主体，两者都有古希腊思想文化中柏拉图主义的根源，我们不要把这两者完全对立起来。大概就因为这个缘故，尼采作为一个现代哲学家，在宣判基督教上帝已经死亡的同时，也把柏拉图主义、西方近代哲学所崇奉的超验的形而上的所谓的“真正世界”也都一并加以摒弃。和基督教崇尚超验的神性相联系的是人人在上帝面前平等的意识，是因对上帝感恩而产生的对他人的责任感和忍耐、谦恭等道德意识。基督教的这种伦理道德观是值得我们重视的。在摆脱中世纪基督教教会的统治以后，西方近代哲学发扬了古希腊的重理性活动的精神，特别强调人的主体性，强调对事物的普遍性的追求。这种近代精神在对待人与自然的关系方面发展成为所谓“人类中心主义”，强调人要通过理性去认识事物的普遍性规律，把握普遍性概念，以征服自然，这种人类中心主义后来甚至发展到人对自然为所欲为、无限索取的地步。

中国传统的伦理道德观与西方传统相比，正好相反。天人合一、万物一体的哲学不讲超越时间之外的超验世界，传统的人生追求都在时间之内的万物一体的现实之中。中国人当然也讲理想、讲自我实现。如何实现自我呢？如何把有限的我扩而充之呢？最典型的一个现成的说法就是“三不朽”：“大上立德，其次立功，其次立言”。“不朽”就是追求无限，我这个七尺之躯总是有限的、要朽要灭的，人要想实现自我，就要超越自我要朽要灭的有限性，以达到无限，达到不朽。达到不朽、无限，有三种方式：第一是立德，做圣人；第二是立功，成大事业；第三是立言，做大学问。这三种方式都能名垂后世，历久不废，但三者都是讲的时间上的无限绵延，所谓“永垂不朽”也是指时间上的无限绵延，都不是讲的西方传统思想所爱讲的超时间的超验的世界，既不是柏拉图的“理念世界”，也不是基督教的“天国”，也不是西方近代哲学的形而上的“本体世界”。那些玩意儿对生活在中国传统中的人来讲，太玄远了，太不现实了。“三不朽”中最次的是“立言”，著书立说，做学问，以传后世。为什么“立言”被放在“三不朽”中最次等的地位？我想还是与中国传统哲学有关，因为相对而言，知识、理论活动在三者中最不切实际，按照中国人重现实、重人伦的传统思想观点来排列，它很自然地就落在立德、立功之后。“学而优则仕”，学好的目的在于将来做大官、成大业、立大功。这句话最能说明把“立言”放在“三不朽”中最末一等的道理。儒家传统所讲的“立德”，其主要内涵是三纲五常、君君臣臣这一套封建道德观念，它与“立功”、当官、成大业是紧密结合在一起的。所谓“内圣外王”，那是传统思想中实现自我的最高、最佳的方式。所以，在中国传统思想中，人实现自我的空间是比较狭小的：超验的“理念世界”、基督教的“天国”、形而上的“本体世界”都不是中国传统思想中实现自我的空间，只有“三不朽”才是。而“三不朽”中的“立言”，从事理性活动、认识活动、学术活动，是最次等的；“立德”“立功”这两个头一二等的“不朽”又束缚在封建伦理道德的桎梏之下，束缚在封建等级制度的桎梏之下，最终是封建帝王一个人说了算，除帝王之外的臣民要想实现自我，都在各不同程度上受着极大的限制。在传统的伦理道德观的束缚之下，有几个人敢于表现自己的个性，表现自己的“真性情”？说违心的话，做违心的事，成了传统伦理道德观之必然。

一部分人由于在传统伦理道德观的束缚下找不到实现自我的空间而又有强烈的实现自我的意志与愿望，于是逃避现实，当隐君子，这也许是当时人实现自我的一个不得已而找到的人生空间。

针对中国的旧传统，我以为提倡行行出状元、宗教信仰自由、平等对话、尊重学术研究等，确实是一些扩大实现自我空间的可行之道。中国传统的伦理道德观也有其重大的优点：第一，传统的天人合一、万物一体的思想让人进入一种高远的境界，得到一种精神的享受，甚至是一种美的享受。有如马克思对古希腊艺术、史诗的称赞那样，这种天人合一、万物一体的境界虽过时而不能照搬到今天，但仍具有“魅力”。

还有很重要的一大优点，就是自强不息的追求精神。融入儒家而成为中国传统哲学的重要内容的易老之学特别强调生生不息的道理，认为宇宙是一个变化无疆的大洪流。所谓“易之为道也屡迁，变动不居，周流六虚，上下无常，刚柔相易，不可为典要，唯变所适”《易·系辞下》，还有：“日新之谓盛德，生生之谓易”（《易·系辞上》），都是强调变化无止境。“生生不息”的“不息”就是无穷无尽之意。六十四卦的最后一卦很有意思，叫做“未济”卦。所谓“未济”就是指未了结、无止境。“物不可穷也，故受之以未济而终写。”以“未济”为终，是无终之终，无底之底。现实世界上中的事物是无穷多的，时间是无穷地绵延下去的，无穷地变化下去的。我们为人处世，就要“唯变所适”，顺着时间的无穷变化而不断地适应下去。人生不是要“返本求源”吗？这个“源”在哪里？西方的传统哲学认为“源”在最圆满的超验的世界，那是一种有底论；而中国的传统哲学则认为这个“源”是“未济”的、无止境的，是无底之底。所以人生的意义就是要自强不息，无止境地追求下去。

不过，变化也有自己的“常则”，有自己的规律、法则，这就是由正而反，所谓“物极必反”。所以为人处世，都要“居安思危”“知荣守辱”“知雄守雌”。处在阳面，要见到背后的阴面；处在荣誉的顶峰，要想到受辱的可能；处在安逸的境况下要想到潜伏着的危险。因为世界本来是万物一体的，是阴与阳、正与反、显现与隐蔽的合一体。达到阴阳合一之“一体”的方法叫做“会通”“感通”，

“会通”“感通”就是把阴与阳、正与反、显现的与隐蔽的融合起来。故“圣人”“极深而研几”。“极深”就是穷究深藏在背后的东西，“研几”就是审察将现而尚未现的东西。这就是中国传统伦理道德观所强调的为人处世的方法。人生要实现自我，就得按照这样的“常则”自强不息地追求下去。

三、两种科学观

西方传统哲学中那种不计较利害，重视纯理论、纯思辨活动本身的兴趣，促进了西方对科学、科学理论的重视，对逻辑推理的重视。科学不同于技术。技术是与实际的需要紧密联系在一起的。科学当然也与实际有联系，但更强调要有理论、有体系、有逻辑论证，这需要有为学术而学术、为知识而知识的那种所谓“纯理论的兴趣”。恩格斯在《费尔巴哈与德国古典哲学的终结》一书的最后两个自然段中特别强调这种“纯理论兴趣”，中译本译作“纯粹科学研究的兴趣”。恩格斯慨叹德国古典哲学中的这种“伟大的理论兴趣”的丧失，希望恢复这种兴趣。这种兴趣就是不管实际上有用无用，也不计较个人名利，认为纯理论活动本身就是一种乐趣。古希腊人在重视现实生活的同时，更崇尚这种特殊的兴趣。有这种特殊兴趣的人，不问实效，不计较个人利害，一心陶醉在这种理性活动之中。西方许多伟大的科学理论就是在这样的兴趣的驱使下产生的。科学家当初往往并没有考虑到效用，但这种伟大的科学理论产生后却有大用。当然这并不是说科学研究可以脱离实际，这是两个不同的问题。尊重“纯理论的兴趣”也决不排斥我们出于实际需要而从事的科研项目。尊重“纯理论的兴趣”也并不意味着在应用某种理论时不考虑人的需要和利害，例如把克隆的理论应用到克隆人时就必须考虑人伦道德问题。但无论如何，伟大理论的产生需要有“纯理论的兴趣”。狭隘的实用主义，急功近利，很难产生伟大的科学理论。西方科学发达与这种为知识而知识的纯思辨兴趣有密切关系。亚里士多德在古希腊那个时期就有那么多的科学理论，成为百科全书式的大哲学家，那时的哲学也包含许多自然科学的门类在内，与“纯理论的兴趣”有关。亚里士多德以后，古希腊晚期科学已开始有分类的研究。文艺复兴以后，西方现代自然科学的分门别类的研究，使自然科学的发展更加快了步伐。西方传统重分门别类地科学研究是科学发达的一个重要原因。

中国的思想传统重人伦实际、重实用，所以中国很早就在技术方面很先进，这是世界上所公认的。但中国科学的发展即使在古代，我个人认为也比较差。这是一个大家争论不休的问题，我不想在这方面细谈，我这里也不可能讨论这个问题。我只能表个态，说说我所赞成的观点，我认为中国在科学方面即使古代也比较差。原因之一就在于中国传统思想缺乏纯思辨的、纯理论的兴趣，一顶“不切实际”的大帽子就把那种兴趣和积极性打消了。可是伟大的理论体系、伟大的科学定理往往不是短期见效的，而是长期坐在冷板凳上才能搞出来的，甚至是一些被认为是不切实际的书呆子搞出来的。中国传统思想不重视形式逻辑，《墨经》上的那点逻辑在哲学史上并不占重要地位。中国也比较缺乏西方近代重因果推理、重实验观察的精神，这些都是中国科学不发达的原因。

这里，我又想回到我前面讲的人的自我实现的空间的角度来谈几句：恩格斯所谓“纯粹科学研究的兴趣”，其实也是人实现自我的一个很重要的空间。西方传统思想促使许多大科学家、大理论家一心投身在这个空间里，他们在其中实现自我；而中国传统思想却不重视甚至蔑视这一类的实现自我的空间，使得人生实现自我价值的空间变得狭窄了，这是很可惜的。我们今天要消除这种传统思想的影响，不仅要像我上面所说的那样，出于促进科学理论的长远效益的动机而要求重视纯理论的研究，我们还要更进一步认识到“纯粹科学研究的兴趣”本身就是一个重要的人生价值和意义之所在，就像宗教信仰一样，毫无实效，但信仰宗教的人仍然愿意生死以之。中国传统思想文化中缺乏“纯理论的兴趣”这一环，就像缺乏宗教信仰这一环一样，都是使传统思想中实现人生价值的空间狭窄的因素。能像有的人所说的那样，“纯理论的兴趣”是“无意义”的吗？请问什么叫做“有意义”？把“意义”仅仅限制在狭小的实用范围之内，那才真是没有多大意义。“纯理论的兴趣”也许对某种效用来说是“无意义”，但对实现人生的最高价值而言，却是最大的意义。也许正是在“无意义”处，才能见到真意义。

还是回到传统思想对科学的影响这个方面吧！

中国传统的万物一体、天人合一的思想使中国人重“为道”而轻“为学”。西方传统哲学特别是西方近代哲学史上占主导地位的传统是重“为学”，重科学知识的追求，重认识论、方法论，这种传统从柏拉图特别是从亚里士多德起就明确地开始了。在苏格拉底、柏拉图以前，“爱智慧”一词本是指人对万物合而为一（“智慧”）的一种和谐一致的意识（“爱”）；苏格拉底、柏拉图实现了从“爱智慧”的原意到后来所谓“哲学”的转向，即对一种外在知识的“渴望”和“追求”的转向。就是在这个意义下，我才说重“为学”的传统是从柏拉图开始明确起来的。有的人认为前苏格拉底的古希腊早期自然哲学家以素朴的、原始的方式探究万物之始基，是类似中国的“为道”，我以为这种看法并不妥当，特别是与中国传统的“为道日损”相对比而言，更应作如是观。相反，我倒是觉得古希腊早期自然哲学对万物之本源的探究包含了“为学”、求知的思想萌芽。罗素说：“泰勒斯、阿拉克西曼德和阿拉克西美尼的思考可以认为是科学的假说，而且很少表现出来杂有任何不恰当的神人同体的愿望和道德的观念。”[①]罗素的话清楚地表明了古希腊早期自然哲学家求知、“为学”的思想成分。前苏格拉底的自然哲学家正如苏格拉底所说，大都是在具体事物中，在水或气或火中找事物的本源；而苏格拉底、柏拉图则是在“心灵世界”中、在“理念”中找事物的本源。古希腊哲学从柏拉图起明确地实现了“为学”的转向（当然，柏拉图的哲学思想中还有“为道”的成分，例如他的最高理念是“善”的思想）。如果说前苏格拉底的古希腊早期思想中有类似中国传统的“为道”的成分，那也并不在于对万物

① ［英］罗素：《西方哲学史》上卷，李约瑟，何兆武译，北京：商务印书馆，1963 年，第 54 页。

之始基的探究，如有的人所认为的那样，而在于对“爱智慧”的本意的领悟。也许我们可以说，前苏格拉底的古希腊思想中混有“为学”与“为道”两种成分。关于亚里士多德在“为学”方面对柏拉图的发展，我这里就不谈了。

中国传统哲学中，孔子之学有“为学”与“为道”两个方面。就“为学”的方面说，他以“六艺”教弟子，教人“多识于鸟兽草木之名”，他还有关于求知方面的训语。但孔子之学的更重要的方面是“为道”，他认为自己的神圣使命是教人为仁，为仁是孔子的一贯之道，是六艺之本，诸德之帅。“朝闻道，夕死可矣。”为道、闻道是人生之根本。孟子继承和发扬了孔子“为道”的方面。荀子继承和发扬了孔子“为学”的方面强调求和，强调天人相分，制天命而用之。但荀子的影响在中国传统哲学中不及孟子。朱熹有些“为学”的思想，但主要的是“为道”。中国传统中重“为道”的思想给中国人提升高远的精神境界有其可取之处，但轻“为学”的思想，轻认识论、方法论，轻理性认识，这却给中国科学的发展带来了不利的影响。

另外，中国传统的万物一体、天人合一的思想因偏重对世界的整体把握，使得我们缺乏对自然现象做分门别类地探讨，往往把各门学科糅合在一起，这也是中国长期不能让科学研究有深入的大的发展的一个重要原因。

四、两种审美观

重超验的无限性概念的西方传统哲学和重现实中无穷尽性

的万物一体的中国传统哲学，构成了中西两种不同的审美观。简单说就是，西方传统的审美观主要是典型说，中国传统的审美观主要是隐秀说。

西方的典型说来源于柏拉图的“理念说”，理念、概念被认为是最高的、最真实的。亚里士多德首创典型说，他基于柏拉图的“理念说”，认为历史学家只是描述已发生的事物，诗人则描写可能发生的事物，诗人所言说的是普遍性的东西。普遍性就是典型，诗就是写出典型。典型与理想是联系在一起的，诗人、艺术家的诗作、艺术品是按照事物所应当的样子，也就是按照理想去摹仿事物，而不是摹仿现实中个别的事物，例如画美人，不是画某个个别的美人，而是把所有美人的优点集中起来画一个理想的美人之美。理想就是柏拉图的理念。从亚里士多德起，西方美学的基本观点，占主导地位的观点，大体上都是认为美就是把超验的理念、概念形象地体现在感性直观中个别的东西之中。或者倒过来说也一样，美就是通过感性中的东西，通过具有时间性的现实世界中的东西去体现、显现超验的、超时间的概念。这个概念就是典型，就是理想。例如英雄的概念就是英雄所应该具有的性格的集中，任何某一个具体的个别的英雄人物都不是最理想的英雄，而艺术品所写的英雄的典型却是最理想的英雄，它在有时间性的现实世界中是不存在的，但是艺术家可以塑造、创造一个典型的英雄人物，让英雄的概念、英雄所应有的性格集中体现在这个典型人物身上。典型说是西方古典的传统的审美学说，统治了西方美学思想几千年。欧洲中世纪的审美观认为有限的个别事物之美来源于神性，从具体事物的有限美中可以窥见上帝的无限美。这种审美观虽然不叫做典型说，但它同典型说有相通相似之处，两者都认为美是要显现超验的东西，一个是显现超验的概念，一个是显现超验的神性。两者都是以显现超验世界为美。我们中国在解放之后，文艺理论界流行的也是这种典型说。典型说是西方崇尚超验的普遍性概念的传统哲学在美学方面的表现，典型说是由于这种传统哲学的影响而形成的。它的缺点是抽象，就像传统哲学所讲的超验的概念一样。所以典型说总给人一种缺乏现实性的感觉。世界上哪有那么一个集一切美女之美的美女呀？哪有那么一个完满无缺的英雄呀？黑格尔引用过一句谚语："仆人眼里无英雄。"这句谚语说的是英雄在家里，什么吃喝拉撒的事，仆人都看在眼里，所以仆人不觉得英雄有什么伟大。黑格尔批评说："那不是因为英雄不是英雄，而是因为仆人只是仆人。"仆人看不到英雄的伟大。黑格尔的批评固然很深刻，但我们也不要作过于片面的理解，"仆人眼里无英雄"这句谚语毕竟也看到了人的现实的一面，伟人、英雄也是现实的人，也不是绝对的完人。典型说的缺点就是把人物抽象化了，缺乏现实感。

在中国传统的万物一体、天人合一的哲学影响下，中国传统的审美观不是像西方传统那样通过现实中感性的东西去显现抽象的概念，而是重言外之意，重隐秀，也就是通过当前的东西去显现背后隐蔽的东西，这背后隐蔽的东西不是什么超验的概念，不是超验的神性，而是同样具体的、时间之内的东西。刘勰的《文心雕龙·隐秀》篇上说："情在词外曰隐，状溢目前曰秀。"这里的

“秀”字不是秀丽的意思，而是显现于外、历历在目的意思。中国的古诗、古画都重写意，要在诗的言词之中、画的笔触之中显现出词外之情、画外之意。所以中国人的审美观重在含蓄。中国人讲书法，也强调要藏锋，这与传统的审美观当然是密切相关的。中国传统的审美观和为人处世也有密切关系。中国人讲做人要不露锋芒，说一个人锋芒毕露，那大概是带有贬义的。做人属于伦理观，伦理观和审美观都是传统哲学的影响下形成的。

与西方传统的典型说相比，中国的隐秀说的审美观给人更广阔的想象空间，使人玩味无穷。中国人讲的从言内之词玩味言外之意，就是要达到一种万物一体、天人合一的高远境界。所谓玩味无穷，其实就是在这种天人合一、万物一体的高远境界和无穷的想象空间中纵横驰骋，这就是一种审美的享受。西方典型说的审美观虽然也给人以想象的空间，让你通过一个典型人物、典型性格想象到同一个典型、同一个类型下的其他许多具体事例，但典型说的审美观总还是束缚在一个固定的典型、固定的概念框架之内，所以就一个艺术品给人以想象的空间的大小而言，我觉得我们中国传统的审美观给人的想象空间更为广阔，因而也更有诗意，更能让鉴赏者玩味无穷。中国以诗的国度著称于世，我想和这种传统的审美观有关。

五、中西传统哲学的转向及其影响

19世纪中叶，中西方传统哲学都有一个大的转向。传统思想受到了批判，但其中有的方面仍继续保留，发生较大的影响。

西方重超验的无限性概念的哲学到 19 世纪中叶，大体上以黑格尔逝世或者以马克思主义的产生这个时期为标志，这种传统哲学的弊端日益暴露。这些弊端中最根本的是超验概念的抽象性，还有和超验相联系的主客关系式。这种超验的概念哲学本来是和“主体—客体”关系的思维模式或“主体性”哲学原则紧密联系在一起的，也可以说是一回事的两个方面。“主—客”关系就是人作为主体站在事物或客体之外，通过认识把握事物的普遍性概念。这种普遍性概念在柏拉图主义那里就是一种外在的、超验的东西，是一种彼岸世界里的东西，外在性的东西。西方近代哲学把“主体—客体”关系更明确地建立起来了。19 世纪中叶以后的西方现当代哲学不满意传统哲学的抽象性和外在性，主张超越主客关系式，强调主体和客体融合为一，有点类似中国的天人合一、万物一体，不过这是一种“后主客关系式”的，它是经过欧洲几千年的“主—客”关系式的超验概念哲学的洗礼之后的东西，和中国传统的那种“前主客关系”的天人合一、万物一体是不同的。这样，西方现当代哲学就把哲学从超验的天国拉回到了现实的人世来了。本来在黑格尔的时代里已有把人与自然、主体与客体融合为一和反对超验的思想倾向，但在当时没有像在现当代这样占优势。

与此相应的是，这种哲学上的转向在伦理道德观上，在科学观和审美观上也都有影响。例如西方传统的伦理道德观强调以人为中心的人类中心主义，人类中心主义发展到极端，过分夸大了人的主体性，以致造成环境污染等现象，所以西方现当代哲学大多批评传统的人类中心主义，而主张一种极端的非人类中心主义或主张一种温和的人类中心主义。西方传统的伦理道德观在对待人与人的态度方面，由于在“主体—客体”关系的哲学影响下发展成了自我中心主义：以我为主，把别人当做被利用的客体和对象。针对这种传统伦理道德观的弊端，西方现当代的伦理道德观强调讲“互主体性”：我是主体，你也是主体，我和你之间应平等对话。平等对话，“互主体性”，这种伦理观也可以说是西方传统在上帝面前人人平等思想的现代发展和现代延伸，是对传统伦理观中“主—客”关系的批判。

在对待科学的态度上，西方现当代的思想是强调交叉科学的研究，以弥补传统的科学研究上分化太细的弊端。但西方现当代仍然保存了那种“纯粹科研的兴趣”，保存了为学术而学术的传统。

在审美观上，西方现当代美学思想大多基于主客融为一体的现当代哲学而主张显隐说，主张解释学的美学，强调审美价值与不同时代、不同人的“接受”融合为一。至于后现代的“反艺术”“反美学”的美学观点，那就更远离了传统的以超验的概念哲学为基础的典型说了（尽管后现代是从现代中孕育而来的）。

中国自19世纪中叶因鸦片战争受到帝国主义洋枪大炮的欺凌以后，思想家们深感中国传统哲学所谓的万物一体、天人合一，不讲我与非我的区分，不讲人能征服自然的“主体性”，不讲科学，以致处处挨打。魏源公开挑战这种传统哲学，他说：“‘万物一体’上不足制国用，外不足靖疆圉，下不足苏民困。”此后，谭嗣同、梁启超等19世纪末的一批先进的思想家便与那种不分我与非我、缺乏主体性的传统思想针锋相对地大力主张要区分我与非我，提倡“心之力”，所谓“心之力”就类似西方传统哲学的“主体性”，他们强调发挥“心之力”，要“物随我”，而非“我随物”，大力介绍西方近代的古典哲学，介绍康德、笛卡尔的主体性哲学，想通过这种哲学的影响，发展科学，走富国强兵之路，孙中山的精神战胜物质的二元论，是与中国传统的万物一体的哲学相对立的，也是西方主体性哲学在中国的体现。五四运动的民主与科学两个口号可以说是 19 世纪末以来先进思想家们反中国传统哲学，向西方近代哲学寻找真理的一次总结。

前面说过，西方传统哲学有两个互相紧密联系的方面，一是主客关系，一是崇尚超验的世界，其中包括崇奉超验的上帝。中国人在 19 世纪中叶鸦片战争以后，也有想学习西方传统中崇奉超验神性的企图，洪秀全便是突出的一个例子。太平天国农民革命尽管失败了，但对于推动中国历史的发展起了重大的作用，对传统哲学是一次大的冲击。但我认为基督教的超验精神不能拯救中国。我不赞成用基督教的崇奉超验神性来拯救中国的文化危机。鸦片战争以后，中国人向西方传统哲学特别是向西方近代哲学所学习的是它的主体性精神的方面，是它的“主—客”关系式的方面，而不是对超验的世界的崇奉，包括对超验的神性的崇奉。而且，西方现当代哲学已深感传统形而上学所讲的超验的世界是抽象的。对传统哲学的这个方面的批判是西方现当代哲学的主要思想内容之一。我们应当保持中国人不在超验的世界中寻求“彼岸”的安慰的传统。

问题倒是在于19世纪中叶当我们开始向西方传统哲学学习之际，西方传统哲学发生了向现当代哲学的时代性转向。具体地说，就是当我们为了发展科学而学习西方近代的主体性哲学之际，西方近代哲学的这个方面也已成为西方现当代哲学所批判的重点，传统主体性哲学的种种弊端如我前面提到的人类中心主义，自我中心主义等都遭到批判。西方现当代哲学在经过了长期的主客关系式哲学、超验的概念哲学之后，现在大多都主张主客融合的哲学，特别是欧洲大陆人文主义的思想家们似乎不自觉地有倾向于中国传统的万物一体、天人合一之势。但我前面说过，西方现当代是“后主客关系”式的，而我们的传统哲学是“前主客关系”式的，对这一点，我们必须有清醒的认识。

在这种形势下，我们中国哲学的发展的任务是双重的，它面临两方面的问题。首先是面临落后于西方的问题，例如科学不甚发达，需要大力发展科学，需要提倡西方传统的纯粹理论研究的兴趣（尽管我们又不要那种对超验世界的追求）；人的独立自主精神比较缺乏，需要提倡西方的平等精神，因而我们应当继续批判传统的天人合一、万物一体思想的不分我与非我的素朴性，应当继续批判封建的“天理”观。在这方面，我们要继续19世纪末以来学习西方近代哲学的“主—客”式和“主体性”精神以至西方基督教的在上帝面前人人平等的思想。但我们中国哲学的发展在当前的国际形势下，又面临西方人当前所面对的许多问题，如极端的人类中心主义、自我中心主义、环境污染等，即所谓“科学太发达”“主体性被过分夸大”等所造成的问题。在这方面，我们传统的天人合一、万物一体的高远境界仍有“魅力”，值得我们批判继承和发扬。

中国的万物一体的哲学是“民胞”与“物与”精神的理论基础，我以为它能容纳西方所讲的平等精神，科学、理性的精神，主体性的精神，它可以把西方近代哲学的“主—客”关系思维方式吸收进来。所以我认为中国哲学未来的发展应该是中西的结合与会通。未来的中国哲学将是中西结合、会通的哲学。“何用别寻方外去，人间亦自有丹丘。”我们不需要到超验的“方外”去寻求人生的价值和自我实现的空间，我们只需在现实的“万物一体”之中，以“民胞物与”的精神为指导，发挥人的主体性，发展科学，发扬民主，就会创造一个辉煌的新世界，实现我们的人生价值。

第二十一章　个体性自我显现的历程：中国与西方

自我，无论是西方的还是中国的，总是具有两个方面：一是由其所处社会群体中的地位来决定的，这也就是平常说的身份。人不可能离开社会而孤立存在，总是隶属于某种社会群体，具有某种社会身份，或为农民，或为工人，或为平民，或为官员。在封建等级社会中，则或为统治者，或为被统治者，或为上等人，或为下等人，如此等等。我把自我的这个方面叫做“属性化的自我”。自我的另一方面是独特性，亦即个体性（个性）。每个自我都有这种与众不同的方面，我把自我的这个方面叫做“个体性自我”。一般地说，自我的这两个方面是统一在一起的，但有显隐之分。在中西思想文化史上，“个体性自我”都不是从一开始就显现出来的，而是要经过一个漫长曲折的发展过程。只不过在中国和在西方，两者的步伐和速度大不相同。

一、西方的“个体性自我”发展至近代初期已完全脱颖而出

在西方早期希腊思想中，还没有独立的个体性自我的概念。

在荷马那里，自我是由其所属群体中的身份来规定的。例如阿基硫斯、宙斯是作为理想的英雄、众神之父这样的身份出现的，个体还没有从群体上显现出来。借用中国哲学的术语来说，就是“天人合一”。希腊抒情诗人开始从这种群己不分状态中转向与众不同的个体性自我，谈到了“热爱个人”。但抒情诗中的“个人”（“自我”）主要也是相对于群体而被规定的，不是“完满的主体性”，不是真正独立的个体性自我。尽管他们中有人提到“不同的人有不同的乐趣”，但“不是从自身出发，而是在与所有其他人的关系中规定他自己的”。自我几乎和任何个体一样。①

只是到了赫拉克利特，他才明确说：“我自己寻求。”但他还是没有寻求到一个与众不同的独立的个体性自我，而倒是寻找到了“人所共有的逻各斯”。② 当赫拉克利特说“我自己寻求”时，他似

---

① Samuel Scolnicov, *The Private and Public Logos: Philosophy and the Individual in Greek Thought until Socrates*. 载《西方哲学讲演录》，北京：商务印书馆，2000年，第2—4页。

② H. Diels, *Fragmente der Vorsokratiker*, Berlin, 1921.2.

乎在显现个体性自我的道路上比先前的抒情诗人前进了一步，但当他只是寻找到人所共有的逻各斯时，他却连抒情诗人的那点相对主义也反对掉了。赫拉克利特说："如果你不听从我个人，而听从'逻各斯'，那就是承认一切是一，而这是智慧的。"①赫拉克利特的自我仍然是"被类化的个体性"，②具体地说，是一种隐蔽、湮没于宇宙整体（"一切是一"）之必然性（"逻各斯"）中的自我。

与赫拉克利特不同，巴门尼德承认每个人有每个人自己的逻各斯—自己的理智，他要求人不用感官而用"理智""理性"作为"解决纷争"的标准。③ 尽管结论、判断是由女神之"必然性"—"矛盾律"预先决定的，但每个人是通过自我的论证而主动接受这个结论的。所以，判断、决定仍然可以说是由每个人的自我做出的。巴门尼德的自我，比起赫拉克利特的自我来，有较多的独立性、个体性。当然，他的自我还不是完全自由的，因为他最终仍受制于女神的"必然性"—"矛盾律"的约束。这"必然性"—"不矛盾律"是超个人的，个体性自我仍然不是主动的。

智者（Sophists）的逻各斯又不同于巴门尼德的逻各斯，它不是超个人的，而是社会性的、政治性的。也就是说，自我是通过人与人之间的辩论而做出决定的。"人是万物的尺度"，说明一般的人已从宇宙整体中脱颖而出，人本主义在这里已有所显示。但自我

---

① H. Diels, *Fragmente der Vorsokratiker*, Berlin, 1921.50；并参阅同 374 页注①书第 4 页及《西方古典哲学原著选辑·古希腊罗马哲学》，北京：商务印书馆，1982 年，第 23 页。

② 同 374 页注①书，第 4 页。

③ 同 374 页注②书，第 1 页。

尚从属于社会，城邦是一切道德、法律的尺度，尽管智者派已有尊重个体性自我的思想观点。智者的自我是我所说的“属性化的自我”。

苏格拉底认为，达到真理之路并不像巴门尼德所主张的那样是超人间的，而是要通过社会公众的。但他并不主张简单地听从社会，而是主张通过社会上的辩论，引起自我的“内在反省”，反省自己是否自相矛盾、言不由衷，从而引起一种“内在羞愧”。苏格拉底的“自知无知”，不是向人之一般的呼吁，而是向个体性的人的呼吁。他的“内在羞愧”，尚非忠于个人良心的近代概念，尚非源于独立的个体性自我，而是源于人所共有的逻各斯，是“最非个人的”。他提醒人“自知无知”，最终还是依赖于神。苏格拉底作为古希腊人，还不能像近代人那样“从那由自身建构起来、源于自身的人格中要求自由”。① 个体性自我的灵魂仍然隐蔽、湮没于人所共有的普遍性之中，亦即湮没于理性的“不矛盾律”之中。我们从柏拉图的《对话》中可以看到，苏格拉底总是否认自己以教师自居去教导别人，去向别人灌输自己的思想。② 他总是向对方提问，而不做最终的、直接的回答，他的意图是让每个人的自我自己去反思。真理必须由每个人的自我自己去寻找。苏格拉底的名言：“不经受审查的生活是没有价值的。”③他所谓的“审查”，是自我审查、自我反思，即自我遵照理性的“矛盾律”“一致性”进行审查。苏格拉底认为理性最高，自我应受理性的约束。

---

① 同 374 页注①书，第 9—11 页。

② *Plato*, *Apology 33b*; Palto, *The Four Socratic Dialogues of Plato*, Oxford, The Clarendon Press, 1949, p.79.

③ *Plato*, *Apology 38a*; ibid. p.86.

柏拉图的灵肉二元论认为，只是灵魂而非肉体才使人成其为人。这种观点包含了把人从宇宙整体中突出出来的思想因素。但人之自我的个体性仍被隐蔽、湮没于理念的整体之中。

从总体上来看，古希腊思想中的个体性自我，或湮没于宇宙整体的必然性之中，或湮没于社会群体之中。总之，作为具有独立意志的、主宰宇宙必然性和社会群体的主体，还没有显现出来。可以说，古希腊思想文化中的自我是一个同宇宙整体、同社会群体逐渐显现出来、独立出来的过程，独立的个体性自我尚在孕育中。苏格拉底、柏拉图以后的希腊思想文化，基本上也没有脱离这种自我的框架。①

奥古斯丁在《忏悔录》中，表现了独立的个体面对上帝而忏悔、说话的观点。他说到人时，用第一人称（"现实的我"），说到上帝时，用第二人称（"真实的你"）。他认为自我的意志自由是独立的、不受理智制约的东西，但最终仍屈从于神权。奥古斯丁认为，自我的自由意志源于上帝的恩典。

基督教的灵肉二元论，从某种角度来看，也算得上突出了自我的灵魂的神圣性，是显现人的自我性的一种曲折表现。基督教在一定程度上容许了自由意志的空间。但个体性自我在中世纪受到封建教会的压制。

真正作为独立于宇宙整体之必然性和独立于社会群体之外而又能以自己的意志主动对待它们的个体性自我，只是到近代哲

① 参阅张世英：《西方美学思想与自我》，载于《北京大学学报》，2008 年第 2 期。

学创始人笛卡尔那里，才得到充分的表现和哲学的表达。这是人所共知的事实，这里不再重述。在西方哲学史家中流行一种看法，认为古希腊人的人生态度是“静观的”，中世纪人的人生态度是“避世的”，近代人的人生态度是“进取的”。用本章上述的观点和术语来说，所谓“静观的”，乃是因为自我尚湮没于宇宙整体的必然性之中，自我只是被动地静观自然、静观必然性，而不能用自己的自由意志主宰自然、主宰必然性。所谓“避世的”，乃是指自我的个体性在现实世界中受到神权压制，而只能向往虚幻的天堂。所谓“进取的”，则是因为近代人的个体性自我已显露出来，他能通过自己独立的自由意志，主宰自然、征服自然、驾驭必然性，使自然、必然性服务于自我。

二、中国人的“个体性自我”显现的历程是长期湮没于封建社会群体之中而力求自拔的历史

尽管古希腊思想文化中的自我尚未从宇宙整体之必然性和社会群体中独立出来，但自我毕竟已经有了同宇宙整体和社会群体分离的要求和倾向。赫拉克利特能说出“我自己寻求”，巴门尼德要求各人用各人自己的逻各斯做出决定，苏格拉底主张通过社会公众的讨论而引起自我的内在反思。所有这些，都说明独立的个体性自我已在萌生、躁动之中。同古希腊相比，与之大体同时的中国先秦时期（那也是中国文化史上思想最为活跃的时期），其独立的个体性自我的萌生则处于比较落后的状态。

在中国传统文化中占主导地位的儒家，认为做人的根本在于“仁”。“仁者爱人”，就是讲的人与人之间相互依存的关系。离开了这种社会群体的关系，人就不成其为人。“克己复礼为仁”。“克己”就是抑制自我，“复礼”就是言行符合社会身份。人之为人不是源于自我的个体性、独立性，而是源于他体现了群体的共性。人要抑制自己的个体性、独特性，以符合群体的共性，才算是为人之根本—“仁”。故“不知礼，无以立”，就是说，言行不符合于社会群体的规范，则不能立足于社会。

诚然，人生活于社会群体中，总会有身份，总要讲社会规范。但一味片面地讲人的这一方面，则只有“属性化的自我”，而缺乏“个体性的自我”。当然，《论语》中也有“三军可夺帅也，匹夫不可夺志也”，“君子和而不同，小人同而不和”之类的话语，表达了对个人意志和个人见解的尊重。这说明，即使是在孔子那里，也已闪现了独立自我的思想观点。

杨朱“贵己”和“不以物累形”之说，乃先秦各派中重个体性自我之最突出的表现。依《韩非子》所说，杨朱所谓“不以天下大利，易其胫一毛”，就是说的天下虽大，毕竟是身外之物；一毛虽小，却属于己。轻外物而重己之生（“轻物重生”），显然算得上一种重个体性自我的观点。然杨朱的思想确有独善其身、消极避世的缺点。这种思想实际上是企图把自我变成为一个完全脱离社会群体而孤立存在的单子，是不可能实现的幻想。此种自我尚非我所说的“个体性自我”。

孟子把杨朱之言理解为“拔一毛而利天下不为”的极端自私

的“为我”“无君”“而乱大伦”的思想。但无论如何，从孟子对杨朱的批评中，毕竟可以看到，儒家孟子与杨朱的自我观判然有别：孟子一心要把自我湮没于群体关系之中，认为自我的意义和价值源于社会之“大伦”；杨朱为了强调自我的独立性，竟堕入避世即完全脱离社会群体而孤立的幻想之中。

老子似乎继续了杨朱的未竟之绪，而又光大之。《老子》第44章：“名与身孰亲？身与货孰多？尚名好高，其身必疏；贪货无厌，其身必少。”此乃贵我之身而轻外在的名利之义。《老子》第20章：“俗人昭昭，我独昏昏；俗人察察，我独闷闷……众人皆有以，而我独顽似鄙。我独异于人，而贵食母。”众人皆在名利方面精明计算，我独与众不同，而贵得道。这也是老子企图将自我从世俗社会中突出出来的一种思想表现。然老子这种思想并非简单地消极避世，而是为了“食母”，即与道合一。《老子》第23章：“从事于道者，同于道。”“同于道”即与道同体、合一。“道”有常则之意，与道合一即是与常则合一，所谓“知常曰明”（《老子》第16章）是也。老子一方面教人不可与社会世俗同流，一方面教人与道合一，他似乎把个体性自我独立于社会群体的思想，同把自我融合于宇宙整体之“常则”的思想结合成了一个统一体。如果说，儒家孔孟的“天人合一”思想主要是要求把自我融合于社会群体的伦常之中（孔孟的“天”，其各种意义中占主导地位的方面是道德意义之天），那么老子的“天人合一”思想则主要是要求把自我融合于“道”、融合于宇宙整体（“一”）之中。老子的“同于道”，有点类似古希腊重宇宙自然之整体和重理性之处。《老子》有不少理性推理方面的东西，特别是与《论语》相比而言。[1]这里我想特别指出的一点是，尽管老子思想中还没有出现同宇宙自然整体中独立出来的个体性自我，但毕竟在他心目中，宇宙自然之整体占有极其重要的位置，而这一点正是孔孟所不能比拟的。儒家一味强调把自我湮没于社会群体，其心目中唯社会群体为尚，而忽视自然，此乃中国传统文化忽视自然科学的原因之一。古希腊把自我融合于宇宙整体的必然性即逻各斯之中，虽然如前所述，有湮没个体性自我的缺点，但这种思想也是重视自然必然性、重视理性的一种表现，孕育了后来西方近代哲学突出主体性自我、认识自然法则，从而征服自然的观点。老子"同于道"的思想对于后来道教之重自然科学特别是医学，显然也有关系。

若把老子的"同于道"和古希腊思想之强调遵从人所共有的逻各斯相比，则老子的独立自我、个体自我的观点还有明显的差距：老子只是想把个体性自我从社会地位中独立出来，其目的是要与"道"合一，所以在《老子》五千言中几乎找不到把人之自我从"道"中突出出来的倾向与要求。而这种倾向与要求在古希腊中则多有闪现。

魏晋南北朝时期，士人放荡不羁、纵情山水之风，是老子思想在新时代的表现。它一方面表现了老子"我独异于人"、与世俗不同流的独立自我的思想，一方面又表现了老子"同于道""贵食母"

① 参阅张世英：《境界与文化：成人之道》，北京：人民出版社，2007 年，第 152—154 页。

的融自我于自然之整体的思想。

这里特别值得一提的是道教。道教大大地发扬和发展了老子的思想。老子的“道”在道教那里已发展、转化为“大道”，具有人格神的色彩，成了道士们敬畏、崇拜、渴望和追求的对象。人，不像老子所说的那样只是简单地“同于道”、顺从道、融合于道，而是主动地通过自我的努力而“为道”。①《老子》亦有“为道”（《老子》第15、16章）、“从事于道”（同上，第23章）之类的言辞，但其内涵还是指“同于道”，是无为。“从事于道者，同于道”（同上）。道教的“为道”则是有为，是“知自然之道不可违，因而制之”，②即按自然法则来主宰自然。故道教的口号是“我命在我不在天”。③这个思想在《老子》五千言中是很难找到的，颇有西方近代主体性自我之具有独立意志、能够征服自然的意味。葛洪明确说：“为道者，以救人危，使免祸。人疾病，令不枉死，为上功也。”④这是道教的科学精神，是道教医学的哲学基础。道教淡泊名利，不把自我湮没于社会流俗之中的思想，是与其把自我突出于自然之上而主宰自然的思想紧密相连的。可惜道教的这种近乎西方近代主体性哲学的观点，并没有在中国传统文化中占主导地位而得到发扬。中国传统文化并没有从道教出发而发展出像西方文明那样的近现代科学。

明清之际的王夫之等人确有突出个体性自我的思想倾向。

---

① 葛洪：《抱朴子·对俗》；《抱朴子·杂应》。
② 葛洪：《抱朴子·阴符经》。
③ 葛洪：《抱朴子·黄白》。
④ 葛洪：《抱朴子·杂应》。

但从中国传统文化的总体来看，真正突破那种融自我于社会伦常关系或宇宙自然之整体的旧传统，乃鸦片战争以后之事。龚自珍不相信“道”和“太极”，认为“众人之宰，非道非极；自名曰我”。[①]“我”是一切之主宰。魏源公开反对几千年来统治人们思想的“万物一体”说，认为它不足以“制国用”“靖疆圉”“苏民困”。梁启超明确提倡学习西方近代主体性哲学奠基人笛卡尔的“我思故我在”；他还极力推崇康德的思想，主张“非我随物，乃物随我”。至于孙中山的心物二元论和“精神战胜物质”之说，则更是西方近代主体性哲学在中国的表述。[②]

五四运动是中国历史上一次最伟大的个性解放运动，其所提出的民主与科学两个口号是明清以来特别是鸦片战争以来长期酝酿的突出个体性自我的思想运动之总结与概括，颇相当于西方文艺复兴时期人的发现和自然的发现，堪称中国式的文艺复兴。只不过中国式的文艺复兴比西方的文艺复兴晚了几百年，中国人的独立自我观在几千年封建文化的桎梏下，发展得太缓慢了，一直到 19 世纪末，才出现上述一批先进思想家，从西方几百年前的文艺复兴运动中和“主体性哲学”中，召唤一点西方先进的个体性自我观。回顾历史，我们不免叹息中国式的文艺复兴来得太晚！中国人的独立自我的意识，过长地被压抑和湮没在封建的社会关系之中！

---

① 龚自珍：《壬癸之际胎观第一》。
② 参阅张世英：《天人之际——中西哲学的困惑与选择》，北京：人民出版社，2007 年，第 86—89 页。

三、中华文化思想发展的未来还需要再一次的“个体性自我”解放

就一般大众的思想观念观之，距独立的个体性自我观则尤为遥远。心理学家朱滢先生通过国内外资料的细致研究和大量心理实验以及问卷调查，得出结论：“自我是文化的产物，一般认为，东方亚洲文化培育了互依型的自我（interdependent self），而西方文化培育了独立型的自我（independent self）”。[①] “西方文化强调个体的独立性，……自我与非自我的边界是个体与任何其他人；东方亚洲文化强调人们之间的依赖关系，自我与非自我的界限是父母、亲人、好朋友等自家人与外人的区别。”[②]“中国人更依赖于别人的观点，而英美人依赖自己的观点。”[③]难怪中国人总爱听从外在权威和权势的意见，而不敢见由己出。朱滢先生指出的现象，其源盖出于中国文化湮没“个体性自我”于“属性化自我”之中的老传统。当然，朱滢也注意到中西文化的此种差别并非绝对的，他说：“东西方人都具有这两种自我结构”，然而“独立性自我主要分布在西方，互依型自我主要分布在东方”。[④] 我在前面已经比较详细地讲述了在中西两种不同文化传统中“独立型自我”从“互依型自我”中脱颖而出的两种不同步伐、不同速度的历史进程，这两种不同进程也证明了朱滢的上述观点。朱滢所做实验和

① 朱滢：《文化与自我》，北京：北京师范大学出版社，2007 年，第 48 页。
② 朱滢：《文化与自我》，北京：北京师范大学出版社，2007 年，第 67 页。
③ 朱滢：《文化与自我》，北京：北京师范大学出版社，2007 年，第 113 页。
④ 朱滢：《文化与自我》，北京：北京师范大学出版社，2007 年，第 173 页。

调查中的“被试”，包括今日的大学生，其中也有北京大学的学生。他说：“相当于其他中国人，北京大学的学生较多强调西方自治的价值观，较少强调中国传统价值观。与中国文化相比，回答者更多地认同北京大学的学生文化。这些证据表明北京大学学生善于接受西方的影响。”①尽管如此，包括北京大学学生在内的中国人，从整体上来说，其自我观至今仍是传统的自我观即“互依型自我”观占主导地位。从朱滢的实验、调查和论述中，可以看到，传统的“互依型自我”观至今仍然深刻地影响着中国人，即使在年轻人中，独立的个性体自我至今仍然没有从社会群体中显现出来。中国思想文化的发展似乎还需要再来一次个性解放运动！中国哲学的发展似乎还要继续召唤西方近代的“主体性哲学”！

当今之中国正强调发展科学。然而科学以“主体—客体”式的思维方式为基础，以发挥个体性自我的主体性为前提。中国传统的“互依型自我”观主要是指社会群体关系上的互相依赖，缺乏西方人所讲的对宇宙自然之必然性的依赖，因而不重理性思维，不重自然科学。至于像西方近代那样把个体性自我突出于宇宙自然之上，做自然之主宰，征服自然，则更非中国的“互依型自我”观所能企及。如果一味强调“互依型自我”观，一味把“个体性自我”湮没于“属性化自我”之中，以依赖社会群体、依赖他人为至上原则，则必然抹杀个人的独立创造性，即使在科学上也能做出某些成绩，但不可能有伟大的科学发现和成就。我们不能笼统地反

---

① 朱滢：《文化与自我》，北京：北京师范大学出版社，2007年，第178页。

对集体主义，但我所要着重提醒的是，如果把集体主义只理解为对依赖社会群体的强调，则此种集体主义必然抑制个体性自我的独立创造性。我以为集体主义只能是发挥自我创造性的一种补充。

把“个体性自我”从社会群体中突显出来，也是发扬民主、尊重基本人权和平等自由的前提。人生而在权利方面平等自由，这已是当今公认的观念。其实，这个观念也就是说的人皆有独立的个体性自我。承认了个人的独立自我，也就承认了人权的平等自由。只是在不平等、不自由的社会里，人的“属性化自我”才打上了不平等、不自由的烙印。“个体性自我”从社会群体中突出出来的过程，也就是争取人权、争取自由平等的过程。一味强调“属性化自我”，依赖群体、依赖他人，抑制“个体性自我”，抹杀自我的独立性和个性，用普遍性抑制差异性，只准说相同的话，听不进不同的声音，这种自我观必然成为发扬民主、维护人权的障碍，甚至变成专制主义的理论依据。所以要发扬民主、维护人权，其关键在于尊重他人的自我独立性和个体性。

清代画家松年（1837—1906）说：“吾辈处事，不可一事有我，唯作书画，必须处处有我。我者何？独成一家之谓也。此等境界全在有才。才者何？卓识高见，直超古人之上，别创一格也。”①处世待人，的确要有儒家所讲的“仁”德之公心，“不可一事有我”，

① 松年：《颐园论画》。

这里的“有我”，私心之谓也。但作画之类的审美意识，则“必须处处有我”，这里的“有我”，独立的个体性自我之谓也。唯独立的个体性自我才有原创性。所谓“卓识高见，直超古人之上，别创一格”，就是这种自我的原创性。实际上，松年所讲的在“处世”方面“不可一事有我”，如果这里的“我”不是指私心，而是指个体性自我，则“处世”也“必须处处有我”。因为只有“个体性自我”才是从社会群体中显现出来的自我，因而也是超越了世俗功利关系的自我，这种自我是明代思想家李贽所说的“童心”和“真心”。吾辈若能处处以“童心”“真心”待人“处世”，重义轻利，尊重他人的个性和独立性，那该是一副多么美妙的“和而不同”的局面啊！松年这里只谈到审美意识需要“有我”，其实，如前所述，科学家也需要“有我”，道德意识和政治意识，也需要“有我”。总之，要想建立一个真正的和谐社会和科学发达的社会，都需要“有我”—有独立的个体性自我。反之，见利忘义、人云亦云、随声附和、千篇一律，那就只能造成一个“小人同而不和”[①]的结局。中国人爱说：“木秀于林，风必摧之。”我想，为了弘扬我中华传统文化，我们倒不妨提倡一点一枝独秀、不怕摧折的独立自我的精神。西方文字，“我”字大写，中国人则爱自称“鄙人”。在世界文化发展的洪流中，我们中国人也该改变一下老传统，在世界文化史上堂堂正正地写上一个大写的“我”字，做一个大写的人。

---

① 参阅《诸子集成》(一)，北京：中华书局，第297页：“正义曰：和因义起，同由利生。义者，宜也。各适其宜，未有方体故不同。然不同因乎义，而非执己之见，无信于和。利者，人之所同欲也。民务于是，则有争心，故同而不和。此君子小人之异也。”

第二十二章　西方美学思想与自我

一、中西两种不同的自我观

什么是自我？中国传统思想基本上不讨论这个问题。西方哲学家则多有对这个问题的思考或明确回答。当代美国哲学家约翰·塞尔(J. R. Searle，1932—)对这个问题的论述特别引起我的兴趣，他在其著作《心智》(*Mind*)一书的"自我"(The Self)一章中，从分析笛卡尔的"我思故我在"和休谟否认自我的经验的怀疑论出发，提出了他自己关于自我的观点。他既否认笛卡尔建立在二元论基础上的、作为独立的精神实体的自我，又不同意休谟建立在经验论、怀疑论基础上的那种怀疑自我的观点。他针对休谟的观点说："除了我们的身体和我们一连串的经验之外"，"我们绝对地必须设定一个自我"。[①] 他认为任何一个自我在做出某种行为时，虽然总是出于某种原因，总是有某种因果关系参与其间，但自我的行为又是自由的，自我的某种行为最终是出自我自己的选择。自我行为的自由特征，是不能完全用因果关系来解释的，自由行为不同于因果关系。这自由行为靠什么来解释呢？"我相信，答案就是，我们必须假设，除休谟所描绘的'一捆知觉'而外，还有某种形式上的约束，约束着作出决定和付诸行动的存在(entity)，我们必须假设一个理性的自我或行动者(agent)，它能

① J. R. Searle, *Mind — A Brief Introduction*, New York, Oxford University Press, 2004, p.292.

自由地动作,能对行为负责。它是自由行动、解释、责任和给予动机的理由等概念的复合体(complex)……。”[①]塞尔在这段话里所说的“约束”是指“理性的约束”(the constraints of rationality),即自我“在理性的约束下确认和考虑行动的理由”。[②] 塞尔认为,在“自我”这个存在的诸因素(有意识、知觉、理性、付诸行动的能力,以及组织知觉和推理的能力,从而在自由的前提下完成自愿的行动[③])中,“最重要的”是“遵照理由而行动”(“*acting on* reasons”),“其所以重要,是因为遵照一种理由而行动的观念不同于某事物与另一事物发生因果关系的观念”。“遵照行动”(acting on)的观念,“预设了自由意志的空隙”。[④] 这就是说,有所遵循(遵照)、有所考虑的行动,以有自由意志为前提;因果关系的锁链密密实实,无自由意志的空隙。例如,我一想到投布什一票,我就肚子疼,这中间完全是因果关系,没有自由意志的“空隙”。但在由于我想投布什一票,便在选票上打×的情况下,这中间就有自由意志的“空隙”:这是一个有所遵循、有所考虑的行动,我可以为了这个理由而在选票上打×,但也可以为了另一个理由而决定不投布什的票,不在选票上打×。打×不打×都是自

① J. R. Searle, *Mind — A Brief Introduction*, New York, Oxford University Press, 2004, pp.294 - 295.
② J. R. Searle, *Mind — A Brief Introduction*, New York, Oxford University Press, 2004, p.295.
③ J. R. Searle, *Mind — A Brief Introduction*, New York, Oxford University Press, 2004, p.297.
④ J. R. Searle, *Mind — A Brief Introduction*, New York, Oxford University Press, 2004, p.296.

我的自由行动。[1] 塞尔说："当我们做出人的自愿的动作时，我们典型地是基于理由（reasons）而行动的，而这些理由在解释我们的行为时，以原因的方式（causally）而起作用，但用理由解释人的行为，这种逻辑形式根本不同于因果关系的标准形式。"[2]因果关系中无自由意志可言，就像在一定条件下"一旦发生地震，高速公路就一定坍塌"。[3] 自我的自愿行动包括"自由意志""目的或动机的明确"和"意向性因果的作用"三个特点，此三者都可以概括和归纳在"一个更大的现象—理性（rationality）"之下。[4]

我国当代心理学家朱滢在其新著《文化与自我》一书中，开宗明义地专章讲述了塞尔的自我观。他对塞尔所讲述的"自我"作了这样的概括："塞尔认为，自我是一个形式上的概念，它从逻辑上说明一个人的行为、思想是由他的自我决定、支配的，强调个体的主动性。"[5]朱滢还把塞尔的自我观和我在本书"超越自我"这一章中所讲的自我观作了一个对比："塞尔代表西方哲学对自我的看法，张世英代表中国哲学对自我的看法。"[6]"他们之间最根本的、最明显的区别在于，塞尔只谈个体的自我，个人认同问题，

---

① J. R. Searle, *Mind — A Brief Introduction*, New York, Oxford University Press, 2004, pp.293 - 294.

② J. R. Searle, *Mind — A Brief Introduction*, New York, Oxford University Press, 2004, p.212.

③ J. R. Searle, *Mind — A Brief Introduction*, New York, Oxford University Press, 2004, p.212.

④ J. R. Searle, *Mind — A Brief Introduction*, New York, Oxford University Press, 2004, pp.213 - 214.

⑤ 朱滢：《文化与自我》，北京：北京师范大学出版社，2007 年，第 16 页。

⑥ 朱滢：《文化与自我》，北京：北京师范大学出版社，2007 年，第 15 页。

只字不谈‘自我’与他人的关系；张世英则不讨论个人认同问题，即为什么要有‘自我’这个概念，只谈论‘自我’与他人的关系。并且对西方传统哲学那样执着于‘自我’持批评态度。”“可以说，塞尔的自我观，是法制社会的产物，强调一个人必须对他的思想和行动在法律上负责。而张世英的自我观则是人情社会的产物，更强调人所处的周围环境对一个人的思想和行动负责。”[①]朱滢认为，东西方不同的自我观是两种不同的文化的产物。[②] 他说：“自我是文化的产物，一般认为，东方亚洲文化培育了‘互依型的自我’(interdependent self)，而西方文化培育了‘独立型的自我’(independent self)。”这种“互依型的自我”表现在中国人的自我观念上就是“倾向于从社会角色和关系来界定个人的自我概念，自我与他人并没有一清二楚的界限，人们习惯于从关系中去认识一切，将个人看成是群体的一分子，是群体里的一个角色，而不是独立的个体。中国人的自我概念包括母亲等十分亲近的人”。[③] 西方的“独立型自我”则如“所罗门在反思西方社会时指出的”，“倾向于认为我们真正的、本质的或本真的自我仅为我们自己所独有，而我们与他人的关系则相对来说是次要的，或者从某种意义上来说是外在的”。[④] 因此，西方“独立型的自我”把包括母亲在内的“任何其他人”都看成是“非自我”，而不像东方人那样把“父母、亲人、好朋友”等都看成是属于自我概念范围内

① 朱滢：《文化与自我》，北京：北京师范大学出版社，2007 年，第 16 页。
② 朱滢：《文化与自我》，北京：北京师范大学出版社，2007 年，第 48 页。
③ 朱滢：《文化与自我》，北京：北京师范大学出版社，2007 年，第 17 页。
④ 朱滢：《文化与自我》，北京：北京师范大学出版社，2007 年，第 27—28 页。

的“自家人”。[1]

朱滢作为心理学家做了大量的实验和社会调查，证明了中国人的自我观属于“互依型的自我”，西方人的自我观属于“独立型的自我”，证明了不同的自我观与不同的文化之间的密切关系：“美国文化下人们通过关注自我并发现和表达自身独特的内在特质而保持自我的独立性，而东亚文化下，人们则注重自我与他人间的内在联系，强调关注他人，与他人保持和谐的互动关系。”例如西方人更多地使用个人的特征来描述自我，而中国人则更多地使用所处的社会地位、所扮演的社会角色来描述自我。[2] 与此相关的是，西方文化影响下的人对他人的行为常常做“特质归因”，即归因于行为者个人的特质；东方文化影响下的人则更多地做“情境归因”，“更多地考虑到情境因素的影响”。[3] 又如“在行为动机方面，拥有独立型自我的个体在拥有自主权时内在动机最高，任务完成得最好。而拥有依赖型自我的东亚人却不尽然，关系取向使他们对于他人作出选择的情景下也表现出较高的动机”。例如由母亲、权威人士“为其作出选择时，表现出最高的内在动机，任务也完成得最好”，[4]如此等等。朱滢由此得出结论：“中国人依赖于别人的观点，而英美人依赖自己的观点。”“东方人的自我概念强调同他人的关系。离开了父母、好朋友、同事等，自

---

① 朱滢：《文化与自我》，北京：北京师范大学出版社，2007年，第67页。
② 朱滢：《文化与自我》，北京：北京师范大学出版社，2007年，第84页。
③ 朱滢：《文化与自我》，北京：北京师范大学出版社，2007年，第87页。
④ 朱滢：《文化与自我》，北京：北京师范大学出版社，2007年，第89页。

我的内容就很少了。而英美国家是绝对的独立的自我。自我不包括好朋友、父母、同事等，只包括他自己。”[①]朱滢同时也指出：不能把这种东西方的差异绝对化，“尽管独立型自我主要分布在西方，互依型自我主要分布在东方，但东西方人都具有这两种自我结构。”[②]

结合塞尔和朱滢的研究和论述，我以为，西方的“独立型自我”可以归结为自由、理性、个性三大特点，自我乃是一个遵照理性而自由行动的独特的个体。如果能以此作为自我的标本，则东方的“互依型自我”实不能算是自我。我在本书中多处谈到，自我源于主客体之间的明确划分，中国传统哲学不重作为认识主体的自我与作为认识客体（对象）的非自我之间的区分，两者在中国传统哲学中浑然一体，故中国传统哲学不讨论“自我是什么”的问题。[③] 孔子的“仁者爱人”，是讲的人与人之间的关系，尽管不能说不是一种自我观，但并未回答“自我是什么”的问题。孟子主张“万物皆备于我”，这里的我与万物本为一体，无人我之分，实无独立的我之可言。道家到了庄子，则更明确地提出了“至人无己”（《逍遥游》）的命题。“无己”就是无我，没有自我。可以毫不夸大地说，作为中国本土文化支柱的儒家与道家文化中，大体上说来，“无我”是一条根本原则，“我”（自我）的观念在中国传统文化中，一般说来不过是一个自私、私己的贬义词。我在本书等论著中指

---

① 朱滢：《文化与自我》，北京：北京师范大学出版社，2007 年，第 113 页。
② 朱滢：《文化与自我》，北京：北京师范大学出版社，2007 年，第 173 页。
③ 朱滢：《文化与自我》，北京：北京师范大学出版社，2007 年，第 7 页。

出，中国传统文化中“无我”的观念的优点在于崇奉人的高远境界，其缺点在于缺乏独立自我的创造性，缺乏主客二分的观点。我们应当学习、吸纳西方主客二分的思维方式，亦即“独立型的自我”观。但西方的这种自我观已愈来愈暴露了极端的人类中心主义和唯自我中心主义的缺点，所以我在“超越自我”一文中又着重阐述了超越西方独立型自我的观点，其中心意思是要取长补短，会通中西，走出一条既尊重自我的独立性又有关注他人的高远境界的新的哲学道路。我的主张并不如朱滢所说，代表中国传统哲学的自我观，但我从他的著作《文化与自我》中认识到，中国传统的那种“更依赖于别人的自我”观根深蒂固，学习、吸纳西方那种“依赖自己”的“独立型的自我”观，远非一朝一夕所能完成。我过去总爱说，“不能亦步亦趋地先花几百年时间补西方文化思想之课，然后再来纠偏”，现在由于更深切地意识到传统之顽固，我觉得中华文化要想求得新生，还是需要先多花点时间，做点补课的功夫，当然不是亦步亦趋。近年来我讲的“超越自我”之“超越”，未免提得过早了，强调得过多了。我毕竟还是一个在中国传统文化背景下成长起来的中国人的“自我”！当前，我们还是应当在会通中西、取长补短的大原则和总的趋势下，更着重注意学习、吸纳西方“独立型的自我”观。

朱滢在他的著作中，举了许多有关中西不同自我观对中西社会心理、道德意识方面的影响的例子，而未涉及审美意识。本章受他和塞尔的启发，想专门谈谈西方的“独立型自我”观对西方审美意识、西方美学方面的影响。关于中国审美方面的问题当另文论述。

二、古希腊的美学思想与自我：自我在孕育中

中国儒家文化以道德为最高的人生境界，审美服务于道德，而道德的主要标准是去私，“我”“己”（“自我”）在儒家看来大多是“私”字的代表词，去私等于去我。道家思想是整个中华传统文化中审美观念的主要来源，而道家的审美境界很明显地是一种“无我”（“无己”）的境界。庄子的蝴蝶梦不知庄周梦为蝴蝶，还是蝴蝶梦为庄周，便是一个最生动的例子，中国人最欣赏这种人与万物齐一之美。这里的审美意识显然无庄周之自我。与中华传统的审美文化不同，西方传统的审美文化重自我，审美意识是一种自我实现、自我表现的意识。西方有一种观点，认为西方美学史的主线是：美就是理性、理想、理念在感性中的显现。这样的概括当然是不错的，但我以为还可以把这样的概括深化一层。按照我前面对于西方“独立型自我”的界定（“自我是一个遵照理性而自由行动的独特的个体”），我们很可以说，西方美学史的主线是：“美是自我在感性中的显现。”具体一点说，美就是在感性形象中显现“自我”的“理性、自由、个性诸特点”。当然，说美是理性、理想、理念在感性中的显现也好，说美是自我在感性中的显现也好，这两种说法在西方美学史上都有一个漫长的发展过程。本文的主旨是想简略地论述一下“自我在感性中的显现”这种对美的界定在西方美学史上是怎样萌生、形成和发展的，论述一下“自我”的诸特点——理性、自由、个性，在西方美学史上是怎样逐步展开的。相对西方而言，中国传统的审美意识和美学思想比较缺乏这

几个特点。

公元前五世纪,古希腊人的审美意识与真、善,与实用性、道德意识尚难以区分。这对于人类思想不成熟的童年时期的古希腊人来说,也是很自然的。例如,当时的人神同质同形的观念就把神像雕画成和现实中的人形一样,神不是人所看不见的超自然的东西,而是一个可见的现实。这说明,这个时期的古希腊人还缺乏超越现实的意识,缺乏把审美再现看成是区别于现实的意识,也说明自我尚深深地沉陷在原始的"天人合一"之中,自我尚未突显出来,从而也缺乏一种不与现实、不与真善相混淆的审美意识。

与此相联系的是古希腊美学思想中的"摹仿说"。既然万有同质,美也就只能具有对现实事物的摹仿意义,而不能具有对超越现实事物之外的东西的象征意义。柏拉图以至亚里士多德都把艺术美置于"摹仿性"的技艺之下,就是由于这个缘故。根据这种"摹仿说",则审美的标准只能是按照现实生活中的标准—善和真来评判,审美再现没有比被摹仿的现实生活更深远的意义。柏拉图与亚里士多德的审美观念都由此而深深地打上了善与恶和真与不真的烙印。柏拉图关于艺术隔真理三层之说,这是大家最熟知的。仅以亚里士多德为例,他对悲剧和喜剧人物主要是从好人和坏人的角度来评判的,而对于人物个人("自我")的个性、激情则极少言及。

尽管如此,古希腊美学思想中却也隐含着超越现实,超出真、善的审美意义。例如柏拉图认为,艺术摹仿现实事物,只是对事物的表面的复制，但这样的复制却隐含着人的想象力，人在复制事物的表面时已舍弃了现实事物的现实性、功用性，这就是一种不同于真、善的审美情趣。这种想象力在一定程度上已意味着自我的自由创造力。尤有进者，柏拉图的艺术美与真理隔三层说，从表面上看讲的是艺术创作、审美形象只摹仿现实事物而不能摹仿最真实的“理念”（“理式”）。但他又认为现实事物是对“理念”的摹仿。这样一来，其所谓隔三层说就间接地包含着艺术美有象征“理念”、象征超现实事物的东西的意义。[①] “理念”实际上是自我的理性思维的产物，显然，柏拉图的隔三层说，已为后世关于美是“自我”的理性（理念、理想）之感性显现的思想观点开辟了道路。

亚里士多德认为摹仿之所以能引起快感，原因在于，人在看到摹仿的事物时，会惊奇、推想该事物是什么，会欣赏艺术家的技巧，从而得到一种快感。“甚至本身让我们看起来感到不快的东西，例如低等动物或尸体的形状，在精确的描绘中，却令我们看到它们时兴起了快感。”[②]这种“由于运用智力和惊奇感”而得来的快感，说明审美愉悦不是来自现实事物，而是来自有理性（推想）、有自由的自我。亚里士多德这里把“丑”（令人不快的东西）引入了美学思想范围，这就扩大和深化了自我的特性。自我可以化现实之丑为艺术之美。

特别值得注意的是，亚里士多德的美学思想尽管还未脱“摹

---

① 参阅鲍桑葵：《美学史》，北京：商务印书馆，1985 年，第 40—41 页。
② Aristotle, *On the Art of poetry*, The English Edition by Penguin Books, 1965, p.35.

仿”说的框架，但他已大大扩展了摹仿的含义，几乎突破了“摹仿”说。他认为艺术上的摹仿不只限于现实的事物之“所是”，而更要摹仿事物之“应该是”。这就向“美是理想在感性事物中的显现”说靠近了一大步。当然，“理想”在亚里士多德那里还深受现实性、道德性的束缚，美仍从属于善。但无论如何，在亚里士多德的美学思想中，自我的理性—理想这方面的特征，比起柏拉图来，是更加突显出来了。

亚里士多德认识到，美的艺术活动包含合乎理性的内容，对现实事物能有不受限制的自由处理的能力，以及个人自我表现的方式等因素。这都是亚里士多德美学思想靠近后世关于美是具有理性、自由和个性特征的自我的感性显现观点的体现。

但是，我们也不要忘记，亚里士多德的美学思想所表现的毕竟是古代人的审美意识，隔近代人的思想意识还相当遥远。他忽视审美意识中人的个性的自我表现，而重普遍性。他之所以认为“诗比历史是某种更有哲学意味和更值得严肃关注的东西”，乃是因为“诗关注普遍的真理，而历史论述的是个别的事”。[①] 在亚里士多德看来，诗的真实性（Poetic Truth）高于历史的真实（Historical Truth）。[②] 正是根据这个观点，亚里士多德认为诗和戏剧的关键不在于对自我的独特个性的描述，而在于显示一种类型，悲剧的最重要的要素（他认为有六个要素）是“情节”（Plot），即事件的安

① Aristotle, *On the Art of Poetry*, The English Edition by Penguin Books, 1965, p.43.

② Aristotle, *On the Art of Poetry*, The English Edition by Penguin Books, 1965, p.43.

排，而不是个人自我的“性格”（Character），“情节”是悲剧的生命，“性格”居第二位。[①] “情节”具有事件的普遍性、必然性，而且亚里士多德所讲的“性格”也带有类型性、普遍性，而不完全是近代意义的个性。亚里士多德的美学思想显然还属于古代人—古希腊人的范畴。

在古希腊审美意识中，完全不涉及现实性、不涉及真与善的纯粹意义的美，是形式美。古希腊人特别重视形式美，这是古希腊人审美意识的特色，也是古希腊人对整个西方美学思想的一大贡献。形式美是任何审美意识都不可缺少的成分，即使近代的审美意识已远远超越形式美，但它又必然包括形式美在内而不能舍弃它。所谓形式美，概括起来说，就是指多样性的统一，亦即和谐，例如对称、比例、秩序、完整等，其在音乐中的表现就是节奏、圆滑之类，在绘画中的表现就是图形上的比例、匀称之类（例如“黄金分割”的矩形能特别引起人的审美愉悦），在诗歌、戏剧（包括乐曲）中的表现就是有头、有尾、有中局，有点类似中国古典文学中讲的“起承转合”，如此等等。形式美的理论源于毕达哥拉斯学派对于数和形式乃宇宙结构之基础的信仰，它把音乐和图形之美归结为数的和谐。柏拉图也承认形式美给人以一种不同于真善的纯粹意义的审美愉悦。[②] 形式美之所以令人产生愉悦感，在毕达哥拉斯学派看来，是因为人与自然都受数的和谐原则支配，

① Aristotle, *On the Art of Poetry*, The English Edition by Penguin Books, 1965, pp.39 - 40.

② Plato, *Philebus* 51.

两者由此而相互契合；在柏拉图看来，这种愉悦不是由于简单地复制现实性事物而产生的，它包含有人的自我的自由创造力。然而形式美只能算是美的必要条件，只表现了自我审美能力的抽象方面。把美简单地仅仅界定为多样性的统一或和是远远不够的。美的内涵必须随着从古代到近代的历史前进过程而不断扩大和充实，其大体的方向是愈来愈突显自我的理性、自由和个性诸特征。

亚历山大大帝和希腊—罗马时代，由于社会的变迁和各种矛盾的加剧，个人日益转向对自我的审视。一方面有像斯多葛派、伊壁鸠鲁派和怀疑派那样的伦理思想占当时思想界的统治地位，它们注重自我的安宁静穆；一方面也有像朗吉努斯(Casius Longinus，213—273)那样突出自我的崇高方面的美学思想。他在西方美学史上是第一个把"崇高"引入审美反思的学者。他的《论崇高》尽管没有像近代的康德那样对崇高的本质做系统的阐述，但他对自我的崇高特征的赞扬，却使他在美学思想方面向近代走近了明显的一步。他说："凭借内在的力量，真正的崇高提高我们的灵魂。"①"崇高是高贵精神的回声。"②"大自然判定我们人不是卑下的动物，它把我们带进生命和整个宇宙中，毋宁是好像把我们邀请到一个大的会场上，在那里既成为观众，以欣赏它所创造的一切以及最有智慧的、渴望成名的人，又从一开始它就给我们的灵魂灌注了一种不可克服的渴望，渴望一切伟大的东西，渴望一切比我们自己更神圣的东西。也就由于这个缘

① Longinus, *On the Sublime*, The English Edition by Penguin Books, 1965, p.107.
② Longinus, *On the Sublime*, The English Edition by Penguin Books, 1965, p.109.

故，整个宇宙都不能满足人力范围之内的沉思和思想，我们的观念常常超出了我们周围的界限之外。如果我们从各方面把生命审视一番，看到在与我们有关的每一事物中那不平凡的、伟大的和美丽的东西是如何突显，我们立刻就会领悟到我们出生的目的。这就是为什么按照某种自然的本能，我们赞赏尼罗河、多瑙河、莱茵河，尤其是海洋，而不赞赏小小的溪流，尽管它们清澈，甚至有用。”①从朗吉努斯的“崇高”概念中，我们似乎看到了一个气魄宏伟、敢与一切渴望成名的、最有智慧的人相竞争的“自我”。西方近代的“主体”意识（“自我”意识）和近代“主体性哲学”的“主体性”似乎呼之欲出！这里不能不让我们情不自禁地联想到，中国传统以“无我”为最高境界的哲学思想和美学思想，与西方的自我进取精神相比，未免显得太消极了。当然，中国传统美学思想中，也不乏类似于西方“崇高”观念的成分。

处于古代与中世纪交接处的新柏拉图主义者普罗提诺，在关于美显示自我的理性特征方面，突破了柏拉图主义以至整个古希腊美学理论的框架。以柏拉图和亚里士多德的摹仿说，尽管我们不能把他们的“摹仿”这个术语作简单的理解，但其基本思想却是认为，美的艺术摹仿现实事物。普罗提诺则大大地延伸了，以至可以说打破了柏拉图的“同真理隔三层”说，认为艺术不是仅仅简单地摹仿有形的现实事物，而且更进而显示“理性”“理念”，深入到“理性”“理念”。“心灵由理性而美，其他事物—例如行动和事

① Longinus, *On the Sublime*, The English Edition by Penguin Books, 1965, p.146.

业——之所以美，都由于心灵在那些事物印上它自己的形式。使物体能称为美的也是心灵。”[①]这就是说，只有当自我把自己所具有的“理性”打印在（显示在）感性事物上，事物才是美的。“美是理性在感性中的显现”这一近代的美学观点，在普罗提诺这里，实际上已初步形成，只不过他的“理性”“理念”是与神秘主义的“太一”说紧密联系在一起的。无论如何，古希腊的摹仿说从普罗提诺起，已明确地过渡到象征说：艺术是理性的象征。

与此相联系的是，普罗提诺既然不同意美只是摹仿现实事物，也就很自然地不同意一味重视形式美的古希腊美学观点。他认为对称本身并不是美，美乃是在对称事物中所闪耀的“光”。例如刚死的人，面形上还未有什么改变，也许还称得上对称，但死人的脸上没有像活人那样闪耀着生命的“光”、美的“光”。也就是因为这个缘故，普罗提诺提倡人的肖像画要特别注意眼神。眼神在他看来，最能显示人的心灵。强调理性、心灵在审美中的作用，这就是近代审美意识的萌生。

三、中世纪美学思想与自我—自我被蒙上了宗教神秘主义的阴影

基督教的表面特征，如禁欲主义、敌视艺术美（破坏偶像是其突出的表现）、重视自然美等，显然会让我们比较轻易地得出结论：在基督教占统治地位的中世纪，自我的理性、自由、个性诸特

① 朱光潜：《西方美学史》上卷，北京：人民文学出版社，1985年，第119页。

征都受到了削弱和压制，人性的审美方面已被湮没。但是，如果我们能从另一个角度作一点更深入、更全面的反思，就可以看到，中世纪的自我和相关的审美意识乃是在基督教的宗教神秘主义外衣下，以隐蔽的形式潜在地生存着、发展着。

就拿基督教的“化身”的观念来说，它就把犹太教中那种非个人自我所能及的造物主拉回到了个人自我所能及的范围之内，而这一点一直渗透在基督教的宗教意识之中，成为中世纪审美意识的一大特色。

中世纪基督教对自然美的赞赏虽然包含一种对人为的艺术的敌视，但与古希腊审美意识相比，却蕴含了一种观点：自然美既然表现着自然界的神意，那就意味着自然美是由于有了更深层的“意蕴”才美，而这正是古希腊人一般所难于设想的，尽管这里的“意蕴”披上了“神性”“神意”的外衣。

中世纪破坏偶像的运动，认为基督的人性太崇高、太伟大了，以致不能用艺术画像按照尘世的人体来描绘。基督的精神高于人的形体，甚至先于人的形体，这从一个侧面说明，基督教正是要突显人的自我的崇高性（神圣性），基督教的灵肉二元论，算得是突出人的自我性的曲折表现。而且，破坏偶像的这种过激之举在当时已引起争议，六世纪的格列高利（Gregory of Nyssa）就主张，崇拜图像本身固然不妥，但通过图像来崇拜神灵则是应该的，它可以启发自我的心灵。格列高利的观点意味着艺术形象具有象征神灵的意义。这种以艺术形象象征神灵、启发自我的说法，比起柏拉图之视“理念世界”完全外于和超出“感性世界”的观点来，显得更贴近人生、贴近人的心灵—自我。

奥古斯丁的美学思想虽然与普罗提诺不同，他主张美必须讲究形式，讲究对称与色彩之类的东西，但他在注重美的形式的同时，又继承了普罗提诺的思想，认为美之为美，其内蕴主要在于美的形象是由于受了上帝光耀的照射。美不限于感官形象，而是超越了感官形象，这是基督教美学思想的核心，也是西方美学思想发展史上由古希腊前进到近代的具有关键意义的一步。美必须具有理性、理想的内蕴，这一直是到近代才完成的审美观念，如果说在古希腊尚处于孕育状态，那么，到了中世纪，就可以说是在基督教神秘主义外衣的掩盖下诞生了。

九世纪的爱留根那（Johannes Scotus Eriugena，约 800—877）更进一步实现了由古希腊摹仿说到象征说的转化。他虽然也贬斥艺术，但他比奥古斯丁更明确地把美在于显示上帝光辉的思想与人的自我联系起来。他认为“人是宇宙中的一个小宇宙，因为人有感官能感知世界，有理性能考察可理解的自然和事物的原因，有智力（intellect）能沉思（contemplate）上帝”。[①] 夏娃表征着人的感官，亚当表征着人的理性，上帝创造一切现实事物是为了让人赞美上帝。但人必须“沉思”上帝，与上帝合一，才能领悟上帝是美，从而欣赏被神所光照的万物之美。人通过感官所感知到的和通过理性所考察到的，都只是被创造之物，其本身没有美，这些被造物之美不是通过人的感官和理性，而是通过“智力”之

---

① *The Now Encyclopedia Britannica*, Chicago, 1993, Volume 4, p.542.

"沉思"才能达到的。爱留根那的这些思想,说明他看到了审美意识超越于感官知觉和一般的理性思维之上,超越于感性和知性之上。[1] 爱留根那的美学思想似乎有接近康德的美学思想之处。

圣托马斯·阿奎那继承了奥古斯丁的美学思想,主张美必须讲究形式,但重要的是,美的形式(无论自然美还是艺术美)都源于上帝:"精神性的真理通过物质事物的貌似(Under the likeness of material things)而被启示、教导,乃是恰当的,就像狄俄尼索斯说的那样:'除非借助于隐藏在许多神圣面纱覆盖之下的神圣的光耀,我们是不能受到启迪的……精神性的真理是靠来自有形体的东西的图像而得到说明的。'"[2]托马斯在神学的外衣下,表达了美是自我的理性("精神性的真理")的显现的思想。

托马斯继承了柏拉图关于区分审美感官与非审美感官的观点,但他比较注意美与善的区分:善关系到感性欲念的实际利益,而味觉和嗅觉两种非审美感官所得到的就是这种实际利益的满足,其中有目的因;听觉和视觉两种审美感官所涉及的不是感性欲念的实际利益,而是"认识能力"(cognitive power)。在托马斯看来,相对地说,视觉和听觉更多地具有理性—认识的性质,更能领悟形式美。因为感官感知到适当比例的事物时,就感到一种相似于感官本身比例适当的美的愉悦。"感知也是一种理性(reason),如同每种认识能力一样。""由于知识借助于同化

---

① 参阅同 39 页注①书,第 187 页。
② Basic Writings of Saint Thomas Aquinas, Random House, Inc. 1945, volume I, p.15.

相似与形式相关，故美本身属于一种形式因的性质。”[①]托马斯在这里明显地看到了美与自我的理性认识特征的密切关系，他也开启了康德形式美的观点。

但丁(Dante Alighieri，1265—1321)比托马斯晚生不到半个世纪，是中世纪最后一位诗人，同时又是意大利文艺复兴运动的先驱。他没有什么专门的美学理论著作，但他的名著《神曲》(《神圣的喜剧》)却表明了，他的美学思想明显地打上了他所处的转折性时代的烙印。《神曲》采取了中世纪所惯用的梦幻文学的基督教手法，描述了但丁从森林迷途中走出之后，游历“地狱”“炼狱”，并进入“天堂”的历程。其主旨正如但丁自己所说，从字面意义上看，不过是讲“亡灵”的境遇，但从寓言意义上看，则“其主题是人”，其“目的”是要使得生活在这一世界的人们摆脱悲惨的境遇，把他们引到“幸福的境地”。[②] 实际上，但丁在《神曲》中，表现了人的自我的独特性、甚至他本人的个性解放的思想，但他同时又通过他个人的个性解放，通过寓言，表达了一般人的自我的理性与理想内容，尽管他所运用的中世纪寓言式语言的感性形象还没有达到适合于理性内容的地步。当然，但丁所探索的理性与理想内容主要还是伦理道德方面的，美服从于善。美的独立地位还有待于近代美学思想来树立。

---

① Basic Writings of Saint Thomas Aquinas, Random House, Inc. 1945, volume I, p.47，并参阅同 397 页注①书，第 195—196 页。

② [意] 但丁：《致斯加拉大亲王书》，载《西方文论选》上卷，上海：上海译文出版社，1980 年，第 160、162 页。

《神曲》的另一不容忽视的特点就是，它不是用教会的官方语言，亦即先前的学者所用的传统语言拉丁语，而是用民间口语写成的。但丁还有专门论述和提倡用民间口语写作的专著《论俗语》，他的自我解放已经延伸到语言的层面了，朱光潜把它与中国五四时代提倡白话文运动相比，是很有意义的。[①]

四、文艺复兴时期和近代的美学思想与自我——自我脱下了基督教宗教神学的外衣而展露自身

文艺复兴时期的人文主义（Humanism：人本主义、人道主义），是一种与基督教神学相对立的以人为中心的思想精神，它否定禁欲主义和来世的观念，追求个性解放、理性至上（如果说十三、十四世纪的人文主义的这种倾向尚不很明显，那么，到了十五、十六世纪，则表现得非常明确了）。自我的观念，其中包括重理性、自由、个性等属于自我的特征，从人文主义思潮开始，逐渐公开对抗神权而赤裸裸地展露自身。恩格斯所谓“巨人的时代”，就是从这种自我解放的精神中产生的。以自我表现、自我显现为核心的西方审美意识和美学思想亦由此出发而走向其顶峰时期——近代。

文艺复兴时期的巨人列奥纳多·达·芬奇（Leonardodiser Pieroda Vinci，1452—1519）专门谈到画家的“心”要“像一面镜子”，研究“普遍的自然”，运用构成一事物的“类型”的“优美”部

① 参阅朱光潜：《西方美学史》上卷，北京：人民出版社，1985年，第114页。

分。达·芬奇的美学思想实际上继承和发展了亚里士多德的观点，算得是近代美学上典型说的先声：审美形象应描绘出自我（“心”）所“反映”的普遍性理想。但达·芬奇还有美从属于神、绘画通为神服务的思想。

文艺复兴时期的伟大作家莎士比亚（William Shakespeare，1564—1616）不再像但丁那样把“来世”“天堂”奉为理想的圣地，而是注重现实的世界；但丁运用的中世纪寓言式语言在莎士比亚作品中也不见了。自我的价值和意义不是作为超感性的上帝的光辉来表现，而是按照人的理性力量和个人性格而起作用和被描写的。莎士比亚在《哈姆雷特》中主张“演戏要像镜子一样反映自然”，这就说明他的美学思想要求艺术再现人的生活。他所谓的“反映自然”，显然不是照搬自然。马克思、恩格斯也称赞莎士比亚的美学思想，恩格斯明确说莎士比亚的戏剧观点是“现实主义的东西”。[1]

文艺复兴时期以后的近代哲学分为唯理论和经验论两大派。法国新古典主义派的美学思想家布瓦洛（Boileau Despreaux，1636—1711）从唯理论者笛卡尔的理性主义出发，认为文艺作品都要以理性为评判的标准，美源于自我的理性特征，而理性的东西必然具有普遍性，所以布瓦洛主张文艺需要创造“典型”，需要显现普遍性的东西。也就因为这个缘故，布瓦洛所讲的“典型”也就成了呆滞凝固的“类型”；他忽视想象在审美意识中的作用，更轻视抒发自我的个体性情感的抒情诗，而这种抒情诗正是近代意

---

[1] 《马克思恩格斯选集》第四卷，北京：人民出版社，1972年，第340、345页。

识兴起的一个标志。

和唯理论者不同，经验派学者的美学思想则主要是从感性知觉和个人的情感出发。培根（Francis Bacon，1561—1626）强调的创造的想象力，具有自由的特点，它让人的心灵世界比现实的世界更广阔，因而使人感到审美的愉悦。休谟认为，美是对象的形式通过人心的特殊构造而感受到的情感；他区分“感觉的美”（形式美）和“想象的美”（对于对象效用的联想所引起的美）。伯克（Edmund Burke，1729—1797）关于“崇高”的美学理论是一般都很熟悉的。他关于“美感”来自“社会生活”方面的“情欲”“崇高感”，来自“个体保存”方面的“情欲”，乃是从个人情感、欲望的生理方面来立论的。他所谓的“社会生活”也只是就个人的生理要求，如性要求、群居要求而言的。经验论的美学思想忽视自我的理性特征，而着重美的事物的感性性质。美如何显现自我的理想、理性—事物的内蕴，这一点几乎不在经验论派的视野之中。伯克把“竞争心”“自豪感”与“美感”，甚至与“崇高感”联系起来，这是一种近代审美意识的表现。但“竞争心”“自豪感”还算不上是理性、理想的体现。培根关于诗的想象能敞开人的胸怀的观点，倒是有点突破经验论的范畴。

然而，唯理论也好，经验论也好，他们与古代和中世纪相比，则表现了一个共同的特点，那就是主体—自我的公开现身。经验论者所讲的感知着的主体和唯理论者所讲的理性思维着的主体，都同样重视和突出一种独立于和外在于客体而又支配和宰制客体的主体意识—自我意识。这种意识，如前简述，在古希腊哲学和美学思想中尚处于孕育阶段，在中世纪则蒙上了基督教神学的外衣，于今则以公开的形式而诞生和展露了，它是近代意识(包括近代审美意识)的最根本的特点。用西方哲学的专门术语来说，这种近代意义的主体意识—自我意识是在明确的“主客二分”(“主体—客体”关系式)的思维形式基础上建立起来的。唯理论不过是从理性的侧面突出主体—自我意识，经验论不过是从感性的侧面突出主体—自我意识。两者之间的分歧也不是绝对的，其中有不少相互交叉之处。两派的结合在康德的美学思想中实现出来了。在康德那里，美学的问题就是如何把经验派所强调的感性和唯理派所强调的理性结合起来。具体地说，也就是感性的东西如何显现理性的问题，联系到本章的主题来说，这个问题也就是一个如何在美学思想中突显自我的问题，是一个如何在自我的感性中显现自我的理性的问题。这个问题，经古希腊、中世纪而在近代的美学思想中才明确地公开地展现出来。康德的美学思想标志着近代美学的正式诞生。当然，康德也从他的前辈那里吸取了一些美学思想特别是从鲍姆嘉通(Alexander Gottlieb Baumgarten，1714—1762)那里借来了“美学”这个名称。

鲍姆嘉通以“Aesthetica”命名的一门独立的新学科，使他成为后世公认的“美学之父”。他认为美乃是感觉到的完善，这种完善不同于理性认识到的完善，后者属于科学上所讲的真，前者属于美学上所讲的美，例如人通过感官感觉到一朵花的完善，那就是见到了花之美。他所讲的完善，不完全等同于唯理论者沃尔夫所讲的完善，他重视审美对象的个体性，认为愈是个体的东西，其内涵愈丰富，也愈完善、愈美。最有诗意的东西是最具个体性的东西，而不是抽象的普遍性。鲍姆嘉通对审美意识中个体性的强调，是近代审美意识的体现。

近代人的自我的特点是既突出自我对自然界必然性的认识，又突出了自我的独立自主和自由。康德三大《批判》中的前两个《批判》，（《纯粹理性批判》）讨论了前一个问题，（《实践理性批判》）讨论了后一个问题。前者所得到的结果是可感觉世界的必然性领域，后者所得到的结果是超感觉的理性自由领域。如果这两个领域没有真正地、深切地结合起来，则作为具有自由和理性诸特征的自我，便被放逐到了现实世界以外，而失去自我的本性。康德在《判断力批判》中就是要在两者中找到一个结合点。他最终认为，美正是这样的一个结合点：美既是现实的、可感觉的东西，又是合乎理性自由的东西。康德从不同的角度对美作了各式各样的界定，其核心是，在审美意识中，人似乎体玩到事物的形式符合主体（自我）的认识功能（想象力和理解力）。所以在康德看来，美也就是事物之符合主体（自我）的形式。这种符合引起了主体（自我）在情感上的一种快感。这种快感就叫做审美快感，它不同于满足（符合）欲望所得到的快感，因为这种快感是对事物的表象形式的快感，而不是对事物的实实在在的存在的快感。这种快感源于事物形式符合于主体（自我），是对主体（自我）而言的，所以康德认为它是符合“主观的目的”（实即自我），把它叫做“主观的符合目的性”。这种目的不同于平常说的那种作为概念、目标而被明确认识到、被明确树立起来的目的，所以康德又把它叫做

“没有目的的符合目的性”。例如，一朵花的美就在于花的形式的统一性与主体（自我）的认识的统一性符合。一切美都具有“符合目的性”的特点，自然美和艺术美皆然。“符合目的性”这一观念，正好体现了理解力所涉及的自然界必然性领域和理性所涉及的自由领域两者的结合。“符合目的性”者，必然性的可感世界符合理性自由的自我之谓也。倒过来说，“符合目的性”也就是指理性自由的自我表现、显现于必然性的可感世界之中。美就是自我表现（于外），美具有主体性、自我性，这一表征着西方近代美学特点的思想，在康德这里已经非常清楚地确定了。

康德并不认为上述纯粹的、形式的美是最高的、理想的美。他超出了纯粹美、形式美的观点，还看到了主体（自我）的全面性和事物的全面性，例如他看到了事物的“无形式”方面，看到了主体（自我）之由痛感到快感的转化方面，这就是他关于“美”之外的“崇高”的理论。他认为崇高非感性形式所能容，而是自我心灵本身固有的一种情感因受到激发而体会到了一种“更高的符合目的性的观念”，也就是一种比美更具有振奋、惊羡的崇敬之心，这也就是说，同属“审美判断”之下的“崇高”，比“美”更多地、更深刻地具有主体性（自我性）。主体（自我）在崇高感中更显示出其超越感性的理性的威力——自我高过自然、主宰自然的能力。

康德在美的分析和崇高的分析中，从不同角度讨论了典型问题，典型问题实际上是讲的审美意识中主体性（自我性）观念的内涵比起纯粹美、形式美来更为广阔、更为丰富的问题。主体（自我）不仅有审美的意识，还有道德意识、功用意识等，审美意识不可能脱离其他方面的意识而独立存在，所以康德最终在讲到美时，不能抽象地只讲纯粹美、形式美，还要讲与事物内容相关的依存美，依存美即依存于道德、功用等之美。康德认为，只有依存美才是理想美，这种美以显现主体（自我）的道德理想为目的。这里的目的已不是“主观的符合目的性”的目的了，理想乃是一种“客观的符合目的性”的目的。[①]

如果仅仅从美以显现道德理想为目的这一点来概括康德的全部美学思想，那未免有点片面性和表面性。实际上（尽管不是明显地），康德扩大了、超越了美依附于道德的观点。他关于“Ästhetische Idee”（“审美意象”“审美观念”“审美理念”）的理论就说明了这一点。他的“审美意象”不仅指人的道德理想，而且包含自然的合理性，它是道德秩序和自然秩序的有机统一，是囊括人和自然于一体的理性在感性世界中的客观化、具体化，或者说显现。这样，美在康德看来，就是理性观念在感性形象中的显现。“审美意象”更深入地指明了主体（自我）的理性自由的特征。“审美意象”说似乎超越了康德美学思想中的道德主义因素，而接近了黑格尔的“美是理念的感性显现”说。按照康德的思想线索，主体（自我）在审美意识中超越了单纯对道德的依存，进而达到了比道德意识更高的自由。[②] 美学也由此而取得了最高的地位。科学所追求的是真，是普遍必然性，人如果只是以被动的态度对待普遍必然性，则无自由可言。道德追求的是善，是人所应该做

① 参阅鲍桑葵：《美学史》，北京：商务印书馆，1985 年，第 351—352 页。
② 参阅鲍桑葵：《美学史》，北京：商务印书馆，1985 年，第 353—354、367—369 页。

之事，亦即人所要达到的一种明确的理性目的，而且总要涉及功利（为他人谋取功利也包括在功利之内）。所以，这种自由也是有限度的。唯独审美，它是一种无明确目的的目的性，它既超越了科学所讲的自然感性世界必然性的限制，又超越了道德世界所树立的明确目的（“应该”）的限制，所以自我唯有在审美意识中才是最自由的。美学就以追求这样的自我为目标。这样的自我，就其实际上蕴涵超越道德的含义而言，已经超越“互依型的自我”，而完全进入了“独立型的自我”。道德不能脱离自我的互依性，只有有了独立的审美意识，有了独立的美学，才有真正独立型的自我。康德似乎已指出了这一标志着近代意识特点的美学观点的方向。

然而康德的美学思想还有许多缺点，至少在字面上更多地表现了道德主义的因素，康德并没有明白地把审美的地位放在道德之上。

康德的“审美意象”或“美的理想”，其实都是讲的艺术典型。典型乃是感性特殊性与理性普遍性的统一。但对于这种统一也可以有两种不同的理解：一种是从普遍性概念出发，一种是从感性特殊性出发。究竟是哪一种才真正具有美学意义，这个问题要到歌德那里才突出起来。所谓从普遍性概念出发，就是指艺术家事先主观地心存一个抽象概念，然后再去找特殊性的感性事物作为例证来说明，例如从某个道德教条甚至政治概念出发编制出来的所谓艺术作品。这种作品以普遍性压制特殊性（个体性），矫揉造作、令人生厌。歌德明确地反对当时在席勒那里所表现的这种“为普遍而找特殊”的典型观。他认为真正的艺术典型，应该是从感性特殊性出发的普遍性与特殊性的统一，即“在特殊中显示出一般”。歌德的意思是，艺术形象首先必须是现实的活生生的特殊的东西（个体性的东西），但作为艺术形象、作为美的东西，它又不是同类中随便一个特殊的东西，而是其中最能充分地“显出特征”的特殊的东西。事物的本质并非同类事物的简单类型或平均状态，而是事物的“最内在的”“最富有意蕴”的东西，简单说，事物的本质乃是它的“特征”。以橡树为例，在茂林丛中只能一直冲天向上长的细长橡树和低洼地带匍匐在地上的橡树，都不能显示出橡树的那种刚劲之美的真正本质和特征。也就因为这个缘故，歌德的典型观被称为“特征说”。他断言：只有这种能显示出特征的艺术才是唯一真实的艺术。

这里值得特别注意的是，歌德所讲的“特征”（本质）并不是离开人、离开自我的精神而独立自存的所谓自然本身之物，而是艺术家对自然加以“艺术处理”过的东西，经人“感觉过”“思维过”让人感到“有品味”的东西。这样，艺术作品所显示出的东西，就远不是自然物的复制，它既显示了事物的最内在的东西，同时也显示了艺术家“自我的内心深处”。艺术与人、与自我的关系不可丝毫分离。艺术是自我的表现——自我的创造。通观歌德整个的美学思想，重视个体性是其特色，这也是近代意识的特点。

康德在审美意识中（更具体一点说，在“审美意象”中）所达到的自然必然性与理性自由相结合的合理性、统一性，就其超越道德意识的方面而言，把人的自我提升到了一个新的高度。他的这个观点，经谢林而被发展为“das Urselbst”（“本我”“原本的自我”，黑格尔称之为“绝对的自我”）的观点。“本我”是无意识的自然活动和有意识的自由活动的统一，但在谢林这里，这种统一已明确地超越了道德意识。这种最高的统一活动体现在人的有意识的活动中，便是审美意识的活动。美的东西、艺术作品乃是这种活动的产物。这样，自我（在审美意识中的自我）的自由才同时也是自然的，而不是与自然对立的。有限性自我的自由特征囊括无限性统一体的特征，这一点在谢林这里更加明确了。谢林由此而给美下了这样一个定义：美就是以有限形式表现出来的无限。无限是“本我”—“绝对”，有限是个别性的感性形式。因此美的作品总是以有限的形式暗示出比它本身要深广得多、丰富得多的含义。后者是“绝对”、是“本质”，是理想性的东西。有限形式似乎成了达到无限意义的桥梁，这颇有点像中国人所说的“得意忘言”“得鱼忘筌”的意思。但谢林所讲的这种具有近代意识特征的“本我”“主体”（通过艺术感性形式所表现、显示、暗示的“绝对”“自我”），不是古希腊艺术所表现的“类型”—抽象的普遍性，而是个体性。由于“本我”（最高的合理性、统一性）是通过个人的有意识的活动而体现出来的，所以它必然具有个体性、独特性。这样，艺术作品所显示、表现（“暗示”）的普遍性便同时又是特别具有个性的。近代人的审美世界，可以说是个体的自我所独创的世界。①

① 参阅鲍桑葵：《美学史》，北京：商务印书馆，1985 年，第 412—429 页。谢林在早期的作品（*Ueber die Moeglichkeit einer Form der Philosephie überhaupt* 和 *Vom Ich als Prinzip der Philosophie*）中，就已突出了“绝对”的基本观点，认为每个人本身就是作为绝对自我的绝对，这个自我是永恒的、无时间性的，可以在直接的直觉（这种直觉与感性直觉相反，而具有理智的特点）中得到理解（*The New Encyclopoedia Britannica*, volume 10, Chicago, 1993, p.512.）。

黑格尔关于美的著名定义，“美是理念的感性显现”（Das Schöne bestimmt sich ... als das sinnliche Scheinendec Idee），把西方古典美学思想中关于美是自我显现的含义作了系统的、深刻的申述。黑格尔明确指出，主体—自我的“最高内涵”是自由（Freiheit）。[1] 自由在于不以自己的对立面为外在的，从而也就是不以为它是限制自己的。自由的主体本身就是一个整体，他不满足于自己只是一种内在的东西，而要求把自己变成客体，在对它的外在的东西中见到他自身，实现他自身。主体只有在这样的对立统一中，才得到自由，得到自我满足。然而，要达到充分的自由和自我满足，则有一个过程：起初，自我只要求吃饱睡足之类的感性满足和自由，这种满足和自由对主体—自我来说，显然还是很有限的。作为人的主体之自我，必然要进一步要求精神上的自由和满足。没有知识的人，不懂得客体的规律，客体对主体是异在的，他显然是不自由的。人的各种文化活动，其实都旨在克服主客间的对立，消除自我内在的自由要求和外在的必然性之间的矛盾，以最高的自由和自我满足为追求目标。但在有限的领域内，主体—自我不可能达到充分的自由和满足。[2] 黑格尔于是提出一个可以达到充分自由和满足的领域—“自身真实的境界”。他说，由于人在有限的领域受到有限事物的束缚而得不到充分的自由，于是希望达到一种“更高的、更实体性的真实境界”（die Region einer höheren substantielleren Wahrheit），在这里，有限

① *G. W. F. Hegel Werke 13*, Suhrkamp, 1986, s.151, s.134.
② *G. W. F. Hegel Werke 13*, Suhrkamp, 1986, s.133 - s.136.

性领域的各种对立、矛盾都得到统一，得到最终解决，主体于是达到完全的自由和满足。“这就是自身真实的境界（die Region der Wahrheit an sich selbst），而非相对真实的境界。”①简言之，主体（自我）只有在作为最高的统一体的“自身真实的境界”里，才获得真正的自由和满足。黑格尔认为，对于这唯一的“自身真实的境界”，主体—自我通过三种形式来把握，或者换句话说，“自身真实的境界”以三种形式呈现于主体—自我的意识中：第一种形式是“自身真实”呈现于感性的意识之中，这就是美的艺术。“美是理念的感性显现。”这个定义中的“理念”也就是“自身真实”。正因为如此，我们才在艺术的各种感性形象中体玩出其中的“真实”、意蕴，从而得到一种美的享受。这里，陶渊明的诗句“此中有真意”，似乎可以借用来界说艺术美之为美。艺术由于越过了各种有限领域（科学、法律、政治、道德等）而达到无限的绝对领域。所以，相对于有限性领域而言，艺术给主体—自我带来的享受（美的享受）是充分的（充分的自由、充分的满足）。在美的艺术中，自我不再是片面的、主观的自我，而是“迄今分裂为自我与对象两个抽象方面的结合”。② “因此，审美带有自由的性质”，它不把对象作为服务于有限需要的工具，不受外在的东西的干扰。③ “正是由于这种自由和无限性，美的领域才挣脱有限关系的相对性而进入理念及其真实性的绝对领域。”④当然，黑格尔并不认为艺术是呈

① *G. W. F. Hegel Werke 13*, Suhrkamp, 1986, s.137.
② *G. W. F. Hegel Werke 13*, Suhrkamp, 1986, s.155.
③ *G. W. F. Hegel Werke 13*, Suhrkamp, 1986, s.155 - 156.
④ *G. W. F. Hegel Werke 13*, Suhrkamp, 1986, s.157.

现“自身真实境界”的最高方式，他在艺术之上，还列有宗教和哲学两个更高方式，本文不拟赘述。

黑格尔把呈现在感性形象中的理念，特称为“理想”（Ideal），他所强调的是，“理想”不仅仅是一般的普遍性，而且同时是具体的个别的现实。“理想”就是“符合理念之概念而又具体化了的现实”。① 主体—自我在把理念的本质（“理念的概念”）显现于具体现实时，不是在具体现实中复印一个抽象形式的普遍性，而是要在其中显现出理念的本质性，即活生生的、灌注着精神性的统一。这也就是说，艺术作品所要显现或表现的，是世界整体的灵魂——最高的统一、最高的自由，至于一切与此不相干的、无关宏旨的东西，艺术家则一概舍弃掉。②

艺术既然是人出于一种内在的要求、冲动，要把自我心目中“自身真实的境界”——“理念”显现于感性形象之中，这就必然使艺术品成了自我表现、自我创造的产物，艺术品都深深打上了自我的烙印，我们从感性形象的每一个角落中都可以看出深藏在其中的自我的“灵魂”，看出“在其无限性中的自由的灵魂”。③

根据以上这些，黑格尔特别注重艺术创作中对人物个性的描写。他所强调的 Pathos，就是理念显现于具体人物身上的个性情绪。他认为，理想的人物性格是独立、自由。“人的自我独立性”（Selbständigkeit）对于艺术理想是本质上必要的。④ 他明确

---

① *G. W. F. Hegel Werke 13*, Suhrkamp, 1986, s.105.
② *G. W. F. Hegel Werke 13*, Suhrkamp, 1986, s.217.
③ *G. W. F. Hegel Werke 13*, Suhrkamp, 1986, s.204.
④ *G. W. F. Hegel Werke 13*, Suhrkamp, 1986, s.293.

反对当时社会里“人的每种活动不是采取各自的活生生的方式，而是越来越按照刻板的机械方式”的文化现象。[①] 黑格尔对刻板式文化现象的反对和对自我的独立性的追求，对我们当代中国人来说，似乎也有值得玩味之处。

和整个黑格尔哲学一样，黑格尔的美学思想也可以说集西方古典美学思想之大成。他把主体、自我的主要特征：理性（理念）、自由、个性，结合成了一个整体而贯穿于他的美学思想体系之中。

然而，黑格尔的美学观点毕竟未脱西方古典哲学中理性至上主义的旧传统，他的主体—自我只是一个理性的主体—自我。西方古典美学思想中自我的三大特征，其中理性是核心，自由与个性都建立在理性的基础之上。这一点在黑格尔美学思想中尤为突出。后现代主义美学思想对理性至上主义进行了激烈的批判。

五、后现代主义美学思想与自我—自我作为理性与非理性相结合的整体而更充分地表现了自由和个体性的特征

人所生活于其中的世界，本来是人与世界交融合一的整体，无论从人类历史文化发展的角度来看，还是从个人出生到死亡的人生历程来看，都是在后来（西方文化史主要是在文艺复兴以后，个人的人生历程主要是在脱离婴儿的状态以后）才进入“主体—客体”的模式而被主体化，从而以自我为中心。西方文化的发展

---

① *G. W. F. Hegel Werke 13*, Suhrkamp, 1986, s.337.

史表明，自从文艺复兴明确进入“主体—客体”的模式以后，人就从哲学理论上成了理性的主体—自我，而忽视了人的感性、欲望、本能诸方面。理性至上主义是反中世纪神权至上的产物，对解放人性、发挥人的创造性、发展科学，都有积极的意义，但理性至上主义毕竟把主体—自我片面化了。后现代主义认为这样的主体—自我是“被异化了的”，而非真实的。后现代主义认为，真实的主体—自我（如果也可以叫做“主体—自我”的话）是人的感性、欲望、本能等非理性的方面（后现代主义者称之为“荒谬性”），这才是人的生命力、创造力的源泉。后现代主义诚然有过激之处，但毕竟突出了主体—自我的非理性方面。人和人类的历史文化是理性与非理性的结合。单纯的理性统治往往会使人生陷入一种严酷的刻板的公式之中。传统的理性至上主义与“主体性哲学”片面强调理性，致使人的自我反而日益失去全面性和自由，失去个性。后现代主义则认为，正是美的艺术使人有了寻求自由和表达个性的途径。在后现代主义者看来，艺术活动与其说是为了寻求美，是为艺术而艺术（像古典的美学思想所主张的那样），不如说是为了人生、自我的自由和个性表现，艺术是超越各种现实束缚的、无意识的个人自由生活的游戏。这样，以美为最高创作标准的传统美学观点便被后现代主义所谓“反艺术”“无所谓美”的观点所代替。后现代主义的这种“荒谬原则”，使许多摆脱理性原则以至摆脱与理性相联系的语言形式的创作成为时尚，无言的裸体舞被认为是解除伦理道德束缚的个人自由生活的表现和自由境界的实现。艺术在后现代主义者看来，乃是同日常生活紧密联系在一起的，它是自我的自然本性、原始欲望和感情的表演。

后现代主义艺术家往往声称，艺术不应该有“意义”。其实，他们所反对的“意义”是一种对固定的理性概念和目标的追求，此种意义下的“意义”是对个人自由生活、自由创作游戏的限制。所以，在他们看来，是应该加以否定的东西。但从他们把自我的自由看作是人性的最高表现而言，又可以说是把握了人生最高意义之所在。

艺术从来与人的感情、欲望、本能等非理性方面有着千丝万缕的联系，但在西方文化发展史上，艺术却又因人性、自我的这一方面屡遭压抑而同步地被降居低等的地位。柏拉图把诗人、画家逐出理想国之外，中世纪的基督教轻视艺术，都与压抑人的感性、欲望、本能有关。西方古典美学思想中“为艺术而艺术”的口号和审美的自律性观点，使艺术脱离日常生活，实际上是艺术自卑、自傲、自慰的表现。唯有“后现代主义”敢于直面日常生活，把人的欲望、本能展现在艺术创作之中，让人性的最“卑微”的方面闪耀着美的神圣光辉。后现代主义艺术并不是欲望、本能的简单再现，而是具有审美的神圣性，也许这正是后现代艺术在西方美学史上最大的突破。

在当今形势下，科学技术日益繁荣发达，德治日益规范化，这种以理性居主导地位的文化生活，相对于封建社会而言，诚然在一定程度上给自我的自由和个性表现带来便利。但科学、道德相对于审美而言，都不能给人以充分的自由和个性表现。科学活动，就其本身而言，是一种最具普遍性的活动，其成果不能表现科学家个人的个性和自由。道德源于普遍理性，亦难充分表现个人的个性和自由。唯有审美活动完全是个人自我实现、自我创造、自我表现的活动，审美活动的产品比起科学、道德来，最能体现自我的个性和自由特征。人皆有自我表现的冲动，但人也只有在审美活动中才能找到独立自主的自我。大概也就是因为这个缘故，在当今的社会文化生活中，一方面人们越是讲科学、讲道德，另一方面，人们也就越需要讲审美。自我不能仅仅像古典学者所强调的那样，主要是科学认识的主体，是道德实践的主体，而且应该更进而是审美的主体。这个主体由于在当代国际思潮中已毋庸置疑地成为理性与非理性相结合的主体而具有充分的自由和个性。西方后现代主义美学正在继承和发扬其过去的美学思想传统而在此方向上前进。我们中国的传统美学思想，则更需要借鉴西方古典的和后现代主义的美学思想，多注重吸收一点其中重“独立自我”的思想观点，提高我们审美意识的自我独立性，以丰富我们民族审美意识的内涵。

第二十三章　中国古典美学思想与自我

中国思想史上直接地、具体地讲“美”这个概念的文字很少，但不能说中国古代很少有美学思想。中国古代思想家不爱简单地讲感性学意义下的美感，不爱讲单纯满足感官的愉悦之情，而更多地爱讲感性形象之外的“意”或“境”。所谓“言不尽意，立象以尽意”（《周易·系辞上》），“窥意象而运斤”（刘勰：《文心雕龙·神思》），“意境”（王昌龄：《诗格》），“境生于象外”（刘禹锡：《董氏武陵集记》），都是说的对感性形象之外的“意”“境”。“中国美学思想”，从其主要方面来说，是指对这种“意”“境”的体悟和把握。

中国美学思想所讲的这种体悟和把握不同于西方美学思想所讲的“典型”说。后者基本上是在“主体—客体”关系思维模式下主体—自我对超验理念的认识；前者基本上是在“天人合一”思维模式下主体—自我与世界融合为一体的一种内在的体验。“主体—客体”关系中的“主体”是独立的自我；“天人合一”中的人与世界万物融为一体，自我尚未独立出来，谓之“无我”，亦无不可。也就是由于这个缘故，西方传统美学思想突出主体—自我的地位，以自我表现为美；中国美学思想主要强调把自我融化到“天人合一”的“一体”之中，从而突显了以无我（包括“互依型自我”）为美的特点。

西方美学思想，特别是它的“典型”说，由于强调对“典型—理念”的认识，因此，在西方美学思想中，进入审美意识的主要途径是思维、理智，想象则最终居于从属地位。中国美学思想由于强调对“天人合一”之“一体”的内在体验，因而在中国美学思想中，进入审美意识的根本途径是“妙悟”，“妙悟”的内涵类似西方美学思想所讲的想象，但比它更丰富。“妙悟”含有对“无”的最高原则的体会。《老子》第一章“故常无，欲以观其妙”，说的就是这个意思。审美意识在于对以“无”为内涵之“道”的“妙悟”。

一、先秦儒家以表现“互依型自我”之“仁”德为美和道家以表现“无我”为美的美学思想

儒家思想主要讲伦理道德，美从属于善。

孔子谓“韶”：“尽美矣，又尽善也”；谓“武”：“尽美矣，未尽善矣”（《论语・八佾》）。这段话说明孔子对善与美作了区分，同时也说明孔子强调美要服从伦理道德即善的要求，才算有真正的美的享受。所以，“子在齐闻‘韶’，三月不知肉味，曰：不图为乐之至于斯也”（《论语・述而》）。另外，孔子在给美作界定时，也是用伦理道德的意义来解释美，所谓“里仁为美”（《论语・里仁》）。就是说，讲“仁者爱人”之“仁”才算是美。“人而不仁，如乐何？”（《论语・八佾》）“乐”之本质在“仁”，艺术之本质在道德，美之本质在善。美服务于道德，从属于道德。这是孔子所奠定的儒家美学思想之根本。

道德，或孔子所讲的“仁”，乃是要培养一种“互依型的自我”，而非“独立型的自我”。孔子说的“仁者爱人”就是讲的人与人之间的“互依”关系。孔子既以“仁”为“美”之本质，这就注定了他的审美观建立在“互依型的自我”观的基础之上。大概也就是因为这个缘故，孔子所开创的儒家美学思想，基本上不像希腊美学思想那样讨论不涉及现实性、不涉及善（与真）的纯粹意义的美—形式美，如对称、比例、秩序、数的和谐所给人的愉悦之感。而形式美之所以美，是由于个人自我的自由创造力（柏拉图），或由于每个人的自我都和自然一样受数的和谐原则的支配（毕达哥拉斯）。

总之，形式美与“独立型的自我”不可分离，它不需要“互依型的自我”参与其间。例如，每个个人都能独立欣赏音乐节奏上的圆润之美，图形上的“黄金分割”之美，而不需要联系人与人之间的“互依”关系。当然，儒家也不是压根儿不提类似西方形式美之美。例如，孔子说的“巧笑倩兮，美目盼兮”（《论语·八佾》）之“美”，就是一种形式美，它给人以感觉上的愉悦，用西方休谟的术语来说，这是一种“感觉的美”。“美目”之美只涉及独立的自我，而不涉及自我的互依性。但孔子对这种美显然是在贬义下、在对比“互依型自我”之“仁”德的意义下提到的。“子曰：绘事后素。”意思是：“巧笑”“美目”之类的形式美（“绘事”），必须以“仁”德之“素”为根本。至于对形式美之所以美，更不可能像西方美学那样对它作理论上的分析。儒家以“和”为美的思想（“乐从和”）也许是讲的形式美之所以美的道理，但过于简单、朴素。由孔子开创的“比德”的审美观是儒家美学思想的核心。西方传统所主张的那种表现独立自我之美，以及“为美而美”“为艺术而艺术”的审美观，根本不在儒家思想传统的视野之内。即使是水之“周流无滞”，山之“厚重不迁”（朱子：《四书章句集注》），这种自然的形式美，其所以引起人的美感（《论语· 雍也》：“智者乐水，仁者乐山。”），也是由于它被赋予了道德含义。山水的形式美、自然美，离不开“互依型自我”之“仁”德。（“智者乐水”，实亦有道德的含义。”“夫水者，君子比德焉。遍予而无私，似德；所及者生，似仁，……”（刘向：《说苑·杂言》）

荀子从他的“天人相分”“制天命而用之”的哲学基本观点出

发，认为美之为美在于人为，用他的术语来说，就叫做“伪”。“性者，本始材朴者也；伪者，文理隆盛也。无性则伪之无所加，无伪则性不能自美。”(《荀子·礼论》)荀子显然有美出于个人自我创造的思想。但荀子仍然继承了孔子的儒家思想，强调美之服务于伦理道德的观点。他认为一个人的形象外表之“形式美”“自然美”不足以代表人之美，人之美在于“心术”善。荀子在这里简直把美混同于善。“君子知夫不全不粹之不足以为美也。”(《荀子·劝学》)这里的“全”与“粹”，主要是指的道德学问，而非纯粹意义的形式美。荀子在对墨子“非乐”的批判中，更明确地提出了他的“美善相乐”(《荀子·乐论》)的思想。“乐”可以起到“移风易俗，天下皆宁”(《荀子·劝学》)的政治社会作用。归结到本文所讲的主题上来说，荀子最终似乎更突出了美之以“互依型自我”为依归的儒家特点。

《易传》直接谈美的文字很少，但它所包含的美学思想在整个中国传统美学思想史上占有比一般儒家美学思想更重要的地位。《易传》的美学思想虽然有儒家的成分，但我以为更多地属于道家范畴。所谓“易老之学”，在美学思想方面特别明显地表现了易老相通的特点。

《易传》美学思想的主要内容之一是“观物取象”。观察外界事物以取其形象，这就有西方摹仿说之摹仿、再现的含义。但这种摹仿又非简单复制现实事物，而是“取”其形象，这就隐含了人的自我的创造力。柏拉图的摹仿说也有这层含义。“观物取象”中所隐含的自我创造力，是一般儒家美学思想所忽视的。后者强调自我的“互依性”(“仁”)之美。而不讲个体自我在“取象”中的作用。

《易传》美学思想的主要内容之二是“立象以尽意”。“言”总是抽象普遍性的东西，“象”则是个别的，却又是内容具体而丰富的。通过形象，可以充分地表达深远的旨意，这就有了美。“立象以尽意”，可以说把美学上的摹仿说发展到了“象征说”。“立象以尽意”的命题，为中国传统美学所讲的以显露之象表现幽隐之意的“隐秀”说奠定了理论基础。“立象以尽意”当然也包含有儒家强调的“仁”德之意，但它的主要内涵不在这个方面，而是在自然变化之“神”。“知几其神”，“神以知来”。“知几”“知来”都是讲的由显知隐，睹著知微。这里包含有个体自我的自由想象力。

不过，《易传》所讲的“立象以尽意”，其所象征之意，既非西方柏拉图式的“理念”，那是自我的理性思维的产物；也非基督教的上帝，那是有人格意义的神。而《易传》所讲的“意”“神”，不是人格神。西方的“理念”和“上帝”都有主客二分思想的成分，《易传》的“立象以尽意”则以“天人合一”为其思想基础。与西方传统美学思想相比，《易传》尚缺乏自我的理性特点。

《老子》一书从字面上谈到美的地方很少，但他的哲学思想却是中国传统美学思想的主要来源。如果说儒家重善，那么，老子所奠定的道家哲学则是重美；如果说儒家是以“互依型自我”为美，道家则是以“无我”(“无己”)为美。

比起孔子来，老子更明确地提出了不同于“善”之“美”的概念。所谓“天下皆知美之为美，斯恶矣；皆知善之为善，斯不善矣

(《老子》第二章)”。老子在这里所说的“美”,应是指与丑(“恶”)相对立意义下的美,也许相当于西方所说的纯粹意义下的“形式美”。但老子对这种美的评价是否定的。“斯恶矣”之“恶”,既有简单的形式上不美(丑)的含义,也有“恶”即不善的含义。《老子》第六十二章:“美言可以市尊,美行可以加人。”《老子》第八十一章:“信言不美,美言不信。”这些都是讲的“形式美”,而且都是在贬意义下,在不善的意义下谈到这种美的。《老子》在谈到“五色”“五音”等形式美时,也是从不善的意义下加以否定的。

但老子又非对形式美一概加以否定。《老子》第八十章在描写其理想社会时说到“甘其食,美其服”,足见其并不笼统地否认形式美。老子所否定的形式美,从其整体思想观之,似乎是指矫揉造作之美。这就涉及老子美学思想中比字面上的“美”字更高的美的概念。这一更高的美是一种与“道”合一的境界,这是老子的真正的审美境界。老子对于这一最高审美境界倒不是在字面上用“美”字来形容,而是以“道”“自然”“真”“妙”“无”等概念来规定。其核心是“道法自然”之自然而然,是“无为”。

宇宙的本体—“道”乃自然而然,故在老子看来,最高的美在于自然而然。整个中国传统美学的审美理想重在自然(自然而然,其中包括质朴、真实等),而反对人为(其中包括雕饰、虚伪等),其源盖出于老子。老子反对“伪”。“伪”者,人为也。人在有了自我意识之后,往往会失去自然而然之本性而巧饰雕琢,这就是“伪”(人为)。真正的美就是要去伪。去伪即“无为”。“无为”意即顺其自然而为。真正的、最高的美,是顺其自然而为的产物

（不事雕琢）。实际上老子的美学思想并没有简单地、笼统地反对自我的创造性，其所反对的人为（“伪”）只是指违反自然而然之妄为（雕饰、虚伪等）。但老子没有做出这样细微的分析，他在表述上把自我之一般的人为功能等同于雕饰、虚伪。这就为庄子的“至人无已”（无我）的思想留下了余地。

中国传统美学的“意象”说，其思想根源除《易传》外，还有《老子》。《老子》第二十一章：“道之为物，惟恍惟惚。惚兮恍兮，其中有象。”第四十一章：“大音希声，大象无形。”老子的这些话，是后世所谓通过“象”以表现“道”或“意”的“意象”说的先声。中国传统美学所讲的“道”或“意”，都不是柏拉图式的“理念”或基督教的超感性的上帝的神意，而是一种天人合一、我与非我不分的高远境界，这种境界不是靠自我的理性思维认识到的，而是靠内在的体验才能悟到的，所谓“涤除玄鉴”（《老子》第十章）是也。老子的美学思想与西方的美学思想相比，缺乏自我的理性特点。

庄子在老子道论的基础上，把老子关于“道”和“天人合一”的本体论发展成了“天地与我并生，而万物与我为一”（《庄子·齐物论》）的“天人合一”的精神境界。《老子》尚无字面上直接的境界之说，庄子则更多地从人的主观方面讨论如何悟道的问题。

庄子把一般人所讲的美或者说西方所讲的形式美看成是与丑相对而言的，可以相互转化的、以致最终是没有差别的。“厉与西施，……道通为一。”（《庄子·齐物论》）这就是说，美与丑一气相通，没有绝对的鸿沟。《庄子·知北游》：“……故万物一也，是其所美者为神奇，其所恶者为臭腐，臭腐复化为神奇，神奇变化为臭腐。故曰：通天下一道耳。圣人故贵一。”悟到了“一”（“道”），则“丑”亦是美。关键在于悟道。庄子在这里似乎否定了形式美的独立地位。但他的这种否定，有其积极意义，就是把人的审美注意力引向对“道”“一”的赞美，庄子称后者为“大美”，“大美”才是真正的美、绝对的美。“天地有大美而不言。”（《庄子·知北游》）。“大美”指“道”和“一”之美。能“游心”于“道”，则“至美至乐”（《庄子·田子方》）。

庄子所谓因“游心”于“道”而达到的“至美至乐”的境界，乃是一种物我不分的天人合一境界。他的“蝴蝶梦”是对这种境界的最生动的描绘。庄子认为：只有在这种境界中，人才能超越自我与他人、他物之分，摆脱世事的纠缠（“外天下”）、物欲的诱惑（“外物”）、生死的牵挂（“外生”）（《庄子·大宗师》），从而成为“无已”之“至人”，“无功”之“神人”，“无名”之“圣人”。这种人“乘天地之正，而御六气之辩，以游无穷”（《庄子·逍遥游》），不受世俗间任何外物的限制（“无待”），乃真正自由之人、逍遥之人。庄子这种以无我为美，以审美意识具有不计较功名利禄的自由精神的观点，在中国美学史上起了先导的作用。

当然，庄子所谓“至人无已”之“无已”，并非灭绝个人私欲，根本抛弃功利。庄子不是禁欲主义者。通观庄子思想之整体，所谓“无已”，实际上是指超越自我，从私己中挣脱出来。只不过庄子作为中国古代哲学家，还不可能有今日所谓既有自我又超越之的明确概念。庄子和整个中国传统哲学尚缺乏西方的“独立型自我”的环节。也就因为这个缘故，庄子的天人合一的思想缺乏西方美学思想中自我表现、自我创造的特点，而往往流于宿命论（当然，他的宿命论也不是绝对的）。所谓“知其不可奈何，而安之若命，德之至也”（《庄子·人间世》，并参阅《德充符》），就是缺乏自我表现、自我创造精神的表现。荀子说他“蔽于天而不知人”（《荀子·解蔽》），就是从“天人相分”“制天命而用之”的立场对庄子的“无己”的批评。

庄子的“无己”—超越自我，是超越现实的另一种表达。自我以主客二分为基础，执着于自我，必然陷入现实的纠缠之中。美在于超越自我，意即美在于超越现实。用庄子的语言来说，这就是，“天游”“游心”，意即超越有限的现实之实，而达乎无限之虚，也就是虚实结合。而在这种结合中，虚比实更原始、更根本，有如海德格尔的“林中空隙”，没有这空隙（虚），即使有阳光（实），也照不亮万物。《庄子·人间世》：“瞻彼阕者，虚室生白，吉祥止止。”《庄子·外物》：“室无空虚，则妇姑勃谿。”正是“虚”字，才产生万千现实事物之和、之美，才产生人的精神之自由。庄子所谓“象罔”的思想，其实也在一个“虚”字。中国传统的审美观，无论在诗文、绘画、书法等方面都注重虚实结合，尤其是强调“虚”的首要意义，其源盖出于庄子。

和中国传统美学不同，西方传统美学中占主要地位的观点是以现实的形象显现“理念”“理想”。被显现的“理念”“理想”，不是中国人所讲的“虚”，它正如我在许多论著中所说过的，是“永恒在场的东西”，是“实”。西方传统思想，一般地说，重主客二分式的主体—自我，因而也重外在的现实事物—“实”。这和庄子以“无己”—无我为美，从而也重“虚”的美学思想正好形成鲜明的对比。主客二分，则主与客、自我与外物皆实，既重自我，也重外物；“天人合一”，则物我两忘，自我（“人”）与外物（“天”）皆虚，既无我（“无己”，超越自我），也无物（超越现实事物）。此西方传统美学的主导思想之所以重“实”，而中国老庄美学思想传统之所以重“虚”之故也。

先秦儒道两家的美学思想，一重道德，以表现“互依型自我”为美；一重超越道德之“大美”，以“无我”（“无己”）为美。二者形成先秦美学思想二水分流之势，但儒家的“互依型自我”，相对于西方“独立型的自我”而言，实属“无我”。所以从较宽泛的意义上来说，中国古典美学思想的特点主要是以“无我”为美。

二、秦汉至唐宋时期以无我为美和以自我表现为美之遇合

汉代有以《淮南子》为代表的道家美学思想，也有以刘向为代表的儒家美学思想。刘向的“比德”说和“安上治民，莫善于礼”，“移风易俗，莫善于乐”（《说苑 · 修文》），都过分地使美屈从于道德，甚至屈从于政治。

《淮南子》的形神论，继承了庄子“所爱其母者，非爱其形也，爱使其形者也”（《庄子 · 德充符》）中“使其形者”（即主宰形之神）的思想，提出“君形者”的观点，认为如果没有主宰形之神，则无真正的美。“画西施之面，美而不可说；规孟贲之目，大而不可畏，君形者亡焉。”（《淮南子 · 说山训》）不仅绘画如此，音乐亦然。无君形之神，则“虽中节，而不可听”（《淮南子 · 说林训》）。《淮南子》

的形神论是庄子虚实结合的美学思想的发挥，也是魏晋南北朝时期以形写神，重在传神的美学思想的直接来源。

值得注意的是《淮南子》超越了老庄，它不因重“虚”而反对自我之人为的创造力，认为虽西施之美，亦需要“施芳泽，正娥眉……”等一系列的人为修饰，才能让人欣赏其美。《淮南子》虽然在这方面谈得很简单，但涉及了自我表现、自我创造之美，这就是美学思想上的一点进步。

魏晋南北朝是易老美学思想或者说老庄的道家美学思想独领风骚的时代，也是审美意识成为一时风尚和美学思想独立于道德、功用的时代。由《老子》《庄子》《周易》（“三玄”）所构成的“玄学”和美学思想的盛行，对于儒家以审美服务于政教的美学思想而言，是一次时代性的突破。

魏晋南北朝的美学思想，通过各式各样的命题来表达。例如，王弼的“得意忘象”，顾恺之（348—409）的“以形写神”，宗炳的“澄怀味象”，谢赫的“气韵生动”等。这些命题，其主旨各有所重，本文不拟细述，但想以“得意忘象”来粗略地概括整个魏晋南北朝时期的美学思想。

王弼的“得意忘象”，源于庄子的“得意而忘言”（《庄子·外物》）。“得意而忘言”与“得意而忘象”的区别在于前者重通过“言”以显示“意”，后者重通过“象”以显示“意”，这一点颇能说明魏晋南北朝时期之重形式美，重艺术形象，重绘画、书法之类的特点。王弼把《周易》所讲的“象”进而扩展到了美学思想的领域。

“得意忘象”，其所强调的显然在于“得意”，“象”总是有限的、个别的，“意”即“道”，是无限的、整体的。“忘”者，超越也。“得意忘象”就是超越有限的个别之物象以达到无限的整体之道。但这里的超越不是像西方美学所讲的通过感性之物显现理性的理念，这里所要显现（“得”）的“意”乃是一种“天人合一”的高远境界。西方所讲的那种美是自我之理性的表现，是以表现自我为美；魏晋南北朝时期所讲的“天人合一”，是一种无我之境，是以无我为美。所谓“神”“灵”“气韵”，其实都可归结为“道”或“气”，一种无我之境。其源都出于庄子的“至人无己”，只不过魏晋南北朝时期的美学思想把“至人无己”更具体化了，把它体现在绘画、书法、音乐、文学作品等审美形象之中。刘勰的“隐秀”说，是魏晋南北朝时期“意象”说的总结和发展，尤具现代意义。

值得注意的是，魏晋南北朝时期美学思想所追求的这种无我之境，绝不是与自我的个性和创造性对立的，相反，这个时期的美学思想，其特点之一正在于个性的解放和创造性的发挥。魏晋南北朝时期放荡不羁、纵情山水之风就是一种个性解放和个人创造性的表现。陆机（261—303）的“观古今于须臾，抚四海于一瞬”（《文赋》）和刘勰的“思接千载”“视通万里”（《文心雕龙·神思》）更是对自我审美想象力的一大创见，颇有西方现当代关于审美想象力的思想闪光。[①] 如果说，西方古典美学思想是在一种有我之境中表现自我，那么，魏晋南北朝时期的美学思想就可以说是在一种无我之境中表现自我。二者在和儒家以表现“互依型

① 参阅张世英：《境界与文化：成人之道》，北京：人民出版社，2007 年，第 24 页。

自我”之“仁”德为美的美学思想的对比中，有其相似相通之处，这就是不同程度地提高了美的独立地位，不同程度地尊重“独立型的自我”。

唐代有以韩愈等人发起的古文运动和白居易以诗歌的“美刺”在于“补察时政”“泄导人情”的理论为代表的儒家美学思想，还有以王昌龄、皎然、司空图、刘禹锡等人的“意境”说和张彦远（815—907）、孙过庭（646—691）等的书画理论为代表的老庄美学思想。真正具有独立意义的美学思想显然在后者而不在前者。“意境”说是对“意象”说的继承和发展，皆源于易老之学。“境”比“象”展示了一个更为广阔的想象空间和境域。此“境”乃物我两忘之境，而非儒家互依型自我之境。张彦远在讲绘画时所讲的几句话：“凝神遐想，妙悟自然，物我两忘，离形去智。”（张彦远：《历代名画记》）不仅适用于绘画，也适用于诗歌创作等。这几句话说明，在审美意识中，自我—主体必须通过创造的想象力（“凝神遐想”）才能达到（“妙悟”）自然与我合一的“物我两忘”之境，此“境”就是一种无我（“至人无己”）之境。显然，“无我”不是否定自我或自我的创造性，相反，艺术作品中的“无我”之境是靠独立性的自我凭着“凝神遐想”的想象力创造出来的。大概也就是因为这个缘故，当时的书画理论所讲的“外师造化，中得心源”（张璪），“意存笔先”（张彦远），其实都是强调审美主体—自我的独创性。和西方传统通过自我的创造性以表现自我的美学思想相比，中国这种通过自我的创造性以进入无我之境的美学思想显然有其民族特色。唐代美学思想对审美主体—自我创造性的强调，把先秦老庄的“无己”与自我相结合，显然是对先秦老庄哲学的继承与超越。

宋代理学对诗歌的影响至深，所谓“以理入诗”是也。严羽批评其为“以文字为诗，以才学为诗，以议论为诗”“其所作多务使事，不问兴致”(严羽:《沧浪诗话·诗辩》)。“以理入诗”，似乎有点像西方以感性显现理性的美学思想，不无审美意义。所谓“理趣”之说，就是对片面强调“理”的一种补充。但在中国传统的审美意识中，“以理入诗”终非上乘，故宋诗遭到的非议甚多。严羽在批评其弊病的同时，提出了自己的“兴趣”说。“兴趣”说虽不否定“穷理”，不否定“读书”，但更多的是强调个人自我的情趣。“诗有别趣，非关理也。”“所谓不涉理路，不落言筌者，上也。诗者，吟咏情性也。”(同上)严羽的“兴趣”说重独立自我的表现，有突破以无我为美的中国传统美学思想之处。

严羽的“兴趣”说与宋代新起的情景合一说有相似相通之处，两者都强调通过具体审美形象以显现自我的情趣。范晞文认为，“景无情不发，情无景不生”，“情景相融而莫分”(范晞文:《对床夜话》卷二)。其所谓“情”，就他所举的例子来看，突出的已不是物我两忘、天人合一之境，而往往是个人自我的情趣。当然，在中国古典诗中，这两者大多是难以区分的，而且，中国古典诗总是以“含不尽之意见于言外”(梅尧臣语，见欧阳修:《六一诗话》)，而不过分显露个人自我为上。宋代的情景合一论是先前的“意象”说和“意境”说等虚实结合的美学思想之继承和发展，情景合一说似乎朝向美在于自我表现的观点前进了一步。苏轼提出的“诗中有画”，“画中有诗”，其实也是情景合一之意。画者形也，景也，诗者情也。诗画合一与情景合一，实一而二，二而一也。

宋词是宋代的审美风尚。词的特点是娱情遣兴，特别注重表现、抒发个人自我的各种情感，纯粹意义的审美意识在宋词中表现了它的独立地位。

三、明末清初走向以自我表现为美

明末清初的王夫之、叶燮是中国古典美学思想之集大成者。

王夫之的“情景妙合”说，继承和发展了宋代的情景合一说。后者所讲的情景合一往往还只是从诗的章法上立论，什么一联写情，一联写景，此种合一，在王夫之看来这还是外在的。王夫之强调情景的合一应是内在的融合。“情景名为二，而实不可离。神于诗者，妙合无垠。巧者则有情中景，景中情。”（王夫之：《薑斋诗话》卷二）所谓情与景之“妙合”，不是像宋代诗论者所说的那样，一联写景时就只是景，另一联写情时，就只是情，而是指写景时，景中就有情，写情时，情中就有景，所谓“景者情之景，情者景之情”（王夫之：《唐诗评选》卷四）。“情不虚情，情皆可景；景非虚景，景总含情”（同上，卷五）是也。王夫之所讲的情与景之“妙合”，也就是讲的心与物、自我与非我的“妙合”。他说：“情景虽有在心在物之分，而景生情，情生景，哀乐之融，荣粹之迎，互藏其宅。”（王夫之：《薑斋诗话》卷一）“天致美于百物而为精，致美于人而为神，一而已矣。”（王夫之：《诗广传》卷五）这几段话说明，情在心、在我，景在物、在非我，两者虽有分，但两者又同为“天致美”之物，也就是说，两者合一而为美。王夫之还说到“外化”与

“内心”“相值而相取，一俯一仰之际，几与为通，而浡然兴矣”（王夫之：《诗广传》卷二），也是讲的自我与外物间的融通构成美的道理。王夫之在这些论述中既指明了美的来源在于人心与外物、自我与非我的融合为一（“天人合一”“情景合一”），也表明他看到了个人自我在审美意识中的重要意义。能看到“在心在物之分”，就意味着看到了独立意义的自我。而且，王夫之所讲的“情”，大多是指个体性自我的情趣，而非儒家所讲的仁义之类的道德意识。更非西方所讲的理性之理。王夫之还特别强调诗歌创作中个人自我的独创性。兹不赘述。从传统的以无我为美到以表现自我的情趣为美，这是中国传统美学思想发展旅程中的一大进步，王夫之在这方面似乎作了一次总结。

王夫之的“现量”说的三层含义，即“现在”义、“现成”义、“显现真实”义。归结起来，乃是讲的审美意象的直观性。所谓整体性、当下性都可由直观性来涵盖。王夫之认为这种审美直观中包含有理，这有点类似黑格尔所讲的直观中包含有理，但黑格尔的理是理性之理，是“名言之理”，而王夫之的理不是这种理，不是客观普遍性规律意义下之理（王夫之所谓“物理”根本不是现代人所讲的物理学之物理），而是一种“幻妙”之理（王夫之：《唐诗评选》卷三）。“幻妙”之理不是逻辑推理之理，“不得以名言之理相求”（同上，卷四），它是一种与直观中非理性之情相结合的理。离开了个人自我的这种非理性之情，就不能理解王夫之的“幻妙”之理。“幻妙”者，非理性之谓也。这里颇有点像西方后现代主义者德里达所讲的不合逻辑之理的语言观（清初的叶燮关于这个问题讲得更为明白,参与本书第十章)。王夫之所谓"亦理亦情亦趣"(《古诗评选》卷五)、"规以象外,得之圜中"(《薑斋诗话》卷一)、"神理相取"(同上,卷二),似乎都有非理性之理与情相结合之意。人是理性与非理性的有机统一体,王夫之在中国古典美学思想史上,是第一个发掘自我之这一深层内涵的美学家。

叶燮比王夫之更明确、更系统地论述了独立型自我在审美意识中的地位和作用,把中国审美思想向着以自我表现为美的方向推进了一大步。

叶燮的"理、事、情"说,肯定了美的客观来源。"得是三者,而气鼓行于其间,絪缊磅礴,随其自然所至即为法,此天地万象之至文也。"(叶燮:《原诗·内篇》)可见,美不能脱离客观事物之"理""事""情"。但仅有客观事物之"理""事""情",还不足以构成审美意象。"凡物之美者,盈天地间皆是也,然必待人之神明才慧而见。"(叶燮:《已畦文集》卷九)"天地之生是山水也,其幽远奇险,天地亦不能一一自剖其妙,自有此人之耳目手足一历之,而山水之妙始泄。"(《原诗·外篇》)这就是说,自然物之"妙"(美)还要依靠自我(人)之"剖""泄"才能表现出来。简言之,审美意象乃由"造物"与"人"(自我)之"遇合"而成(《已畦文集》卷八)。叶燮在这里明确肯定了美是自我与外物相结合("遇合")的产物。显然,叶燮这里所讲的"人",已不是原始的天人合一之人,不是人我不分的"无己"之人,而是区别于"造物"之人。有了物与己之别,才产生真正具有自我意识之自我。叶燮所谓"遇合",正是指的物我有别的物我之结合。只有这种"遇合"(不是原始的天人合一之合)，才能显示自我在审美意识中的独特地位。“遇合”的观点正是叶燮对中国古典美学思想的一种突破，尽管它在王夫之那里已有思想来源。

由于审美意象是由“造物”与“人”(自我)之“遇合”而成，所以审美意象不能简单归结为“造物”之通常意义的“理”“事”“情”之简单的、直接的反映。后者之所谓“理”是“可言之理”，其所谓“事”是“可征之事”，皆无诗意(《原诗·内篇》)。而前者(“审美意象”)之所谓“理”“事”“情”，则因有自我与物之“遇合”，而转化成了“不可名言之理，不可施见之事，不可径达之情”，亦即“幽渺以为理，想象以为事，惝恍以为情”(同上)。也就是说，审美意象中的理、事、情，不是平常逻辑概念之理、现实照搬之事、直接发泄之情，而是超越逻辑之理、无直观在场之事、意境深远之情。叶燮还比王夫之更具体地、更详细地举例说明了自我的非理性方面对于审美意象的重要性。

特别值得指出的是，叶燮对审美主体(自我)的内涵作了详细的深刻的分析。他说:“曰理，曰事，曰情，此三者足以穷尽万有之变态。”“曰才，曰胆，曰识，曰力，此四言所以穷尽此心之神明。……以在我者四，衡在物之三，合而为作者之文章。”(《原诗·内篇》)物我有分，合而为文章，这就是前面所说的物与我“遇合”而为美之意。叶燮在这里既指出了“物”的内涵是理、事、情，又指出了“我”的内涵是才、胆、识、力。对主客双方作如此细致的分析，这在中国美学史上以至在整个中国哲学史上，真所谓前无古人，颇多接近西方近代主客二分式哲学和以自我表现为美的美学思想之处。西方美学思想所谓自我的内涵，主要是指理性、自由、个体性。叶燮之所谓“我”的内涵，才、胆、识、力，实可与西方媲美。叶燮对此四者作了深刻的界定，并剖析了四者间的内在关系。我不想在这里细述，我要指出的是，此四者除对理性方面的论述较弱、较模糊外，似已包含了西方“自我”的其他诸种特点，而叶燮比西方美学思想家更特别强调了自由创造的胆识和魄力。“大约才、胆、识、力四者，交相为济，……四者无缓急，而要在先之以识。……惟有识，则能知所从，知所奋，知所决，而后才与胆 皆确然有以自信。举世非之，举世誉之，而不为其所摇。安有随人之是非以为是非者哉！”（《原诗·内篇》）叶燮对审美主体（自我）的这种高尚品格的要求，也许在西方美学史上是难以见到的。

和西方美学思想之重自我表现相似相通的另一特点是，叶燮强调审美主体应“自成一家”（《原诗·内篇》），诗品之不同应如人品之各如其面。所谓“作诗有性情，必有面目”（《原诗·外篇》）是也。叶燮在这里明确指出了审美主体（自我）的个体性内涵。

如果说，西方古典美学思想史是以表现独立型自我的理性、自由、个体性诸特征为美的基本观点的孕育和发展的历史，那么，中国古典美学思想史则可以说是从以表现“互依型自我”之“仁”德为美和以表现无我为美的基本观点逐渐转化为以表现独立型自我的才、胆、识、力等特征为美的基本观点的发展史。叶燮的美学思想已接近西方以表现独立型自我为美的观点，是中国传统美学思想的高峰和终结。中国近代的美学观点在他这里已呼之欲出。作为中国近代美学思想先进代表人物的王国维，明确地按照西方近代主客二分式的主体(自我)概念,对他的美学基本观念“境界”说作了近现代意义的界定。他认为“境界”乃情与景之合,“景”“以描写自然及人生之事实为主”,是“客观的”;“情”“则吾人对此种事实之精神的态度”,是“主观的”(王国维:《文学小言》)。“主观”“客观”之说,既是叶燮物我“遇合”说的继承和发展,又是西方近代哲学语言“主客关系”概念之直接引用。王国维的“境界”说,已明确地突破了古典美学而跨进了中国近代美学思想的门槛。

中国古典美学思想与自我的关系,概括起来,不外三种形式:一是以表现“互依型自我”之“仁”德为美的儒家观点,二是以表现“无我”为美的道家观点,三是以表现自我为美的接近近代的美学观点。儒家观点以道德为先,审美服务于道德,对促进人与人之间和谐相处的道德意识,有其优胜之处,但此种观点抹杀了审美意识的独立地位,忽视了自我的独立性和个性,让自我依赖他人和外在权威的意志,特别是在中国长期的封建社会里,它与封建等级制度相结合,便助桀为虐,从根本上扼杀了独立型的自我。道家观点实际上肯定了审美意识的独立地位,肯定了自我在“无己”(无我)的审美境界中享有超越现实之自由,但这种自由是以无我为代价而换得的:人而无我,则消极无为,在现实中必遭强权之压制。道家观点给人带来的高远境界诚然值得赞赏,至今仍有魅力,但不能原封不动地搬到今天。另外,儒道两种观点皆以原始的“天人合一”为理论基础,不利于科学之发展。唯有以表现自我为美的近代美学观点,才是合乎时代需要之思潮。叶燮所讲的“举世非之，举世誉之，而不为其所摇”，可以说预示了即将来临的近代人之自我觉醒的审美心胸和气魄！近代人如能像叶燮所说的那样以表现自我之才、胆、识、力为美，则随着美学思想之发展，以主体征服客体为己任的科学和以尊重个人尊严、个人自由为目标的民主，也必将在审美意识的主导下而发扬昌盛。中国传统的审美意识和美学思想，长期以表现“互依型自我”或“无我”为主导，属于我所说的“前科学文化”（或“前主客关系”文化、“前主体性”文化[①]）。我们虽不能像评判科学那样把审美文化简单地做出进步与落后之分，但审美文化毕竟与科学文化有着不可分离的联系，我们必须改变传统的“前科学文化”状态，使我们的审美意识和美学思想适应于科学发达、民主进步的“后科学文化”的形势，这是以表现自我为美的近现代美学思想的特点，也是我国当代美学家应当承担的使命。

① 参阅张世英：《境界与文化：成人之道》“境界与文化”一章，北京：人民出版社，2007 年。

第五编

哲学发展的历程

第二十四章　西方哲学发展的历程

西方哲学史开始于公元前6世纪的古希腊哲学，到现代西方哲学，可以分为四个时期：① 公元前6世纪到公元5世纪西罗马帝国灭亡，约1 000年，称为古希腊哲学；② 公元5世纪到15世纪东罗马帝国灭亡，约1 000年，称为中世纪哲学；③ 15世纪中叶到19世纪中叶，约400年，称为近代哲学；④ 19世纪中叶以来，称为现当代哲学。

一、西方哲学史的主要问题和主要特点

哲学与科学、宗教的关系问题

西方哲学史是哲学与科学息息相关、与宗教相互渗透、调和而又相互对立、斗争的历史。

在哲学产生以前，人们已经用宗教信仰和神话，通过感性的、表象的形式表达自己的世界观；哲学的诞生意味着从此人们的世界观主要是通过思维、概念的形式来表达的。

古希腊哲学是从宗教信仰和神话的束缚下和科学同时诞生的，它从一开始便与科学结成了不可分离的亲缘关系，哲学家同时也是科学家。当时，人们只是从总的方面观察自然界，而没有对自然界进行解剖和分析，自然科学的这种情况反映在哲学上就使古希腊哲学具有朴素辩证法的性质。

古希腊哲学虽然从主要方面说摆脱了宗教信仰和神话的束

缚，但也有渗透着宗教神话的方面：古希腊早期哲学中的“物活论”思想便是这种渗透的表现；毕达哥拉斯学派之相信灵魂轮回，乃是受了奥尔弗斯（Orpheus）教义的影响；苏格拉底也曾明白宣称自己为神所引导；柏拉图分裂理念世界与感性世界的思想，乃是奥尔弗斯教徒关于灵魂来源于天，肉体来源于地的教义的哲学表述。此外，他的许多重要哲学思想也往往不是用纯粹的思想、概念而是用神话的方式来表达的；亚里士多德的一个重要哲学思想就是把神看作是一切活动的目的因；斯多葛学派把德行生活看成是灵魂与上帝的关系；甚至原子唯物主义者伊壁鸠鲁（Epicurus，341—270 B.C.）在强调神同自然和人没有任何联系的同时，还在世界与世界的“空隙”中为神留下了一块地盘；到了古代哲学的后期，新毕达哥拉斯派和新柏拉图派等更是带有浓厚宗教色彩的哲学，他们的哲学后来被基督教所利用。

随着基督教的兴起，加之封建统治者把基督教会作为自己进行统治的最大支柱，西方哲学便又沉没于宗教之中。中世纪哲学几乎完全受基督教教会的支配，科学也遭受同样的命运。如果说，在古希腊时期，特别是它的早期，哲学与科学尚未明确区分开来，那么在中世纪，哲学则是与宗教神学合为一体。中世纪在哲学上的最大争论，实在论与唯名论之争，同宗教上关于普遍教会与地方教会，普遍教义与个人信仰，原罪与个人罪恶何者实在、何者从属之争，是相互渗透在一起的，而在这种渗透中，哲学从属于宗教。

不过，中世纪占主导地位的经院哲学并非根本否认理性、思维的作用，它主要是运用形式逻辑的方法，从外在的权威即教会所解释的圣经出发，演绎、推论出事实，它在运用理性、思维为宗教服务的同时，也在一定限度内起了维护理性、思维的作用，为后来文艺复兴时期科学的发展提供了条件。

由于资本主义的兴起和发展，欧洲发生了规模巨大的宗教改革运动，基本上结束了教会的至高无上的统治，哲学遂逐渐从宗教神学中分离出来而成为独立的学科。近现代哲学的特征之一是哲学与宗教、思维与信仰基本上处于分离对立的状态。近代哲学的第一个代表人物培根明确主张哲学应当与神学分离，认为理性真理与启示真理各有其独立的领域。近代哲学中诚然有许多体系都渗透着宗教神学，但哲学与神学相比，思维与信仰相比，大体上是前者占主导地位，它们所讲的宗教和神大多理性化了或人本化了：笛卡尔抛开一切外在权威，以思维为他的哲学的最高原则和出发点，他所讲的神是建立在思维、推理的基础之上的；洛克等人的自然神论是理性的宗教，在当时条件下是一种摆脱宗教的简便易行的方式，自然神论者的神必须按照理性或自然规律行事；莱布尼兹的神也只能服从理性的规律，与自然神论者的神有相近之处；康德所主张的神不过是理性的理想，是实践理性的公设，他所讲的信仰是建立在理性的、道德的基础之上的；黑格尔企图调和宗教和哲学，但他主张哲学高于宗教；至于斯宾诺莎的神，则不过是披着泛神论外衣的自然之整体，是形而上学地改了装的、脱离人的自然，他的思想，实质上是反宗教的；休谟公开对神的存在持怀疑态度，认为神的存在是无法像唯理论者那样用理性来证明的，他所主张的宗教只是出自人们生活和感性的需要；18 世纪法国唯物主义者更进而达到了公开的无神论和反宗教的结论；费尔巴哈（Ludwig Andreas Feuerbach，1804—1872）把批判宗教作为自己哲学的一个重要组成部分，他所提倡的“爱的宗教”根本不同于信仰神的宗教。

西方近现代哲学在与科学的关系方面也表现了一些特点。随着资本主义的发展，近代自然科学越来越摆脱神学而取得独立的地位。近现代哲学与科学之间的关系不同于古希腊，哲学不是与科学合为一体，而是与科学有了明确的分工，也就因为这个缘故，哲学思想便主要地不是寓于其他具体科学（包括伦理学、政治学等）的内容之中，不是寓于感性的、表象的材料之中，而是通过专门的哲学概念来表达。不过近现代哲学与科学之间又仍然保持着紧密的联系，而且这种联系越来越紧密，可以说，近现代哲学发展的阶段性是与近现代科学发展的阶段性相适应的：17—18 世纪，自然科学进入了对自然界进行分门别类的研究和对各种事物进行分析解剖的阶段，它所采用的方法主要是以实验和观察为基础的归纳法和数学演绎法；和自然科学的这种状况相适应，17—18 世纪的哲学便以形而上学思维方式占主导地位。康德的星云假说打破了形而上学思维的第一个缺口，18 世纪末 19 世纪初自然科学中的新发现和新成就都表明自然界的现象是辩证地发生的，过去那种机械的、形而上学的观点动摇了，自然科学的这种状况反映在哲学上便是从康德到黑格尔的德国古典唯心主义哲学的辩证法形态。从古希腊的朴素辩证法形态经过 17—18 世纪形而上学思维方式的阶段到德国古典唯心主义辩证法的形态，这一哲学上的否定之否定的过程，是和整个西方自然科学发展的过程相并行的。正因为近代哲学与科学有极其密切的联系，哲学对科学的方法作了概括，接受了科学方法的洗礼，所以近代哲学一般地说也很强调方法，既讲究形式逻辑，又联系科学所提供的事实，具有重分析、重体系、重论证与论据等特点。现代西方哲学中的两大思潮科学主义和人文主义以不同方式表现了哲学与现代科学技术的高度发展和深刻联系。科学主义各流派主要以研究科学方法论、认识论和科学规律性为己任；人文主义各流派一般反映了现代科学技术和物质生产高度发展所带来的关于人本身的问题。

思维与存在、主体与客体的关系问题

西方哲学史是从思维与存在、主体与客体浑然一体观，经过两者分离对立的观点，逐步走向两者对立统一的观点，以至到达批评和超越主客关系式的观点的发展史。

古希腊哲学是朴素的，尚未注意到思维与存在、主体与客体的对立。黑格尔说："希腊人既是从自身出发的，又是有一个前提的，这前提是有历史性的，按思想来理解，这前提就是东方式的精神的东西与自然的东西的合一的实体性，它是自然的合一。……希腊人以自然和精神的实体性合一为基础、为他们的本质。"[①]当

① 《黑格尔著作集》理论版，Suhrkamp Verlag，volume 18，p.176。

时的“物活论”就是把思维与存在看成浑然一体的最明显的表现；巴门尼德关于思维与存在同一的命题也是思维与存在、主体与客体浑一不分的表现形式。存在是出现、显现的意思，思维是指人的出现过程。思维与存在同一说的是存在通过人的活动而显现出来。柏拉图的“理念说”把理念世界和感性世界对立起来，破坏了“物活论”，在一定意义下分离了思维与存在、主体与客体。但他所讲的这两个世界都是人以外的外部世界，他把理念世界理解为外部世界中的普遍性和统一性的方面，把感性世界理解为其中的个别性和多样性的方面，却没有把它们理解为以人的主体为一方，外部世界为另一方的主客二分关系。不能说柏拉图哲学已达到主体性原则。柏拉图和一般的古希腊哲学家一样，他们所探讨的哲学问题，从主要方面说，是本体论的问题。把人作为一个具有主观能动性、独立自主性的主体而与客体相对立、相关联，这样的问题是古希腊哲学家所不能提出的。古希腊哲学家还没有把人当作行动的主体，而只是静观世界。比较特殊的是智者，他们从本体论的研究转向人的研究。“人是万物的尺度”这一著名命题，是近代人本主义思想的最早来源。他们认为人只能认识现象，但在他们看来，现象就是一切，他们不像某些近代哲学家那样主张现象背后还有一个不可知的彼岸世界。智者作为古希腊哲学家，其思想同样具有素朴的性质，他们没有近代哲学中把主体与客体对立起来的思想，他们还不知道近代哲学意义下的思维与存在、主体与客体的对立。如果说他们是不可知论者，则这种不可知论也是不同于近代的某些不可知论的，他们完全满足于认识现象而不去仰慕彼岸。

思维与存在、主体与客体的关系问题在中世纪哲学中所采取的形式,一般地说是追问世界是由神创造的还是本来就存在的。这里的思维表现为神和天国,存在表现为尘世。人们脱离尘世,注意来世和灵魂的救度问题。因此,中世纪哲学中思维与存在、主体与客体的对立就表现为天和人的对立,人的灵魂和肉体的对立,精神方面与自然方面的对立,宗教生活与尘世生活的对立。人的灵魂和精神,在天国和宗教生活中与神合一,构成思维的一方;反之,人的肉体和自然方面以及外部世界则构成存在的一方,与神处于对立的地位。神的统治不仅把尘世看作应加克服的障碍,而且也压制了人的主体性,压制了人的精神,压制了人的主观能动性、独立自主性,因为在神主宰一切的思想中,人是不可能有自由意志的。从这个意义来说,中世纪哲学中主体与客体、思维与存在的问题,可以归结为神与人的关系问题。

思维与存在、主体与客体的关系问题,只是在欧洲人从基督教的中世纪的长期冬眠中觉醒以后才充分尖锐地提了出来,才获得它的完全的意义。近代哲学的一条根本原则是把思维着的人,逐步深入地理解为具有主观能动性、独立自主性的主体。近代哲学意义下的思维与存在的关系就是这样的主体与客体的关系。正是在这种意义下,近代哲学便突出了认识论的问题,自然科学也由于主客二分的思想而得到长足的发展。如果说,在古代哲学中,人对外部世界的态度是**静观**的;在中世纪哲学中,人对外部世界的态度是**避世**的;那么,在近代哲学中,人对外部世界的态度便可以说是能动的、主动的，或者说，是“主观的”，只不过这里的“主观的”一词不能理解为主观片面、任意武断之意。

不过，近代哲学对人的主体性、能动性的发展也有一个过程：文艺复兴时期把人权从神权的束缚下解放出来，在一定程度上发展了人的主体性、能动性；但17—18世纪的哲学又把人看成是机器，人完全受制于自然界的因果必然性；只是到了18世纪末19世纪初，在德国古典唯心主义哲学那里，人的主体性、能动性才再一次得到解放。

近代哲学的特点之一，是自觉到思维与存在即主体与客体的对立，从而力求克服对立，达到统一。培根(Francis Baeon，1561—1626)曾公开主张人应主动征服自然，使之服务于人类。唯理论者是企图以人的理性认识作为统一思维与存在的桥梁；经验论者是企图以人的感性认识作为统一两者的桥梁。但唯理论者和经验论者各有片面性，没有充分发挥人的主体性、主观能动性。康德区分现象界与物自体割裂了思维与存在、主体与客体，但他只是认为物自体不能凭知性范畴、凭认识去把握，却可以凭他所谓的信仰去把握；特别值得注意的是，他强调自我在认识中的能动作用，从而在他所谓的现象界达到了唯心主义基础上的思维与存在、主体与客体的统一。黑格尔在客观唯心主义基础上建立了思维与存在、主体与客体的辩证统一。可以说这种要求达到对立统一的发展过程至黑格尔的“绝对精神”哲学而达到了它的最高峰。

黑格尔以后的现代西方哲学家一般说都打破了自柏拉图特别是自笛卡尔到黑格尔以来的主客关系式的思想传统。他们有的主张只有“中立的东西”，有的主张人与世界不单是认识论上的主客关系，而首先是存在论上的人与世界融为一体的关系等。和反对主客关系思想相应的是反对自柏拉图特别是笛卡尔以来的传统形而上学（玄学）。现代西方哲学中的科学主义—实证主义思潮和人文主义思潮以不同方式反对形而上学即反对信奉超经验的、永恒不变的、僵死的抽象概念世界，强调具体的、现实的、活生生的与人类创造不可分离的东西。

普遍与个别、一与多的关系问题

西方哲学史是对一与多，包括普遍与个别、统一性与多样性，不变与变的关系的认识的发展史。

古希腊哲学关于本原究竟是水还是气或者是火等的讨论，实际上都是要在个别的、多样性的、变动不居的东西中寻找普遍的、统一性的不变的东西。柏拉图的“理念说”所说的感性事物就是指个别的、多样性的、变动不居的东西，理念就是指这些东西的型式，即普遍的、统一的、不变的东西，他认为后者在前者之外，先于前者而存在，他是重普遍轻个别的哲学家。亚里士多德批评了柏拉图的“理念说”，他比较重视个别，而且他的基本倾向是认为理念不在感性事物之外，而就在感性事物之中，普遍不在个别之外，而就在个别之中，但他在这个问题上往往陷入混乱和困境。

古希腊哲学家主要是从本体论的角度讨论普遍与个别的关系问题，新柏拉图主义者波菲利（Porphyrios，233—305?）曾从本体论的角度把古希腊关于这个问题的各种讨论总结概括成为三个问题。[①] 波爱修(Boethius,约 480—525)是第一个正面回答波菲利的问题的中世纪哲学家。中世纪哲学的主要争论在于实在论与唯名论之争,从一方面看也可以说就是重普遍与重个别之争,不过中世纪哲学是既从本体论的角度也从认识论的角度讨论这个问题的,这两派各有片面性,他们从不同方面把普遍与个别作了形而上学的割裂。

近代哲学着重从认识论的角度讨论了一多关系问题,总的趋势是要求把二者结合起来。近代哲学中的唯理论与经验论之争包含有一多关系问题的讨论。经验论者重多:洛克以个别为实在,贝克莱(George Berkeley, 1685—1753)和休谟是极端重视个别,否认普遍的哲学家;唯理论者重一,其中斯宾诺莎尤其突出,他只崇尚唯一的实体,把多样性的事物看成是唯一实体的变形,根本否认了多样性、个别性,他把实体看成铁板一块的东西,他的哲学发展到以普遍性吞灭个别性,统一性吞灭多样性的地步,这在西方哲学史上是少见的,黑格尔把斯宾诺莎的哲学称为不符合西方哲学一般特征的"无世界论",不是没有道理的。康德看到唯理论与经验论各有片面性,企图结合普遍与个别而构成科学知识,但他并没有把两者有机地结合起来;他的理念是理性所追求的无限统一体,但他割裂了无限和有限;使最高统一体脱离了有限的多样性事物。只有黑格尔才在唯心主义基础上系统地阐发

---

① 波菲利的三个问题是:1. 种和属是真实存在的还是单纯观念性的东西? 2. 如果它们真实存在,那么,它们是有形的东西还是无形的和单独的? 3. 它们是存在于感性的东西之中还是存在于感性的东西之外?

了一与多的辩证关系，他不但达到了多样性的统一，并进而达到了对立面的统一，他的“具体普遍”的思想和对立统一的思想是他的辩证法的核心，这使西方哲学史在一多关系问题方面，也在整个辩证法的发展方面，达到了近代哲学史上的最高水平。现代西方哲学诸流派大多反对黑格尔把统一看成最高原则的观点，而强调多样性和个体性。

二、西方哲学史的主要发展阶段

古希腊哲学

西方哲学史开始产生于古希腊奴隶社会。古希腊哲学是在东方、埃及巴比伦文化的影响下发展起来的，它从神话传说中出现以后，首先注意物理世界的起源与本性，集中于对宇宙本原的研究。最早的有米利都学派，以后有毕达哥拉斯学派、赫拉克利特、爱利亚学派和原子论者，一般称之为自然哲学家或宇宙论者。

最初的自然哲学家和以前的宗教家不同，他们很重视自然科学的研究，但他们毕竟处于哲学思想发展的幼年时期，他们的思想不能不打上宗教神话的烙印，他们把人和自然，看成是浑然一体的东西，不分主体与客体。因此，他们有些人主张“物活论”。“物活论”以为万物都是活的、有生命的。如泰勒斯认为一切都充满神灵，阿那克西美尼认为气是世界的有生气的原则。“物活论”是17世纪的一个剑桥柏拉图主义者卡德沃斯（Ralph Cudworth，1617—1688）所造的一个词。

米利都学派的泰勒斯（Thales，624—547 B.C.）以物质性的

“水”、阿那克西曼德（Anaximander，610？—545？B.C.）以“无定形”、阿那克西美尼（Anaximenes，570？—526 B.C.）以“气”为本原，是从质料和性质方面研究多样性事物的统一性。毕达哥拉斯学派以“数”为本原，是从形式和量的方面研究多样性事物的统一性。他们的思想中都暗含着一个如何用不变的东西来解释变的东西的问题。当然，他们都没有深究这个变与不变的关系问题。赫拉克利特和爱利亚学派从两个正好对立的方面发挥和发展了自己对这个问题的看法：赫拉克利特强调变的方面，认为只有变才是真实的，没有永久不变的东西，他以“火”为万物的本原，就是因为在他看来“火”具有最鲜明的运动变化的性质；他关于对立统一和斗争的思想使他成为西方哲学史上的辩证法的一个重要奠基人。相反，爱利亚学派则强调不变的方面，认为存在的东西既不能产生也不能消灭，因为那将意味着它产生于无或变成无，而无在本性是不存在的。世界上只有“存在”（有），没有“不存在”（无），只有“一”才是真实的，“多”不过是幻象，因而只有不变才是真实的，变不过是幻象。爱利亚学派明确提出了思维与存在两个范畴，对以后哲学的发展具有重大意义。

关于变与不变的关系问题，后来的自然哲学家认为赫拉克利特与爱利亚学派都各有片面性，必须既承认变又承认不变，只是对这两者要作出新的解释。这就是后期自然哲学家恩培多克勒（Empedocles，495？—432？B.C.）、阿那克萨戈拉（Anaxagoras，500—428 B.C.）和德谟克里特（Democritus，460—370 B.C.）等哲学家的任务。他们认为不变的东西不是一个，如水或火那样，而是许多个，如恩培多克勒的“四元素”，阿那克萨戈拉的“种子”，德谟克利特的“原子”那样，变不过是这许多不变者相互组合上的不同。

后期自然哲学家既然认为万物之基础不变，可是他们又不否认变，这就必然产生变的原动力从何而来的问题。他们中间有的人倾向于把原动力看成是来自不变者之外，如阿那克萨戈拉认为这种原动力是“努斯”(nous)。这种思想是一种模糊的二元论，使早期自然哲学家的“物活论”思想开始遭到破坏，在一定意义下，有分离思维与存在、主体与客体的因素。

公元前 5 世纪，古希腊哲学的兴趣由研究自然转移到研究人，智者的主要代表普罗塔哥拉(Protagoras，约 490—420 B.C.)、高尔吉亚(Gorgias，483—375 B.C.)就是这样。在他们看来，自然哲学时期的各派学说都失之独断，他们一般不相信有真正的存在和客观的真理。普罗塔哥拉认为一切都同样的真，是非善恶都是相对于人的感觉而言的，他的思想是相对主义的。高尔吉亚认为一切都同样的假，他的思想是怀疑论。

苏格拉底和智者一样，也是研究人的哲学家，他同样轻视对自然的研究，同样反对未经批评的独断，但他与智者相反，主张有客观真理，主张认识是可能的。在他看来，真理不在个人，而在人类一般，不在感觉，而在思维。他认为真正的知识就是从具体的道德行为中寻求道德的普遍定义，而寻求定义的方法就是论辩诘难。他的论辩诘难的方法是辩证法的最早来源。

公元前 4 世纪，古希腊哲学进入系统化时期，代表人物为柏拉图和亚里士多德。他们总结了以前各派的哲学思想，创立了自己的哲学系统。

柏拉图的“理念论”是典型的客观唯心主义。他的理念主要来源于爱利亚学派的不变的本质和苏格拉底的普遍性定义以及毕达哥拉斯派的数的概念；他关于感官事物变动不居以及感官事物的真理只是相对的思想，主要来源于赫拉克利特和普罗塔哥拉。柏拉图综合了这两方面的思想，又赋予它们以新的意义和价值。柏拉图把理念看成在感官事物之外，普遍在个别之外，这使他在本体论上初步具有分裂思维与存在、主体与客体、普遍与个别的思想成分。

亚里士多德的思想，主要来源于柏拉图的客观唯心主义。因此，他重视理念（他称之为形式）；但他又注重经验事实。亚里士多德把这两个方面结合为一，创立了庞大的哲学体系。他批评柏拉图将理念看成是和个别事物分离的、独立存在的实体。他认为理念或他所说的“形式”不能离开感官事物而独存，普遍不能离开个别而独存。亚里士多德要在理念和感官事物、普遍与个别之间建立起联系，而这种联系的关键在他看来就是有目的的发展，发展就是由潜能到现实。亚里士多德的这个思想使辩证法特别是一与多的辩证关系在西方哲学史上第一次得到了系统化。

公元前 332 年亚里士多德死后约 800 年的期间，希腊文化逐渐与罗马文化相结合。纯粹的希腊哲学渐成过去。

公元800年的前期，主要哲学流派有伊壁鸠鲁学派(Epicureanism)、斯多葛学派（Stoicism）和以皮浪（Pyrrho，360？—270？B.C.）为代表的怀疑论。除伊壁鸠鲁继承和发展了德谟克利特的原子唯物主义外，他们都集中于伦理问题的讨论。这个时期中对于某些具体科学的兴趣也出自伦理行为的需要。伊壁鸠鲁学派和斯多葛学派的伦理思想以小苏格拉底派为前驱，怀疑论则源于智者的思想。三派关于伦理问题的争论导致西塞罗的折衷主义。大约从公元前 100 年起，罗马哲学由伦理的兴趣转向了宗教，新毕达哥拉斯派和新柏拉图派都是带有浓厚宗教色彩的哲学，而以奥古斯丁为代表的“教父哲学”则更是一种十足的宗教哲学。在这个时期中，最值得注意的是：罗马唯物主义者卢克莱修（Lucretius，99—55 B.C.）继承和发展了德谟克利特和伊壁鸠鲁的原子唯物主义；新柏拉图派的波菲利（Porphyrios，233—305）和普罗克洛（Próklos，412—485）系统概括了普遍与个别、一与多的关系问题。

古希腊哲学是西方哲学的诞生地，西方哲学史上各式各样的思想学说都可以在古希腊哲学中找到自己的起源和萌芽。随着西方哲学史的发展，古希腊哲学所阐发的各种思想又都有了新的发展和新的特点。

中世纪哲学

在中世纪的封建社会时期，天主教会是最大的封建统治者，教会支配了中世纪的世俗权力和精神生活。哲学成了神学的婢女，它不过是使信仰有可能得到理性解释的工具。中世纪的科学也和哲学一样屈服于宗教的支配之下。中世纪人们所注意的中心不是世俗生活而是脱离世俗的天国。中世纪的主要哲学问题是神与人、天国与世俗的关系问题。

中世纪哲学主要是古希腊罗马哲学特别是柏拉图哲学、亚里士多德哲学和新柏拉图主义同基督教合流的产物，而在各个发展阶段中，这些成分所占的比重又各不相同。

以奥古斯丁为代表的教父哲学在时间上属于古代，但就其思想意识形态来说，则属于中世纪，它是基督教哲学的最初形态。奥古斯丁运用新柏拉图主义论证基督教教义，确立了基督教哲学，他的信仰第一、然后理解的原则，为中世纪经院哲学奠定了基础。奥古斯丁以后的中世纪哲学分为三个时期。

5—11 世纪初是中世纪哲学的早期。这时，人们对于古代哲学除亚里士多德的逻辑学片断和新柏拉图主义外，所知甚少。在这个时期的哲学中，新柏拉图主义比基督教的成分更占优势。主要代表人物是波爱修和爱留根纳。波爱修是连接古代哲学与中世纪哲学的桥梁，他对古代的波菲利关于普遍与个别所提的问题作了自己的回答。他重视多样性的个别事物的真实性，是中世纪唯名论的先驱。爱留根纳是一个披着基督教外衣的新柏拉图主义者。他主张“否定的神学”，与正统的基督教神学观相左。爱留根纳认为统一的普遍的整体是最真实的，等而下之，愈是多样性的东西则愈不全面因而也愈不真实。不过他认为多样性和最高统一体（上帝）之间有桥梁可通，这就是“理念”。爱留根纳的这种思想源于柏拉图哲学和新柏拉图主义，是中世纪实在论的先驱。

11—14 世纪初，是中世纪哲学的第二期，即经院哲学的全盛期。在此期间,基督教势力强大,同时,亚里士多德的哲学和著作经阿拉伯哲学家的媒介在西欧广泛传播。这样,经院哲学就成了基督教思想中占主导地位的哲学,而且不仅有了柏拉图哲学和新柏拉图主义的因素,还添加了亚里士多德哲学的因素,这后一种因素的影响在这一时期中逐步增长。

经院哲学的特征是奉基督教教义为无上权威,但要用理性去加以解释,解释的方法又极其烦琐抽象。

经院哲学集中于唯名论与实在论之争,这是由古希腊哲学中柏拉图与亚里士多德关于重普遍概念与重个别事物的思想分歧发展而来的。实在论以安瑟尔谟(Anselmus, 1033—1109)为代表,此派受柏拉图理念论的影响,主张只有普遍是实在的,普遍先于个别而独存;唯名论以罗瑟林(Roscelinus, 1050? —1112)为代表,此派受亚里士多德以个别事物为第一实体的思想影响,主张只有个别的东西有实在性,个别先于普遍,普遍不过是名称。实在论适合于所谓普遍的教会实在而个别的教会是从属的,基督教的普遍教义实在而个别人的信仰是从属的,原罪实在而个别人的罪恶是从属的,天堂是实在而世俗是影子,圣餐仪式中的面包和酒是基督教的肉和血而非象征性等说教。唯名论则反之。因此,正统的教会人士都崇奉实在论而轻视唯名论。12—13 世纪,唯名论已不盛行,与唯名论有联系的亚里士多德哲学也几乎成了异端,正统派的权威是实在论者、柏拉图主义者和新柏拉图主义者。

不过,由于新柏拉图主义者的泛神论思想与正统的基督教教义相抵触,教会早已视之为异端,加上到了 13 世纪,亚里士多德的著作大量从阿拉伯文以至希腊原文译成拉丁文，亚里士多德哲学的影响大为增长，教会逐渐转而利用亚里士多德哲学中与教义相合的方面。于是被基督教教义改造过的亚里士多德哲学成了官方哲学。托马斯·阿奎那是这种官方哲学的最高权威。他明确主张哲学服务于神学，反对阿拉伯先进哲学家提出的“二重真理”说，他区分理性和信仰，但又力图调和二者，他认为启示高于理性，哲学是以理性解释上帝，不能与宗教信仰相矛盾。关于普遍与个别的问题，托马斯采取温和的实在论的立场。

14世纪初至15世纪中叶，是中世纪哲学的末期。由于罗马教会的衰微、自然科学的发展，加之亚里士多德哲学中重经验事实的本来面目逐步被认识，人们厌弃教会曲解了亚里士多德，于是正统的经院哲学日趋没落，哲学愈益脱离神学。在这个时期以前，12世纪的阿拉伯著名哲学家伊本·鲁士德（Ibn Rushd，即Averroës，1126—1198）已提出了反对正统经院哲学的思想。他崇敬亚里士多德，甚至具有比亚里士多德更多的唯物主义思想，他提倡“二重真理”说，否认真主干预世界，主张自然事物受因果必然性支配。13世纪，伊本·鲁士德的学说盛行，形成了所谓“阿维洛伊主义”的思潮，其最大代表是在巴黎大学任教的西格尔。此外，在这个时期中，唯名论和渊源于新柏拉图主义的神秘主义异端思想也重新盛行。个人自由的思想抬头。这个时期的唯名论代表人物是罗吉尔·培根（Roger Bacon，1214？—1293）、约翰·邓·司各托（John Duns Scotus，1265？—1308）、奥卡姆的威廉（William of Occam，1285？—1349），神秘主义的代表人物是艾克哈特(Eckhart,1260—1327)。

由于资本主义生产方式的形成以至自然科学的新发现和新发明,也由于中世纪哲学内部的原因,如经院哲学脱离实际的烦琐的推演方法,理性与信仰之逐渐分离,唯名论之重视个别,神秘主义之主张个人直接与上帝相通等,经院哲学便日趋崩溃,西方哲学史由中世纪哲学转入了近代哲学。

近代哲学

近代哲学亦分为三个时期:

第一期是由中世纪到近代的过渡期,即 15—16 世纪的所谓"文艺复兴"时期。这是一个自我觉醒的时代,人们的思想从空幻的彼岸世界回到了现实的此岸,从清净的僧院走到了纷扰的尘世,从而发现了自然,也发现了人自身。追求知识、渴望个人自由、要求个性解放、反对教会的桎梏、要求发挥人的主体性,这就是当时人们的一般精神面貌。自然和人成了当时思想界所研究的中心课题。就是在这一研究的过程中,形成了人文主义和自然哲学两股互相联系而又有一定区别的思潮。

人文主义主张以人为中心,一切为了人的利益,是以资产阶级人道主义为核心的反封建、反神学的新文化运动,表现为对古代文化和各种哲学流派的研究和利用。人文主义的主要代表有柏拉图派的普莱索(G. Pletho, 1355? —1450?)、贝沙里杨(Bessarion, 1400? —1472)、费奇诺(M. Ficinus, 1433—1499)和亚里士多德派的彭波那齐(Pietro Pompnazzi, 1462—1524)等。

自然哲学的代表人物主要有库萨的尼古拉（Nicolas of Cusa，1401—1464）、特勒肖（B. Teelesio，1508—1588）和布鲁诺（G. Bruno，1548—1600）。这些自然哲学家在15世纪下半叶开始兴起的近代自然科学的基础上，用自己的唯物主义反对经院哲学的唯心主义，用经验观察的科学方法反对经院哲学的推演方法，用辩证的思想反对经院哲学的形而上学方法。不过，近代自然科学的发展毕竟还刚刚开始，对自然的研究往往与魔术、炼金术、占星术纠缠在一起，新科学尚未完全获得独立的地位。因此，与这种自然科学状况相适应的自然哲学，还有不少想象和虚构的成分。

值得注意的是，自然哲学家尼古拉和布鲁诺从认识论的角度探讨了如何把握对立统一的问题。尼古拉从当时自然科学的材料出发，在近代哲学史上第一个提出了对立面一致的原理。他把多样性的统一归结为对立面的统一，认为只有对立的统一才是最高的真理，他还明确主张，要把握对立面的一致，需要经过相辅相成的三个阶段实即“感性”、“知性”和“理性”。

17—18世纪末，是近代哲学的第二期。

这个时期，资本主义进一步发展，自然科学出现了分门别类的研究，现实世界成了可以由人类把握的对象或客体，哲学的兴趣集中于主体与客体的关系特别是两者的统一上，主体性原则成了近代哲学的主导原则。真正的近代哲学是从17世纪开始的。自“文艺复兴”和宗教改革以后，近代自然科学日益脱离神学而繁荣昌盛。公元1600年前后的100年左右，出现了哥白尼、开普勒

(J. Kepler，1571—1630)、伽利略(Galileo，1564—1642)等许多科学上的伟人，17 世纪是近代自然科学取得辉煌成就的世纪。这时，科学的标准不再像过渡时期那样，往往是古代的柏拉图哲学、亚里士多德哲学或基督教的教义，而是自然本身；科学的方法也不再像过渡时期那样，掺杂很多神秘的巫术，而是以观察和实验为基础的归纳法和数学的演绎法。与此相适应，在哲学上，从前被认为是由神灵统治的世界，现在则被认为是由因果必然性支配的世界。机械的宇宙观一时占了统治的地位，这种情况一直延续到 18 世纪下半叶康德的时代。

近代科学的方法肇始于伽利略，他同时也为近代哲学提供了研究的方法。伽利略的方法的特点是，以观察和实验为基础，进行归纳和数学的演绎。他与培根都很重视归纳法，但培根轻视演绎法，而伽利略则把归纳法与演绎法并举。归纳法与数学演绎法两种科学方法上的分歧，在哲学认识论上表现为经验论与唯理论之争。经验论认为哲学的研究方法只是以实验、观察为基础的归纳法，知识只限于感官经验中的东西。经验论者都轻视或否认超经验的玄学问题。唯理论则依据数学演绎法，认为思维独立于感官经验，思维可以把握超经验的东西。唯理论者注重玄学问题的研究。经验论者和唯理论者从两个相反的角度去求得思维与存在、主体与客体的统一。经验论者重感觉中个别的东西，重多样性，其思想源于中世纪的唯名论；唯理论者重思想中普遍的概念，重统一性，其思想源于中世纪的实在论。经验论的代表人物是培根、霍布斯(Thcmas Hobbes，1588—

1679)、洛克(John Loeke,1632—1704)、贝克莱和休谟,唯理论的代表人物是笛卡尔、斯宾诺莎、莱布尼兹和沃尔夫。

培根是近代唯物主义经验论的第一个代表,他把经验当作统一思维与存在的关键;他是近代哲学史上第一个提出思维的主体(人)应该主动干扰自然,使之服务于人类的哲学家,为近代哲学中统一思维与存在、主体与客体的要求和思想趋势打下了一定的基础。他的"二重真理"说,在当时条件下起了打击神学的进步作用。

笛卡尔是近代唯理论的第一个代表。他排斥一切外在权威,把人的思维当作哲学的开端。他的"天赋观念"说就是主张单凭思维中的普遍性概念即可把握最高真理;他的怀疑一切的主张,就是清除成见,完全运用思维以达到客观真理。笛卡尔的这些思想实际上是把人的理性认识当作统一存在与思维的关键。他所提出的"我思故我在"的原理和他的二元论思想表明他是西方哲学史上第一个创导主客二分式和主体性原则的哲学家,他是西方近代哲学的真正创始人。他也是一个机械论者,认为动物不过是一架机器。

斯宾诺莎的唯理论的认识论和几何学的方法以及机械的自然观都直接来源于笛卡尔。他关于思维与存在不过是唯一实体的两种属性的学说,是对笛卡尔二元论的批评和发展。他认为多样性的个别事物不过是唯一实体的变形,只有实体有独立自存性,个别事物只有通过唯一实体才能得到认识和说明。这样,个别性、多样性便大大地受到普遍性、统一性的压抑。

洛克发展了唯物主义的经验论，他尖锐地驳斥了笛卡尔的唯心主义的“天赋观念”说，提出了自己的“白板”说，不过他也强调我们能从感觉经验中抽象出普遍性的概念。洛克是温和的唯名论者，认为感觉中的个别东西是第一位的。洛克还保留了笛卡尔割裂思维与存在、主体与客体的二元论的思想因素。

莱布尼兹站在笛卡尔的基本立场上，针锋相对地反对洛克的唯物主义的经验论。他说洛克的体系和亚里士多德关系密切，他自己的体系和柏拉图接近。莱布尼兹也重视普遍性概念，是“天赋观念”说的拥护者，不过他的“天赋观念”说与笛卡尔的略有区别。在本体论方面，他表述了普遍与个别、统一性和多样性的关系的看法；他认为“单子”虽然彼此不能相互作用，但由于“前定和谐”而联系在一个统一体即神之中。“前定和谐”说是对笛卡尔的二元论和斯宾诺莎的平行论的继承和发展。这里显然包含着一和多对立统一的辩证思想，但这种统一的原则处于多样性的“单子”之外，和斯宾诺莎之以普遍性、统一性吞没个别性、多样性的原则很不相同。

贝克莱是唯心主义的经验论者。他从洛克哲学所包含的二元论和不可知论走向主观唯心主义，完全取消了客体。“存在就是被感知。”世界上除了感知的主体即精神实体和被感知的知觉（他叫做“观念”）之外，什么也没有。他为了反对唯物主义和无神论，极力攻击普遍性的抽象概念特别是关于物质的抽象概念。他主张极端的唯名论，不同意洛克的“概念论”，认为抽象概念既无客观实在性，也不能存在于人心中。

休谟也是唯心主义的经验论者。他比贝克莱走得更远，不但在实际上取消了物质实体，而且根据贝克莱提出的同样理由，取消了精神实体。真实存在的只有知觉，经验由知觉构成，知觉以外的东西都是不可知的。因此，一切玄学问题都不可能成立，休谟以自己的不可知论和怀疑论完全否定了统一性和普遍性的东西（实体、因果必然性和普遍性），而把多样性和个别性（知觉）当成了最高原则。这样，17 世纪到 18 世纪英国哲学中重个别性的原则，就由洛克的"概念论"经贝克莱的极端唯名论到休谟的怀疑论和不可知论而发展到了顶峰。休谟的经验论及其取消主体与客体的思想对现代西方哲学起了很大的作用。

17—18 世纪的经验论与唯理论的争论包含了唯物主义与唯心主义、无神论与宗教的斗争，但只是到 18 世纪的法国哲学，才出现公开的唯物主义与无神论：拉·美特利（La Mettrie，1709—1751）公然宣布，唯物主义是唯一的真理；狄德罗至死还拒绝承认有上帝。法国哲学不是一些纯粹理论性的东西，而是同政治伦理思想紧密结合在一起的，这也是它的特点之一。18 世纪法国哲学的主要代表人物有伏尔泰、孟德斯鸠、卢梭和百科全书派的唯物主义哲学家拉·美特利、爱尔维修（Claude Adrien Helvétius，1715—1771）、狄德罗、霍尔巴赫（Holbach，1723—1789）。百科全书派的唯物主义是当时法国哲学的最高成就，其思想来源，一是笛卡尔的唯物主义思想成分，一是洛克的唯物主义的经验论。法国唯物主义者明确主张，只有物质实体，思维不过是物质的属性，他把精神实体统一于物质实体，这在解决思维与存在、主体与客体的统一性问题上比过去大大前进了一步。他们都取消了洛克的“内省”经验，认为经验的唯一来源是感觉，他们一般地是唯物主义的感觉论者。他们用因果必然性解释一切，完全排斥偶然性；他们把运动归结为机械运动，甚至超过笛卡尔的“动物是机器”的论断，认为“人也不过是一架机器”。

自18世纪末的康德哲学起，近代哲学进入第三期。

18世纪末法国大革命时代的历史辩证法和18世纪末到19世纪上半叶自然科学在各方面的成就，促使西方近代哲学发展到了自己的最高阶段。上一个时期盛行的伽利略的数学方法和牛顿的形而上学方法被代之以发展、进化的观点。这个时期的德国唯心主义哲学家们在不同程度上，以不同方式，运用辩证法总结了前人的思想特别是唯理论与经验论之争，创立了以康德、费希特、谢林、黑格尔为代表的德国古典唯心主义。他们看到，自“文艺复兴”以后，人权固然从神权束缚下解放了出来，但17世纪和18世纪机械论的宇宙观，又把人的精神和主体性束缚于自然界因果必然性的支配之下，个人的自由意志被抹杀了，存在与思维、主体与客体没有得到统一。康德、费希特、谢林、黑格尔置身学院，在抽象的哲学范围内，站在唯心主义立场上，进而再一次为维护人类精神的能动性、独立自主性、主体性而斗争。他们给哲学规定的任务是，在思维第一性的基础上，力求使存在与思维、主体与客体统一起来。他们一致认为，世界的本质是精神性的，精神、自我、主体在他们的哲学中都占中心地位，所不同者只是这种精神性的东西被把握的程度如何，以及如何加以规定和说明。他们都承认哲学所追求的最高真理是多样性的统一以至对立面的统一，统一性更根本，所不同者只是这种最高统一体能否由思想认识来把握，以及对这种统一体作何理解。他们都认为唯理论与经验论各有片面性，企图在肯定思想概念更根本的基础上把感性认识和理性认识结合起来，所不同者只是结合的方式与程度如何。

康德首先面临的问题是认识论的问题。他继承和发展了西方哲学史上关于认识过程的三分法，用“感性”“知性”“理性”三环节构成了他的整个认识论的体系。他结合休谟和莱布尼兹—沃尔夫学派的思想，主张知识既要有感觉经验的内容，又要有普遍性、必然性的形式。他认为，作为感觉经验之外部来源的“物自体”是不可认识的，对知识起主导作用的是作为人类普遍意识的“自我”（主体）的“综合作用”：“自我”靠自己的“综合作用”把多样性的东西统一于普遍性、必然性之下，从而构成科学知识。就康德极力说明思维中普遍性、必然性的客观意义而言，他是企图在现象界内使思维与存在、主体与客体统一起来的。

但是人心的综合决不满足此种统一，人心还具有比“知性”更高的“理性”阶段，“理性”要求超出有条件的知识、经验的范围之外，以达到无条件的最高统一体——理念。知识、经验是现象界，理念是本体。前者是可知的领域，是必然的王国，后者是不可知的领域，但可为信仰所把握，是自由的王国和道德的领域。康德受卢梭自由思想的影响，确信个人的尊严与价值，主张道德意志高于知识。他虽然企图把情感当作连接知识和意志之间的桥梁，但他毕竟没有真正把两者统一起来。可以说，康德为了维护人的精神的独立自由，维护人的主体性，而有意地把自由从必然性中分离出来。

康德认为，“知性”的概念范畴总是非此即彼的，只能应用于多样性的事物，若用它们去规定超经验的最高统一体—世界整体，则必然出现“二律背反”。康德这套思想对破除莱布尼兹—沃尔夫学派旧玄学的非此即彼的形而上学方法，是一个很大的贡献。它促使黑格尔达到了具体真理是亦此亦彼的，是对立统一的结论。

费希特原来主张斯宾诺莎的机械的因果决定论，后来受康德的影响，认识到因果必然性只是现象，自我不是必然性的奴仆而是独立自由的主体。他为了更彻底地伸张人的主体性、独立自主性，便打破康德的二元论，取消了康德的物自体，认为世界上的一切皆自我—主体所创造。此自我不是个人之我，而是普遍的我，是道德的自由的我。自我、非我，二者的统一，这就是一切事物进展的历程。世界上的一切事物不是按因果必然性联系起来的，而是趋向于此道德之自我，为完成此道德之自我的目的而存在的。

谢林从费希特哲学出发，又深受斯宾诺莎哲学和当时文学上浪漫派的思想影响，创立了自己的同一哲学。谢林不同意费希特把自我(非我)看作自我的产物。他认为自然和精神、存在和思维、客体和主体，表面相反，实则同一，都是同一个“绝对”的发展过程中的不同阶段。“绝对”是浑然一体的“无差别的同一”，是万事万物的根源。谢林的这种思想对西方传统哲学的主客二分模式有所突破，对西方现代哲学中反对主客二分式的思潮有一定影响。谢林继承费希特主张变化发展的观点，认为整个世界的发展过程是正、反双方对立统一的过程，并且他也用目的论的发展观代替17—18世纪的机械观。不过，谢林认为自我意识发展的最高阶段是艺术而不是费希特所说的道德，只有艺术的直观或称理智的直观，才能把握活生生的、精神性的“绝对同一”。

黑格尔是集德国唯心主义之大成的哲学家。他创立了西方哲学史上最庞大的客观唯心主义体系，第一个系统地自觉地阐述了辩证法的一般运动形式。

黑格尔所处的时代在法国大革命之后和德国资产阶级革命的前夕，社会动荡、人心思变。就思想界来说，17—18世纪的机械观仍未被根本打破。黑格尔把这样的时代归结为思维与存在、主体与客体、理想与现实分裂，自由与必然、个人与社会分裂，无限与有限、统一性与多样性分裂的时代。他认为这些分裂、对立的病态只有在统一中才能得到医治。统一的趋势已经到来，问题是如何从哲学上加以说明，所以他在早期著作中就已经明确规定哲学的中心任务是扬弃分裂，达到统一。在他看来，康德、费希特、谢林已经开始了这项工作，但远未完成。

黑格尔认为，多样性的东西，彼此分离对立的东西，都不是最真实的，只有普遍性、统一性才是最真实的，不过这种普遍不是脱离特殊的抽象普遍，而是包含特殊在内的普遍，叫做具体普遍（黑格尔又把普遍与特殊的这种有机结合叫做个体）。这种统一不是脱离矛盾，对立的抽象统一，而是包含它们在内的统一，叫做对立统一或具体同一。具体普遍、对立统一，是黑格尔全部辩证法的核心。另一方面，黑格尔作为一个客观唯心主义者，又认为只有精神性的东西才具有普遍性、统一性，单纯物质性的东西不可能有普遍性、统一性，因而也没有真实的存在。脱离精神无真实性和脱离统一无真实性，这两条原则是紧密结合在一起的。所以，最真实的无所不包的整体既是“绝对精神”，又是对立的统一。

黑格尔继承和发展了前人特别是费希特、谢林的正反合的思想，把“绝对精神”这一最高统一体展开为逻辑、自然、精神三大阶段，也就是从思维到存在，从主体到客体又到二者统一的过程，从而完成了唯心主义的思维与存在、主体与客体同一说。逻辑理念不脱离自然和人类精神，思维不脱离存在，主体不脱离客体，但逻辑理念是自然和人类精神的灵魂和根本，思维、主体是存在、客体的灵魂和根本，而自然则不过是逻辑理念的外部表现，至于人类精神，乃是自然发展中所预想的目标之完成，是逻辑理念与自然的对立统一。就此而言，人类精神又是最具体的、最现实的，因而也是最高的。黑格尔声称，关于人类精神的学问是最高的学问。这是他和其他德国唯心主义者一样强调人的主体性、人的自由的表现。精神的特点是自由。“绝对精神”是人类精神和自由的发展的最高形态，也是人的主体性的顶峰。在这里，思维与存在、主体与客体统一，没有异己的东西限制自己。整个自然界的发展就是趋向于这种统一和自由的过程，这就是人类精神出于自然而又高于自然之所在。不过他根据具体统一的思想，认为自由必须与必然相结合、个人必然与社会整体相结合。黑格尔由于过分强调普遍概念的至上的性质，由于主张普遍概念的超时间的永恒性，他的逻辑理念最终还是超感性的、形而上的东西。

关于人类精神是否能把握以及如何把握最高统一的问题，黑格尔既不同意康德的不可知论，也不同意谢林等神秘主义者所谓凭直观就可以一蹴而就地加以把握的观点，他认为最高统一体可以凭思维加以认识，而且必须经过漫长曲折的道路，他把这条道路不仅一般地按尼古拉、康德等人的基本观点分为“感性”“知性”“理性”三阶段，而且又把它们细分为一些较小的阶段。黑格尔在唯心主义基础上第一次把人类从感性认识到理性认识的辩证法作了系统的、详细的阐述。

德国古典哲学的最后一个代表是唯物论者费尔巴哈。他驳斥了康德的割裂思维与存在、主体与客体的二元论思想和不可知论，批判了黑格尔的唯心论的思维与存在同一说。他以灵魂与肉体相统一的人为出发点，建立了“人本学”唯物论，把人们的注意力从黑格尔等唯心论者所喧嚷的抽象自我、抽象主体中转移到了有血有肉的人和现实世界。

现当代哲学

从 19 世纪中叶起，西方哲学史进入了现当代哲学的发展时期。

19 世纪中叶，欧洲资本主义进一步发展，大工业生产更加促进了自然科学和物质文明的巨大发展。面对社会上新的矛盾和自然科学上新的发现，人们迫切需要新的理论解释和新的哲学概括。到了 19 世纪 40 年代，德国古典哲学已失去光辉，黑格尔学派已经解体。但是黑格尔以后的各种哲学派别都同黑格尔哲学以至整个德国古典哲学有各式各样的关系。马克思和恩格斯批判吸取了黑格尔辩证法的合理思想和费尔巴哈的唯物论基本思想,在以往哲学成果的基础上创立了辩证唯物论和历史唯物论。在马克思主义哲学形成和发展的同时,西方资本主义国家也逐渐产生了其他各种哲学派别,它们或则发展了黑格尔哲学,或则批评以至反对黑格尔哲学。(我们把这些流派姑称为“现当代西方哲学”。)19 世纪 40 年代到 19 世纪末出现了唯意志论、生命哲学、实证主义、马赫主义、新康德主义、新黑格尔主义等。19 世纪末到第二次世界大战,西方流行的主要哲学流派有新实在论、实用主义、人格主义、逻辑原子论、逻辑实证主义、现象学和存在主义。第二次世界大战以后,英美国家流行的主要是分析哲学的各支派,如逻辑实证主义、逻辑实用主义、历史社会学派、日常语言哲学等,以及科学哲学;在欧洲大陆国家主要有现象学、存在主义、新托马斯主义、解释学、结构主义、后现代主义等。

西方现当代哲学虽然派别林立,但大体上可分为科学主义和人文主义两大思潮。科学主义关注科学,用科学方法和科学精神研究哲学,甚至把科学作为专门研究对象,其中有实证主义、马赫主义、分析哲学、科学哲学等;人文主义思潮关注人的问题,其中有唯意志论、生命哲学、现象学、存在主义、解释学等。

一直到 20 世纪 70 年代,分析哲学几乎统治了英美哲学界近半个世纪,但在欧洲大陆却相对地没有什么大的影响,形而上学的和思辨的传统在那里仍然有强大的势力。20 世纪 50 年代和 60 年代,对形而上的和思辨的哲学的兴趣,特别是对现象学的兴趣逐渐威胁着英美的哲学分析。欧洲大陆哲学主要是现象学和存在主义以及后现代主义，但它们之间的区分不是很严格的，往往是重叠的。

现当代西方哲学的主要特征是：(1) 不再像近代哲学那样一心关注自然、关注外部的物理世界以及人对世界的认识，而是（特别是 20 世纪中叶以来）专心致志于语言问题、符号意义问题和交往问题，语言问题不只是英美分析哲学的专业，欧洲大陆哲学也从另外的角度关心语言问题，我在前面经常提到的海德格尔就转向诗和语词的语言学以显示存在。(2) 与此相联系的是，现当代哲学，无论英美分析哲学还是欧洲大陆的人文主义思潮的哲学，都从不同角度批判传统哲学那种崇尚超感性的抽象概念王国的旧形而上学，强调现实生活和人与人之间的交往。这一点，本书已在各个章中都作了论述。(3) 现当代哲学家不再像传统哲学家那样崇奉确定的、普遍有效的准则或规范，认为一切都可以发生变化，甚至逻辑规则也可以有不同的约定。科学的趋向和形而上学的趋向各自作不同的追求，现象学与分析哲学相互对立，甚至彼此相轻，多元主义和分歧在哲学界占统治地位。

由于受人文主义思潮的影响，由于我个人的爱好，也由于我对分析哲学缺乏研究，本书的内容侧重在欧洲大陆人文主义思想的方面，对英美分析哲学却很少论述。本书所涉及的许多问题，都是当前英美分析哲学家和欧洲大陆人文主义思想家们大有分歧之所在。例如，在分析哲学家中的一些科学实在论者看来，我在前面大谈的诗意的真实性便是没有意义的。

第二十五章　中国哲学发展的历程

中国哲学史萌芽于商周之际，成形于春秋末期，截至五四运动可分为三个时期：先秦哲学；秦汉至明清之际的哲学；明清之际至五四运动时期的哲学，可称为近代哲学。

一、中国哲学史的主要问题和主要特征

中国哲学史是从长期以天人合一为主导原则到转向主客关系式的发展史

明清之际特别是王夫之以前的中国哲学思想之主流，在对待人与世界的关系问题上，是天人合一的观点，只是到王夫之才开始发展类似主客二分即思维与存在二分的观点。中国天人合一的思想可分为以下几个类型：一是儒家的有道德意义的"天"与人合一的思想；二是道家无道德意义的"道"与人合一的哲学思想。儒家的天人合一又分为两类：一是发端于孟子、大成于宋明道学(理学)的天人相通的思想；二是汉代董仲舒的天人相类的思想。天人相通的思想复可分为两派：一是以朱熹为代表的所谓人受命于天、"与理为一"的思想；二是以王阳明为代表的"人心即天理"的思想。天人合一实际上就是不分主体与客体、思维与存在，而把两者看成浑然一体。也就因为这个缘故，中国传统哲学中的各派一般地说不宜以主体与客体、思维与存在两者孰先孰后、孰为第一性孰为第二性来划分和评判。王夫之关于"能所"的

思想是对中国传统的天人合一思想的一个突破(尽管王夫之有较多的天人合一的思想),它使中国哲学史之主流开始向主客二分式过渡,是中国哲学史的一个转折点;孙中山明确提出精神物质二元论,实际上就是提出了主客二分式,只是尚未达到西方笛卡尔的主客二分思想的水平。在明清之际以前,中国哲学史以天人合一的思想为主导,缺乏主客二分思想,从而也缺乏与之紧密相连的主体性原则;从王船山起,特别是鸦片战争以后,中国哲学史开始了向主客二分思想转化,特别是向西方近代哲学召唤主体性原则的时期。中国近代哲学可以说就是发展主客二分思想的哲学,就是向西方召唤主体性的哲学。

中国哲学史是从长期以研究人伦道德为主导到转而注重对自然的认识的发展史

明清之际以前,中国哲学史由于重天人合一,把主客看成浑然一体,所以一般地说注重人如何生活于世界之内的人生问题,甚至专门的、明显的关于主体如何认识客体、自我如何认识对象的认识论问题。讲人生问题的哲学叫做人生哲学,讲认识问题的哲学叫做认识论。中国哲学史在明清之际以前,以讲人生哲学、研究人事或人伦为主,而不注重认识论,从而也不重视对于宇宙之研究,不重视宇宙论。明清之际以后,中国哲学开始转向主客二分思想,开始注意主体性或自我意识的原则,这才使认识论问题逐渐成了中国哲学的重要问题。

发展科学,认识自然和征服自然,使自然为我服务,此乃主客二分和主体性原则之结果，前者以后者为前提。明清之际以前，因重天人合一，缺乏主客二分思想和主体性原则，故中国虽然不能说没有科学，但科学不甚发达，也不甚受重视。明清之际以后由于开始了主客二分思想的转向，特别是鸦片战争以后开始召唤西方近代哲学的主体性原则，因而才重视发展科学，重视对自然的认识。如果说明清之际以前的中国哲学史是一部长期以研究人与人之间的纷争与协调为主的思想史，那么，明清之际以后，中国哲学史则是开始重视人对自然做斗争的思想史。

中国哲学史是从长期以“天理”压人的思想为主导到开始反“天理”的发展史

先秦哲学虽然诸子百家，派别林立，但儒家的孔子实为中国哲学之真正创始人。孔子之时，无其他学派能与之抗衡。孟子之时，“天下之言，不归杨则归墨”，但杨墨之言也只是暂行于一时。综观整个先秦哲学之诸子百家，仍以孔孟所代表的儒家为思想界之主流。孔子虽少言“天命”，但并非不言“天命”，他认为“唯天为大”，时人亦认为孔子受命于天。孟子的“天”，主要是指义理之天，仁义礼智四端乃“天之所与我者”，孟子明确地把封建道德原理绝对化、客观化为形而上的义理之“天”，然后又以此义理之“天”来压人，孟子是中国哲学史上以“天理”压人的思想之肇端者。

汉代独尊儒学，董仲舒的天人相类说更露骨地把封建的三纲五常说成是“天意”，用“天意”压制人权。

魏晋玄学中虽有嵇康、阮籍等人的“越名教而任自然”之说，但魏晋玄学之主流却是以调和名教与自然为主旨，例如王弼所主张的“圣人体无”和“同于道”，实际上也就是把封建的名教绝对化为“天道”“天理”。隋唐时期，佛道流行，但仍以儒学为正宗，韩愈始终站在儒家“天命”论的立场。刘禹锡有“人理”高于“天理”的思想，惜乎不行于后世。

无论以朱熹为代表的理学派，还是以王阳明为代表的心学派，宋明道学都是以封建道德的“天理”压制“人心”。心学派主张天理即人心，天理不属于形而上的本体界，王阳明甚至有疑孔的反传统思想，但归根结底，他仍然是把封建道德原理看成是天经地义、神圣不可侵犯的“天理”。

明清之际，王夫之、戴震等人都反对宋明道学把“天理”与“人欲”绝对对立起来的观点，戴震甚至严厉斥责人死于理甚于死于法之残酷。鸦片战争以后的先进思想家大都反对儒家的“天命”观。谭嗣同认为名教既非“天理”，也非“天命”，而是在上者压制在下者的工具。章炳麟断言既无“天”，也无“帝”，强调一切决定于“人力”。

西方中世纪，压在人们头上的是教会神权，是基督教的上帝。与此相似，几千年来压在中国人头上的则是儒家的“天理”和“天命”。西方近代哲学史是推翻教会神权的历史，中国自明清之际以后的近代哲学史是开始向“天理”“天命”挑战的历史。

五四运动是中国的“文艺复兴”，它所提出的民主与科学的两大口号颇似西方“文艺复兴”中人的发现与自然的发现。西方“文艺复兴”的两大发现为此后西方近代哲学的主客二分式和主体性原则提供了思想准备，中国五四运动所提出的两大口号则是自明清之际以后中国近代哲学史的一次总结：既是对主客二分式和主体性原则的转向的一次总结，也是对发展自然科学知识和反儒家“天理”“天命”的一次总结。五四运动为进一步建立主客二分式和主体性原则，反对以“天理”压人，发展自然科学，开辟了广阔的前景，中国哲学史迄今仍在沿着五四的道路前进。

二、主要发展阶段

先秦哲学

中国哲学史在商代已经处于萌芽中。商代把意志的“帝”或“天帝”看成是世界的最高主宰。凡征战、田猎、疾病、年成、行止，都按占卜结果行事。西周灭商后，有了较为哲理化的“天命”观，人事被认为是由于天的命令，天人关系实为神人关系。商周之际，有以水木金火土五行为五种基本物质的思想，周代有解释自然现象的八卦思想和阴阳思想，但都杂有浓厚的宗教迷信色彩，远非建立在科学知识的基础之上。

周公提出的以德配天的思想，是以后儒家天人合一思想的最早的萌芽。

春秋时代产生了人为“神之主”的思想，先前的天的人格神的含义受到怀疑。郑国子产（？—522 B.C.）明确地说：“天道远，人道尔。”[①]这是一种贬天命、重人自身的思想表现，但他讲得极其

①《左传·昭公十八年》。

简单朴素。范蠡(536—448 B.C.)则把天道解释为日月运行的自然规律,强调顺应天道,人类才能成功。

孔子建立了比较完整的思想体系。孔子少言天道,但仍认为唯天为大,“获罪于天,无所祷也”。[①] 孔子所讲的“天”,大都是有意志的“天”,它是统治一切的主宰。孔子说:“天生德于予,桓魋其如予何!”[②]可见孔子已赋予“天”以道德的含义。后来的“天理”的观念也许在这里已有其思想渊源。孔子这句话当然也还包含了他本人是受命于天者的意想。孔子还说:“群子有三畏:畏天命,畏大人,畏圣人之言。”[③]这也表现了孔子把“天命”与“圣人”看成一致的思想。孔子的这类言论多少有天人合一之意。孔子以“仁”为根本,“仁”是诸德之帅,他认为他自己所负的“天命”就是教人为仁,“仁”的基本含义就是“克己复礼”,即视听言动均合乎礼的道德行为。孔子提出“正名”,即所谓“君君臣臣父父子子”,就是为仁和复礼的具体内容。孔子所谓“闻道”,也就是复礼、为仁。当然,孔子的思想除首先是“闻道”之外,也有注意求知的方面,他教人“多识于鸟兽草木之名”,还有求知之方的训语,但一部《论语》,主要地仍然是以“天命”和“仁”为核心的道德教训,关于科学和知识方面的理论是极少也极其简单的。孔子重人道、重“天命”与人之仁德的结合,而轻知识、轻科学认识,是他的哲学缺乏主客二分思想、缺乏以主体性为原则的表现。他的这种思想

---

① 《论语·八佾》。
② 《论语·述而》。
③ 《论语·季氏》。

构成了以后整个中国哲学史上儒家思想的特点。

墨子虽然主张有意志的“上帝”，但同时提倡“非命”，这与孔子的命定论有所不同。墨子也讲“仁”，但“仁”的含义是“兼爱”，他反对孔子的克己复礼之谓仁。他提倡“兼相爱，交相利”，他的哲学是功利主义。墨子重“耳目之实”，提出了“三表”的判断言论之真伪的标准，墨子显然已初步探讨了认识论问题。

杨朱主张“为我”“贵己”“轻物重生”“不以物累形”，是中国哲学史上第一个注重个人、注重人的独立自主性的思想家，他虽然没有作什么理论论证，但多少具有西方主体性思想的闪光。

孟子最早提出较明确的天人合一的思想。他说：“尽其心者，知其性也；知其性，则知天矣。”[①]“夫君子所过者化，所存在神，上下与天地同流，岂日小补之哉。”“万物皆备于我矣。反身而诚，乐莫大焉。”[②]人与天地万物，在孟子看来，是一个统一的整体。人之善端（即仁义礼智之四端）受于天，源于天，或者说，本天之所赋，这样，孟子就为封建道德原理找到了形而上的根据—天，这种具有封建道德意义之“天”宰制着人。孟子极少讲科学认识，他是孔子重“闻道”的思想方面之继承者和发扬者，他着重将孔子关于“仁”的思想运用于政治社会，他不仅像孔子那样着重讲“内圣”，而更多地讲“外王”。

老子在中国哲学史上第一个明确反对“天”是最高的主宰，提出了天地万物的起源问题，认为“道”或“无”是天地万物的本原。

---

①《孟子·尽心》。
②《孟子·尽心》。

他虽然不像孔子那样重人伦、轻视对自然的研究，但他也并不是不重视人的地位，相反，他是中国哲学史上最早明确提出人有卓越地位的哲学家。他说："人法地，地法天，天法道，道法自然。"[①]这就意味着在老子那里，人、地、天都统一于"道"，而"道"又是自然如此、没有意志的。老子的天人合一思想表现为人与"道"为一；通过"玄览"的内心直观，即可达到此种境界。老子云："天地不仁"，可见老子取消了儒家所讲的"天"之道德含义。老子反对以"仁"为最高道德，这与孔子的"克己复礼之谓仁"，孟子的四端受于天的思想，都是对立的。老子在中国哲学史上最早明确区分"为学"与"为道"，并认为"为道"高于"为学"，"为道"是人生之首要任务。老子不以道德原则作为"为道"的内容，这是老子哲学优于孔孟哲学之处，但老子轻"为学"、轻知识，超过孔孟，对中国的科学认识之发展起了更为消极的影响。当然，老子提倡的"复归于婴儿"，也不能简单理解为绝对摒弃知识，绝对否定欲望，它包含着教人达到超知识、超欲望的高超境界的思想，故老子又继承了杨朱的贵生轻利的思想。老子的"无为"是与"道"为一，一任万物之自然的意思，人如能顺乎"道"而无为，则能做到无不为，无不治。这是老子的人生理想和社会理想。

庄子继承和发展了老子的思想。庄子也认为世界之本原是"道"，"道"是自然的、无意志的。所谓"道兼于天"，就是老子的"道法自然"。所以庄子又说："无为为之之谓天。"[②]庄子的天是

① 《老子》第 25 章。
② 《庄子・天地》。

自然。庄子认为“天地与我并生，万物与我为一”，“人与天一也”，“至人”可“与天地精神相往来”，这是一种与“道”为一、以“道”观物、“同于大通”的天人合一境界，也就是一种齐死生、等贵贱、同人我、超出一切区别的“逍遥”境界，这种境界可以通过“坐忘”“心斋”的内心直观而达到。庄子不像杨朱那样以避世为“全生葆真”之途径，他认为只要达到上述境界，就可以享有不为外物所累的个人自由。庄子哲学和老子哲学一样，显然与孔孟以义理之“天”压人的思想是对立的。庄子认为知识无助于“为道”，甚至有损于“为道”，庄子的这个思想对发展科学认识当然也是有害的。

惠施是中国哲学史上第一个从事辩论中逻辑问题和认识论问题研究的人，庄子《天下》篇所说的惠施十事就是关于这方面的十个命题，主要论述了事物之异同关系。他强调具体的、个体的事物是相对的、有限的。惠施十事中提到的“泛爱万物，天地一体”，与庄子的“天地与我并生，万物与我为一”相近，但庄子是从天与人（即世界与人）的关系的角度讲述一种天人合一的境界以及达到此种境界的直观途径，而惠施则是从认识和逻辑的角度讲万物之毕同毕异和天地一体。庄子哲学重在“为道”，惠施则似有重“为学”即重认识论、重逻辑之意。就此而言，惠施的思想在中国哲学传统中是尤为值得一提的。

公孙龙和惠施一样，主要也从事于辩论中逻辑问题与认识论问题的研究，不过他不同意惠施的“合同异”，而主张“别同异，离坚白”。他的主要思想是，概念和共相有绝对的独立自存性和不变性。公孙龙可说是中国哲学史上第一个也是罕见的具有西方那种建立在认识论基础上的形而上学思想的人。

后期墨家重自然科学知识，有比惠施、公孙龙更为明确的、合乎常识的认识论和逻辑理论。他们已有模糊的主客二分思想，他们按知识来源把知识分为“闻知”“说知”“亲知”三类，还提出了关于辩论的一些基本逻辑原则，对概念、判断、推理等逻辑上的基本范畴也有较多的研究。可惜后期墨家的思想在中国传统哲学中未占主导地位。

《易传》的作者以“太极”为天地之本原，“太极”是阴阳未分之体。《易传》对自然现象提出了一些解释，对科学认识的发展有一定意义。《易传》还提出了“形而上者谓之道，形而下者谓之器”的命题，讲述了一般与个别之间的关系。

荀子所讲的“天”是自然之天，他所谓“性”是“生之所以然者”，①本属于天，故和自然之“天”一样无道德含义，这和孔孟的“天”与“性”的含义不同，显然是受了老庄哲学的影响。荀子认为道德是人为的，所谓“人之性恶，其善者伪也”，②“伪”就是人为的意思。这和孟子把人为的封建道德原则说成是“天命”，然后又以“天”来压人的思想不同。但荀子又认为“君臣、父子、兄弟、夫妇，始则终，终则始，与天地同理，与万世同久”。③ 荀子在这里又把封建道德原则看成与天地同样运行不息。荀子不讲天人合一，而讲天人相分，即所谓“明于天人之分”。④ 其主要意思是说，人世

①《荀子・正名》。
②《荀子・性恶》。
③《荀子・王制》。
④《荀子・天论》。

的吉凶治乱与自然（“天”）的变化并无必然联系，应该把两者区分开来。荀子基于这种思想，反对孔孟的“天命”观，而主张“制天命而用之”。① 荀子在这里要求以人来统治天，这与孟子的天人合一思想是对立的，不能解释为天人合一。“制天命而用之”有些类似西方近代哲学家培根等人所讲的征服自然、利用自然的思想，但又未达到主客二分的思想高度。荀子是孔子哲学中“为学”方面的继承者，这和孟子是孔子哲学中“为道”方面的继承者正好相反。荀子继承和发展了后期墨家的某些思想，有较多的认识论和逻辑理论，他强调“解蔽”“虚壹而静”，以求客观，并注重验证。荀子哲学中的功利主义思想源于墨子，但不如墨子之极端，他批评墨子“蔽于用而不知之”。② 荀子还批评了庄子，说庄子“蔽于天而不知人”，③即不懂人能制天命而用之。他批评辩者不重事实是“蔽于辞而不知实”。④ 荀子对先秦诸派哲学作了他自己的总结。

韩非继承和发展了荀子与老子的思想，否认有意志的“天”，认为社会治乱靠人不靠天，仁义道德亦不来源于天。韩非主张“理者，成物之文也；道者，万物之所以成也”。“道者，万物之所然也，万理之所稽也。”⑤这些话既是对老子的“道”的解释，也是韩非自己的思想。韩非在这里把“道”和“理”作了明确的区分：万物各有各的“理”，而万“理”之总汇则叫做“道”，而“道”就在“理”

---

①《荀子・天论》。
②《荀子・解蔽》。
③《荀子・解蔽》。
④《荀子・解蔽》。
⑤《韩非子・解老》。

之中。他认为，不接触物而行，不懂得理而动，是一种“无缘而妄意度”的“前识”，即无根据的妄想，只有“缘道理以从事”，才能成功（同上）。韩非在认识论方面还强调“参验”。在社会政治观点上他和管子所讲的“君臣贵贱皆从法”的观点一样，也非常注重法治，可惜韩非等法家的这种最高理想在中国未能实现。

秦汉至明清之际的哲学

先秦哲学，各派林立，百家争鸣，波澜壮阔。秦汉大一统后，思想亦日见统一。儒家思想之主旨是以封建道德的义理之“天”制人，加上儒家对于人伦、政治既有较系统的理论，又有具体的措施，故儒家思想能受到统一后之专制君主所喜爱和提倡，汉武帝、董仲舒更立儒家为正统思想。所以自秦汉以后，特别是自汉武帝以后，中国哲学史便成了长期以儒家思想为主导的历史。一直到明清之际，特别是到鸦片战争以后，才开始逐渐改变这种局面。

秦汉时期的哲学。董仲舒在秦汉之际阴阳五行学说混入儒家思想的历史背景下，提出了天人相类的天人合一即“天人感应”说。他说：“天亦有喜怒之气，哀乐之心，与人相副。以类合之，天人一也。”[①]“天人之际，合而为一。”他认为“天”是“百神之大君”。[②] “天”有意识地创造万物：“天者，群物之祖也。”[③]他以阴阳

① 《春秋繁露·阴阳义》。
② 《郊祭》。
③ 《汉书·董仲舒传》。

五行学说论证天有意志。他认为人本于天，人副天数，人之身象天容，发象星辰，耳目象日月，鼻口呼吸象风气。他说："王道之三纲，可求之天。"①"道之大原出于天，天不变，道亦不变。"②天意还可以灾异"谴告"人。这是一种最明确地以"天"压人的学说。

两汉时期，阴阳家与儒家几乎合为一体，天人感应、谶纬思想占统治地位，但阴阳家的学说中亦有科学萌芽。

西汉末年，扬雄一方面批判了谶纬思想，并认为阴阳家之言不合于圣人，企图使儒家思想脱离阴阳学说，一方面又称道老庄，吸取了道家的某些思想。但他仍以儒家为主导，以孔子为正宗，尝自比于孟子。扬雄认为"玄"是万物的本原。他强调道德修养，但也注意到知识的重要性。他既肯定历史的继承性，也肯定改革的必要性，认为"可则因，否则革"。

后汉时期，谶纬之学仍然盛行，但道家的自然主义也开始有所发展。王充在此背景下吸取道家自然主义的观点，批判了天人感应、谶纬思想和阴阳学说。王充强调自然无为，认为"元气"是天地万物之本原，万物非有意志的"天"所创造；他反对董仲舒等人所说的有意志的"天"为人之本原的天人合一观点。他说："儒者论曰，天地故生人。此言妄也。夫天地合气，人偶自生也，犹夫妇合气，子则自生也。"③王充的这种思想对儒家以"天"压人的思想是一个冲击。王充继承和发展了桓谭的形神学说，认为"人之所

---

①《基义》。

②《汉书·董仲舒传》。

③《论衡》。

以生者，精气也，死而精气灭。能为精气者，血脉也，人死血气竭，竭而精气灭”。“天下无独燃之火，世间安得有无体独知之精。”[1]这是说，精神不能离开肉体，心不能离身。但王充又说：“人之精神藏于形体之内，犹粟米在囊橐之中也。死而形体朽，精气散，犹囊橐败穿，粟米弃出也。”[2]王充在这里似乎又把精神看作是可以离开形体而独存的实体，这就使王充的哲学多少包含有身心二元或主客二分的思想。王充认为，要求得知识，首先要通过感觉器官与外在的对象相接触，他以此而反对“生而知之”。王充重视“效验”，同时也重视“心意”。王充的认识论与方法论颇有些科学精神。王充反对复古主义，主张今胜于古，他甚至问孔刺孟，反对儒家的礼教。

魏晋南北朝时期的哲学。东汉末年，掺杂了阴阳、谶纬之学的儒家思想发展到了荒诞烦琐的地步，与之相反的道家自然主义和抽象的思辨哲学渐占优势，至魏晋南北朝时期，道家学说更为盛行。当时的玄学家们大多以儒家思想与道家思想相混合，《老子》《庄子》《周易》成为玄学家们所着重讨论的三本主要著作，即所谓“三玄”。玄学家不像西汉时期的儒家那样主要讲关于具体的宇宙万物之形成的宇宙论，而着重讲抽象的本体论。

玄学创始人何晏、王弼祖述老庄，“以为天地万物，皆以无为为本”，[3]而且有生于无。王弼认为万物皆自然而然，这就是

---

① 《论衡》。
② 《论衡》。
③ 《晋书·王衍传》。

"无为";只要顺其自然,则"开物成务,无往而不存",这就是"无之为用",[①]也就是"无不为"。王弼有调和名教与自然的思想,他认为"无"或自然是本,名教是末,不应该用名教去强制自然之本性,只可顺应自然之本性,用自然统率名教,故圣人只需顺应百姓之自然,"因俗立制,以达其礼",百姓即可"自求多福",而无需圣人强求。王弼的这种思想虽然是想调和名教与自然,但重点是强调自然,显然不同于儒家正统以封建道德的义理之"天"压人的观点。王弼还提出了"圣人体无"和"得意忘言"说,认为作为万物之本的"无",无言无象,仅用言象不能把握"无"的意义,圣人只可通过直观去体验"无",以达到与"无"同体或"与道同体"的天人合一境界。王弼过于重视对"无"的体验—过于重视对"无""用智不及无知",[②]因而忽视自然科学的知识。

玄学的自然主义思想发展到极端,就成了阮籍、嵇康"越名教而任自然"[③]的立论根据,他们都以放达不拘名教为高,打击了儒家以"天"压人的传统。

裴頠反对"贵无",主张"崇有",认为"有"是万物之本,无不能生有,如贵无贱有则必"遗制""忘礼",而"礼制弗存,则无以为政"。[④] 裴頠一则从反面告诉我们,贵无必包含或导致对名教的轻视,一则表明他自己之所以崇有,是为了巩固儒家的名教。

郭象与裴頠相似,也否认"有生于无",否认有意志的"真宰",

---

① 《晋书·王衍传》。
② 《老子注》第 25 章。
③ 《释私论》。
④ 《崇有论》。

但郭象主张“物各自生”，“无故而自尔”，①即是说，各物皆自然如此，而无所待、无所据，这就叫做“独化”。郭象认为人只要能领会到每物皆“自足其性”，则可以“独化于玄冥之境”，亦即“彼我玄同”、②万物一体的天人合一的境界。郭象比王弼更进一步，认为名教即自然，自然即名教，遵名教即顺应自然。道家的自然主义思想在郭象这里被儒家化了。

东晋南北朝时期，佛教在中国日益流行，但它必然与当时占统治地位的玄学相结合。佛教中大乘空宗关于一切皆空的理论与玄学“贵无”的理论有近似之处，于是玄学所集中讨论的有无问题和佛教所集中讨论的空有问题成为当时互相影响的共同焦点。

东晋僧人慧远对儒道本有研究，出家后又研究佛教。慧远发展了“本无”的思想，认为“神”（精神）不生不灭，为化生万物之根本，即所谓“神也者……感物而非物，故物化而不灭”。③ 只有“悟彻者”才能“反本”，达到与“神”为一体的天人合一境界；一味“逐物”的人，则是“惑理者”。④ 佛教理论本身原不合儒家的人伦道德观念，本应导致“不敬王者”的结论，但慧远却制造了一套“释迦之与尧孔，发致不殊”⑤的理论，以迎合儒家正统思想。

僧肇也把佛学与玄学混合讲述。他明确以阴阳区分“身”与

---

①《庄子注》。
②《庄子注》。
③《沙门不敬王者论》。
④《沙门不敬王者论》。
⑤《沙门不敬王者论》。

"心",在他看来,我与非我,主观与客观之对立,皆由于"一念迷"[①]而产生。其结果就是在现象界,现象皆从"因缘"而生,没有独立的"自性",亦即无实体性,因而不是真实存在,故可以说是"无";但现象毕竟存在着,故又可以说是"有"。"譬如幻化人,非无幻化人,幻化人非真人也",[②]这就是僧肇的"不真空论"。更进而言之,现象界之事物虽然生灭无常,但僧肇认为平常所谓同一事物之变化前后,实乃两个不同的事物,它们"不相往来",[③]即是说,没有自我同一性,各自独立而不变,这就是他的"物不迁论"。僧肇通过"不真空论"和"物不迁论",说明现象既可说是有,也可说是无,既可说是变,也可说是不变,既可说是"有相",也可说是"无相"。僧肇认为应该在有中见到无,在变中见到不变,在"有相"中见到"无相"。要达到这种见识,就不能执着于现象。更进一步说,也就是不能执着于"心"与"身"的区分。僧肇的"般若无知论"就是要人破除"心"与"身"的执着,破除"知"与"所知"即主体与客体的区分,用"般若"的"无知"去直观和领会"无相"的"真谛",即所谓"破除执着,乃入真实"。[④] 僧肇在中国哲学史上第一次明确表达了只有破除主客二分才能"入真实"的思想。他所谓"入真实",实际上是一种与"道"("空")为一的天人合一境界。

---

① 《宝藏论》。
② 《不真空论》。
③ 《物不迁论》。
④ 《宝藏论》。

南北朝时期的范缜提出了“形质神用”“形神相即”等理论，着重反对了佛教的神不灭论。他关于形神的学说是一种身心一元论。

隋唐时期的哲学。隋唐时期为中国佛教之鼎盛阶段，但儒学仍为正宗，儒佛之争贯穿于唐代，佛教被迫中国化。

玄奘及其门人窥基所创立的唯识宗主要是对印度佛教唯识学说的介绍。此派强调破除“我”“法”二执，实际上就是要破除以我和事物为实体的主客二分式，但唯识宗认为“我”与“法”皆“识”所“假立”，而“识”仍然是实体性的东西，这就是说，“我”“法”“二空”，而“识”不空。于是唯识宗提出了“唯识无境”“万法唯识”的理论。它认为“我”“法”“二执”是产生烦恼和分别计较的根源，破了“二执”，即否定了自我和万物的实体性，就可进入涅槃境界而成佛。

华严宗是中国化的佛教，其创始人为法藏。华严宗提出“理法界”“事法界”“理事无碍法界”“事事无碍法界”的“四法界”说，认为世界上千差万别的事物（“事法界”）与本体（“理法界”）互相统一（“理事无碍法界”），各事物之间也互相统一（“事事无碍法界”）。其中，“理法界”即本体是最真实的，又叫做“真心”，真心本体恒常不变。这一点与唯识宗关于“识”亦依他起之说不同。法藏又称“理事无碍”的关系为“一切即一，一即一切”。[①] 华严宗认为最高境界不仅是一种不分主客的境界，而且是不分本体与现象的境界，即所谓“见师子与金，二相俱尽”。华严宗关于真心本体

① 《华严义海百门》。

恒常不变,事物皆真心本体之客观体现的思想,比起唯识宗所讲的一切"法"皆空的思想来,似有较重现实之意,这一点颇有与中国传统思想相合之处。

禅宗是最中国化的佛教,其创始人为慧能。禅宗提倡顿悟成佛,反对积学渐修,不讲究宗教仪式,不主张念经拜佛,不立文字。"顿悟成佛"之道就是"无念","无念"的一种解释是说,"于诸境上心不染",①即不执着于认识对象,而不是"百物不思,念尽除却"。② 按照此种"无念"的意思,不是不接触对象,不是不要日常生活,而是处尘世而不染。禅宗不认为外境虚幻,而是认为心空则一切皆空,即是说,"自性真空",精神上不执着,则可达到虚静的天人合一境界。我们不能把禅宗简单地看成是主观唯心主义,它并不主张客观事物都在意识之中,它承认有"境"、有"相",但他主要是提倡一种不着境、不着相的胸襟。禅宗又主张人人皆有佛性,佛性即人之本性,故人人皆可成佛。禅宗对以后宋明儒家的道学有直接影响。

儒家在魏晋至隋唐时期,虽不及汉代那样处于独尊地位,但毕竟是中国哲学之正宗,魏晋南北朝时期的玄学基本上是儒道之结合的产物,隋唐时期的佛学亦被迫中国化,甚至儒家化。尽管如此,唐代中期的儒家思想和文学家韩愈仍以儒家"道统"即先秦孔孟之道的继承者自居,大力反对佛教和道教,批判佛老"子焉而不父其父,臣焉而不君其君",维护儒家的纲常名教,而且有承认

---

①《坛经》。
②《坛经》。

“天命”的思想，只不过他排斥董仲舒的历史地位。

李翱继承韩愈排佛的立场，但他吸收了佛教特别是禅宗的思想，强调“不动心”的修养方法，希求在与外界接触的同时而不为外物所动的所谓“诚”的天人合一境界。李翱也讲儒家的修身齐家治国平天下，但他的思想比起韩愈来，较少伦理道德的意义。

柳宗元反对天人感应说，反对天人合一，反对以“天”压人的“天命”观，认为：上下未形之时，“唯气存”；①“古之所以言天者，盖以愚蚩蚩者耳”；②“圣人之道，不穷异以为神，不引天以为高”。③ 刘禹锡提出“天人交相胜”的学说，反对天人合一、天人感应之类的思想，反对“天命”宰制人，强调人能胜天。柳宗元和刘禹锡虽主天人相分，反对天人合一，但并未达到主客二分的水平，他们的思想较少哲学上的分析和论证，更乏认识论。而且，他们两人都受佛教特别是禅宗的影响，企图“统合儒释”，实际上是把佛教儒家化。

道教形成于东汉末期，到南北朝隋唐而与佛教几立于对等之地位，佛道之间既有斗争，又有渗透。同时，道教也吸收了儒家的某些思想。道教不但在医学、化学等方面有具体贡献，而且包含了人当宰制自然的科学精神，它主张人应“窃天地之机”，“役使万物”。道教的这一方面是中国哲学史上有待发扬的宝贵精神财富。

宋明哲学以理学（道学）为主导，它是以儒家孔孟学说为基

---

①《天对》。
②《断刑论》下。
③《非国语》。

础、批判吸收佛道某些思想而形成的较完整的哲学体系，是一种新儒学，它产生于北宋，盛行于南宋与元明时代。理学家共同关心的主要问题是人与自然的关系问题、形而上与形而下的关系问题以及现实的社会和人生问题。他们的哲学仍然立足于儒家的伦理道德观，他们大多吸取了佛教的心性修养学说和道家关于宇宙生成的理论，而又批判了佛道追求虚幻或彼岸和玄学忽视名教的思想。宋明理学虽然流派分殊，但都把中国哲学史上占主导地位的哲学特征即天人合一的思想、以研究人伦道德为主旨的思想、以“天”压人的思想发展到了顶峰。

周敦颐是理学的奠基人，他认为“太极”是天地万物之本原，“太极”之理为“纯善至善”，而人禀受“太极”之理，故人性本善，也就是说，人性本来合乎仁义礼智；恶来源于欲，因此，他提出“无欲故静”的道德修养的主张。周敦颐的这些思想对以后宋明理学特别是程朱学派的天人合一和以“天理”灭人欲的思想产生了很大的影响。

张载提出气一元论的主张，认为“太虚即气”，[①]“凡可状者皆有也，凡有皆象也，凡象皆气也”。[②] 气之聚散变化过程叫做“道”，其变化规律叫做“理”，又叫“天序”或“天秩”，而“理不在人，皆在物”。[③] 人性分“天地之性”与“气质之性”，前者源于“太虚”本性，是善的根源，后者是恶的根源，起于形体之后，人只要能“善

① 《正蒙·太和》。
② 《正蒙·乾称》。
③ 《语录》。

反”，能限制人欲，就自然合乎道德标准。据此，张载很注重破除我与非我的界限，以达到“其视天下，无一物非我”①和民胞物与的天人合一境界。与此相联系，张载明确区分“德性所知”与“见闻之知”。“见闻之知”即通常所说的知识，是物我（即主体与客体）交互作用的结果；“德性所知”是一种“合天心”②的天人合一的道德境界，并不是通常所说的知识。他说：“儒者则因明致诚，因诚致明，故天人合一。”张载认为“德性所知”高于“见闻之知”，实际上也就是主张天人合一高于主客二分，道德高于知识。

程明道与程伊川兄弟确立了宋明理学。理与气两观念在理学中占有极其重要的地位，张载确立“气”的首要地位，但对于“理”则语焉不详，程氏兄弟确立了“理”的首要地位，认为“理”是宇宙万物之根本，“理”又叫做“天理”，其主要内容是指道德准则。程伊川的“理”与程明道相比，较多自然法则之意。程明道认为“天者理也”，③实际上就是把封建道德之理神圣化为“天”。程伊川也主张天人相通，认为“性即理也”，④“天命之谓性”的“性”即是“理”，他也是把封建道德之理看成是源于“天命”。程明道虽讲“道”与“器”的区别，但承认二者不可分离；程伊川则强调“形而上”的“道”与“形而下”的“器”之区分，以致认为“理”可以离事物而独存。二程都提出“存天理，去人欲”，即以封建道德之“天理”压制人欲的主张。明道认为人本与天地万物为一体，只因执着于

---

①《正蒙·太心》。
②《正蒙·太心》。
③《遗书》十一。
④《遗书》二十二。

个体之我的私欲而与世界隔离；修养就是要破除人我的界限，回复到万物一体、天人合一之境界，这种境界叫做“仁”，实即一种封建道德境界。伊川所讲的修养一方面主用敬涵养，一方面又主进学致知。他主张通过持敬致知而达到“与理为一”，[①]即形而下的“人”体现形而上的“理”的天人合一境界。伊川还讨论了知行关系，主张知先行后。当然，他也不无知行合一的思想。

朱熹发展了程伊川的思想，而成为宋明理学中理学一派之完成者。他更明确地主张并论证了“理在事先”。这里的“在先”相当于西方哲学所讲的“逻辑在先”，也就是说，“理”是事物的根本、根据或者说先决的前提。朱子强调“理”与“气”、“形而上”与“形而下”的区分，并认为前者是本：“理也者，形而上之道也，生物之本也；气也者，形而下之器也，生物之具也。”[②]朱子所谓“理”的主要内容仍然是指封建道德准则，“理在事先”的主要意思就是把封建道德之理视为事物之本，视为天经地义，故又叫“天理”。“天理只是仁义礼智之总名。”[③]朱子认为理与气合则生人，体现于人中之“理”就是人之“性”，故人性中之道德意识皆禀受于“天理”，禀受于天地万物之本，这也就是朱子的天人相通、天人合一的思想之要旨。“天理”为气禀—私欲所蔽，则产生恶；修养就是要去人欲，存天理，以达到“与理为一”[④]的一种天人合一的道德境界。“与理为一”就是使“天理”完全地体现于具体的人。中国儒家传

① 《语录》二十三。
② 《答黄道夫书》。
③ 《语类》十三。
④ 《语类》八。

统的天人合一和以“天理”宰制人欲的思想在朱子这里可算是融合成了一个完备的哲学体系。朱子明确区分形而上之理与形而下之气并以前者为根本的思想与论述，包含有区分思维与存在、主体与客体的思想因素，但远未达到西方近代哲学中主客二分的思想水平，亦乏“主体性”原则，颇与柏拉图的“理念论”相近，似与之处于同一思想水平。当然，朱子哲学中所包含的关于对自然的认识的思想，仍然是值得我们发掘的。朱子也注意到知行关系，认为知在行之先。

与朱子同时而另立理学中心学一派的人物是陆象山。陆象山主张“心即理”，①认为“宇宙便是吾心，吾心即是宇宙”。② 这是与朱子不同的另一种天人合一观：朱子的天人合一是形而上的“天理”体现于人；陆象山的天人合一是人心即天理；天理“非由外铄”，③不假外求。陆象山认为人之本心虽然即是宇宙，但“愚不肖者”却“蔽于物欲而失其本心”，④而修养的目的就是要存心去欲，以回到心“与天同”⑤的天人合一境界。陆象山所讲的天理、人心，其内容就是封建的仁义道德，较之朱子，可以说几乎全无自然法则的含义，所以他的天人合一也是一种以封建道德之“天理”压制人欲的思想。陆象山虽然也反对朱子的天理人欲之辨，但他的主要意思是：朱子在他看来是以天为理，以人为欲，把形而上

① 陆九渊：《与李宰书》。
② 杨简：《象山先生行状》。
③ 陆九渊：《与曾宅之书》。
④《与赵监书》。
⑤《语录》。

的天理与形而下的人心、人欲分离为二，而他自己则主张天人非二，天与人并不分居于形而上与形而下两个世界之中，至于陆象山之主张以天理压人欲的基本思想却与朱子并无二致。不过陆象山强调“心”的主动作用，这一点对于否定外在权威而言又有一定的积极影响。

南宋初期的陈亮、叶适都反对朱子的形而上之理，主张道在事物之中，同时也强调“事功”，注重实用。他们所讲的“道”或“理”，其内容既有封建道德的基本准则，也有自然事物之法则。叶适反对理学所讲的天理人欲之辨，认为“以天为无妄”“以天理人欲为圣狂之分”，是“择义未精”。[①] 这是对儒家传统以封建道德之“天理”压制人欲思想的直接批判。

宋明理学中之理学一派以宋代的朱熹为集大成者，最盛于宋元，而其中的心学一派则最盛于明代，以王阳明为集大成者。王阳明继承和发展了陆象山的学说，更强调“心外无物，心外无理”。他认为人与天地万物一气流通，原是一体，天地万物的“发窍之最精处”即是“人心一点灵明”。[②] 故人心即天地万物之心，人的“良知”即天地万物之“良知”，离开人心则天地万物无有意义。王阳明的这种思想，与朱子的“与理为一”的思想相比，可以说使天与人之间达到了更为融合无间的地步，王阳明哲学中已无形而上世界与形而下世界之分。王阳明所讲的“心”“理”“良知”，其内涵也是指的封建道德原理，天人合一就是人心道德之原理即是天地万

---

① 《学习记言》卷二。
② 王阳明：《传习录》。

物之心，亦即“一体之仁”[①]之本心。“人心是天渊，无所不赅”，[②]只因私欲障碍，才失去了“天之本体”，[③]而修养的目的就是“念念致良知，将此障碍窒塞一齐去尽”，[④]以复“天之本体”，亦即回复天人合一之本然境界。王阳明作为儒家，和朱熹一样，主张以“天理”压人欲，但王阳明反对朱熹的形而上学，却具有积极意义。明清之际的反形而上学思潮实自王阳明始。王阳明基于对“人心”的强调，具有一定程度的反外在权威的思想，他说：“夫学贵得之于心。求之于心而非也，虽其言之出于孔子，不敢以为是也。”[⑤]王阳明在中国哲学史上第一次明确提出了知行合一的学说。知就是良知，行就是致良知，知行不是二事。王阳明所讲的知和行是道德意义的，而道德意义的行本应包括动机在内，故一念之初即是行。王阳明的知行合一说是以克服“一念不善”，达到他的天人合一为宗旨。

王廷相反对朱子理学关于理在气先的形而上学，主张“理在气中”，认为“气”是“造化之实体”，“理载于气”，[⑥]反对理可离气。王廷相是后来明清之际的“理在气中”的反形而上学观点的先驱。王廷相还认为封建名教是“性之后物”，[⑦]从而反对了那种把封建道德原理绝对化、客观化、神圣化为“天理”的儒家传统。王廷相

① 王阳明：《大学问》。
② 王阳明：《传习录》。
③ 王阳明：《传习录》。
④ 王阳明：《传习录》。
⑤ 王阳明：《传习录》。
⑥《慎言・道体》。
⑦《慎言・道体》。

还反对儒家所讲的“德性之知”，强调“内外相须”[①]的知识和“实历”。因此，他的哲学中有不少讲认识论的部分，这是他反对中国传统哲学轻知识和认识论的思想表现。

明代后期的王学左派李贽继承了王阳明反儒家传统形而上学的思想，但他比王阳明前进了一大步，他不仅反对形而上的“理”的世界，而且连同“理”的封建道德的内容和含义也一并加以摒弃。他责问：“所谓一者果何物，所谓理者果何在，所谓太极者果何所指也？”[②]并明确主张人有其本然之心，儒家所奉为至上的、天经地义的“义理”和“道统”只能使人失其本然之“童心”。他“卑侮孔孟”，强烈反对“以孔子之是非为是非”。[③] 李贽肯定人的私欲（不是自私自利）和现实生活，反对希求超感性的东西，反对灭绝人欲的“天理”，反对以抽象的共性压制具体的个性，认为“穿衣吃饭即是人伦物理；除却穿衣吃饭，无伦物矣”。[④] 但他反对在衣饭之类的“伦物”上斤斤计较，主张“于伦物上识真空”，[⑤]亦即不为“伦物”所迷惑，而能对“伦物”有高远的评价和境界，这就叫做“达本而识真源”。[⑥] 李贽的“真空”不是超乎现实事物之上的形而上的根基或实体，“真空”是一种对“伦物”的高超态度，也是一种“万物与我为一体”[⑦]的境界，亦即他所说的“童心”或“真

---

① 《雅述》上篇。
② 李贽：《焚书·夫妇论》。
③ 李贽：《藏书·世纪列传总目前论》。
④ 李贽：《焚书·答邓石阳》。
⑤ 李贽：《焚书·答邓石阳》。
⑥ 李贽：《焚书·答邓石阳》。
⑦ 李贽：《焚书·念佛问答》。

心”。他的“真空”论，目的是教人做“真人”。李贽虽有天人合一的思想，但与儒家传统所讲的人与封建义理之天人合一的思想大相径庭。李贽的哲学和王廷相的哲学从不同角度都对于中国哲学史转向近代哲学具有预示和促进的意义。

明清之际以后的近代哲学

明清之际开始兴起了反对天人合一、反对以天理压人欲、反对偏重人伦道德之研究，而转向主客二分和主体性思想、转向重人欲和个性、转向重自然知识的新思潮，自明清之际到五四运动的中国近代哲学史可以说是一部打破中国几千年来旧的哲学传统特别是儒家传统，走向并进而向西方学习召唤主体性、个体性和科学精神的历史。五四运动使中国近代哲学史达到了西方哲学史上“文艺复兴”的水平。

王船山反对有离气而独存的形而上的理，认为“气者理之依”。[①] 他指出：“天下惟器而已矣。道者器之道，器者不可谓之道之器也。”[②]王船山据此而主张“天理”即在人欲之中，反对离人欲而独存的形而上的“天理”。他认为“不离人而别有天”，“不离欲而别有理”。[③] 他有很多天人合一的思想，并着重从存在论上讲天人合一。“天人之蕴，一气而已。”“天与人异形离质，而所继者惟道也。”[④]但他在认识论上却明确论述了“能所”的观点，“能”

① 王夫之：《思问录·内篇》。
② 王夫之：《周易外传》卷五。
③《大全说》卷八。
④ 王夫之：《尚书引义》。

就是主体的认识作用，“所”就是被认识的客体、对象。他的“能所”说是中国哲学史上第一次比较明确的主客二分的主张。他据此而讲了一套比较详细的认识论，强调“即事以穷理”，反对“立理以限事”，[①]尤其反对“主静”。他的这些思想对发扬科学精神有积极的影响。王船山从认识论的角度出发，批评了王阳明一味从道德观点出发的知行合一说是“以知为行”“销行归知”。[②] 他还批评了朱熹的知先行后说，主张行在先，可见在认识与实践的关系问题上，王船山有重实践的思想。

颜元以“气”为宇宙之根本，主张“理气融为一片”，[③]“理气俱是天道”，[④]反对朱熹的“理在气先”的形而上学。他攻击整个宋明理学之“主静空谈”，提倡“事物之学”，主张动手做实事，求得具体知识。

戴震主张“气化即道”，“气”之变化过程的条理就是“道”，就是“理”，这“理”也是事物之间的区别，不同的事物有不同的“理”，他否认有超越一切事物之外的形而上的理。他认为理即在欲中，主张“达情遂欲”。他猛烈攻击了以“天理”灭人欲的儒家传统特别是朱熹的理学：“人死于法，犹有怜之者；死于理，其谁怜之！”[⑤]戴震还有比较系统的认识论。他说：“味与声色不在我，接于我之血气，能辨之而悦之；……理义在事情之条分缕析，接于我之心

① 王夫之：《续春秋左氏博议》。
② 王夫之：《尚书引义》。
③ 颜元：《存性编》。
④ 颜元：《存学编》。
⑤ 《孟子字义疏证》卷上。

知，能辨之而悦之。”[①]戴震在这里把物与我区分得非常明确，认为知识来于物我相接。戴震的这种主客二分的思想与王阳明的物我合一、天人合一正好形成一个鲜明的对比。戴震的全部认识论就是建立在物我二分即主客二分的思想基础之上的，他也因此而注重“为学”、求知。不过戴震也有受理学影响之处，他认为“心之于礼义，一同乎血气之于嗜欲，皆性使然耳”。[②]

鸦片战争前后，在西方帝国主义压迫下，出现了龚自珍、魏源这样的反对顽固守旧势力、主张富国强兵的思想家。龚自珍反对把形而上的“道”或“太极”看成是万物之主宰，认为“我”或“心”是一切的动力，他有模糊的主体性思想。魏源攻击传统的天人合一、万物一体之说是“上不足以制国用，外不足以靖疆圉，下不足以苏民困”。[③] 他强调“事必本夫心”，而“善言心者，必有验于事”，“善言我者，必有乘于物”。[④] 魏源的这些论述表明他区分“物”与“我”、“事”与“心”的主客二分思想。他强调“经世致用”，学习西方的科学技术，以达到富国强兵的目的。但魏源仍未摆脱儒家的仁义道德源于“天命”的观点。

洪秀全开始向西方寻找真理，他利用基督教关于在上帝面前人人平等的思想，为打倒封建神权、打倒皇权、打倒孔孟之道，进行了坚决的斗争，在向西方近代哲学召唤主体性的中国近代哲学

---

① 《孟子字义疏证》卷上。
② 《孟子字义疏证》卷上。
③ 魏源：《默觚》。
④ 《皇朝经世文编序》。

史上有其一定的地位。

康有为开始吸取西方近代自然科学知识以建立自己的宇宙观，提出“以元为体”的主张，“元”的主要含意是“气”，“元”体现于人便是“仁”，“仁”就是仁爱，“仁”是一切之源，人凭着仁爱可以创造一切。康有为认为道德准则不过是“免苦求乐之具”，宋明理学所宣扬的“天理”是“绝欲反人”的理论。他还借孔子的权威宣传自己的民主思想。尽管戊戌变法失败后他鼓吹礼教，但他早期反“天理”的思想和民主思想对于推动中国近代哲学史上主体性思想的开展起了积极的作用。

谭嗣同受西方自然科学中“以太”说的影响，认为“原质之原，则一以太而已矣”。[①] 他由此而提出“仁”的学说，认为“以太”有把天地万物人我胶黏在一起的性能，这就是“仁”，即仁爱，故“仁为天地万物之源”。[②] 谭嗣同以“仁”为依据，宣传西方近代的自由、平等、博爱的思想，激烈抨击儒家传统特别是宋明理学所讲的形而上的“天理”“天命”。他不仅反对以“天理”“天命”压人，反对儒家的纲常名教，而且进而直接反对“天理”“天命”在地上的代理人“天子”。谭嗣同所宣传的西方自由、平等、博爱的思想以及他对“天理”“天命”“天子”的攻击，实际上是他的主体性思想的表现。他虽然仍有天人合一的思想，但他又明确地论述了“我”与“非我”之分，实即主客二分。他极力强调“心之力”，实即主体性，

---

① 谭嗣同：《仁学》。
② 谭嗣同：《仁学》。

认为“虽天地之大可以由心成之、毁之、改造之，无不如意”。① 谭嗣同也很注意自然科学的知识。

严复主张万物皆由“质、力相推”演化而成。他强调“与天争胜”，实即发挥人的主体性。他也很重视认识论和逻辑方法，推崇西方近代哲学家洛克的经验论，主张读自然的“无字之书”，企图把哲学建立在近代自然科学的基础之上。

梁启超赞成达尔文的进化论，认为宇宙间万物“莫不变”。他推崇西方近代哲学的主客二分和主体性原则的奠基人笛卡尔的“我思故我在”，强调人贵“能自有我”，也赞赏康德认识论中的主体性思想，提倡“非我随物，乃物随我”。②

章炳麟早期接受西方近代自然科学知识，认为万物成于各原质，各原质成于以太，主张社会进化论。他反对儒家的“天命”观，断言“拨乱反正，不在天命之有无，而在人力之难易”。③ 他驳斥王阳明的“良知”说，提倡科学认识。章炳麟后期接受佛教的影响。

孙中山也把自己的哲学建立在自然科学的基础之上，主张进化论。他把心和物、精神与物质作了明确的区分，有较清楚的主客二分思想，他强调“心”的主体性作用，认为“心”是“万事之本源”，④人可以胜天。孙中山打破了几千年来中国哲学主要从道德意义上讲知行的旧传统，着重从认识与实践的关系上讲述了他

① 谭嗣同：《上欧阳瓣薑师书》。
② 梁启超：《近世文明初祖二大家之学说》和《近世第一大哲学家康德之学说》。
③ 章炳麟：《驳康有为论革命书》。
④ 孙中山：《建国方略》。

的"知难行易"学说。他反对封建的纲常名教，提倡自由、平等、博爱，认为道德的本原不在"天理"，而在于人类互助的需要。

五四运动所提出的民主与科学的两大口号，是明清之际以后的中国近代哲学家和思想家们反对封建的"天理"，重视人欲和个性，反对天人合一，重视主客二分和主体性，反对专事人伦道德之研究，重视发扬自然科学思想的概括与总结。五四运动把中国近代哲学史推向一个新的阶段。

鸦片战争以后一部中国近代哲学史从一个角度看可以说是先进的思想家们向西方寻找真理的历史。他们向西方学习的究竟是什么呢？我们当然可以说，五四运动的民主与科学两个口号已经回答了这个问题。但如果追溯一下两个口号的哲学根源，则可以归结为学习西方近代哲学的主客思维方式及其与之相联系的主体性哲学。科学就是要发挥人的主体性，以认识自然、征服自然；民主就是反对封建统治者的压迫以及各种变相的封建压迫，以发挥人的主体性。中国传统的天人合一的思想，其重要特征之一，就是不重视主体与客体、我与非我的区分，不重视主体对客体的认识和支配作用，因而也不重视主客关系式的认识论与方法论，亚里士多德的形式逻辑体系和近代的因果关系的方法都是传统的天人合一思维所缺乏的，这就对中国科学（科学不同于技术）的发展起了阻碍的作用（这里且不谈经济、政治方面的原因）。相反，西方科学发达，与主客关系的思维方式有密切关系。这是中国人在鸦片战争以后向西方学习近代的主客关系式和主体性哲学的一个重要原因。为了学习西方近代科学而学习与之相联系的近代哲学原则，这是很自然的。

未来中国哲学之展望

五四运动以后至今，我们为科学和民主，为伸张人的主体性所走的道路实在太曲折、太缓慢了。五四以后的军阀混战和国民党反动统治，窒息了民主与科学的发展，也摧残了哲学。反帝、反封建、反官僚资本主义的革命本来是中国人民沿着五四所开辟的道路前进历史中的一次解放人的主体性的运动，但很快就受到各种“左”的教条主义的干扰，我们在包括哲学在内的各个方面的前进步伐都大大地被推迟了。半个多世纪以来，我们所广为宣传的哲学甚至连主体性这个术语都只字不提，直到“文化大革命”后的20世纪80年代初，哲学界才明确提出主体性问题。尽管在讨论中出现了许多关于主体性概念的混乱与误解，但毕竟能公开明确地以西方近代哲学中的“主体性”概念为主题来加以讨论，这可以说是19世纪末20世纪初以来哲学家召唤西方主体性的又一次发动和继续。我们在今天，一方面感到西方在几百年前已经建立起来的主体性原则和主客关系式，我们却直到最近才明确提出，未免显得太晚；另一方面又感到，今天能公开、明确、直接地提出和讨论主体性问题，毕竟是20世纪哲学发展的最后胜利和成果。这个胜利成果显然还是极其初步的。我想，以后的中国哲学将继续发展主客关系的思维方式，伸张主体性哲学，这条道路是发展科学、发扬民主的必然。那种想以提倡中国传统的“前主体性的天人合一”来“拯救危机”的想法，是站不住脚的。它缺乏科学，使人受制于自然；缺乏民主，使人受制于封建统治者。

西方近代的主客关系式和主体性，因其被抬高到唯一至尊的地位而在现当代日益显露其弊端，例如物欲横流、环境污染，反而造成了物统治人的现象，使人丧失了精神上的自由。本来，这并非主客关系式和主体性哲学之过，然而中国学术界有一种意见却认为这是由于主客体的思维方式强调人与自然斗争的结果，应该反对西方近代的主客关系式，用中国传统的天人合一来代替它，以达到与自然和谐相处。其实，要想与自然和谐相处，就更应该依靠主客关系的思维方式，以认识自然规律、支配自然。否则，不重自然科学，忽视自然的必然性、规律性，自然就会报复人，人与自然反而不能和谐相处。中国长期处于受自然宰制、屈服于环境的状况，是同传统的“前主体性的天人合一”思想和科学上的落后有联系的。受自然宰制，难道是与自然和谐相处吗？

问题的复杂性在于，正当我们为民主与科学而不断努力奋斗之际，正当我们不断呼唤人的主体性精神和主客关系式之际，国际上对民主与科学以及主体性精神却出现了新的理解和诠释，民主也好，科学也好，主体性精神也好，都需要我们重新加以审视。

欧洲文艺复兴时期的人文主义强调尊重个人的尊严和基本权利，它使欧洲人在民主与科学方面都创建了辉煌的成就；但在后来，人文主义却越来越走入歧途：对人的过高估计把人变成了极端自负的、无所不能的神物，黑格尔的“绝对精神”便是一例。这样的人文主义认为人可以达到绝对完善的地步，自然不再像文艺复兴之初那样是受尊重之物，而仅仅是供人奴役、宰制的工具，此外就没有任何价值。人文主义变成了对自然的人类中心主义，其结果是自然对人的报复：自然疏离着人，威胁着人。这方面的具体事例已是众所周知的。正如一些当代西方思想界人士所慨叹的那样：西方人已从封建主义和教会神权统治下获得了自由（民主），却又堕入了物统治人的不自由；科学给西方人以驾驭自然的能力，却又可能是摧毁人自身的力量。许多现当代西方思想家已经不断地指出了这种唯我独尊的人类中心论或者说走入歧途的人文主义的危害，并进而对与之相联系的主客关系式和主体性哲学采取批判的态度。例如德国哲学家海德格尔就指责那种把主体、自我夸张大到疏离自然和君临于自然之上的人是"无家可归的现代人"。海德格尔反对把人看成是自然万物的主人，他认为人与自然万物之间在根本上没有主客之分、主奴之分，人不过是照料自然万物的牧羊人。在海德格尔看来，人与万物一体的融合是第一位的，主客关系是第二位的，西方的问题出在颠倒了两者的位置。

面对这种国际思潮，我们该怎么办？中国思想文化界已有各种议论。我以为不应当谴责科学本身，似乎非否定科学不足以回复人与自然的和谐；不应当把人文精神与市场经济对立起来，企图在中国的封建道德意识中去寻找凝聚力；不应当把西方的人文主义看成不过是个人主义，而想在孔学和儒学那里去发掘人文主义以抑制西方的人文主义，排斥西方的主体性哲学。总之，我们不能因为西方发达国家走在我们前面所遇到的问题，就裹足不前，而一味宣扬和照搬一些过时的东西。我们首先有落后于西方发达国家的问题，但由于国际市场和国际思潮的冲击，当然也有西方发达国家所面临的问题。我们当前的任务是双重的，因而也是更艰巨的：我们一方面要大力发展科学，要强调伸张人的主体性，在这方面，我们首先是向西方近代哲学学习。我们应该清楚地认识到，中国的“文艺复兴”比西方晚了几百年，现在还处于披荆斩棘之中。如果说西方人当前强调的是超越科技与民主、超越人文主义和主体性哲学，就像海德格尔所说的人不过是照料自然万物的牧羊人那样的观点，那么，我们中国人则应该注重学科学，学尊重人的主体性，学西方文艺复兴时期的人文主义。但是，另一方面又不要把人的主体性吹胀到万能的地位，对自然采取人类中心主义，对他人采取自我主义。在这方面，中国传统的天人合一的诗意境界，就像马克思对古希腊艺术、史诗所说的那样，虽过时不能照搬而仍有“魅力”。

我们绝不能亦步亦趋地按西方的步伐，先花几百年的时间补完主客关系思维方式和主体性哲学之课，等它的流弊完全暴露之后，再走西方现当代“后主体性”的哲学之路。我们应当批判地吸取中国传统的天人合一思想之合理处，即万物一体的高远的境界，避免其不重主客关系思维方式的认识论、方法论的缺点，把西方近代的主客关系思维方式补充进来（也包括发掘和阐发中国的天人相分的思想），使两者相结合。用中国传统的天人合一代替和排斥主客关系的思维方式，这当然不行，但取中国传统的天人合一之优点与西方的主客关系思维方式相结合，则是必由之路。中国的 21 世纪是现代科学越来越发达的世纪，也是知识和必然性越来越占重要地位的世纪，正因为如此，21 世纪也是一个更需要像尼采所说的那样用一种天人合一的“爱”来拥抱知识和敢于面对现实、肯定必然性的世纪。21 世纪的中国哲学应既是积极进取、不断追求的精神占统治地位的哲学，也是自由、超越、豪迈的精神占统治地位的哲学。

第二十六章　西方的坚船利炮对“东方睡狮”的震撼——西学的第二次输入

一、中华传统文化第一次吸收了西方“主体性”思想的新鲜血液

从 1840—1842 年的鸦片战争，经 1851—1864 年的太平天国农民革命运动，1884—1885 年的中法战争，1894 年的中日战争，1898 年的戊戌变法，1900—1901 年的义和团反帝爱国运动，1911 年的辛亥革命，直至 1919 年五四运动，近 80 年间，是中华儿女的“自我”既受传统的封建专制主义压抑、又遭外来的帝国主义侵凌的时期，同时也是“东方睡狮”第一次为外来力量所震撼的时期，是中华儿女的“自我”真正开始觉醒的时期。

明清之际西学的第一次输入，是在和平与平等条件下进行的，其影响的范围小、力度浅。鸦片战争以后开始的第二次西学输入，则是在西方“坚船利炮”的裹挟之下而来的，其对中华传统思想文化的影响，既深且广。

鸦片战争前夕，清廷的封建专制、腐朽和外商的入侵已激起当时的先进思想家龚自珍的变法革新的思想。“九州生气恃风

雷，万马齐喑究可哀。我劝天公重抖擞，不拘一格降人才。”（龚自珍：《己亥杂诗》）龚自珍欲以风雷般的威力扫除封建统治、伸张“自我”之独立自主的精神，至今仍有现实意义。他的“平均”论，揭发了贫穷不平等的现象。“贫相轧，富相耀；贫者阽，富者安；贫者日愈倾，富者日愈壅。”他认为贫富“大不相齐”——贫富悬殊，必然“丧天下”。[①]

龚自珍是当时的今文经学派，提倡“经世致用”，既反对古文经学派之专重烦琐的考据学，而着重探求儒家典籍的“微言大义”，同时也反对空谈心性的理学，使学术思想走向独立自由之路。天地“非圣人所造”，乃“众人自造”。他强调天地由“众人自宰”（《阐告子》）。“众人之宰，非道非极，自名曰我。”（《壬葵之际胎观第一》）“心无力者，谓之庸人。极大仇，医大病，解大难，谋大事，学大道，皆以心之力也。”（同上，第四）自我，心，乃一切之动力。

魏源也是今文经学派的代表人物，他目睹了鸦片战争的失败，在鸦片战争的刺激下，其思想较龚自珍更多深层次的内涵。出于制胜外敌的目的，魏源提出了“师夷之长技以制夷”[②]的主张。魏源是第二次西学输入历程中第一个强调学习西学的思想家。他所号召向西方学习的，首先是西方的“坚船利炮”和生产技术。他主张发展机器生产，批判了理学家视生产技术为“奇技淫巧，坏我人心”[③]的谬论，认为生产技术正是“有用之物，即奇器而

---

① 龚自珍：《平均篇》。
② 魏源：《海国图志》序。
③ 魏源：《海国图志》。

非淫巧”。①

值得特别注意的是，魏源所号召向西方学习的，远不止于此。他实际上由此而深入地接触到了西方生产技术的认识论根源，这就是“主体—客体”关系的哲学思想，尽管他还没有在书面上或口头上使用这样的术语。“事必本于心”，但“善言心者，必有验于事”；“法必本于人”，但“善言人者，必有资于法”；“今必本于古”，但“善言古者，必有验于今”；“两疑相难，而易简出”，“善言我者，必有乘于物”。② “心”与“事”，“人”与“法”，“古”与“今”，“我”与“物”等，都是认识过程中的各种主—客关系。只有摆正了各种主—客关系，才有科学技术知识。反之，像理学家所讲的那种不分主—客的“万物一体”之说，实“上不足制国用，外不足靖疆圉，下不足苏民困”。③ 魏源的主—客关系思想，及其对传统的“万物一体”说的无情批判，虽尚不够细致，但显然标志着中华“睡狮”所受到的一次猛烈的震撼：中华传统思想文化从主导方面来看，几千年来一向沉醉于不分人己、不分物我、不分彼此的“天人合一——万物一体”的思想迷梦之中，轻视求知，以湮没“自我”于“天”（自然之整体与名教纲常的封建社会群体）之中为最高境界，并以此自傲。魏源敢于公开明确揭露其危害，并提出科学求知的理论基础——“主—客”关系的思想以与之对立，实乃西方“坚船利炮”震撼的结果。魏源实开中华儿女之“自我”冲破原始的混沌的“一

① 魏源：《海国图志》。
② 魏源：《皇朝经世文编叙》。
③ 魏源：《默觚》。

体”之先河，是第二次西学输入之先行者。

洪秀全是太平天国农民革命运动的领袖，也是鸦片战争后西学输入的第一批人物。洪秀全对中华思想文化发展的最大贡献，在于宣传了西方原始基督教义的“上帝面前人人平等”的观念，为中国历代农民革命所向往的“等贵贱，均贫富”的理想注入了新的血液和动力。“天下皆是天父上主皇上帝一大家，天下人人不受私，物物归上主，则主有所运用，天下大家处处平均，人人饱暖矣。”[①]在“皇上帝”的大家庭中，“普天之下皆兄弟”，“上帝视之皆赤子”，人人平等；至于中国的封建皇帝，“他是何人，敢觍称帝？”[②]显然，洪秀全假西方基督教上帝（皇上帝）之名，声讨了中国封建皇帝统治下的贵贱不平等现象，表达了君民平等、人人平等的思想要求。与此相联系的是，洪秀全鞭挞了儒家的名教纲常。洪秀全对“孔孟之道”的谴责，诸多偏激过当之处，但对于几千年来沉睡于名教纲常的中华儿女来说，毕竟也能起到一种震撼的作用。

19 世纪 60 年代至 90 年代末，是改良运动形成、发展以至以 1898 年戊戌变法为其高峰的时期。改良派的代表人物康有为、谭嗣同、严复、梁启超，都是西学输入的先进思想家。当时的洋务派也讲西学，但只是学西方的军事工业和技艺，以之为我所用，至于中国旧的思想传统，特别是封建专制，则不能变，即所谓“中学为体，西学为用”是也。改良派不同于洋务派，主张变封建专制为

① 洪秀全：《天朝田亩制度》。
② 洪秀全：《原道觉世训》。

君主立宪，不仅要学习西方的科技知识，而且要进而学习西方的政治思想、哲学思想等。

康有为“尝考泰西之所以富强，不在炮械军器而在穷理劝学”。[①] “穷理劝学”者，思想学术之谓也。向西方学习，不能停留于“炮械军器”，而要深入其所以发达的思想文化之根源。康有为思想之先进，由此可见一斑。康有为的孔子托古改制说，假孔子之权威，宣传了西方的民主政治和个人独立自由的思想。他的大同思想，宣传了西方天赋人权论，表达了几千年来在封建主义压迫下中华儿女渴望获得自我之独立、自由的梦想。康有为还大力宣传西方的进化论，强调“变”的哲学。“盖变者，天道也。”[②]“夫物新则壮，旧则老；新则鲜，旧则腐；新则活，旧则板；新则通，旧则滞，物之理也。”[③]康有为还在其《诸天讲》一书中介绍了康德的星云说，初步涉及西方自然科学的宇宙观。

谭嗣同把西方自然科学中的“以太”说和中国传统的“仁”学结合起来，认为“以太”有胶合“天地万物人我”在一起的功能，而这就是“仁”，亦即“仁爱”。“夫仁，以太之用。”“其显于用也，孔谓之仁。”这就是说，“仁”是“以太”的功用。谭嗣同认为，“仁”这种功用的具体内涵是“通”。仁“以通为第一义”。[④] “通”之表现于物理化学现象，就是吸引力和化合力；其表现于社会现象，就是“爱”。人类社会靠“以太”的作用——“仁”而相通、而平等相爱，

---

① 康有为：《上清皇帝第四书》。
② 康有为：《进呈俄罗斯大彼得变政记序》。
③ 康有为：《上清帝第六书》。
④ 谭嗣同：《仁学》。

无有阻塞。他主张“中外通”，以贯通中学与西学；“上下通”，以打破封建专制下君臣贵贱的不平等制度；“男女通”，以废除封建名教对妇女的束缚；“人我通”，以求人人平等，个性解放。谭嗣同在他的“以太”说——“仁”说中，宣传了西方近代的自由、平等、博爱的思想。他激烈抨击了儒家传统特别是程朱理学所崇奉的“天理”，以及“天理”在地上的代理人“天子”。所有这些，实际上都是谭嗣同重视人的自我之主体性的表现。他甚至明确论述了“我”与“非我”之分，实即主—客二分。他强调“心之力”，实即自我的主体性，认为“虽天地之大，可以由心成之、毁之、改造之，无不如意”。[①] 虽然，谭嗣同不仅重视吸收西方自然科学知识，而且接触到了西方科学之所以发达的思想基础和理论根源。谭嗣同为“冲决”几千年来封建专制主义的“网罗”，寻求自我之独立自由、个性之解放而壮烈牺牲，是对“东方睡狮”的猛烈一击。

严复是第二次西学输入中最为系统地引进西方自然科学理论、社会政治学说和哲学的先进思想家和学者，他大力宣传“西学”——“新学”，反对“中学”——“旧学”，对推动中华民族的自我觉醒作出了重要贡献。严复是著名的西学翻译家，他翻译了《天演论》《原富》《群学肄言》《法意》等一大批西学著作，并在《按语》中表达了他自己的思想观点。他以西方近代的自然观为基础，认为万物皆由“质、力相推”[②]演化而成，从而主张万物皆自然如此，

① 谭嗣同：《上欧阳瓣薑师书》。
② 严复：《天演论序》。

否定创世主："万类之所以底于如是者，咸其自己，无所谓创造者也。"[①]他根据达尔文的生物进化论，断言人非"肖天而生"，[②]而是自然进化之必然。他利用西方"物竞天择"的思想，强调发挥人之自我的主体性，"与天争胜""自强保种"，主张欲强国必先强个人，于是提出"三强"说：个人必需有（1）健强的体魄、（2）卓越的智慧、（3）高尚的德行，才能强国，免遭自然淘汰。[③] 严复根据西方的天赋人权论，认为西方国家之富强，由于"以自由为体，以民主为用"，而中国传统历来重君主、重三纲，故中国欲富强"必自皆得自由始"。[④] 严复还强调西方国家之富强，更由于科学之发达，他由此而大讲西方近代的科学精神和科学方法，强调重"实"、重"用"，反对"师必自用"，主张读自然的"无字之书"，企图把哲学建立在近代自然科学的基础之上。严复还写过关于黑格尔哲学的论文《述黑格尔唯心论》（1916 年《环球学生报》季刊），是我国最早介绍和讲述黑格尔哲学和德国古典哲学的文章。

梁启超在戊戌政变失败逃亡日本期间，于 1901 年至 1903 年，大量介绍了培根、霍布斯、笛卡尔、斯宾诺莎、卢梭、孟德斯鸠、康德等西方近代哲学家的思想，其主旨在于宣传西方近代的"主体性哲学"，对于中华思想文化吸收西方之自我的主体性精神，起了积极作用。他最早介绍费希特的哲学，把费希特的自我观与中

① 严复：《〈天演论〉导言・按语》。
② 严复：《〈天演论〉导言・按语》。
③ 严复：《原强》。
④ 严复：《原强》。

国先秦的杨朱之"为我"思想联系起来,认为费希特的自我观是"以杨朱之为我为出发点"。[1] 他还第一个介绍宣传了康德哲学,于 1903 年发表了《近世第一大哲康德之学说》,赞赏康德认识论中的主体性思想,提倡"当知之接物,由我五官及我智慧两相结构而生知觉,非我随物,乃物随我也"。他还大力宣扬了康德的自由意志论,认为"真我""良知"是绝对自由,善恶"皆由我自择"。在《近世文明初祖二大家之学说》一文中,梁启超推崇西方近代哲学的主客二分和主体性原则奠基人笛卡尔的"我思故我在",强调"我之依赖者,唯有一我而已"。梁启超所宣扬的此种豪迈的自我观,对于"东方睡狮"的自我觉醒无疑也是一副兴奋剂。

章炳麟于戊戌政变后逃亡日本,他与梁启超不同,走上了革命的道路,成为革命民主派。他接受西方进化论,主张无神论,反对神权论的"天""帝"和"天命",主张"拨乱反正,不在天命之有无,而在人力之难易"。[2] 他认为佛教的"万法唯识"论,说明"此心是真,此神是幻",[3]故佛教实为"无神教",佛教主张"依自不依他"[4]能去除"奴隶心"。章炳麟对佛教的论述,是其尊重自我之主体性的思想表现。他把佛教关于"概念法尘""由阿赖耶识原型观念而生"[5]的学说与康德十二范畴源于自我的学说联系起来,而一并加以赞赏。他驳斥王阳明的"良知"说,提倡科学精神,注

① 梁启超:《费希特人生天职论述评》。
② 章炳麟:《驳康有为论革命书》。
③ 章炳麟:《建立宗教论》。
④ 章炳麟:《答铁铮》。
⑤ 章炳麟:《建立宗教论》。

重检验稽考。他的非孔论,开五四新文化运动"打孔家店"之先河,有许多过激之处,但其用心实在于反对封建专制。

孙中山既是革命家,也是西学输入的先进思想家。他以西方的进化论为依据,论证民主主义必然代替封建专制主义。他反对把"物竞天择"的原则照搬到人类社会中,认为人类的进化不同于动物,是"互助"而非"竞争"。"物种以竞争为原则,人类则以互助为原则。社会国家者,互助之体也。道德仁义者,互助之用也。人类顺此原则则昌,不顺此原则则亡。"[①]人类社会要讲自由、平等、博爱,如果在人类社会中讲"优胜劣汰",那就是"有强权而无公理"。[②] 孙中山的"知难行易"说,评价不一,但无论如何,突破了中国思想传统把知行问题只限于道德修养范围的观点,其目的在于强调行之重要,同时也勉励国人追求科学知识。"夫科学者,系统之学也,条理之学也。凡真知特识,必从科学而来也,舍科学而外之所谓知识者,多非真知识也。"[③]孙中山关于科学求知的论述,对于中国文化不重科学求知的传统,是一大冲击。孙中山的心物二元论把心与物、精神与物质作了明确的区分,有较明确的西方主客二分思想。"总括宇宙现象,要不外物质与精神二者。精神虽为物质之对,然实相辅为用。"[④]他认为物质是"体",精神是"用"。"世界上仅有物质之体,而无精神之用者,必非人类。"

---

① 《孙文学说》。
② 孙中山:《民国教育家之任务》。
③ 孙中山:《建国方略·心理建设》。
④ 孙中山:《军人精神教育》。

“人类有精神之用，非专恃物质之体也。”[1]他强调精神的力量大于物质，故“精神胜物质”，“两相比较，精神能力实居其九，物质能力仅得其一”。他强调“心”的主体性作用：“心之为用大矣哉！夫心也者，万事之本源也。”[2]

二、第二次西学输入对审美意识和文学艺术领域的影响

鸦片战争至五四运动的 80 年期间，西学输入对中国传统审美意识和文学艺术的影响，究其思想根源，也主要在于西方近代的科学和主客二分的思维方式。改良派首领康有为关于绘画的美学理论，是这方面的一个最浅显直白的例证。康有为认为，中国传统画“以禅入画”，“摒弃形似”，重写意而忘形，其所求“不真”，是中国画“衰败”的根源，而西洋画“求真”，重形准和严谨。以中国画中“萧条之数笔”，而“与欧美画人竞，不若持抬枪以与五十升的大炮战乎”。康有为由此而主张，就像在政治上必需“变法”一样，在绘画领域亦须“变法”。“吾国画疏浅，远不如之，此事亦当变法。”康有为的此番画论显然有片面性，然从历史发展的观点来看，其含义却甚深。中国传统画重写意，其思想根源在于原始的不分尔我的“天人合一”。康有为所赞赏的西洋画之重形准、求真，实指 19 世纪西方现实主义派的绘画，这是西方近代科学和主客二分思维方式在艺术方面的表现，也标志着西方文艺复兴特别是 18 世纪法国大革命以后人的自我觉醒过程中所经历的一个

① 孙中山：《军人精神教育》。
② 孙中山：《建国方略》。

重要阶段。[1] 康有为在反中国长期封建专制制度的背景下，从一个方面表现了中华文化不能再停留于原始的天人合一、湮没自我的旧传统，召唤西方近代绘画艺术的现实主义思想的时代已经到来。康有为的此种画论和审美观，在其弟子徐悲鸿所提倡的“惟妙惟肖”的“写实主义”那里得到了发扬光大。陈独秀也旗帜鲜明地主张“改良中国画，断不能不采用洋画写实的精神”[2]这都说明，学习西方的现实主义是当时流行的艺术思潮，是中华文化走向自我觉醒必经的历史阶段。

梁启超提出“真美合一”说，把艺术与科学联系起来。一是认为“真正的艺术作品，最要紧的是描写出事物的特性。……这种本领，会在同中观异，从寻常人不会注意的地方，找出各人情态的特色”。而“这种分析精神”正是“科学成立的主要成分”。二是认为“热心和冷脑相结合是创造第一流艺术品的主要条件”，而这“是科学成立的主要条件”。三是美术与科学两者最根本的区分在于，艺术在于“看出自然之美”，而要“能看出自然之美，最要紧的是观察自然之真。能观察自然之真，不惟美术出来，连科学也出来了”。[3] 简言之，美源于真。梁启超的“真美合一”论，显然还是源于西方19世纪现实主义的理论，受西方近代科学的影响。他的这番论述虽有片面性，但毕竟也是中华文化受西学冲击而引发自我觉醒的一种表现。不过，梁启超的美学理论，还有比现实

---

① 参阅张世英：《西方现代画派的哲学：人的主体性与自我表现》。
② 陈独秀：《美术革命—答吕澂》。
③ 梁启超：《美术与科学》。

主义更进一步的表现主义的方面。他说:“美术有一种要素,就是表现个性。……表现的最亲切、最真实,莫如写字。……放荡的人,说话放荡,写字亦放荡,拘谨的人,说话拘谨,写字亦拘谨,一点不能做作,不能勉强。”①梁启超这段论述既来自中国的书法,而就其将“表现个性”概括为美术的“一种要素”而言,则又更多的是受西方20世纪表现主义重表现自我的艺术理论的影响。

梁启超的“趣味主义”论,通俗易懂,然意味深长。“假如有人问我,你信仰的是什么主义”,我便答道,我信仰的是趣味主义。有人问我,你的人生观拿什么做根据?我便答道,“拿趣味做根柢。……我不但在成功里头感觉趣味,就在失败里头也感觉趣味。”②梁启超的“趣味主义”,就是一种不计较成败的超功利的人生态度,梁启超又称之为“知不可为而为主义”与“为而不有主义”:“知不可为而为”者,重在“为”—“做”本身的兴趣,本此兴趣,故“一味埋头埋脑去做”。而“把成功与失败的念头都撇在一边”。③“为而不有主义”者,亦重“为”之本身,而不重“占有”之意也。梁启超的这种“趣味主义”,同他的“为学问而学问”的观点是完全一致的。“趣味是活动的源泉。趣味干竭,活动便跟着停止。”④梁启超的“趣味主义”,是他的审美观的核心。趣味有“高等趣味”与“下等趣味”之别。⑤高等趣味就是审美趣味。“审美

① 梁启超:《书法指异》。
② 梁启超:《趣味教育与教育趣味》。
③ 梁启超:《知不可而为主义与为而不有主义》。
④ 梁启超:《趣味教育与教育趣味》。
⑤ 梁启超:《趣味教育与教育趣味》。

功能是我们人人都有的，但感觉器官不常用或不会用，久而久之麻木了。……美术的功用，在把这种麻木状态恢复过来，令没趣变为有趣。换句话说，是把那渐渐坏掉了的爱美胃口，替他复原，令他常常吸收趣味的营养，以维持增进自己的生活健康。”“美是人类生活一要素，或者还是各种要素中最要者。倘若在生活全内容中把‘美’的成分抽出，恐怕便活得不自在，甚至活不成。”[①]把审美趣味看成人生要素中“最要者”，这其实就是我所说的人生境界以审美境界为最高境界之意。梁启超在中国思想史上也许是第一个提出此种观点的人。梁启超的“趣味主义”与“美”为生活要素中“最要者”的观点，实源于西方的“为学术而学术”“为知识而知识”的观点，不仅点明了审美意识的本质，而且对发展科学亦有重大意义。古希腊哲学家柏拉图、亚里士多德所谓科学的“自由”精神，对西方科学的发展起了思想指导作用，而我中华传统文化却大大缺乏此种精神。许多西方大科学家之所以在科学领域特别是在理论方面有惊人的重大发现，盖由于不计功利成败的“趣味主义”，“趣味”是其成就之最大动力，值得我们今人在一再追问“中国为何没有出现突破性成就的伟大科学人材”时深思。

19 世纪末 20 世纪初，文学方面也出现了一些新气象。例如诗歌方面，“新派诗”的诗人黄遵宪等，提倡“新学之诗”，主张律诗、绝句等旧体裁应与新题材、新词汇相结合。梁启超更进而主张把“旧风格”（即“旧体裁”）与“新意境”相结合，而不只是加进一

---

① 梁启超：《美术与生活》。

些新名词。黄遵宪不仅主张方言俗语亦可入诗，而且运用新的语言写了不少反映中法战争、中日战争的新派诗作。黄遵宪为五四提倡白话文起了开先河的作用。散文方面，梁启超所提倡和开创的"新文体"最有影响。新文体的特点和优点是"平易畅达，时杂以俚语韵语及外国语法，纵笔所至不检束"；而且"条理明晰，笔锋常带情感"，也就是说，情理结合，既有说服力，又有感染力，"对于读者，别有一种魔力"。[①] 小说方面，在此时期，尤为繁茂，这更直接地是由于受西方文化的影响，感到了小说的社会意义，例如梁启超提出的"小说界革命"的口号便是如此。小说杂志一时蜂起，如梁启超主办的《新小说》杂志，李伯元（1867—1906）创办的《绣像小说》半月刊，吴趼人（1866—1910）的《月月小说》等。李伯元的《官场现形记》，吴趼人的《二十年目睹之怪现状》，刘鹗（1857—1909）的《老残游记》，曾朴（1872—1935）的《孽海花》，都是当时的小说名作。这些作品对于打击封建政权的腐朽黑暗和反抗外来的侵略，都起了振奋精神的作用。在此期间，翻译小说之多，成为当时文学领域的另一风景线。林纾（1852—1924）是这方面最重要的代表人物。这些小说译作对于促进中国知识分子学习西方文学和西方人的审美意境都有很大的积极意义。

王国维的审美观更直接地深受西方近代哲学家康德、叔本华的影响。王国维认为，"一切之美，皆形式之美也"。故美感在于"超出乎利害之范围外，而惝怳于缥缈宁静之域"，[②]使人摆脱"生

---

① 梁启超：《清代学术概论》。
② 王国维：《古雅之在美学上之位置》。

活之欲"之"桎梏",而得其暂时之平和。[①] 王国维称审美之自我为"纯粹无欲之我"。[②] 此说显然与作为叔本华的思想渊源之一的佛教有关。

王国维作为中国近代美学思想的先进代表人物,还明确地按照西方近代主客二分式的主体概念,对他所主张的"境界"说,作了近现代意义的界定。他认为"境界"是"情"与"景"之合:"景""以描写自然及人生之事实为主",是"客观的";"情"乃"吾人对此种事实之精神的态度",是"主观的"。[③] "主观""客观"之说,可谓为西方近代哲学语言"主客关系"概念之直接引用。王国维关于"理想派"与"写实派"、"主观之诗人"与"客观之诗人"的论述,亦源于此种"主客关系"的概念。

五四运动以前,鲁迅(1881—1936)在大约与王国维发表其主要美学论著的同一时期,也发表了有关美学的论文,最著名的是《摩罗诗力说》。他在这篇雄文中一方面歌颂了裴伦(拜伦)、修黎(雪莱)、普希金、裴多菲等"立意在反抗,肯归在动作"的一大批反对旧传统,为自由、民主、真理和民族解放而战的西方"摩罗诗派"诗人气质的雄健之美,一方面揭露了中国儒家传统美学取媚于主人,扼杀个人自由的危害。鲁迅强调审美意识不在于求"平和",而在于"改革之新精神"。鲁迅的这些论述发表于 1907 年,堪称五四运动之先声。

---

① 王国维:《红楼梦评论》。
② 王国维:《红楼梦评论》。
③ 王国维:《文学小言》。

三、五四运动的伟大历史意义:“东方睡狮”如梦初醒

总括鸦片战争前后至五四运动的历史,中国一大批先进思想家向西方寻找的真理,其内容既广且深,究其思想根源,实可归结为学习或者说输入西方近代建立在“主体—客体”思维方式基础上的自我之“主体性”精神一点,其作用是突破双重网罗,以解救个体性自我,使之脱颖而出:一重是突破三纲五常之类的封建社会群体之网罗;一重是突破自然整体(“天”)之网罗。中华传统思想文化之所以被认为沉睡未醒,在于此双重网罗对个体性自我的束缚与湮没:前者导致缺乏自我独立思考的自由,最终唯君主一人之意志是从的盲目性;后者导致缺乏以自我为主体、自然为客体,从而认识自然、主宰自然的科学精神。中华儿女曾为此“睡狮”的自我觉醒,做出了长达几千年的摸索和斗争,付出了沉重的代价:或自投江湖,或就囹圄,或遭屠杀,或隐居田园,然整个民族缺乏独立自我的自由思考,一味屈从外在权威的思想痼疾,并未受到根本触动,自我觉醒之道始终晦暗不明。到了鸦片战争,此“东方睡狮”受到西方“坚船利炮”的震撼,一批先进思想家花费了 80 年的时间,不断从西方输入、学习其近代“主体性”的思想与精神,直至五四新文化运动,才做出了突破上述双重网罗的创举:“民主”与“科学”。“民主”者,个体性自我从封建社会群体的湮没——束缚中脱颖而出之谓也;“科学”者,个体性自我从自然整体之湮没——束缚中脱颖而出之谓也。五四运动所提倡的“民主”与“科学”两大口号,可谓为鸦片战争以来先进思想家输入、学

习西学之总结，亦可谓为中华儿女几千年摸索自我觉醒之道的总结。“东方睡狮”至五四新文化运动才第一次真正如梦初醒。

“民主”与“科学”，于 1915 年由作为新文化运动之标志的《新青年》杂志所创导。陈独秀在该杂志创刊号上发表《敬告青年》一文，开始向中国人介绍西方的德、赛二先生，民主与科学遂作为舶来品来到中国。德、赛二先生溯源于西方的文艺复兴。按照黑格尔的说法，文艺复兴“发现了自然和人自己”，其结果，一是推翻了神权和封建主义的统治，人不再盲从外在的权威而相信自我；一是尊重自然、认识自然，从而主导自然，于是引起科学的迅猛发展。西方一些近代哲学家将这两个方面提升到哲学的高度，称之曰“主体性”。所谓“主体性”，说得简单一点，就是在“主—客”关系中的自我所具有的独立自主性。人有了自我的主体性，就可以一不受封建统治者的压迫，二不受自然的奴役。前者叫做“民主”（德先生），后者叫做“科学”（赛先生）。不过，“主体性”作为一种哲学原则，在文艺复兴之初尚未明确建立起来，也许可以说，文艺复兴时期的“人文主义”，其精神实质是“主体性”。“主体性哲学”的明确建立，应归之西方近代哲学的真正创始人笛卡尔。中国自鸦片战争至五四运动，类似这段时期的中国近代史，颇有类似西方文艺复兴之处，人们将它比喻为“中国式的文艺复兴”，不是没有道理的。

只不过欧洲的文艺复兴早已达到了明确建立主体性哲学原则的结果，其所包含的两个具有现实意义的内涵，即反封建专制的民主制度的奠定和科学的繁荣发达，也早已实现了。与西方相比，我们在这两个方面，不但起步太晚（中国式的文艺复兴比欧洲的文艺复兴晚了几百年），而且步伐太缓慢，所走的道路太坎坷、太曲折了。五四以后的中华文化思想并没有沿着五四运动所开辟的方向勇往直前。先是军阀混战，后是国民党一党专制，既破坏了民主制度的建立，也窒息了科学的发展，从而阻碍了主体性精神的弘扬。反帝反封建反官僚资本主义的革命，本应是中华儿女沿着五四所开辟的前进道路上最大的自我解放、自我觉醒的运动，但几千年来缺乏独立自我、盲从外在权威的意识太根深蒂固了，以致五四精神没有真正得到传承。

为今之计，我们仍需沿着五四所开辟的道路前进，为召唤主体性精神而奋斗，为中华儿女的自我觉醒而奋斗。我们仍需发扬民主、繁荣科学，但又不能把西方近代民主与科学的旧理解、旧概念原封不动地照搬到我们的今天。这主要是因为随着历史文化的发展，先前进步的“民主”“科学”“主体性”概念都日益显现了它们的各种流弊：自我膨胀、极端个人主义、对自然的霸权主义、科学至上主义、极端的人类中心主义……这些流弊归结为一点，就是西方现代犹太哲学家列维纳斯（E. Levinas，1906—1995）所说的“自我专制主义”：唯我独尊，自我优先。列维纳斯以上帝的“外在性”“超越性”“他性”为根据，提出了“他人优先”——“尊重他人”的观点，以代替西方传统的“自我专制主义”。犹太人在历史上备受欺辱，散居世界各地，无祖国，无家园，是一个“靠边站”的、被边缘化的民族，被视为“他人”——外人的民族。列维纳斯强烈要求尊重他人，以致神化他人的哲学，显然反映了他个人的犹太民族的文化历史背景。我很赞成列维纳斯“尊重他人”的观点，但我不能接受他的上帝观念，也不同意把自我与他人对立起来的观点。

中华传统文化在万物一体、人我无间思想基础上重群体意识的特点，虽有湮没自我于群体之中、少有个体性自我独创性的缺点，如本文所着重申述的那样，但亦有其优胜之处：一事当前，大家群策群力以赴，表现出雄狮般的威力，这一点仍然是我们应当继承的。我主张把中华文化以“我们”（群体）优先的特点同西方传统文化以“自我”优先的特点和莱维纳斯所提倡的以“他人”优先的观点结合起来。我近些年来所提出的“新的万物一体”观，就是将西方主客二分、物我相分、人我有别的“主体性”精神纳入中国传统的“万物一体”观之内，而主张“万物不同而相通”。在此不同而相通的整体之中，一方面因承认彼此“不同”而肯定了每一自我的独特性（个性）；另一方面又因承认彼此“相通”而肯定了人我间的相互支持，从而对他人负有责任感。这样，所谓“尊重他人”，也就是尊重他人各自的“自我”，具体一点说，亦即尊重他人之“自我”的独特性。[①] 我在此文中，从始至终，反复申述“自我”，其实都是讲的每个人皆有其“自我”，而非如个人主义、唯我主义所讲的只是一己之“自我”。孔子所讲的“仁者爱人”中的“爱人”，当然是指爱他人。在今天，爱他人实亦应解读、延伸为尊重他人的“自我”。唯我独尊，抹杀他人之“自我”的独特性或独立自由，强求一

① 张世英：《我们—自我—他人》，《河南社会科学》，2010 年第 1 期。

致，正是中华文化几千年来封建专制主义的核心，也是“仁者爱人”之梦难以见诸现实的思想根源。唯有尊重他人之“自我”，结束千人一面，创造一个“为仁由己”“为学为己”“和而不同”的局面，才是“仁者爱人”的伟大理想实现之日，也是“东方睡狮”真正清醒而震撼世界之时。

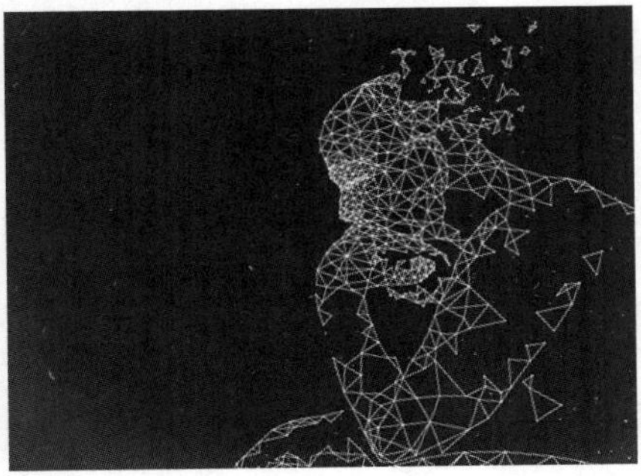

结语

“学做人”与“仰望星空”

总括以上各章所说可以看到，关于中西传统哲学的区别，从不同的角度，可以有各种不同的概说：从思维方式的角度看，可以概说为西方传统哲学重理性思维、重分析，中国传统哲学重感性直观、重综合；从人生在世结构的角度来看，可以概说为西方传统哲学重“主客二分”，中国传统哲学重“天人合一”，如此等等。其实，说得简单通俗一点，则可归结为中国人和西方人各自爱说的一句口头禅，即，中国传统哲学重在教人“学做人”，西方传统哲学重在教人“仰望星空”。上述各种不同角度的概述，皆由此而来。

说中国传统哲学重“学做人”，这已是国人的共识，特别是就中国传统哲学中占主导地位的儒学来说，更是如此。大家都知道，儒学自孔子开创以后，几千年来，其主要内容只是一种伦理学，大谈人伦道德关系，极少涉及人对宇宙自然的科学研究，其所谓“为学”也主要是讲“学做人”。不过，儒学也有一个发展过程，“学做人”的具体含义，做什么样的人，不同的儒学有不同的看法：孔子讲仁学，讲仁在爱人，讲己立立人，己达达人，己所不欲勿施于人，讲为人为己，这些都是孔儒思想的可贵之处，值得大加颂扬。但他的爱人是在血缘关系的总原则之下进行的，受血缘关系的限制，人情大于法治，以致连父亲偷了人家的羊还要隐瞒不说，才算“直”人。他的“为人为己”之“己”，有尊重自我的合理思想，这一点也不可否认，但他的这类合理思想，被湮没在原始的“天人合一”的素朴混沌的群体意识之中，不能转化为现代的主体性意识。而且孔子要求做一个严格贵贱等级制度下的子民。孔子教人“恶居下而讪上者”（《论语·阳货》篇）教人见小官，言谈和善，见大官，恭恭敬敬；教人在走过君王坐过的空座位时，也要脚步放快，好像说不出话来，升堂，要憋着气，好像喘不过气来，走出来后便怡然自得（《伦语·乡党》篇）如此等等。孟子的儒学大大发展了孔子的仁学，但与孔学所要求的做人目标，大有不同甚至相反：与孔子之“恶居下而讪上者”相反，孟子教人“说大人则藐之，勿视其巍巍然”；与孔子之“过位，………其言似不足者”相反，孟子教人“民为贵，君为轻”。荀子之儒学主“天人相分，制天命而用之”，也与孔子的原始的“天人合一”相反。至于宋明之理学、心学则更是大大发展了孔子的做人之学，其思想之深厚，许多儒学专家已有专门的论述，不待我言。关键的问题在于，几千年来专制制度下的君王都以尊孔来统治民众的思想，民众受其影响，大都以孔子儒学的做人目标来做人。一般虽然孔孟并提，但几无尊孟一说，明皇朱元璋在看到孟子的民贵君轻之说以后，甚至要把孟子头像从神庙中撤下来。《论语》至今还是第一必读书。针对孔儒思想长期在民众心目中占主导地位的这种情况，我以为，今天我们学孔子儒学，一定要对它一分为二：一方面继承和弘扬其仁学合理之处，一方面要摒弃孔子那种在君王面前的卑下心态。而且，学儒学之做人，决不能只限于学孔儒，还要学孟儒之人权、平等的思想，学荀儒之制天命而用之的思想，学宋明儒学民胞物与、一体之仁的思想。作为一个中国传统哲学的继承人，我们谈做人，也不要一味片面地学儒，还要学墨子之兼爱的思想，特别是学老庄道家那种超越现实的精神境界。

与儒学占主导地位的中国传统哲学不同，西方传统哲学，不是只重人伦关系的伦理学，而是更着重讲对自然的研究，讲自然科学，讲自然哲学、宇宙论，讲认识论。黑格尔在讲古希腊第一位哲学家和天文学家泰勒斯时，就说过，哲学“教人从世俗现实生活的泥坑中站出来仰望星空”。如果把中国儒学称为“学做人”之学，那么，西方传统哲学就可称为“教人仰望星空”之学。如果说“教人仰望星空”之学也是一种“学做人”之学，那么，“教人仰望星空”和教人做各种人伦关系指导原则下的“仁人”，则是两种大不相同的“做人”之道，也是中西传统哲学的重要区别之处。

西方传统哲学，自柏拉图到黑格尔，两千多年来，正如海德格尔所说，一直由“概念哲学”占主导地位，把最完满的理念放在最崇高的理想地位而无限向往。人，自从苏格拉底突显以来，作为一个独立自由的主体，把大自然作为客体，加以研究，从而利用自然、征服自然。宇宙论、本体论、自然哲学、认识论、方法论，成为西方传统哲学的主要内容。这些内容都是“仰望星空”的结果，而非单纯注重人生现实生活的伦理学所能达到的。中国儒家的“天人合一”从字面上看，似有仰望星空之意，其实不然：儒家“天人合一”之“天”，除荀子主自然意义之天外，一般大多非指自然，“天”不在“人”之外，如“仰望星空”之“星空”作为主体之“人”所认识、研究的对象，故儒家的“天人合一”产生不了西方传统哲学所包含的自然哲学、认识论之类的上述内容。

西方传统哲学也讲人伦道德的伦理学，但它一般都强调人的独立自主之自由本质，它不仅像斯宾诺莎那样讲“认识必然性”之自由，而且像伊壁鸠鲁、奥古斯丁，特别是像康德，那样讲“超越必然性”之自由。康德说：人作为道德的主体，具有自由，“这个主体”“意识到他是一个‘物自身’”，“是不受时间条件所支配的”（注：意即不受必然性支配）。康德最终把这种出自“整体”（“本体”“物自身”）的自由意志归结为人的“良心”。有“良心”的“主体”“作为物自身”（“整体”“本体”），是“绝对命令”，它完全“自发性”地产生道德行为，此“自发性”是不能用物理学的必然性加以说明的。康德对人的自由本质的上述这些分析，完全否定了所谓自由不过是对必然性的认识的论调，明确提出了自由在于超出必然性的学说，在西方哲学史上为人的自由本质第一次做了细致的、系统的论证，这是康德的一大贡献。由此可见，西方伦理学所要求“做人”的“人”，也大不同于中国儒家所要求“做人”之“人”。

黑格尔以前的西方传统哲学，就其主导方面而言，具有抽象性，康德的伦理学把自由放在超验的领域，也有抽象之弊。主体性哲学的人类中心主义与个人专制主义也是西方传统哲学的弊病。黑格尔死后的西方现当代哲学，以海德格尔为代表的西方后现代主义人文哲学，批判了西方传统哲学的抽象性，强调人的现实生活的意义；批判了传统哲学的人类中心思主义与个人专制主义，强调与他人共生的思想；这些都自觉不自觉地接近了中国传统哲学的重现实生活与重群体主义的合理思想。法国著名后现代主义画家杜尚甚至且明确强调艺术生活化，自觉不自觉地张扬中国禅宗的洒扫应对都有禅意以及中国传统的亦此亦彼、阴阳合一的思想。所有这些，都说明西方哲学正走向中国。这和中国哲学自明清以后，更主要是从 19 世纪中叶鸦片战争以后中国人引进西方哲学的潮流，二者正形成中西哲学相互交流之大势。但这种大势也是在曲折的道路上前行的。我以为，中国传统哲学所要求“做人”之人，过于重人事关系之现实，缺乏西方传统哲学之“仰望星空”的眼光，西方传统哲学所要求“做人”之人，过于抽象，忽视现实生活。处当今之世，谈“做人”，就应该中西互取对方之所长，补己之所短，做一个既不脱离现实，又能超越现实之人，也可以说是做一个“栖居大地，仰望星空”的人。

附录

做一个有诗意的自由人——2018年在第24届世界哲学大会上的发言

一

我今天讲的题目是"做一个有诗意的自由人"。首先一个问题是，何谓自由？

一句大家都熟悉的话："自由是对必然性的认识。"但这句话是否全面地、深切地界定了"自由"的含义呢？此句来自对斯宾诺莎思想的概括。斯宾诺莎认为，"一切现实的事物都受必然性支配，每一事物都依存于其他事物。人只有认识了这种必然性，按必然性行事，才是自由的"。[①]"纯依理性的指导而生活的人"[②]就是"认识了必然性，按客观必然性行事的人"。[③]"理性的本性在于认为事物是必然的。"[④]这也就是说，自由乃是把外在的、被迫的必然性，通过认识，转化成为自觉自愿的内在的必然性。自由人乃自愿服从宇宙必然法则，自愿按宇宙自然法则行事之人。

通过知识而获得自由，斯宾诺莎的这一思想，当然有其合理之处，但他完全否定了人的精神领域中的自由意志，这却是片面的。罗素指出，古希腊哲学家伊壁鸠鲁"不是一个决定论者"，[⑤]

① [荷]斯宾诺莎：《伦理学》，贺麟译，北京：商务印书馆，1958年，第206页。
② [荷]斯宾诺莎：《伦理学》，贺麟译，北京：商务印书馆，1958年，第206页。
③ [荷]斯宾诺莎：《伦理学》，贺麟译，北京：商务印书馆，1958年，第202页。
④ [荷]斯宾诺莎：《伦理学》，贺麟译，北京：商务印书馆，1958年，第77页。
⑤ [荷]斯宾诺莎：《伦理学》，贺麟译，北京：商务印书馆，1958年，第312页。

"虽然我们要服从自然的威力(这是可以科学地加以研究的),然而我们仍然有自由意志,并且在某些限定之内,我们乃是我们自己命运的主人"。[①] 伊壁鸠鲁的思想告诉我们,在科学研究——科学认识的"自然威力"即必然性必须"服从"之外,我们还有完全由我们自己做主的自由领域。自由并非只是"对必然性的认识",并非只是自愿服从自然的必然性。

古代向中世纪过渡时期的基督教教父奥古斯丁,是最早明确提出自由意志论的哲学家,他认为人有自由行动的能力,即是说,人的行动可以不为外在的条件所决定,而完全出于自己的意志。通过自由意志,人从自然的必然性规律中解脱出来。正因为人有自由意志,所以人才对自己的行动应该负责。使一颗美德之心失去其美德而作恶的唯一原因——最终原因,乃是人自己的自由选择。奥古斯丁说:"我意识到我有意志,犹如意识到我在生活一样。因此我愿意或不愿意,我确知愿或不愿的是我自己,不是另一个人;我也日益看出这是我犯罪的原因。"[②]尽管奥古斯丁在晚期转变为一个神学决定论者,认为人的行为都由先在的条件所引起,最终可追溯到上帝,但他一直承认人的行为有其自由自主的空间,即使一个行为有其外在的条件,但仍然是人自己内在地由己意引起的。奥古斯丁更深层的意思在于强调人类必须为自己的恶行负责,强调自责。

文艺复兴使人从神权束缚下解放出来,获得了一定的自由,

---

① [英] 罗素:《西方哲学史》上卷,北京:商务印书馆,1963 年,第 313 页。
② [古罗马] 奥古斯丁:《忏悔录》,周士良译,北京:商务印书馆,1963 年,第 116 页。

但文艺复兴之后的这种自由还只是限于“认识必然性”的自由。实际上，人受制于因果必然性。康德在文艺复兴之后，第一个系统地、详细地说明了人的自由意志的哲学理论基础。康德认为，人有两重性：一重是自然方面，一重是自由意志方面。自然方面的属性受因果必然性支配，例如人需要衣食住行，还有男女之欲，这是客观自然条件决定的，不以人的主观自由意志为转移。但是人还有另一方面，就是独立自主、自我决定的方面。[①]

人的两重性来源于“现象”与“本体”的对立：人平常经验到、认识到的事物都是“现象”，现象界中的每一事物都与其他事物有着必然的因果联系，人的认识能力中的“知性”环节，只认识这种必然性现象，故无自由可言；但“现象”只是表象，只是作为“物自身”之“整体”表现于外的多样性事物，不是“物自身”。人的认识能力中较高级的“理性”环节，则进一步要求认识“物自身”，即认识不受必然性限制的“本体”或“整体”(“大全”)，但“理性”又达不到这种认识，“理性”有这种要求，但达不到，故“物自身”(本体、整体、大全)，是不可认识的；康德认为这不可知的“物自身”却可为“信仰”所把握。“信仰”是一种理性的“公设”，此种“公设”不是幻想、梦幻中的东西，而是真实的，我们相信确有其事，是一种出于理性的“假设”，也可以说是我们人的理性要求有一个作为“物自身”的“整体”。现象界的一个一个的个体事物，都在因果必然性的链条之中，唯有作为“本体”“物自身”的“整体”，它之外没有外

① [德] 康德：《道德形而上学探本》，唐钺译，北京：商务印书馆，1959 年，第 67 页。

物限制它，所以它是独立自由的。故主体的主体性只有作为“物自身”——“整体”而存在。[①] 康德说：人作为道德的主体，具有自由，“这个主体”“意识到他是一个‘物自身’”，“是不受时间条件所支配的”(注：意即不受必然性支配)。[②] 康德最终把这种出自“整体”(“本体”“物自身”)的自由意志归结为人的“良心”。[③] 有“良心”的“主体”“作为物自身”(“整体”“本体”)，是“绝对命令”，它完全“自发性”地产生道德行为，此“自发性”是不能用物理学的必然性加以说明的。[④]

康德对人的自由本质的上述这些分析，完全否定了所谓自由不过是对必然性的认识的论调，明确提出了自由在于超出必然性的学说，在西方哲学史上为人的自由本质第一次做了细致的、系统的论证，这是康德的一大贡献。

康德哲学明确告诉我们，做一个超越必然性的自由人，就是做一个凭道德良心之“绝对命令”行事的人。但康德的论述抽象晦涩，他把自由放在超验的领域，尤令人感到脱离现实，至于把道德行为看成完全自由的看法，我个人认为也有不周全之处，这一点，我下面还会做点专门论述。

无论如何，康德以至伊壁鸠鲁和奥古斯丁，他们关于人有超越必然性之外的独立自由思想的观点——一种与“自由是对必然性的认识”相反的观点，是对自由之本质的更深刻的界定，也是人

---

① ［德］康德：《实践理性批判》，韩水法译，北京：商务印书馆，1960 年，第 102 页。
② ［德］康德：《实践理性批判》，韩水法译，北京：商务印书馆，1960 年，第 100 页。
③ ［德］康德：《实践理性批判》，韩水法译，北京：商务印书馆，1960 年，第 100—101 页。
④ ［德］康德：《实践理性批判》，韩水法译，北京：商务印书馆，1960 年，第 102 页。

之为人的深层本质和尊严之所在。就我们日常的意识经验来看，我们每个人也都会亲身意识到，我们的思想是不依赖外物的限制而独立自由的。例如，我可以随意想到我像鸟儿一样展翅飞向天空，尽管在现实中这是不可能之事。你说这是幻想、是空想、是主观，但空想、幻想、主观，也毕竟是人的自由之想。主观上想了，与客观上实现不了，这是两个层次、两个方面的问题，后者限制不了前者。莎士比亚的《哈姆雷特》里有一句名言："即使把我关押在果壳里，我也可以认为我是一个拥有无限空间的君王。"思想之自由的空间多么无限啊！人的身体可以被关押，但思想是无法关押的。法国哲学家德里达认为人甚至可以有不合逻辑的思想。例如，"设想方形的圆，也是有意义的"。

二

当然，话说回来，思想主观上的自由还只是人生的一个方面。人生的另一个方面是，人生活在客观现实世界之中，人时时刻刻都必须与现实事物打交道。而现实事物，诚如上引斯宾诺莎之所言，"都受必然性支配，每一事物都依存于其他事物"。这样，人在与客观现实事物打交道时，主观的思想自由就受到了阻碍，人只有认识了这种必然性，按必然性行事，才是自由的。人的认知能力——一般意义下的科学认识，所给我们带来的自由，就是这种自由，只不过这种"认识必然性"的"自由"。如前所述，只是顺从外在的事物，而非出自内心的独立自主之自由意志。

那么，人要怎样才能既生活在现实中，与现实事物打交道，又拥有超越必然性限制的独立自主的自由呢？

人在自我发展过程中，逐渐由认识事物之必然与非必然，更进而达到人有“好”与“坏”之别的意识，以至达到对他人负有责任和义务的意识。这就由认知意识达到了道德意识。心理学家认为达到这一水平的“自我”，既然有了责任感和义务感，那也就意味着人有了自我选择、自我决定的自由，他“把自己看做是命运的主人”。①

但是，仅仅有个人独立自我的自由意志。还不足以达到完满的、高级的“道德境界”。欲达此境，还必须进一步有尊重他人的自由意志、独立自主性的意识。

我认为，宇宙是一“万有相通”的网络整体，此网络整体不是超验的、超时空的，而是现实的，在时空之中的；它是无限的，在时间上、空间上是无穷尽的，但又是可知的。人处此网络整体中，既可从具体事物的观点观察具体事物，也可从整体的观点观察具体事物。前者导致万物皆具必然性，无真正自由可言；后者因整体之外无他物限制，故导致完全独立自主的自由意志。道德意志，其来源就在于从“万有相通”的整体的观点观察事物。按此观点观物、观人，则不仅重视我个人的独立自主的自由意志，而且能把他人，他物也看作是构成我之为我的、不可须臾分离的因素，看作是我的骨肉，达到一种“民吾同胞，物吾与也”境界，——一种超越主客二分的、万物与我融合为一的境界，从而尊重他人的独立自

① ［美］简·卢文格（Loveinger）：《自我的发展》，韦子木译，杭州：浙江教育出版社，1998 年，第 18—20 页。

主的自由意志。这正是道德的内涵。

可以看到,从“认知”到“道德”,就其根源上来看,乃是从以物观物(从具体的事物的观点观察具体事物)的观点开始进入以整体观物的观点、从主客二分的观点开始进入主客融合为一的观点的转变,其结果便是从“认识必然”之自由开始进入“超越必然”之自由的升华。这种“超越必然”之“自由”,显然不再是前述脱离现实的主观空想之自由,而是以整体观点看待现实事物的主客合一的自由。

但是,“道德境界”尚非自由的最高层次,亦非做人之极致(如康德之所言)。其一,黑格尔说:“道德的观点是‘关系’的观点,‘应该’的观点或‘要求’的观点。”[①]“应该”“要求”“关系”,都是说的主观理想与客观现实之间、主体与客体之间,尚存在着一定的距离,尚未完全融合为一整体,故精神的自由,仍有一定的局限性。就说道德讲“应该”,这“应该”就有强制之意,尽管道德境界的“应该”是自愿的强制。其二,“道德境界”终究要讲为他人谋福利,那种完全脱离福利的道德意识是不切实际的。讲福利——讲功利,就含有以外在的对象为服务于人的工具之意,就含有必然性,这就意味着“道德”还未完全脱离主客二分的模式,还有主体受客体限制而不自由的因素。

人生的最高精神境界是“审美”。“审美”比起“道德”来更深入地进入了“超越必然性的自由”之境。首先,“审美”超越了“认

---

① *Hegel Werke*, Suhrkamp, 1986, p.206.

知”中的认识关系，它不再着重注意认识到某具体对象“是什么”这种主客彼此外在的关系（这里总有必然性的限制）而是把对象融入自我之中，从而达到一种情与景交融的境界，主与客合二为一（或者借用中国传统语言来说，叫做“天人合一”），主体之外没有客体之必然性的限制而完全独立自由了。王阳明说：“无人心则无天地万物，无天地万物则无人心。”人心与天地万物“一气流通”，融为一体，不可“间隔”，这个不可间隔的“一体”是唯一真实的。我看山间花，则此花颜色一时明白起来，这“一时明白起来”的“此花颜色”，既有人也有天，二者不可须臾“间隔”，不可须臾分离；在这里，我与此花的关系，远非认识上的关系，我不是作为一个植物学家去思考、分析、认识此花是红或是绿，是浅红或是浅绿等。我只是在看此花时得到了一种“一时明白起来”的意境，这意境既有花也有心，心与花“一气流通”，无有“间隔”。这里的心不是认识、思维，而是一种感情、情绪、情调或体验。我们说“意境”或“心境”“情境”，这些词里面都既包含有“境”，也包含有“心”“情”“意”，其实都是说的人与世界的交融或天人合一；审美意识正是一种天人合一的“意境”“心境”或“情境”。中国诗论中常用的情景交融或情境交融，其实都是讲的这个道理。南朝梁刘勰《文心雕龙·物色》：“情以物迁，辞以情发。”这里已有情景合一的思想。皎然认为诗人的真性情须通过景才能表现，情景合一才能构成诗的意境。司空图主张“思与境偕”。明清之际的王夫之关于情景合一的理论更有系统性。他说：“情不虚情，情皆可景；景非虚景，景中含情”（《古诗评选》卷五）。这就是说，无景之情和无情之景皆不能形成审美意象。

第二，与上述论点相联系的是，“审美境界”也超越了“求知境界”和“道德境界”中的实用关系。黑格尔说：“在审美中，欲念消退了。”对象（客体）作为“有用的工具”这种“异己的目的”“消失了”，那种“单纯应该”的“有限关系”也“消失了”。① “由于这些，美的关照就具有自由的性质，它使对象成为人自身自由的和无限的东西，而不再作为有用于有限需要和意图而满足占有欲和功利心的东西。”②

总之，审美既超越了欲念、功用的限制，也超越了“应该”的限制，而成为完全超然物外之必然性的自由自在之境。人之爱美、追求美，出于“自然而然”，而非出于“应然而然”，此乃“审美”之所以高于“道德”而成为人生精神之最高境界的关键。审美之高于道德，并非不讲道德，而是包括道德在内，审美境界之人必然合乎道德，必然做道德上应该之事，但他是自然而然地做应该之事，而无任何强制之意。由此观之，做人，不是像一般的宣传那样，做一个按道德教条（“应该”如何如何，“要”如何如何）行事之人，而是要提高精神境界，做一个有“审美境界”、自然而然地做应该之事的人。

其实，18 世纪后半叶的德国美学家席勒就明确主张，做人要做一个“审美的人”，只有“审美的人”才是“完全的人”“自由的人”。他认为，人的单纯性的“感性冲动”使人受感性物欲的“限

① *Hegel Werke*, Suhrkamp, 1986, p.155.
② *Hegel Werke*, Suhrkamp, 1986, pp.155 - 156.

制”，单纯的“理性冲动”使人受理性法则（包括作为道德法则的义务）的“限制”，两者皆使人不自由，人性的完满实现在于超越二者的“限制”以达到“无限”，这种无限的“自由活动”，他称之为“游戏冲动”，即“审美意识”。席勒说，“审美直观”中既有感性形象的东西，又有思想性、理性的东西，“审美直观”把两者结合起来，从而使感性的欲望不会因缺乏理性的尊严而占统治地位，理性法则（包括道德义务）也不会因缺乏感性欲望而令人有强迫接受之感。这样，在“审美直观”中，单纯“感性冲动”和单纯“理性冲动”所给人的限制、强迫感便“都被排除了”。“游戏着的人”（“审美的人”）是获得最高自由的人。①

美有感性美（声色之美）、典型美、意象美（显隐之美）等高低不同的多种层次，究竟是哪一种美才能使人成为完全自由之人？

我在多种论著中，都谈到中国传统的“意象”美是美的最高层次，这里不再赘述，这里只想着重说明“意象”美的诗意，如何能启发人做一个完全自由的人。

宇宙这一“万有相通”的网络整体中的每一个交叉点（每一事、一物、一人），都既有其当前呈现的状态，又有其背后无穷尽的联系为背景。用中国美学的语言来说，前者叫做“秀”，后者叫做“隐”，用西方哲学的语言来说，前者叫做“在场的东西”，后者叫做“不在场的东西”。（海德格尔称前者为“显现”，后者为“隐蔽”。）是后者构成前者、形成前者、成就前者。后者是前者之源、之母。

---

① ［德］席勒：《审美教育书简》，第23、15封信。

宇宙间的任何一事一物一人，皆“在场”与“不在场”的统一，“显”与“隐”的融合。

中国传统美学所讲的“意象说”，主张“美在意象”：美在“象”外之“意”，言外之情；还有所谓“状溢目前曰秀，情在词外曰隐”，都是说的，美乃对隐在背后的母源——“情”“意”的追寻，美乃对显隐合一之整体的回归。

任何一件美的作品，其本身或为声色，或为言词，都是有“象”的（“在场的东西”）。“意象说”告诉我们，能体悟到“象外之意”“词外之情”，即“不在场的东西”，就是一种美感。此种美不只是低层次的感性美，而是深层次的意境美、精神美。但为什么要深入到象外，才能达到此种美的境界呢？我认为，原因就在于，任何一件美的作品都是全宇宙网络整体中的一个交叉点，一点当前的“在场的东西”，其形成的母源在于它与其背后无穷尽的网络整体有着不可分离的有机联系。换言之，任何一件美的作品，都是作者凝聚了作品背后无尽的联系之网（包括其他无数的交叉点）的结晶。这背后无尽的联系之网，说得通俗具体一点，就是指形成作品本身的背后的人和事物，社会历史背景等。我们对一件作品的欣赏，不过是把凝聚在作品这一点“在场的东西”中无尽的内涵（“不在场的东西”）展现在想象中，加以玩味；不过是回归到形成作品的母源整体，从母源整体中，我们对作品获得了一种“原来如此”的醒悟，从而产生了一种自由自在的满足感。这也就是我们通常所说的“美的愉悦”“美的享受”。这种愉悦和享受不是感官的娱乐或感性的满足，而是精神上的满足，思想上的满足。梵·高的画《农鞋》，为什么能引起人的美感？海德格尔做了生动地说明：是农鞋这点“在场的东西”引发观赏者回归到了其背后一系列“不在场的东西”——农夫为了面包而日日夜夜地在崎岖的道路上奔波，一年四季风风雨雨对农夫的摧残，以至社会的贫穷、落后、不公等，这些都是构成农鞋上几个破洞的母源。观赏者正是从这一回归中获得了某种醒悟，从而也得到一种精神上、思想上的自由自在的满足。苏轼的《临江仙·夜归临皋》：“长恨此身非我有，何时忘却营营。夜阑风静縠纹平。小舟从此逝，江海寄余生。”挂冠远离俗世的自由自在、自满自足之情意，溢于言表。

中国传统文化重含蓄之美，其实就是把作者的情或意隐藏在作品的表面形象或言词背后，让鉴赏者自己去领会、体悟出这被隐藏在作品背后的“不在场的东西”，亦即上述宇宙这一联系之网的情或意，从而获得一种醒悟的满足感。

我们经常爱用“玩味无穷”这样的字眼来形容我们对一件优秀作品的欣赏。“玩味”之所以能达到“无穷”的地步，其根源就在于隐藏在作品背后“不在场的东西”是“无穷的”。当然，“玩味无穷”之味短或味长，这不仅决定于作品本身水平之高低，也决定于鉴赏者的文学修养之深浅。审美意识，原是作者与读者融合为一的产物。

对美的态度，可以是为美而美，也可以是把美深入到生活中去，实现美的现实化，艺术的生活化。我国文化发展的当前现实，需要后者。审美现实化、艺术生活化，不单是现实生活中感性方面的打扮、装饰，更重要的是要像“意象”美学思想所讲的那样，以审美的高远精境界——以显隐相统一的整体观，看待日常生活中的事事物物：不死盯住眼前的这点事物，束缚在眼前的这点有限之“象”中，斤斤计较，而放眼于隐蔽在其背后的母源整体——无限之“意”，让胸襟开阔起来，优游于自由自在的境地。康德和黑格尔都强调审美、诗意具有解放的作用。我以为，中国传统的“意象”之美的诗意的确可以最好地起到这种作用。我们不可能要求每个人都成为诗人，但我们要求做一个多多少少有点“意象”之美的诗意之人，或者说得再简单、再通俗一点，要求做一个从高远处、以整体观看待日常事物的人，则应该是可行的。进入如此境界之人所获得的自由，既是面对现实的，又是独立自主的。

人名索引

六画

七画

八画

九画

十画

十一画

十二画

十三画

十四画

十五画

十六画

十七画

书名索引

十二画

十三画

十四画

十五画

十六画

十九画

名词索引

五画

六画

七画

八画

九画

十画

十一画

十二画

十三画

十四画

十五画